김
덕
묵 金德默 Kim, Duk-Muk

저자는 대학에서 역사학을 전공하였으며 민속학으로 석사박사과정을 졸업한 후 대학에서 '민속기록학과 지역공동체' 등
을 강의하고 있다. 민속기록학, 민속학, 무속학, 문화재학, 문화콘텐츠학 등 관심분야가 넓은 편이며 민속기록학회와 샤머
니즘사상연구회의 이사와 총무를 하면서 학회활동에 적극적으로 참여하고 있다. 또한 민속기록학의 사회적 역할을 위해
지역기록화와 지역 아카이브 설립, 지역문화 활성화 등에 관심을 가지고 있으며 살기 좋은 지역공동체, 인문학적 정신이
풍부한 공동체를 만들기 위해 노력하고 있다. 저서로는『민속종교 연구방법론』,『전국의 기도터와 굿당』(전 3권)이 있으며
『우리 인문학과 영상』등 다수의 공저와「한국민속학의 위상과 전문성 강화를 위한 개론서 집필 방향」,「유교의례와 무
속의례의 친연성」등 다수의 논문이 있다.

민속원 아르케북스 066 　 minsokwon archebooks

민속기록학과
지역공동체 아카이브

| 김덕묵 |

민 속 원

머리말

우리는 누구이며 왜 기록해야 하는가. 우리의 삶의 주변을 왜 기억해야 하며 후세에 물려주어야 하는가. 그것은 귀천에 관계없이 모든 인간의 평등과 존귀함에 근거한 기억의 담지와 보존 및 활용을 통해 삶의 질이 충만한 세상을 만들기 위한 노력이다. 산업발달에 의해 형성된 현대 도시사회는 기계화, 상업화, 물질만능주의, 인간소외와 같은 정신적 빈곤감이 대두되고 있으며 이러한 문제를 치유하고 시민의 삶의 질을 높이기 위해서 인문학적 환경이 요청되고 있다. 자연과 생명을 존중하고 인간을 존엄하게 보며 상생하고 사람다운 삶을 추구하는 인문정신이 충만한 사회를 필요로 하고 있다. 오늘날 국내외 도시들은 정책적으로 인문적인 환경을 조성하고 대중화하려고 노력한다. 인문도시의 건설은 인간의 정신적 빈곤감 해결을 위해서뿐만 아니라 지역마케팅, 지역경쟁력 강화에도 큰 도움을 준다. 도시재생 프로젝트, 기억수집, 생활문화의 콘텐츠화, 기록관과 라키비움Larchiveum 건립, 지역의 역사문화찾기, 지역문화 발굴, 지역문화재 지정 및 활성화, 고건축 및 근대문화유산 보존, 마을문화 활성화, 마을공동체 사업, 지역학 정립, 인문자원의 개발 등 인문적인 지역공동체 건설에 민속기록학은 충분한 역량을 발휘할 수 있는 학문이며 인간다운 삶을 추구하는 것이 학문의 지향점이다. 특히 민속기록학은 민속학과 기록학의 장점을 결합한 융합학문으로 가족, 마을, 지역사회, 현대 도시사회의 각종 공동체를 전문적으로 기록하고 보존, 활용하기 위한 최적화 전략이다. 이 책은 민속기록학의 이론과 실천방안에 대해 고민하면서 필자가 지난 수년간 발표해 온 논문을 모은 것이다.

'1부. 민속기록학 입문'에서는 민속기록학이란 무엇이며 그것이 제기된 배경과 쟁점 및 과제 그리고 민속기록학에서 중요한 연구활동인 민속기록지 생산의 방법을 살펴보았다. 3장은 문화콘텐츠가 강조되고 있는 오늘날 민속기록과 활용을 어떻게 연계할 것인가에 대한 방향을 고찰하였다. '2부. 지역 아카이브'의 세계에서는 시·군 단위에서 맞춤형 기록관의 필요성을 강조하고 그 대안으로 공공영역과 민간영역을 아우르는 지역공동체의 아카이브를 제시하였다. 2장에서는 한국학중앙연구원에서 제작한 향토문화전자대전 향토문화백과의 한계를 지적하고 지역공동체를 위한 디지털 아카이브의 방향을 살펴보았다. 3장은 문화지방화시대를 위한 지자체의 역할과 향토문화의 기록·보존·활용 방안을 광명시의 동제를 중심으로 하여 살펴보았다. '3부. 마을 아카이브의 세계'에서는 마을문화를 활성화하고 주민의 삶의 질을 향상시킬 수 있는 마을기록관의 설립 방안을 살펴보았다. 2장에서는 서울시의 사례를 통해 마을공동체 사업의 활성화를 위한 방안으로 마을기록관의 필요성을 제안하였다. 3장에서는 마을기록물의 수집과 활용 방안, 4장에서는 향토문화전자대전에 포함된 디지털 마을지의 제작방향에 대해 검토하였다.

민속기록학에 입문하는 분, 마을 및 지역공동체에서 아카이브와 디지털 아카이브, 지역문화의 기록－보존－활용에 대한 실천방안을 고민하는 분, 인문도시 건설을 위해 노력하는 분, 민속학과 기록학의 방향을 고민하는 분에게 이 책이 벗이 되어 줄 수 있다면 저자로서 영광일 것 같다. 다년 간 이 분야를 강의하고 지역공동체에서 프로젝트를 수행하면서 얻은 경험도 이 글을 집필하는 데 많이 참조가 되었다. 필자가 그동안 대학, 연구소, 학회, 지역사회에서 활동하고 실천하는 데 도움주신 모든 선생님들께 깊은 감사를 드린다.

2016년 8월 15일 저자 씀

차례

2부

지역 아카이브의 세계

> ### 3부
> ─────
> 마을 아카이브의 세계

제1부

민속기록학
입문

01 .

민속기록학이란 무엇인가*

- ·
- ·
- ·

1. 머리말

2012년 5월 14일 한국외국어대학교 역사문화연구소 콜로키움에서 Terry Cook(1947~2014)은 역사가들은 아키비스트archivist를 중요하게 인식하지 않거나 기록학을 학문으로 인정하지 않는 경향이 있으나 역사가 어디에서 만들어지는가라고 할 때 기록에서 그리고 기록자에게서 온다는 것을 인식할 필요가 있다고 하였다. 가령 5%를 남기고 95%를 없앨 때 아키비스트가 개입하여 결정을 하게 된다. 아키비스트가 이미 역사를 해석하고 판단한다는 것이다. 이때 아키비스트의 해석작용이 얼마나 역사에 큰 역할을 하는지 인식할 필요가 있다고 한다. 또한 그는 지금까지 문서, 사진, 디지털 기록 등도 보존, 선택에 있어 아키비스트가 결정하며 따라서 아키비스트는 수동적인 보관자가 아니라 역사를 전달하고 판단하는 중요한 위치에 있다는 것을 역사가들이 인식할 필요가 있다고 한다. 이러한 요지를 담은 그의 강연은 기록학과 아

---

* 이 글은 민속기록학의 정의와 범주, 제기된 배경, 쟁점과 방법 및 과제를 서술하여 이것에 대한 전반적인 이해를 돕도록 하였다. 민속기록학은 민속학과 기록학의 장점을 수렴하여 전문적인 학문체계로 만든 것이다. 이를 통해 가족, 마을, 지역사회, 현대 도시사회 등 각종 공동체를 전문적으로 기록하고 그곳에서 일어나는 생활문화의 기록·보존·활용에 대한 지식을 탐구한다. 본래 2012년 10월에 『기록학 연구』에 실린 글을 이 책에 수록하면서 약간의 수정을 가하였다.

키비스트의 역할과 중요성을 되새기게 하였다.

공공기록물뿐만 아니라 민간영역에서도 아키비스트와 기록학의 역할은 중요하다. 민속학은 공동체community에서 일어나는 생활문화를 해석하고 기록하며 그렇게 축적된 자료를 생활사적으로 고찰하는 학문이다. 이것은 민속학에서 차지하는 기록의 중요성을 암시한다. 역사학자들이 연구하는 사료가 아키비스트에 의해 걸러지는 것처럼 장기적으로 볼 때 민속기록전문가에 의해 축적된 민속기록지와 기록관archives의 자료가 민속학자들에게 중요하게 이용될 수 있다.[1]

역사학자들이 기록의 중요성을 통찰하지 못했던 것처럼 그동안 민속학자들도 기록이 그들의 학문발전에 얼마나 중요한지를 구체적으로 알지 못했다. 민속학자들은 민속이 소멸되니 기록해야 한다는 논리를 펼치기는 하였으나 대개 일시적인 프로젝트를 위한 명분이었지 구체적인 전략을 가지고 있거나 그에 합당한 결과물을 생산하는 것으로 귀결되지는 못했다.

더구나 근래에는 에릭 홉스봄[2]이나 베네딕트 앤더슨[3]과 같은 내셔널리즘 비판이나 국가를 상상된 공동체로 보는 탈근대 역사학자들의 역사인식에 동화되거나 기록보다는 비평을 선호하는 사회과학의 영향을 받은 일부 학자는 민속기록에 대해 비판적 입장을 취하기도 한다. 일본인 학자 이와다케의 글을 소개해 본다.[4]

민속학적 사고는 상실의 패러다임에 기초해서 지금 수집, 기록, 보존하지 않으면 민속은 근대화에 의해서 파괴되어 버린다는 초조감이 있었다. 그러나 문자를 가지지 않은 사회의 문화를 문자로 옮기고 민속이라는 틀에 넣어서 궁극적으로는 근대국가와 국가의식의 형성을 돕고 근대화를 목표로 하는 사회의 정치적 목적을 지탱해온 측면도 있다. 아이러니하게도 민속학은 민속의

---

1 정보화 사회에서 민속기록지는 콘텐츠로서 가치를 갖는다. 이러한 정보를 원천소스로 하여 이용자를 위한 다양한 활용(Multi Use)이 가능하기 때문이다.
2 에릭 홉스봄, 『만들어진 전통』, 박지향・장문석 역, 휴머니스트, 2004.
3 베네딕트 앤더슨, 『상상의 공동체』, 윤형숙 역, 나남출판, 2005.
4 김덕묵, 『민속종교 연구방법론』, 한국민속기록보존소, 2011, 36쪽.

붕괴자로 인식되어 있는 근대화의 과정을 이렇게 해서 지탱해왔다. 그것은 지방의 문화와 사람들의 균질화·표준화라는 민속학자를 한탄하게 만드는 현상도 산출해왔다…(중략)… 18세기에서 20세기에 걸쳐 세계 각국에서 지방의 민속을 국가의 문화로 변신시키는 작업이 진행되었다. 국가의 형태를 갖추고 근대국가가 근대국가답게 되기 위해서는 제공되어야 할 어느 정도의 항목이 있다. 확실하게 정의된 민속과 역사, 그것들을 수집, 연구, 보존, 전시하는 박물관, 혹은 국가(國歌)와 국기라는 상징은 그중에서도 중요한 항목이다.[5]

위의 글은 민속을 기록하고 보존하는 것이 밀려오는 근대화에 대한 상실의 패러다임에 기초한 산물이라고 하거나 구술성orality에 기초한 지방의 문화를 문자로 묘사하면서 표준화 시키는 문제, 그리고 이런 것이 근대국가 형성이라는 정치적 목적에 활용된다는 지적이다. 이와다케처럼 민속이나 문화재를 내셔널리즘과 연관을 짓거나 공동체의 정체성은 배타성을 낳는다고 보는 사람도 있다. 또한 기록에 특정 권력이 달라붙거나 힘을 가진 자의 기록이 될 수 있음을 경계한다.

기록과 권력의 문제는 기록학에서도 지적되고 있는 바이며[6] 때문에 기록의 민주주의가 요청된다. 또한 정체성은 자아에서부터 집단에 이르기까지 반드시 필요한 것이며 지나쳐서 배타성에 이르게 된다면 문제가 되지만 정체성 자체가 문제가 될 이유는 없다. 아울러 이와다케가 지적하는 근대 국민국가 형성기의 민속수집의 명암은 그 시대의 산물이다. 오늘날 민속학이나 기록학은 변했고 진화되어 가고 있다. 또한 사회적 상황도 달라졌다.

지금 민속은 정보화 사회에 기초한 지식체계이며 문화산업을 위한 콘텐츠이며, 다양성과 개성을 존중하는 세방화 시대에 각 공동체community를 근거로 하는 자기표현의 수단이다.[7] 현대 기록학은 민주주의를 기반으로 하며 기록은 전체주의나 특정 권력을

• • •

5   岩竹 美加子, 『民俗學の政治性-アメリカ民俗學100年目の省察から』, 東京: 未來社, 1996, 38~39쪽.

6   COX는 기록에 있어 관련될 수 있는 많은 종류의 힘을 경계하였다. RECHARD J. COX, "The archivist and community", *Community archives-the shaping of memory*, Facet Publishing: London, 2009, p.259.

7   기록학과 민속학, 정보화 사회는 민속기록에 대한 체계적인 이론과 전략을 요청한다. 디지털 환경에서는 다양한

관철하기 위한 것이 아니라 투명한 행정, 만인에게 알 권리를 보장하는 장치로서 사회 정의의 구현에 있다. 기록은 어떠한 권력이나 힘에 의해 좌지우지되어서는 안 되며 있는 그대로를 밝히는 수단이어야 한다. 민속기록은 내셔널리즘을 위한 수단이 아니라 그동안 기록의 주류에서 소외된 변방에 대한 관심이며 소수자에 대한 관심을 아우르며 기록문화 속에서 만인이 균등한 기회를 가질 수 있도록 하기 위한 실천이다.

디지털 환경은 민속기록학이 지향하는 민주주의의 특성을 지닐 수 있다. 즉, 디지털 테크놀리지는 문화의 생산, 유통, 소비에 변형이 일어나고, 과정에서 과거에 주류라고 여기던 문화와 비주류 문화의 경계 파괴blurring line를 가져왔다. 디지털은 미디어 문화 생산의 도구를 특정 생산자 그룹에서 모든 사용자에게 주었고, 디지털 미디어의 개인적, 사회적, 국가적 사용에 엄청난 변화를 가져왔다.[8] 아날로그 사회가 이성적 사고, 엘리트 문화, 문화와 산업의 분리라면 디지털 사회에는 감성적 선택, 참여주의 문화, 문화산업의 중요성이 부각되고 있다.[9] 이제 소셜 네트워크 서비스Social Network Service를 통해서 자유로운 의사소통이 이루어지고 다양한 의사교환과 공론이 분출되며 소수의 사람이 독점하는 여론이나 수직적, 일방적 정보의 주입은 쌍방향으로, 수평적으로 바뀌고 있다. 민속기록학은 공동체 간의 수직적 위계나 불평등을 거부하며 정보의 바다 속에서 저마다의 개성을 마음껏 쏟아낼 수 있도록 한다.[10] 이제 민속기록학이 무엇인지 구체적으로 살펴보자.

· · ·

요구와 목적을 가진 이용자들의 탐색을 위해 더 넓고, 더 많고, 더 깊이 기록된 정보들이 요청된다. 중심에서 변방으로, 지배층에서 민중으로, 정치사에서 민속사로, 중앙에서 지방으로, 거시에서 미시로, 주류에서 비주류로, 공공에서 민간으로, 집단에서 개인으로까지 더 넓고, 자세한 기록정보가 경쟁력을 가질 수 있으며 사회적 요구에 부응할 수 있다. 민속기록의 강조나 민간영역의 아카이빙에 대한 구호만 연발하거나 설계단계에서만 머물러서는 안 된다. 민속기록학을 통해서 우리는 구체적인 전략을 짜고 실천해야 한다.

8 권상회, 『디지털 문화론』, 성균관대학교 출판부, 2008, 42쪽.
9 위의 책, 51쪽.
10 인류의 역사에서 기록은 주로 지배층의 전유물이었다. 민속기록학은 위계나 계급적 시각을 버리고 모든 공동체를 동등하게 취급한다.

2. 민속기록학의 정의와 범주

1) 민속기록학의 개념과 목표

(1) '민속기록학'의 용어

용어 선택에 있어 기록관리학과 민속학은 입장차가 있을 수 있다. 필자는 '민속기록학'이라고 할지, '기록민속학'이라고 할 것인지에 대해 고민했다. '기록민속학'이라고 할 때는 민속학의 일부, '민속기록학'이라고 할 때는 기록학의 일부라는 뉘앙스 nuance가 있다. 따라서 기록학을 하는 사람은 '○○기록학', 민속학을 하는 사람은 '○○민속학'이라는 표현을 선호할 수 있고 학문적 입장에 따라 논쟁이 될 수 있다. 필자는 어감상 '민속기록학'이라는 말이 자연스러워서 이렇게 표현하기는 했으나 어느 한쪽에 무게를 두지는 않았다. 비록 민속기록학이 '민속학과 기록학'이라는 두 개의 뿌리에서 기인하고 있지만 한편에서는 두 학문을 변증법적으로 결합시킨 제3의 영역으로서 독자성도 모색할 수 있다. 물론 현재 독자적인 학문분야로서 존재할 수 있는 토대는 미약하며 두 학문 속에서, 즉 역사민속학, 비교민속학과 같이 민속학의 하위분야로 자리할 수 있고, 기록학의 하위분야로서 '공공기록물관리학'과 함께 '민속기록학'이 위치할 수 있다. 따라서 여기서 말하는 '학'이란 독립적인 학문분과라기보다는 어떤 학문분야의 한 갈래를 지칭하는 의미로 사용된 것이다.

〈그림 1〉 민속기록학

한편 민속기록학은 생활문화의 기록·보존·활용을 중점적으로 다루는 분야라는 점에서 '민속기록보존학', 혹은 '민속기록관리학'이라고 할 수도 있다. '민속기록보존학'이라고 하면 문화재학과 같은 느낌이 있고 '민속기록관리학'이라고 하면 기록관리학적인 감이 있다. 앞으로 이 분야가 발전하게 되면 명칭은 다양하게 사용될지 모른다. 그러나 연구대상과 목표는 크게 달라지지 않는다.

(2) 민속기록학의 개념과 목표

민속기록학은 민속학과 기록학의 결합을 바탕으로 한다. 양자는 여러 가지 측면에서 소통할 수 있는 인자를 가지고 있다. 기록에 대한 관심, 문화유산에 대한 관심, 역사인식, 게다가 기록학계에서 부각되고 있는 민간영역이나 공동체 아카이브community archives에 대한 관심은 양자의 거리를 좁히고 있다. 공동체community, 구술성orality, 전승지식lore, 민중folk, 민중의 생활문화는 물론 이러한 것에서 파생되는 정체성identity, 민주주의democracy, 거버넌스governance에 이르는 관념적인 측면까지 양자는 얼마든지 소통할 수 있다. 기록관리학이 민간 영역이나 공동체 아카이브를 인식할 때 민속학에서는 새삼스러운 것이 아니었으며 일상적으로 민간영역과 공동체 문화를 조사하고 기록해오고 있었다. 한편 기록관리학적 마음가짐이나 시야로 말미암아 민속학에서는 자기들이 하는 일의 가치를 새롭게 인식하고 보다 큰 틀에서 전략을 가지고 기록문화운동의 대열에 동참할 수 있다. 이런 점에서 양자의 결합은 서로를 이롭게 하며 그렇게 탄생되는 '민속기록학'은 양 학문의 발전은 물론 정부나 지자체, 민간에서 이루어지는 공동체 기록화사업 및 아카이브 활동에 상승효과가 크다. 양자의 공유점을 도표로 보자.

⟨표 1⟩ 기록학과 민속학의 공유와 소통

기록학/민속학, 공유와 소통이 가능한 것		비고
기록의 공간	공동체	기록학은 민간영역의 기록과 공동체 아카이브에 관심, 민속학은 공동체를 기반으로 하는 민속의 기록보존활용에 관심
기록대상(민속)	구술문화(구술사)	양자는 문자 밖의 문화(orality)에도 관심
	전승지식	공동체 내의 전승지식에 관심
	생활문화	공동체 내의 생활문화에 관심
기록의 관심영역	민간	지배문화나 주류문화 밖의 주변부에도 관심

기록의 관념적 지향	정체성	공동체의 정체성에 관심
	민주주의	투명한 기록문화를 통한 민주주의에 관심
	거버넌스	民·官의 협력적인 문화정책과 참여민주주의 지향

근래에 역사학계에서는 일상사, 생활사, 구술사에 대한 관심이 확대되었고 기록학계에서도 이러한 분야에 관심이 증대되고 있지만 이런 것은 민속학의 본질적 요소이다. 특히 이러한 것은 주류문화로부터 밀려나거나 주변부적인 것으로 취급되었으나 기록학계에서 주목함에 따라 민속학과 기록학의 거리는 한층 가까워질 수 있게 되었다.

여기에서 민속학과 기록학이 공유할 수 있는 것을 중심에 놓고 양자의 특기特技를 수렴하여 전문적인 학문체계로 만들어보고자 하는 것이 '민속기록학'이다. 즉, '민속기록학'이란 양자를 절충하여 공동체에서 일어나는 생활문화에 대한 기록·보존·활용의 방법을 체계적으로 연구하는 학문이다. 따라서 민속기록학은 공동체의 기록화나 아카이브와 같은 공동체의 기록문화운동을 선도하며 공동체의 정체성, 민주주의, 거버넌스와 같은 이상을 추구한다.

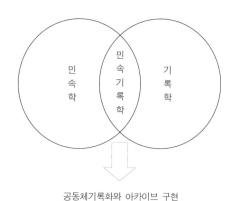

공동체기록화와 아카이브 구현

〈그림 2〉 민속기록학의 목표

이상以上을 종합하면, 민속기록학의 의도는 민속학의 생활문화 연구 및 조사 방법과 기록관리학적 소양을 결합하고 발전시켜 그것으로써 공동체의 아카이빙과 아카이브, 민간기록, 생활문화기록 등에 체계적으로 접근하자는 것이다. 그동안 이러한 학문체계가 존재하지 않으므로 민속학에서는 생활문화의 기록과 연구가 심화되지 못했으며 기록학에서는 민간영역이나 공동체 아카이브를 위한 기록화 논의가 있었으나 구체적인 실천방법을 찾지 못했다. 게다가 국가기록원의 민간기록물의 수집이나 조사, 한국학중앙연구원의 향토문화전자대전사업, 문화재청의 민속종합조사사업이나 무형문화재 기록화사업, 국립민속박물관의 민속기록화사업, 서울역사박물관의 서울지역 생활문화자료조사사업, 각 지자체의 지역문화 기록화사업, 마을지사업 등에서 전반적으로 아마추어리즘[11]이 난무하며 체계적인 방법이나 장기적인 전략이 부재하였다. 이러한 기존의 문제를 해결하고자 대두된 학문체계가 '민속기록학'이다.[12]

2) 민속기록학의 범주

민속학은 '기록'이라는 측면에서 기록학과 만날 수 있고 기록학은 '민간영역'이나 '공동체 아카이브'에서 민속학과 만날 수 있다. 민속기록학은 민속학에서 연구대상으로 하는 '생활문화'와 기록관리학에서 제기되는 '민간영역'의 기록을 아우른다. 민간영역의 기록이라는 것도 곧 인간의 삶의 자취로서 민속의 범주에 속한다. 따라서 이러한 것은 '민속'으로 통합될 수 있으며 문화유산으로서 미래적 가치를 가진다. 민속학은 생활문화에 대한 해석학이자 기록학이며 역사학이라는 성격을 강하게 내포하고 있는 학문으로써 기록관리학과의 교류를 필요로 하고 있다.[13]

양자의 절충을 통해 공동체 기록에 있어 전문성을 극대화시키려는 민속기록학은 공동체 아카이빙과 아카이브를 주된 연구대상으로 하여 이것에 대한 기록·보존·활용을 탐색한다. 따라서 기록론·보존론·활용론은 민속기록학의 연구방법과 이론의 중심적인 쟁점이다. 민속기록학은 이러한 연구대상과 방법을 중심으로 공동체community의 기록화와 아카이브의 활성화를 위한 지식을 탐구한다. 이것을 도표로 보면 다음과 같다.

· · ·

11 기록화에 대한 장기적이고 체계적인 전략이 부족하며 따라서 기록의 밀도성, 기록지로서의 요건(메타데이터 등)이 제대로 갖추어져 있지 않음.
12 민속기록학 교육이 지향하는 것은 이러한 것을 다루는 실무에서 전문성을 발휘하고 이 분야를 학문적으로 심화시킬 수 있는 민속기록전문가(민속아키비스트) 양성에 있다. 이들 전문가들은 앞에서 제시한 분야나 기관에서 전문지식을 발휘하며 성숙한 기록문화를 꽃피게 할 것이다.
13 김덕묵, 앞의 책, 364쪽.

〈표 2〉 민속기록학의 연구분야와 방법

연구분야	공동체 아카이빙과 아카이브	· 마을기록화와 마을기록관(maul archives) · 지역기록화와 지역기록관(regional archives) · 현대사회의 각종 공동체 기록화와 공동체 기록관 · 가족의 기록화와 가족기록관(family archives)
연구방법	기록론	· 민속기록과 현장조사 방법 – 기록대상 선별과 현장조사 방법 · 구술성(orality)과 기록 – 구술채록, 생애 및 생활사의 구술사적 접근 · 민속기록물 수집 – 문헌자료, 물질자료, 영상자료의 수집 · 민속기록지 작성법 – 자료의 정리 및 분석을 통한 민속기록지 작성 · 영상민속기록지 제작법 – 영상매체를 통한 민속기록지 작성
	보존론	· 민속자원의 보존방법 – 현장의 민속자원에 대한 보존 · 기록보존소의 운영과 관리 – 기록관의 운영과 관리에 대한 방법
	활용론	· 민속의 활용방법 – 민속활용을 위한 다양한 방안

3. 민속기록학이 제기된 배경

1) 기록학에서의 요구

(1) 민간영역과 공동체 아카이브에 대한 관심

최근 구미에서는 공동체 아카이브가 주목받고 있다.[14] 2009년에 발간된 'Community archives-the shaping of memory'라는 책[15]은 이러한 경향을 보여준다. 14편의 에세이로 엮어진 이 책은 기록과 커뮤니티의 관계 및 아키비스트의 책임감에 주목한다. 기록은 커뮤니티를 구축하고 유지하며 정체성을 통합하고 기억을 모으는 중추이며 가치 있는 지식과 능력을 제공하고, 커뮤니티는 기록을 통해서 스스로를 표현한다는 점에

• • •

14 커뮤니티 아카이브즈 운동은 특히 미국과 영국에서 지난 10년간 기록학자와 일선에서 일하는 아키비스트들에게 주목을 받으면서 발전되어 왔다. Anne J. Gilliland, "Community-centric Appraisal in Support of Community Governance, History and Voice", 『사회 거버넌스와 역사연구를 위한 기록관리의 역할과 기록학의 패러다임 변화 – 기록의 평가 문제를 중심으로 – 』, 한국외국어대학교 기록학연구센터 국제학술회의 자료집, 2012, p.43.

15 Bastian, Jeannette A, Community archives-the shaping of memory, Facet Publishing: London, 2009.

저자들은 동의한다. 기록과 공동체의 관계는 나라마다 다양하고 공동체도 각국이 처한 전통이나 상황에 따라 주관성을 가진다. 학자들에 따라서도 공동체에 대한 시야는 개인적, 지역적, 사회적, 국가적이거나 다양한 층위를 보여주기 때문에 이 책에서 공동체에 대한 분명한 정의를 내린 학자는 없으며 넓은 의미로 통용된다. 이 책에서 저자들은 기록의 개념적인 확장을 제시한다. 기록학에서 이전에 행한 방식을 넘어서 축제나 퍼레이드, 기념물, 음악, 인간행위나 문화활동 등을 아우르는 포괄적인 것으로 기록을 보고자 한다. 또한 기록을 보고 이해함에 있어 새로운 방식을 요구한다.

우리나라에서는 1999년에 '공공기관의 기록물 관리에 관한 법령'이 제정되고 지난 10여 년간 국가기록원 및 정부기관, 자자체 등에서 공공기록물을 수집하고 관리해오고 있다. 물론 각 기관이나 지자체의 내부 사정에 따라 시기나 형편은 차이가 있지만 공공기록물 관리에 대한 인식과 담당부서의 설치는 확대되어가고 있다. 이러한 공공기록물에 대한 관리는 한편으로 민간기록물과 민간영역의 기록에 대한 관심으로 이어지게 되었다. 다음의 글은 이러한 관심의 표명이다.

> 공공영역을 중심으로 한 기록관리, 이것만으로 우리의 삶을 담아낼 수 있을까? 기록관리가 행
> 동의 증거로서 기록을 남기는 행위라면 민간영역 역시 그러한 대상이 되어야 한다고 생각한다.[16]

물론 이러한 관심은 구미에서부터 불어왔던 포스트모더니즘의 경향에 힘입은 바도 있다. 거대담론에 의문이 제기되고 문화적으로 주변부에 밀려있는 것이나 사회적인 약자에 대해 주목하게 되었다. 최근 역사학계를 비롯한 "인문사회과학에서 일상사, 생활사, 구술사, 지방사에 대한 관심이 점차 증대되고 있다."[17] 이러한 경향들은 기록학의 내부에서도 공공영역에서 뿐만 아니라 민간영역으로 관심을 가지자는 목소리가 설

• • •

16 권순명, 「지역 아카이빙을 위한 기록화방안 연구」, 『기록학연구』 21집, 한국기록학회, 2009, 44쪽.
17 김주관, 「생활사 아카이브 구축의 의미와 방법 – 20세기 민중생활사 아카이브의 사례를 중심으로 –」, 『지방사와 지방문화』 8권 1호, 2005, 217쪽.

득력을 얻게 되었으며 구미기록학계는 물론 우리나라의 기록학계에서도 이미 연구들이 진척되고 있다. 국내 기록학계에서도 공동체 아카이브에 관심을 가지게 되고 비록 초창기라고 볼 수 있지만 마을아카이빙, 지역기록관, 생활사 아카이브 구축과 같은 논의들이 고개를 들고 있다.

(2) 민간영역과 공동체 아카이브의 기록에 있어 민속학적 연구방법론의 요구

기록학에서는 민간기록물에 대한 수집이나 공동체 아카이빙, 생활사 아카이브 구축, 구술사, 일상사 연구를 위해서 민속학적 경험과 방법론이 요구된다. 최근 기록학계에서는 민간영역에 대한 관심이 높아졌으며 공동체 아카이브를 위해 민간에 나가 기록물을 수집하고 지역에서 기록화사업을 해야 한다는 주장이 설득력을 얻고 있다. 그러나 실제로 현장에 나가 기록화사업을 할 수 있는 능력이 부족한 기록학계의 현실은 이 분야의 실무능력을 배양하기 위한 새로운 방법론이 요청된다. 그동안 기록학에서는 공공영역에서 생산된 기록물을 넘겨받아 그것을 보존·관리하는 부분에 교육이 집중되었기 때문에 민간영역에 대해서는 경험과 방법이 부족하다. 이러한 기록학계의 사정은 다음의 글[18]을 통해서도 알 수 있다.

> 사회전반의 기록화 작업을 달성하는 일은 쉽지 않았다. 1980년대 제시된 도큐멘테이션 전략의 실패를 언급하며 사람들은 주제 선별의 자의성과 협업의 어려움을 그 한계로 말한다. 도큐멘테이션 전략은 아키비스트가 협업을 통해 사회 안건이나 주제들, 혹은 지역에 관한 기록을 수집하고 재구성, 보존하는 것을 목표로 한다. 그러나 전략에 대한 이론적 연구가 선행되었음에도 불구하고, 실제 전략을 적용하는 일은 쉽지 않았다 …(중략)… 크게 문제시되었던 것은 새로운 기록전통을 세우기 위해 수집된 기록은 기존 기록 관리방식에서 다루지 않았던 생소한 기록이라는 사실이었다. 민간에서 생산된 기록들은 그 내용과 형태 면에서 대단히 다양했고, 기존의 기록 관리는

---

18 윤은하, 「공동체와 공동체 아카이브에 대한 고찰」, 『기록학연구』 제33호, 한국기록학회, 2012, 8쪽.

다양한 공동체로부터 수집한 민간 기록들을 이해하고 다룰 수 있는 근본적인 기록관리 인프라를 가지고 있지 않았다. 기록학계는 아래로부터의 기록 관리라는 새로운 영역으로 눈을 돌렸지만, 곧 스스로 이를 실행하기 위한 개념과 방법론이 부재하다는 사실을 깨달았다.

지자체의 의뢰를 받아 공동체 아카이빙을 한다고 해도 기존 기록학 교육을 받은 학생들의 기록화 능력은 현실적으로 일을 수행하기에 부족하다. 기존의 기록학 교육만 가지고는 민간기록자료의 보관처나 자료보유자를 찾아다니는 능력, 어떤 자료를 찾아야 하는지에 대한 자료 선별능력, 자료를 찾은 후 어떻게 분류하고 분석해야 하는지에 대한 능력, 자료에서 어떤 정보들을 얻어내고 어떤 의미가 있는지를 밝히는 능력 등을 제대로 배양할 수 없다. 이들 민간기록자료들은 수십 년이 지난 비현용자료이거나 문서가 아닌 일반 문헌자료나 사진인 경우도 많으며 문화재적 가치를 가지고 있다. 또한 자료의 내용은 생활사나 민속학적 가치를 가지는 것이 많다. 민속학적 소양이 전무하고 민속의 눈이나 문화의 눈으로 자료를 보지 못하는 기록학도가 그것의 의미를 밝히고 분석한다는 것은 애초부터 무리가 따를 수밖에 없다. 공공영역에서 생산된 자료를 인계받아 정해진 매뉴얼에 따라 자료를 분류하고 처리하는 경험만 가지고는 자료의 문화적, 민속적 의미와 가치를 찾아내지 못하고 그러한 자료를 제대로 관리하고 활용할 수 없기 때문이다.

현재 기록학 수준에서 할 수 있는 것은 어떤 대상자를 찾아가서 카메라를 고정시켜 놓고 미리 준비한 질문지를 읽어가면서 채록하는 구술사 조사가 전부라고 볼 수 있다. 그러다 보니 어떤 사람은 구술사를 하는 것은 기록학에 포함되지만 다른 민속에 대한 기록화는 기록학이 아니라는 엉뚱한 소리를 하는 사람도 있다. 물론 이러한 구술사 채록도 구술채록을 기본으로 하는 민속학적 방법에서 연유한 것이며 처음부터 기록학이나 역사학에서 관심을 가졌던 것은 아니다. 인근학문에서 공부한 사람들이 구술사와 관련된 교육을 하고 이와 관련된 프로젝트를 기록학계가 하면서 그나마 구술사를 할 수 있었던 것이다.[19]

공동체 아카이브를 위해서는 마을사, 지역사, 생활사적 측면에서 다양한 현장조사와 기록화사업이 펼쳐지고 이와 관련된 이론적 뒷받침을 해야 하는데 현재 기록학계의 역량은 이런 것에 제대로 대처할 수 없다. 아카이빙은 단시일에 교육될 수 있는 것이 아니다. 민속학계에서도 소수의 전문가를 제외하고는 익숙하지 못한 부분이기 때문에 기록관리학과 학생들은 전문적인 훈련을 받아야 한다. 만약 기록화사업에서 경험이 풍부한 팀장이 자세히 조사방법과 매뉴얼을 제시해준다면 어느 정도까지는 처리할 수 있지만 그것도 심층적인 현장조사에 이르기에는 턱없이 부족하다. 개인의 반복된 기록화 경험과 민속지식도 축적되어야 하기 때문이다. 물론 그렇다고 아주 어려운 일은 아니다. 처음부터 기록학계에서 구술사를 할 수 있었던 것은 아니며 인근학문의 도움을 받은 것처럼 다양한 유형의 민속기록도 교육을 받고 프로젝트와 같은 실무적인 일을 수행하다보면 기록화 능력은 심화될 것이다. 기록학이 이러한 과제를 해결하기 위해서는 무엇보다 민속학적 방법론이 요청된다. 민속학의 눈으로 민간영역의 자료를 수집하고 분류하고 분석·활용할 수 있는 능력, 민속학적 방법에 의한 현장관찰 및 기록화, 민속학자처럼 정보제공자를 만나 능숙하게 질문하고 그의 세계를 심층적으로 파헤칠 수 있는 소양 등이 담보되어야 한다. 민속의 눈으로 보면 종이로 된 기록물뿐만 아니라 인간의 삶의 주변에 존재하는 모든 것을 기록물로 인식할 수 있다.[20]

---

19 미국에서는 1948년 컬럼비아대학에 구술사연구소가 설립되고 1967년에 설립된 미국구술사연합회는 학술지 발간과 구술사·일반인을 위한 워크숍은 물론이고 구술사료 수집을 위한 매뉴얼 및 각종 양식, 수집 정보, 기록관리를 위한 기준과 정보 등을 제공하여 각지의 구술사가들과 기록관에 실질적인 도움을 주고 있다(한국구술사연구회, 『구술사 방법과 사례』, 선인, 2005, 30쪽). 근래에 국내에서도 미국에서 영향을 받은 역사학자 등 여러 학문분과에서 구술사에 관심을 가지고 있다. 민속학의 경우에는 현장조사 및 관찰 방법과 함께 일찍부터 구술사적 접근으로 생활문화를 규명해 왔다. 특히 무속연구에서는 무당의 종교체험이나 생애사를 채록하는 연구가 예전부터 이루어져 왔다.

20 "북미 흑인 공동체는 그 굴곡의 역사를 재즈를 통해 표현했고, 캘리포니아의 동성애자들은 종종 대담한 성적 이미지로 자신들을 설명하길 원했다. 일본계 미국인은 태평양 전쟁의 트라우마를 그들의 개인 일기에 고스란히 적었다. 물리학자 공동체는 복잡한 수식을 포함한 연구데이터를 기록으로 남기며, 미국 원주민들은 조상의 유골과 뼛조각으로 그들의 신성한 기억을 보존하고 있었다. 공동체들은 자신의 기억을 재현하기 위해, 자신들만의 특별한 방식을 선택했다. 따라서 아키비스트들은 민간기록을 이해하기 위해서는 개별적 공동체들이 자신의 기억을 어떠한 방식으로 기록화시키고, 그것을 어떻게 보존하는지, 또 왜 그렇게 하는지에 대한 전반적인 분석이 필요하다는 사실을 발견했다. 그리고 이는 대중에 대한 깊이 있는 이해가 전제되지 않으면 사실상 그들의 기록과 기억보존장치를 찾아낸다는 것은 불가능함을 암시하는 것이었다."(윤은하, 앞의 글, 11쪽). 이러한 것을 수행하기 위해서는

일반적인 기록물관리자의 범위를 넘어 문화연구자로서의 위상을 겸비한 아키비스트가 되기 위해서는 민속기록을 할 수 있어야 한다. 이렇게 될 때 문서고 밖의 넓은 세계를 조망할 수 있다. 민속기록은 문화의 영역을 기록학으로 가져올 수 있는 시야와 방법을 제공해준다. 이상에서 보는 바와 같이 공공기관에서 생산된 자료를 넘겨받아 정해진 매뉴얼에 따라 처리하는 업무를 중점적으로 다루는 기존 기록학 교육은 현장에서 문화를 채집하고 기록하는 일에 낯설기 마련이다. 그러다 보니 현장에서 부동자세를 취하거나 수동적일 수밖에 없다. 현장에서의 문화기록이란 스스로 판단하고 찾아가는 창의성을 토대로 하기 때문에 기록에 대한 새로운 접근이 요구된다. 기존 기록학계에서도 민간기록에 대한 전략을 세우고 방안을 설계한 글이 발표되고 있지만 현장경험이 부족하기 때문에 설계된 글도 구체성이 떨어진다. 아직 초창기라는 시기적인 문제도 있지만 방법론적으로 민속학의 도움을 받아야 한다.

2) 민속학에서의 요구

(1) 민속기록에 대한 이론적 기반과 전략 모색

기록은 민속학의 생리에서 필수적인 요소이다. 체계적이고 심화된 기록을 통해서 민속이 연구될 때 심도 있는 연구가 가능하다. 기록을 무시한 채 연구자의 섣부른 분석에만 의존해서는 깊은 연구가 수행될 수 없다. 또한 심화된 기록을 통해서 작성된 민속기록지가 축적될 때 다양한 연구자들이 충분히 이용할 수 있다.

두 사람이 있다고 해보자. A는 평소에 기록을 중시하여 민속을 조사할 때 그것을 재현representation할 수 있을 정도로 세세하게 기록을 하고 그것을 토대로 연구한다. B는 기록하는 것은 학문이 아니며 학문에서는 분석을 중시해야 한다고 하고 세세히 기록한 것을 보고 "조사보고서 같다"는 등 못마땅한 입장을 취한다. 그는 자신의 시각을

* * *

민속학적인 현장관찰과 조사방법이 요청된다.

중시하며 현장에서 자신의 눈에 포착되거나 마음이 가는 것을 일부 선택하여 충실한 기술記述 없이 논문을 쓴다고 하자. 누구의 논문에 더 깊은 민속지식이 실릴 수 있을까. 그리고 누구의 논문이 더 신뢰를 얻을 수 있을까. 그런 것이 반복된다면 오래 지나지 않아 학문적인 심화도에서 두 사람은 현격한 차이를 나타낼 것이다. 깊이 있는 조사와 기록은 기록했다고 하는 사실에 머물지 않는다. 더 깊이 있게 접근할 수 있는 경험

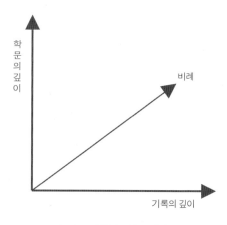

〈그림 3〉 학문과 기록의 관계

과 질적방법론을 수반한다. 즉, 깊이 있고 세세하게 기록할 수 있는 사람은 깊이 파고 들 수 있는 능력을 전제하기 때문에 누구도 그런 기록인을 섣부른 방법론, 분석론을 운운하며 비하할 수 없다. 깊은 기록은 깊이 들어갈 수 있는 성숙되고 전문화된 연구를 수반하기 때문에 '학문의 깊이는 기록의 깊이와 비례한다'고 해도 과언이 아니다. 인류학의 민족지ethnograghy가 문화에 대한 표상화니, 왜곡이니 하는 문제점을 낳는 것은 곧 이런 기본적인 기록의 중요성을 인식하지 못한 점도 원인이 된다.[21] 민속학의 내실화를 위해서 '기록'은 반드시 전제되어야 한다.

상아탑 밖으로 즉, 사회각계에서 요청되는 민속관련 기록화사업으로 화제를 돌려보자. 국가기관이나 지방자치단체에서는 민속기록화사업을 한다. 그동안 문화재청에서는 한국민속종합조사보고서를 발간하는 등 각종 조사사업을 했다. 그런데 당시의 인적자원이나 여건에서 볼 때 이런 기록화사업에 많은 노력이 투입되었음을 알 수 있으

• • •

21 인류학에서는 말리놉스키가 1915년에 멜라네시아 트로브리안드 제도에서 민족지(ethnography)적 현지조사를 한 후 현지조사를 통한 민족지 기술을 일반적인 연구방법으로 받아들였다. 그러나 이후 이러한 민족지가 객관성을 표방했음에도 불구하고 실제로 객관적이지 못하며 인류학자가 문화를 표상한 것에 불과하다는 비판이 일어났다. 민족지의 허구성이 폭로된 것이다. 필자는 민족지가 이렇게 될 수밖에 없는 것은 문화에 대한 충실한 기록을 등한시 한 측면도 원인이 된다고 본다.

나 오늘날 기록의 관점에서 보았을 때 많은 아쉬움이 있다. 처음부터 기록에 대한 장기적인 전략을 가지고 심화된 민속기록을 창출했다면 민속학의 수준도 한층 상승되었을 것이다. 물론 『한국민속종합조사보고서』는 민속학의 발전에 기여하였다. 그 조사사업이 있은 이후 조사사업에 참여했던 연구자들은 다양한 논저를 출간하면서 민속학의 발전을 낳았다. 학문의 깊이가 기록의 깊이와 비례한다는 말을 실감하게 한다.

그럼에도 그 조사사업이 한층 체계적이고 깊었으면 하는 욕심은 왜 생기는 것일까. 미래적 가치를 고려하여 보다 깊이 있는 기록화사업으로 진행되었다면 '한국민속학'의 위상도 오늘날 새로운 위치에 놓여있을 것이다. '한국민속종합조사사업'이나 기타 각종 기관의 조사사업이 비록 전적으로 민속학자에 의해서 이루어지지 않았다고 해도 그 결과물을 놓고 평가할 때는 민속학자나 민속학에 대한 평가로 이어진다.

"그런 것을 왜하는지 모르겠다", "민속학도 학문이냐" 등 국가기관에서 행해지는 민속조사사업에 대한 최종적인 책임 또한 민속학의 학문성 시비로 이어진다. 민속학자로서 억울한 점도 있다. 민속학자는 일부로서 참석했을 뿐인데 민속학 자체가 그것에 의해 비판되어야 한다는 점은 안타깝기도 하다. 오해를 받는 부분이 없지 않지만 그러나 어찌되었던 '민속'이라는 용어가 들어가는 사업에서 민속학자는 그것에 참석을 했든, 하지 않았든 일정부분 비판으로부터 자유로울 수 없고 또한, 책임감을 느낄 수밖에 없다.[22] 비록 민속학자 자신이 참석하지 않는다고 해도 큰 줄기에서 방향을 제시하고 선도해나가지 못한 점에 대해서 반성의 여지가 있다. 민속학자 개인의 연구가 아니지만 상아탑 밖에서 일어나는 각종 민속조사사업에 있어서 민속학자는 사회적으로 1차적 책임을 져야 하고 그것이 제대로 이루어질 수 있도록 방향을 제시해야 한다. 그런 점에서 이러한 비전을 가진 '민속기록학'의 역할이 요청되며 민속기록의 이론적 기반과 전략을 수립함에 있어 기록학적 사고와 방법이 도움을 줄 수 있다.

· · ·

22 오늘날 정규 민속학과에서 교과과정을 이수하고 전문훈련을 받지 않은 인근 학문의 연구자들이 민속연구에 참여하고 있는 현실을 감안하면 민속학자의 입장에서 착잡한 점도 없지 않다. 이들 유사 민속연구자들은 때로는 민속학에 긍정적인 영향을 미치기도 하지만 궁극적으로 민속학의 독립성과 전문성을 요원하게 하며 또한 민속학 해체론을 촉진할 수 있기 때문이다.

(2) 기록학적 사고와 방법의 요구

기록학은 '민간기록'이라는 영역에서 민속학과 조우遭遇한다. 물론 이러한 민간기록은 공동체 아카이브와 밀접한 관련을 가지고 있다. 따라서 기록학에서는 최근 일상사, 생활사, 구술사로 관심이 확대되었지만 이런 것은 민속학의 본질적 요소이다. 그럼에도 민속학에서는 그것을 자신의 장점으로 살리고 전문화시키지 못했다. 반면 인근학문에서는 이 분야를 파고들고 있는 상황이다. 민속학이 중요하고 할 일이 많은 학문임에도 불구하고 이에 대한 전문적인 교육부재와 정규 민속학과에서 제대로 교육을 받은 민속학자의 수적인 열세 등은 민속학 내실화는 물론, 민속학이 가진 학문적 장점조차도 묻힐 정도로 인근학문에 압도되는 처지에 놓이게 되었다. 물론 이런 부분은 앞으로 얼마든지 개선될 수 있다.

민속학이 개선되기 위해서는 교육의 내실화는 물론, 정규 민속학 교육과정을 받은 민속학자의 수적인 증대가 이루어져야 하며, 이를 위해 보다 많은 대학에 민속학과가 설립되어야 한다. 또한 기록에 대한 철학과 전략을 가져야 한다. 기록에 대한 전략과 비전을 가지기 위해서는 기록학적인 마음가짐과 이론이 결부되어야 한다. 기록관리학계가 지향하는 기록문화운동 즉, 공동체 아카이브, 거버넌스와 같은 민주주의를 기반으로 하는 항구적인 전략은 민속학에서 민속기록이 가지는 전략이자 사회적 실천운동으로 함께 할 수 있다. 이렇게 민속학은 기록학에서 거시적인 전략과 이론을 수용하여 '민속기록학'을 정립시킬 수 있다. 또한 이러한 전략은 근대를 배경으로 하는 내셔널리즘이나 근대민속학을 극복하고 신민속학[23]의 틀 안에서 민주주의를 민속학의 성격으로 가져올 수 있다.

---

23 신민속학에 대한 논의는 졸고 「한국민속학의 위상과 전문성 강화를 위한 개론서 집필 방향」을 참조할 수 있음.

3) 정보화 사회의 요청

"아는 것이 힘이다"라는 말처럼 정보력에 따라 우리는 경쟁사회에서 앞서나가기도 하고 뒤처지기도 한다. 정보는 재화가 되기도 하고 상품을 만드는 토대가 되기도 한다. 또한 기초자료가 되기도 하고 콘텐츠가 되기도 한다. 이러한 점에서 정보란 인간 삶에 필요한 모든 지식을 포함한다. 조상으로부터 물려받은 전승지식, 동시대에 다른 사람으로부터 전달받은 지식, 스스로 터득한 경험적인 지식 등이 정보가 될 수 있다. 인간이 정보를 전달하는 방법은 문명이 발달함에 따라 진화를 거듭해왔다. 구술로 전승되던 정보는 그 일부가 문자로 전달될 수 있는 문자기록이 가능하게 되었다. 그러나 문자의 발명은 구술문화oral culture의 모든 것을 담아내지는 못하였다. 월터 J. 옹이 "쓰기는 독점적이고 제국주의적인 활동이기 때문에 무슨 어원과 같은 역사적인 연결에 의지할 것도 없이 다른 것을 자신 속에 동화 흡수해 버리는 경향이 있다."[24]고 한 것처럼 구술성orality과 문자성literacy 사이에는 차이가 있기 때문이다. 한편, 문자를 가진 자와 가지지 못한 자로 계급이 나누어지고 문자기록은 계급을 가진 사람이나 그들이 중요하게 생각하는 것을 위주로 기록되었다.

문자의 발명은 종이, 인쇄술의 발명에 힘입어 인쇄문화를 낳게 했으며 정보는 이제 금석문, 그림, 문자, 책, 신문, 잡지와 같은 다양한 매체를 통해 전달될 수 있게 되었다. 과학기술의 발달은 사진, 동영상, 녹음기와 같은 시청각기술로 이어졌으며 이것은 영화와 TV, 라디오와 같은 대중매체를 낳았다. 한걸음 더 나아가 이러한 미디어에 그 방식을 바꾸는 획기적인 기술적 전환이 디지털을 통해 성취되었다. 이러한 디지털은 우리의 정보취득과 생활방식, 커뮤니케이션 방식을 크게 바꾸어 놓았다.

권상희는 디지털 미디어는 우리 감각기관의 연장이 아니라 감각기관 그 자체이고 생활공간 그 자체가 되는 패러다임의 변화라고 본다. 이 미디어는 세상과 나를 연결

・・・
24　월터 J. 옹, 『구술문화와 문자문화』, 이기우・임명진 역, 문예출판사, 2003, 23쪽.

하는 창window으로 세상의 정보와 지식을 요약해 내게 전해주는 수단이자 나를 세상에 부각시키는 매개체로 기능한다고 보았다. 최근 주목받고 있는 블로그, 미니홈피, 개인방송국, UCC 등이 '커뮤니케이션 미디어'이며 이러한 기본 기능에다 삶의 많은 부분이 이곳(디지털이 만든 공간)으로 옮겨온다고 본다.[25]

오늘날 인터넷을 통해 우리는 원하는 정보를 취득하고 아침에 일어나서부터 잠자리에 들 때까지 끊임없이 이러한 통신에 의존하고 있다. 놀 때, 쉴 때, 업무를 볼 때, 공부를 할 때, 연락을 할 때, 문서를 주고받을 때, 토론할 때, 건의할 때, 주장할 때, 친구나 동호인을 만날 때, 일대일 혹은 일대다수, 다자간의 소통에 있어 디지털이 제공하는 공간은 정보공간이자 소통공간, 알림의 공간, 놀이공간, 상거래 공간 등 모든 활동의 공간으로 현대생활에 깊숙이 들어와 있다.

사이버 공간은 이제 세상과 연결하는 통로이자 정보의 창고가 된다. 사람들은 세상의 정보를 컴퓨터에서 만나고자 하며 컴퓨터는 세상의 모든 정보를 담아내도록 요구받고 있다. 즉, 컴퓨터는 기록화를 통한 DB화의 토대 위에 있을 때 정보송신을 원활히 할 수 있다. 사람들은 이미 디지털 환경에 빠져있으며 그것을 통해 손쉽게 정보를 얻고자 한다. 최근에 대중화된 스마트폰은 현대인의 일상을 지배하는 도구가 되었다.

"기술의 발달은 민속의 소멸을 가져올 것이라고 생각할 수 있으나 사실이 아니다. 전화, 라디오, 텔레비전, 제록스 기기Xerox machine의 기술은 민속의 전송속도를 증가시켰다."[26]라는 던데스의 주장은 통신기술과 민속이 상생할 수 있음을 의미한다. 디지털 환경에서 민속정보는 '민속콘텐츠'를 형성한다. 이미 민속관련 연구소나 박물관에서는 디지털을 이용한 민속콘텐츠를 구축하여 서비스하고 있다. 이러한 정보의 대량유통이 가능한 디지털 환경은 이용자들의 입장과 기호에 맞는 다양한 양질의 정보를 요구한다. 따라서 충분한 데이터베이스가 구축되어야 한다.[27] "전통적 내러티브에서는

• • •

25 권상희, 앞의 책, 24쪽.

26 Alan Dundes, *INTERPRETING FOLKLORE*, Bloomington: INDIANA UNIVERSITY PRESS, 1980, p.17.

27 비록 정보를 전달하는 IT기술은 발달되었다고 하지만 이러한 환경에 정보를 올려놓기 위해서는 정보를 수집하고 모으고 기록하고 조사하는 일이 선행되어 콘텐츠가 축적되어야 한다. 그러한 정보의 축적 없이는 정보통신도 필

평균적인 시청자에게 얼마나 보편적인 소구력을 지닐 수 있는가가 중요시되는 측면이라면, 디지털 내러티브에서는 얼마나 다양한 취향과 선호도를 가진 이용자들을 이야기에 끌어들일 수 있는가가 평가의 기준이 된다."[28] 따라서 민속콘텐츠도 이용자들의 다양한 요구가 수용되는 이용자 중심적으로 고려되어야 한다.[29] 그럼에도 기존에 구축되어 있는 민속콘텐츠를 보면 자료의 폭과 깊이가 낮다.

정보통신분야는 급속히 발달되어 가는데 그것에 콘텐츠를 채워야 할 사람들의 능력과 인식은 크게 미치지 못하고 있다. 정보기술에 비해 그것에 내용을 담을 인력이 제대로 양성되지 못했기 때문이다. 그래서 공공기관에서 국책사업으로 준비해 놓은 디지털콘텐츠를 보면 막대한 돈과 우수한 기술이 제공됨에도 불구하고 내용은 실망감을 안겨주기 일쑤이다. 정보기술만 믿고 인문학적 지식이나 민속기록학적 소양을 간과한 채 내용물의 깊이나 가치에 대해서는 알지 못하는 실무자가 많다. 관련 콘텐츠에 대한 소양이 부족하다보니 이용자들의 요구를 제대로 읽지 못하고 얕은 내용물에 자족하거나 그것에 대한 변명을 늘어놓기도 한다. 민속콘텐츠는 인문학적 배경과 그와 관련된 민속기록학적 전문지식을 가진 사람들에 의해서 기획되고 생산되어야 한다. 이러한 전문가가 누락된 공공기관의 민속이나 지역문화와 관련된 공동체 아카이빙이나 공동체 아카이브는 실패할 수밖에 없다.

전문지식을 가진 사람들 간의 분업이 필요한 것이다. 알맹이를 채울 사람과 그것을 포장할 사람은 각자의 위치에서 할 일이 따로 있다. 정보기술은 있는데 알맹이를 채울 사람이 없는 작금의 현실에서 무작정 사업을 펼치는 것은 낭비일 수 있다. 국가기관에서 펼치는 많은 사업들이 이러한 점에서 부실성이 제기된다. 민속기록학과 같이 알맹이를 채울 수 있는 학문분야가 충분히 활성화되어야 한다. 민속기록학이 정보화사회에서 필요한 이유이다.

・・・

요한 정보를 제공해 줄 수 없다. 콘텐츠의 중요성이 다시 한 번 강조된다.

28 권상희, 앞의 책, 36쪽.

29 이용자의 입장에서는 자신의 이용목적에 부합될 수 있는 자료를 원한다.

민속콘텐츠는 민속기록을 전제로 한다. 이러한 디지털 환경에서 민속콘텐츠를 중심으로 지역의 문화를 수렴하는 것은 그것을 통해서 세계에 우리를 알리는 세계화 전략에도 어긋나지 않는다. 김창민의 견해를 들어보자.

> 전통문화 콘텐츠는 한 국가나 지역의 전통문화를 소재로 개발된 콘텐츠를 말한다. 이것은 원천정보를 확보한다는 측면에서 보면 가장 강한 경쟁력을 가질 수 있다. 자신의 전통문화는 다른 지역이나 국가에서 접근하기 쉽지 않는 폐쇄성을 가지고 있으며 고유성이란 측면에서 경쟁력을 가질 수 있기 때문이다. 전통문화콘텐츠가 각광을 받게 된 것은 크게 보면 세방화(Glocalization)와 맥락을 같이 하고 있다. 지역의 문화를 콘텐츠로 개발하면 세계적인 경쟁력을 가질 수 있다는 인식 때문에 전통문화 콘텐츠는 콘텐츠의 유력한 대안으로 주목받고 있는 것이다. 한류 열풍도 전통문화 콘텐츠에 영향을 끼치고 있다.[30]

디지털 환경에 의해 한층 강조되는 세방화시대, 문화산업의 시대, 정보화 시대, 참여민주주의 시대에 공동체에서 생산되는 민속지식과 민속정보의 자원화를 바탕으로 민속기록학은 새로운 역사를 준비하고 있다.

4. 민속기록학의
쟁점과 방법[31]

민속기록학은 공동체 내의 민간영역에 속하는 제반적인 요소, 즉 생활문화를 어떻게 기록하고 보존하고 활용할 것인가에 관심이 집중된다. 민속기록학의 발전은 이것에 대해 얼마나 전문지식과 방법론을 가지고 있는지에 달려있다.

• • •

30 김창민, 「전통문화의 디지털 콘텐츠화 방안: 한계와 가능성」, 『마을 민속자원화 어떻게 할 것인가』, 민속원, 2007, 64쪽.
31 여기에서는 간추려서 논의하고 상세한 서술은 다른 기회를 갖도록 한다.

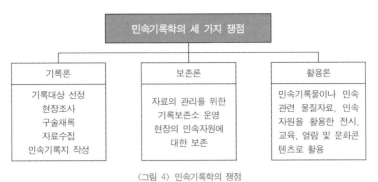

〈그림 4〉 민속기록학의 쟁점

1) 기록론

(1) 기록대상 선정

여기에서는 자료의 수집과 기록화 전략이 고민되어야 한다. 지역 아카이빙, 마을 아카이빙, 기록관 설립 등 연구의 성격에 따라 범위, 대상, 일정은 달라진다. 기록을 계획할 때는 나름의 매뉴얼을 만들고 그것에 맞추어 추진해나가겠지만 무엇을 기록할 것인가부터 고민이 된다. 기록대상을 주제에 따라 분류하여 그것을 중심으로 한다고 해도 그 안에서 소분류를 어떻게 하고 무엇을 선택하고 누락시켜야 하는지를 고민해야 한다. 공동체에서 즉, 지역 아카이빙, 마을 아카이빙, 어떤 단체에 대한 아카이빙을 하더라도 소분류를 통해 기록대상을 선별해야 한다. 여기서 우리는 공공기록물이 기록물보존소로 이관될 때 취해지는 평가과정과 비교해 볼 수 있다. 공공기록물에 있어서는 역사적 가치나 현용－준현용 가치가 없는 문서들은 폐기된다.[32] 역사적 가치에는 증거적 가치, 정보적 가치, 연구를 위한 가치 등 미래에 활용될 수 있는 문서의 가치를 고려한다. 공공기록물에 있어서는 기록관으로 문서를 이관할 때, 평가작업이 중요시 되지만 민속기록에서는 기록단계에서 무엇을 기록할 것인지에 대한 선별작업이

· · ·

32 김정하, 『기록물관리학 개론』, 아카넷, 2007, 60쪽.

요구된다. 공공기록물에 있어 모든 문서를 보관할 수 없듯이, 민속기록에서도 모든 것을 기록할 수는 없다. 예산, 시간, 인력 등도 고려해야 한다. 민속기록에서는 기록을 설계하는 단계에서 선택작업을 하게 되며 행정적 가치나 법적 가치와 같은 현용적 가치보다는 미래적 가치를 평가기준으로 삼는다. 즉, 미래를 위해 기록보존되어야 할 가치를 평가해야 한다. 문화유산적 가치, 역사적 가치, 증거적 가치, 정보적 가치, 연구를 위한 가치 등이 척도가 된다.

(2) 현장에서의 기록화

기록대상을 선정하고 나면 어떻게 기록할 것인가를 고민해야 한다. 이 단계에서는 기록물이나 기타 자료의 수집, 현장조사, 관찰, 구술채록 등 기록화에 관한 구체적인 방법이 고민된다. 대상 범위나 주제에 따라 다양한 방법이 있기 때문에 이 부분은 다른 기회에 상세히 다루도록 한다. 민속기록학에서 기록방향은 미래의 활용가치를 높이 평가하기 때문에 상세한 기록화가 요구된다. 또한 풍부한 민속지식이 담보될수록 높이 평가될 수 있다. 민속기록에서는 기록화를 설계할 때도 기록대상에 대한 선택작업을 해야 하지만 기록화 후에도 평가되어야 한다. 기록화를 통해 생산된 기록지가 '재구성'이 가능할 정도로 심층적으로 작성되었는지, 관련 민속지식들이 제대로 담겨있는지 등을 평가해야 한다.

민속기록에서는 기록대상의 선별이나 생산된 민속기록지에 대한 평가나 어떻게 기록할 것인가에 대한 방법에 있어서 '미래적 가치'가 척도가 된다. 또한 이러한 맥락에서 증거성과 맥락성, 전형성을 고려해야 한다. 가령 마을 아카이빙에 있어서 마을의 모든 것을 다 기록할 수는 없다. 선별해야 한다. 이때 공공기록물의 평가방법에서 제기되는 거시평가와 미시평가를 응용해 볼 수 있다. 즉 마을에서 중요하다고 생각되는 부분들만 기록할 것인가. 아니면 미시적 평가처럼 각각의 요소들 상호 간의 유기적인 관계망 속에서 그런 맥락을 살리는 기록을 할 것인가를 숙고해야 한다. 물론 실제 기록단계에서는 양자를 융합하여 민속기록전문가가 신축적으로 해야겠지만 나무와 숲을 고루 조망하여 전모가 잘 드러나게 기록해야 한다. 기록대상의 선정뿐만 아니라 기록방법에 있어서도 '전형성'을 고려해야 한다. 수많은 것을 다 기록할 수 없고 수집할 수도 없다고 할 때 우리는 지역의 특성, 혹은 대상의 일반적 성격 등을 담보할 수 있는 전형성을 고려해야 한다. 극히 예외적인 것이나 특정한 측면에만 몰두하면 안된다. 균형적인 시각을 가져야 한다. 물론 여기에서 다양한 측면 혹은 다양한 대상, 다양한 사람의 사례를 통해 간주관성intersubjectivity을 찾는 것이 필요하다. 민속기록은 인간의 경험세계를 주로 구술성orality에 의지하여 기록한다. 구술대담을 통해 추출된 대담자들의 다양한 사례에서 특수성과 일반성을 찾고 이러한 과정을 통해 민속지식이나 행위자들의 관념을 도출한다.

(3) 민속기록지 작성

현장조사가 끝나면 모아진 자료를 분석하여 민속기록지를 작성한다. 민속기록지는 현장에서 도출된 자료를 모아 체계적으로 정리하고 분석한 후 일정한 양식[33]에 맞추어 기술記述한 것이다. 훗날 이것을 이용하는 독자들을 위해 민속기록지 작성은 조사자의 관점과 피조사자의 관점을 분명히 구분해서 서술하고 최대한 객관성을 견지하도록 해야 한다. 또한 이용자의 입장에서 친절한 설명과 누구나 쉽게 읽을 수 있도록 배려해야 한다. 민속기록지가 이렇게 되기 위해서는 독자들이 현장에서 보는 것과 같이 가급적이면 상세히 기술해야 하며, 보고서가 가져야 할 6하원칙(언제, 어디서, 누가, 무엇을, 어떻게, 왜)[34]과 기타 자료의 맥락을 알 수 있는 메타데이터를 첨부해야 한다.

민속기록지는 '조사보고서식'과 '논문형식'으로 구분할 수 있다. 전자는 조사된 내용을 가급적 그대로 담아내어 분석부분에 비해 서술부분이 많이 할애될 수 있다면 후자는 형식과 분량이 논문에 준해야 하기 때문에 분석부분의 비중이 확대되고 서술부분은 전자에 비해 감소한다. 전자가 기록보존소의 소장자료로 이용된다면 후자는 연

• • •

33 민속기록지의 양식에 대해서는 뒤에서 다루었다.

34 "조사의 내용에 따라서도 조사방법에 차이가 있을 수 있는데, 대체로 내용에 대한 '6하원칙'에 의해 조사가 이루어지고 또한 보고서가 작성되어야 한다", 장철수, 『한국 민속학의 체계적 접근』, 민속원, 2000, 143쪽.

구자의 학문적 수단인 논문으로 이용된다.

전자는 기록화 과정에서 생산된 녹음 및 영상자료, 기타 수집자료 등을 텍스트 자료와 함께 기록보존소에 소장하여 활용할 수 있는 반면, 후자가 일반에 공개되는 것은 주로 텍스트 자료이다. 또한 전자가 일반적으로 공동체 아카이빙과 같은 프로젝트에서 행해진다면 후자는 주로 대학의 기록관리학과나 민속학과 학생, 연구자들의 학위논문이나 학술활동의 수단으로 이용된다. 그러나 전자라고 하더라도 후자와 같이 일정한 양식을 갖추어야 하며 후자라고 해도 일반적인 학술논문과 같이 분석부분에만 치우치면 안 된다.

민속기록지는 '상세하게 서술한 부분'을 잘 살려야 한다. 그렇게 할 때 민속기록지의 성격이 담보될 수 있다. 그러나 실제 연구에서는 층위가 다양할 수 있다. 필자의 연구를 예로 들면 졸고 「현대도시사회에서 무속용품의 유통에 대한 현지연구 – 성남의 만물상을 중심으로 – 」[35]는 분석부분이 두드러지는 반면, 「성남지역의 가신신앙에 대한 민속지적 연구」[36]는 장황한 서술부분이 두드러진다.[37] 연구의 목적과 대상, 성격 등에 따라 민속기록지에서 서술과 분석부분의 역학관계는 다층적이겠으나 어느 것이든 서술과 분석에서 한쪽이 일방적으로 무시될 수는 없다. 민속기록지에서 분석은 기록자의 설명과 의견을 첨부하는 것으로 메타데이터의 일종이라고 볼 수 있다.

(4) 민속기록지에 대한 평가

기록화 작업을 거쳐 민속기록지가 작성되면 평가가 이루어져야 한다. 엄격한 평가작업이 배제되면 민속기록지는 내실성이 감퇴된다. 민속기록지를 평가할 때는 기록대

• • •

35 김덕묵, 「현대도시사회에서 무속용품의 유통에 대한 현지연구 – 성남지역의 만물상을 중심으로 – 」, 『비교민속학』 제41집, 비교민속학회, 2010.
36 김덕묵, 위의 책, 287~360쪽.
37 물론 이 글들이 전적으로 민속기록지를 목적으로 작성되었다고 볼 수는 없으나 필자의 내면에서 민속기록지를 갈 구하는 마음이 없지는 않았다. 아직 민속기록학에서 전문적인 민속기록지의 생산이 미흡하지만 기다은 · 김덕묵, 「현대 아동놀이에 대한 민속기록지: 서울시 송파구 올림픽아파트 일대의 놀이터를 중심으로」, 『민속기록학』 1집, 2016은 시발점이 된다고 볼 수 있다.

상 선정과 접근방법이 제대로 이루어졌는가, 재구성이 가능할 정도로 상세하게 기록되었는가, 메타데이터와 6하원칙이 잘 지켜졌는가, 민속기록지의 내용을 신뢰할 수 있으며 심층적으로 이루어졌는가, 민속지식이 제대로 담지되고 있는가 등이 검토되어야 한다. 조사보고서식 민속기록지는 프로젝트를 주관하는 관련기관에서 평가작업을 하고 필요에 따라 보완작업이 이루어지도록 해야 한다. 학술논문을 목적으로 하는 민속기록지도 민속기록학적 시각에서 적절한 논문심사를 통해 피드백feedback이 이루어져야 한다.[38]

〈표 3〉 공동체 기록화의 과정

단계	내용
기록대상의 선별	선택과 집중 ※ 선택 시 고려사항 증거성, 맥락성, 전형성 ← 민속기록전문가의 가치판단이 중요
현장에서의 기록화	현장조사, 구술채록, 자료수집 ※ 기록 시 고려사항 미래의 활용성, 재구성이 가능할 정도로 상술
민속기록지 작성	자료의 정리 및 분석을 통한 민속기록지 작성 ※ 기록지 작성 시 고려사항 객관성, 메타데이터와 6하원칙, 상세한 기록, 이용자의 입장
민속기록지에 대한 평가	앞에서 제시한 요건이 제대로 이루어졌는지 전반적인 평가 ← 조사보고서식 민속기록지는 프로젝트를 주관하는 기관에서, 논문형식의 민속기록지는 논문심사를 통해 피드백을 요청

그동안 국가기관에서 이루어진 기록화사업은 그것을 시행하는 기관마다 늘 기록의 당위성을 표방했지만 막상 사업을 통해 도출된 결과물을 보면 기대에 미치지 못했다. 때로는 사업을 수행하는 사람들이 기록에 대해 진정성을 가지고 있었는지 의구심이 들기도 한다. 어쩌면 방법과 전략이 부족했다고 볼 수도 있다. 민속기록학과 같이 구

---

38 이러한 일을 원활히 수행하기 위해 2014년 10월 민속기록학회가 창립되었다.

체화된 기록화 전략과 방법을 가지고 있는 학문이 이전에 있었다면 그동안의 기록화사업은 한층 내실 있게 진행되었을 것이다. 이제 민속기록학으로 새로운 전환기를 마련해야 한다.

"세밀한 기록을 할 수 있다는 것은 그만큼 볼 수 있다는 것이고 학문의 심화도가 깊다는 것을 의미한다."[39] 따라서 밀도 있는 기록이란 밀도 있게 기록하자는 구호만으로 이루어지는 것이 아니라 기록대상을 밀도 있게 볼 수 있는 시야가 있어야 한다. 기록자 자신이 지니는 기록대상에 대한 심화된 이해와 학문적 자질을 전제로 한다. 그동안 국가기관에서 이루어진 기록화사업이 가지는 난제 중 하나는 기록자들의 자질과 능력이 검증되지 않았으며 제대로 전문성이 요구되지도 않았다는 점이다. 기록화사업이 만약 어떤 교수에게 주어지면 대개 석사과정 학생들에 의해 조사가 이루어졌다. 각 기관에서 기록화사업을 할 때도 현장조사를 다니는 사람은 대개 학문적인 연륜이 낮은 사람들이다. 또한 해당분야에 대한 지식이 결여되어 있는 경우가 많다. 이런 경우에는 민속기록전문가가 조사원들에게 충분한 사전지식을 습득시키는 교육과정이 있어야 하는데 그런 것도 없이 조사현장에 투입되고 있어 최종결과물도 신뢰성이 떨어진다. 게다가 전체 사업을 기획하는 책임자도 해당분야에 대한 지식이 부족하다보니 조사를 하는 사람이나 조사를 기획하고 총괄하는 사람 모두가 비전문성을 드러내고 있어 문제는 심각하다. 이러한 문제를 해결하기 위해서는 훈련된 민속기록전문가가 양성되고 그들이 국가기관에서 담당업무를 수행해야 한다.

2) 보존론

보존이란 미래에도 지속가능하도록 관리하는 것이며 이것은 활용을 염두에 둔 것이다. 그동안 기록관리학에서 보존이란 공공기록물의 관리에 대한 관심이었다. 민속학

---

39 김덕묵, 앞의 책, 365쪽.

에서는 도시화·산업화로 인해 급격히 소멸되어 가는 전통적인 생활문화의 보존에 관심을 두었다.[40] 따라서 '보존'이라고 할 때 민속학의 경우에는 민속의 보존을 떠올릴 수 있고 기록관리학의 경우에는 기록물에 대한 합리적인 관리의 측면을 상기하게 된다. 민속기록학에서는 양자의 경우를 수렴하여 보존문제가 고민되어야 한다. 따라서 공동체에 있는 다양한 민속자원의 보존문제와 기록보존소의 운영과 관리 등이 함께 고민되어야 한다. 또한 전자와 후자가 별개의 문제로 취급되기보다는 양자가 공동체의 정체성을 담보하고 문화자원으로 존재한다는 점에서 연계될 필요가 있다. 가령 공동체 내에 있는 민속자원을 공동체 아카이브에서 파악하고 분포현황을 지도화 mapping 해놓고 지역주민과 협력하여 관리할 필요가 있다. 지역기록관인 경우, 기록관 내의 자료뿐만 아니라 그 지역의 관할에 있는 민속자원도 돌보아야 한다.

(1) 민속자원의 보존

민속기록학에서는 인간 주변에 존재하는 모든 것을 문화재이자, 기록물의 관점에서 본다. 고인돌은 고대인의 생활을 말해주는 기록물이자 문화재이며 마을 뒷산에 있는 선산은 그 마을을 앞서 살다간 사람들의 증거물이자 기록물이다. 그러나 기록의 문제에서처럼 보존의 문제에서도 '선별'을 해야 한다. 무엇을 보존할 것인가, 주요한 것만 보존할 것인가, 다양한 맥락을 알 수 있도록 많은 것을 보존할 것인가. 그동안 우리의 문화재 보존은 지배계급의 유물에 집중되었다. 민속기록학에서는 다양한 계층과 집단의 모습을 담보할 수 있는 고른 선택이 필요하다.[41]

보존대상의 선별과 함께 보존방법도 선택해야 한다.[42] '현장보존' 즉, 민속이 존재하

...

40 주로 과거의 흔적이 지워지는 것을 우려해 증거성, 미래적 가치, 활용, 공동체의 정체성 등을 고려하여 일정부분 남겨두는 것에 관심을 가졌다.
41 이러한 자원으로 고택, 동제당, 선산, 시장터, 추억의 기차역, 역전 골목, 기도터, 우물, 빨래터, 제사유적, 보호수, 동제, 안택고사, 줄다리기, 민속놀이, 화전놀이, 세시풍속, 화로, 다듬이돌, 맷돌, 고가구, 지명 등 유·무형의 다양한 형태와 종류들이 포함되며 이러한 것은 공동체의 정체성을 말해주는 코드이자 민중생활사를 대변하는 자료이기도 하다.
42 건설공사 안에 포함된 문화재의 처리는 대체적으로 사업지구에서 제척하는 방법(제척), 사업지구에 포함시키되 공

는 그곳을 보존하는 방법이다. 과거의 모습을 그대로 담고 있는 거리, 마을, 민가, 동제당, 상여집 등을 현장 그대로 보존하는 것이다. 이러한 곳은 주변을 잘 다듬어서 공원을 만들어도 된다. 현장보존이 어려운 경우 '이동하여 보존'하는 방법이 있다. 수몰지역의 민가를 민속촌으로 옮기거나 강원도 산간지역에 있는 폐가廢家를 박물관이나 기록보존소에 옮겨놓을 수도 있다. 민구와 같은 것은 그것이 사용되고 있는 곳에 남겨두는 것이 이상적이겠으나 부득이 한 경우에는 마을기록관이나 향토기록관으로 옮겨놓아야 한다. 이동보존에서 유의할 점은 원래 있던 곳에서 가까운 기록관으로 옮기는 것이 바람직하다. 그 지역을 증거하기 위해서는 최대한 가까운 곳에 위치하는 것이 유리하기 때문이다.

무형민속유산의 '전승보존'도 고려해야 한다. 무형의 민속이나 민속지식은 행위자들이 자체적으로 그 집단에서 전승시킬 수 있도록 하는 방법도 있고 그것이 여의치 않을 경우에 특정한 외부인(주로 젊은 세대)에게 전수교육을 시키는 방법도 있다. 즉, 주민들이 민속놀이나 세시풍속을 유지할 수 있도록 권장하고 지역문화재 지정과 같은 방법으로 보존시키는 방법도 있고 광명시 아방리의 경우와 같이 인근에 있는 충현고등학교 학생들에게 농요와 풍물 등을 전수시켜 대를 잇게 하는 방법도 있다. 학생들은 고등학교에서 동아리를 통해서 이런 것을 배우고 대학에서도 전통예술을 전공한 후 주민들이 공연을 할 때 함께 참석하는 경우도 있다. 우리나라는 어디에든 많은 민속예술이 존재하는데 상당수의 지역에서 방치되고 잊혀져가고 있다. 광명시에서는 몇 사람이 앞장서서 노력하여 보존시킬 수 있었다. 이러한 인의적인 보존노력이 필요하다. '기록보존'도 있다. 기록보존은 다른 보존방법과 병행되기도 하고 다른 보존방법이 불가능할 때는 부득이 기록보존으로만 자료를 남길 때도 있다. 가령 현장보존이나 이전보존 등이 쉽지 않은 어떤 대상물은 그것이 위치한 장소가 다른 용도로 변경됨에 따라

• • •

원이나 녹지에 포함시키던가 하여 보존하는 방법(현상보전), 다른 지역으로 이전하여 보존하는 방법(이전보존), 발굴조사 등을 실시하여 기록을 남기는 방법(기록보존)이 있다. 김희태 외 2인, 『문화재학 이론과 실제』, 향지사, 1998, 83쪽.

영원히 사라질 수밖에 없는 처지가 된다. 또한 부득이 전승보존이 어려운 무형의 민속이나 민속지식도 있다. 이러한 것은 꼼꼼한 기록보존이 이루어져야 한다. 공동체 내의 자원들이 잘 보존되고 관리되는지 보존의 문제에서도 '평가작업'이 요구된다. 민속기록학에서는 보존관리를 잘하는 공동체의 사례를 알리고 특정 공동체가 이런 것을 잘하고 있는지 해당 공동체 아카이브의 업무평가를 할 때 이런 점을 고려해야 한다.

(2) 기록보존소의 운영과 관리

보존은 a) 원래의 모습을 보존하는 방법, b) 시대의 흐름에 따라 변화의 물결을 거부하지 않는 보존, c) 형태나 전승현장은 사라졌다 해도 언제든지 재구성이 가능한 기록물을 남겨놓는 경우로 구분할 수 있다. 원래의 모습을 잘 보존하는 것도 중요하다. 시대가 흐른 후에도 애초의 모습을 볼 수 있다는 것은 오랜 시간이 지난 후에 가지는 역사성, 증거성, 시대성 등 다양한 가치를 지니고 있다. 따라서 있는 그대로를 보존하는 것은 중요한 의미를 가진다. b)와 같이 애초의 모습을 고수하지 않고 변화의 흐름을 거스르지 않는 것은 시대에 따른 민속의 전승양상과 변화상을 볼 수 있다. a)와 b)의 사례가 함께 있다면 민속의 통시적 고찰에 유용하다. c)는 철저하게 기록보존이 되어 있을 때를 말한다. 숭례문이 화재로 원래의 모습이 사라졌다고 해도 철저하게 기록해 놓은 도면, 사진자료 등을 통해서 재구성이 가능하다. 민속기록에 있어서는 전승물과 전승현장을 보존하는 것도 중요하지만 그것이 소실되었을 때를 대비하여 철저하게 기록보존하는 것도 중요하다. 현장을 보존하지 못한다면 '기록보존'이라도 철저하게 해두어야 한다.

기록보존은 재구성이 가능할 정도로 상세히 기록한 후 그것을 언제든지 활용할 수 있도록 하는 방법이다. 기록과정에서 수집된 자료나 생산된 민속기록지, 멀티미디어 자료도 미래적 가치가 크기 때문에 안전하게 보존해야 한다. 현장에서 보존하기 어려운 자료나 현장에서 수집되고 기록된 자료, 기록물 등은 일정한 시설이 갖추어진 기록보존소에서 관리해야 한다. 이러한 보존소는 지역사회의 공동체 아카이브로서 공공의 이익을 위해 사용될 수 있다.

단계	내용
보존대상의 선별	현장의 민속자원에 대한 보존과 기록보존소의 운영 및 관리 ※ 선별에서 공동체의 정체성을 중요하게 고려
보존방법	현장보존, 이동보존, 전승보존, 기록보존 ※ 민속기록전문가가 기록보존소뿐만 아니라 지역주민과 연계하여 현장의 민속자원도 체계적으로 관리
평가	앞에서 제시한 요건이 제대로 이루어졌는지 전반적인 평가 ※ 주기적인 평가와 모범사례에 대한 정보교류

3) 활용론

(1) 민속의 활용가치

기록과 보존, 활용은 상호 의존적이며 순환적 관계 속에 있다. 기록과 보존이 전제될 때 활용이 가능하지만 활용성이 있을 때 기록과 보존도 탄력을 받는다.[43] 오늘날과 같이 급속하게 도시가 팽창되고 이미 상당한 도시화 속에 살고 있는 현대인에게 민속의 활용은 그 어느 때보다 중요하게 대두된다. 2000년 이후 우리사회에는 문화콘텐츠의 중요성이 강조되고 민속과 생태에 대해서 새로운 시각이 주어지기 시작했다. TV에서도 '1박 2일'과 같이 향토를 찾아가는 프로그램이 인기를 얻게 되고 농촌체험프로그램, 향토음식에 대한 관심 등 전통적인 생활양식, 환경, 생태 등에 대한 관심이 부쩍 늘었다. 1990년대에만 하더라도 이러한 프로그램이 방영되었다면 인기를 얻기 힘들었을 것이다. 그만큼 현대인의 삶은 도시화 되었으며 전통적인 농경생활, 환경, 생태 등과 멀어졌음을 반증한다. 지난날의 삶의 자취, 우리를 되돌아보게 하는 자화상은 마냥 시간의 흐름 속에서 사라져가는 것이 아니라 자원으로써 현대인의 삶을 풍요롭게 한다. 역사의 수레바퀴 속에서 현재와 미래의 의미와 방향을 탐지할 수 있듯

• • •

43 김덕묵, 「문화콘텐츠 시대의 민속기록과 활용」, 『비교민속학』 제43집, 비교민속학회, 2010, 285쪽.

이 지난날의 삶의 자취는 그 이후를 살아가는 사람들에게 영감과 안정, 휴식을 주는 자원이 된다.

민속기록학에서는 이러한 지난날의 기억과 삶의 자취를 어떻게 활용할 것인가에 대해 주목한다. 물론 민속은 현재도 행해지는 진행형이지만 당대의 민속이 당대에 곧바로 주목받기는 힘들다. 당대의 일상 속에 존재하는 것은 a) 과거에서부터 누적되어 전승되어 오는 것, b) 현재의 사회적 환경 속에서 생성된 것, c) 앞의 둘이 혼합된 것이 있는데 시간의 층위가 쌓여감에 따라 과거의 것은 비록 '신식'에 의해 밀려나는 '구식'이 되지만[44] 그것은 한편으로 공동체의 기억과 정체성을 말해주는 코드로서 문화적 가치를 가진다. 현재 국립민속박물관 야외마당에 조성된 1960~1970년대의 골목 안 풍경이나 김기찬이 촬영한 서울 달동네의 골목 사진[45]은 추억의 공간이자 기록물로서 활용된다. 당시에는 그저 삶의 주변에서 흔히 볼 수 있는 것이었으나 시간이 지나고 그런 것이 일상에서 사라져 감에 따라 과거를 보여주는 자원이 된다.

일상에 널려있는 모든 민속은 민속자원으로써 잠재적인 가치를 지니고 있으며 그것

〈그림 5〉 국립민속박물관에 조성된 옛거리

은 한 세대를 경과하는 30여 년이 지나면서 민속문화재적 가치로 상승한다. 아버지는 한 세대의 앞 즉, 자신이 경험한 어린 시절의 민속을 지금은 볼 수 없는 아들의 세대에게 "내가 초등학교에 다닐 때는 이런 곳에서 살며 이런 놀이를 하고 놀았단다."라고 설명을 해준다. 필자가 학창시절에 본 30년 전의 인사동 거

• • •
44 "생활문화를 구식이나 신식으로 구분할 수 있거나, 또한 그것들이 함께 공존할 수 있다는 점이 바로 생활문화가 역사적으로 형성되어 변화된 소산물임을 나타내 주는 것이다", 장철수, 앞의 책, 81~82쪽.
45 김기찬, 『골목안 풍경 전집』, 눈빛, 2011.

리와 지금의 인사동은 많이 변했다. 30년 전의 모습을 지금 볼 수 있다면 한층 관광자원으로 활용가치가 높을 것이다.

현재 삶의 주변에서 흔히 볼 수 있는 현용민속[46]은 시간이 지남에 따라 비현용성이 증대되지만 그것에 대한 기록과 보존이 전제된다면 새로운 활용가치를 지니게 된다. 물론 민속에 따라 차이가 있겠으나 대개 30여 년을

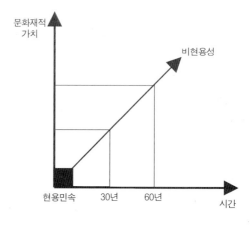

〈그림 6〉 시간에 따른 민속의 가치

넘김에 따라 점차 민속문화유산으로써 가치를 발휘한다. 당대의 민속은 시간이 지남에 따라 과거의 증거자료로서 희소성과 문화재로서의 가치가 증대되기 때문이다. 건축물의 경우에는 50년이 지나면 문화재적 가치를 인정받게 되며 현용민속이 100여 년의 세월을 넘기게 되면 한층 귀한 문화재로 격상된다.

(2) 민속의 활용방법

민속을 문화유산의 관점에서 바라보아야 하는 것은 활용적 가치가 있기 때문이다. 세월이 지남에 따라 가치가 증대되는 민속문화유산을 우리는 어떻게 활용할 수 있을까. 기록되고 보존된 민속자원은 전시와 공연, 축제, 테마파크, 디지털콘텐츠, 테마여행, 교육, 문화상품과 같은 각종 문화콘텐츠로 활용할 수 있을 뿐만 아니라 생활사 구축, 공동체의 정체성 등 다양한 측면을 충족시켜 줄 수 있는 자원으로 활용된다. 이러한 민속의 활용을 위해서는 생활 속에서 하찮게 보이는 것도 문화유산의 관점에서 인식하고 기록학과 민속학적 소양을 가지고 기록하고 보존해야 한다. 또한 그것은 기록

---

46 현재 생활 속에서 행해지거나 사용되는 민속.

의 공공성을 위해서 많은 사람들에게 활용되고 공유되어야 한다. 민속자원은 공동체의 자치와 주민참여를 이끌어내는 공유와 소통의 기제로서 문화변방에서 문화의 중심으로, 하찮은 것에서 새롭게 인식되는 것으로, 지배자 중심의 기록에서 모든 인간의 기록으로, 문화독재에서 대중의 참여민주주의로, 중앙에서 지방으로, 공공영역에서 민간영역으로 기록학과 민속학의 패러다임을 새롭게 한다.

5. 민속기록학의 과제

1) 대학에서 민속기록학에 대한 교육과 연구기반 조성

(1) 민속기록학을 위한 연구기반 조성

민속기록학이 발전하기 위해서는 충분한 연구기반이 조성되어야 한다. 기록관리학에서는 기존의 공공기록물관리학과 함께 민속기록학이 양립할 수 있는 교육환경이 제공되어야 한다. 기록관리학에서 민속기록학이 자리잡기 위해서는 무엇보다 인식의 전환이 필요하다. 대개 직업교육의 성격이 강한 현재 기록관리학에서는 공공기록물관리를 중심으로 하고 있다. 간혹 민속기록과 관련된 논문을 쓰겠다고 하는 대학원생들도 막상 논문을 집필할 때는 공공기록물관리 쪽으로 주제를 바꾸는 경우가 많다. 공공기록물관리와 관련된 논문이 취업할 때 유리하다는 이야기를 주위에서 듣기 때문이다. 실제로 그런지는 모르겠으나 이러한 생각은 공동체 아카이브가 활성화되고 각 기관에서 일할 때 민속기록학이 중요한 역할을 한다는 것이 인식된다면 점차 사라질 것이다.

학생들이 민속기록학 분야로 논문을 쉽게 쓰지 못하는 다른 이유는 표본으로 삼을 만한 선행연구가 부족하다는 점이다. 학생들은 논문을 집필하려고 해고 쉽게 방법을 찾지 못한다. 게다가 평소 기록화에 대한 훈련이 부족하고 현장조사에 익숙하지 않은 그들에게 현장조사는 부담으로 작용한다. 그러나 민속기록학과 관련된 이론과 방법론이 구체화되면 연구는 활기를 띠게 될 것이다. 대학에서 민속기록학이 발전하기 위해

서는 학술논문이 활성화되어야 한다. 민속학계에서도 민속기록학이 교육되고 충분한
연구기반이 조성되어야 한다.

(2) 민속기록전문가 양성을 위한 교육

민속기록학에서는 체계적인 교육을 통해서 민속기록전문가를 배출하고 그들이 사
회에 진출하여 민속기록학을 필요로 하는 공동체 아카이브에서 충분한 능력을 발휘할
수 있도록 해야 한다. 전문적인 교육을 받은 민속아키비스트가 지역기록관, 문화재기
관 등에서 활동할 때 민속기록학의 사회적 실천이 구체화될 수 있다. 따라서 교육뿐
만 아니라 이들을 수용할 수 있는 사회적 기반을 만들어가야 한다.

2) 민속기록학의 사회적 실천과 공동체 아카이브 운동

(1) 공동체 아카이브 운동

공동체는 공간영역뿐만 아니라 일정한 공간의 범주를 넘어서는 다양한 모임이 포함
된다.[47] 민속기록학은 공동체의 정체성identity과 그것을 담보하고 있는 각종 코드(민속)
에 관심을 가진다. 공동체 내의 이러한 코드를 기록하고 수집, 관리하는 곳이 공동체
아카이브이다. 공동체 아카이브community archives 운동은 민속기록학의 사회적 실천의
중요한 방향이다. 공동체 아카이브가 활성화될 때 기록문화에 대한 사람들의 인식도

• • •

47 Dundes는 하나 이상의 공통된 요소를 가진 어떤 그룹의 사람이라면 'folk'라고 볼 수 있으며 두 사람 이상만 되어
도 하나의 그룹이 구성될 수 있다고 보았다. 그룹의 멤버들은 서로를 잘 모른다고 해도 그 그룹에 있는 전통의
일반적인 요소들을 알고 있으며 그러한 전통은 그룹에 정체성을 제공한다. 또한 하나의 그룹은 국가만큼이나 클
수도 있고 가족만큼이나 작을 수도 있다고 보았다(Alan Dundes, *INTERPRETING FOLKLORE*, Bloomington:
INDIANA UNIVERSITY PRESS, 1980, p.6~7). Dundes는 이러한 그룹을 'folk groups'이라고 하였는데 이점은 민
속기록학에서 '공동체(community)'의 개념을 고려할 때 참고할 수 있다. 개념상으로 groups과 공동체가 차이가
있다 해도 오늘날과 같이 공동체의 개념이 넓혀진 상황에서는 그룹도 공동체의 일종이 될 수 있다. 특히 던데스가
국가만큼 큰 것도 groups의 범주에서 보았다는 점에서 그는 groups의 범주를 이미 통상적인 개념 이상으로 확대
하고 있으며 그런 그의 문맥(context)에서 볼 때 groups은 오늘날 넓은 범주에서 사용되고 있는 공동체 개념에 근
접한다고 볼 수 있다. 민속기록학은 공동체에서 생산된 모든 유형의 민속을 대상으로 한다.

낯설지 않게 된다. 오늘날 가정이나 작은 단체에서부터 마을, 지역사회, 국가, 세계라는 다양한 공동체가 있다. 이들 크고 작은 공동체에서 아카이브에 대한 인식을 토대로 기록문화를 꽃피우고 아카이브를 활성화한다면 각 공동체는 저마다의 존재의미를 가지고 스스로를 가치있게 할 것이다. 공동체 아카이브가 지향하는 것이 정체성이지만 그것은 결코 배타적인 것이 아니다. 자기 존재에 대한 가치회복임과 동시에 타 존재에 대한 동일한 의미부여로 이어진다. 이것은 민속기록학이 지향하는 민주주의와 맥락을 같이한다. 아울러 특정 계급 중심의 기록을 거부하며 기록의 다원성을 지향한다.

(2) 기록문화에 대한 인식확산

지난 100여 년간 조용한 아침의 나라는 도시화되었다. 세대 간의 역사적, 생활사적 경험도 차이가 나고 지난날의 것은 잊혀져 가고 있다. 오늘날 생존자의 기억에 남아 있는 지난날의 생활이 기록되어야 한다.[48] 이를 통해 생활사 복원 자료가 구축되어야 한다. 그동안 우리는 잘 살아보자는 것에 매진하면서 문화적으로 몰상식한 일도 하였다. 건설을 위해 아무것이나 파괴했고 아파트를 짓는다면 몇 백년 동안 내려오는 공동체의 제당 같은 것은 포크레인으로 뭉개버리면 되었다. 서양의 유명상품에는 주목하면서 그들이 가지고 있는 전통과 기록문화에 대한 선진국민의 마음가짐은 배우지 못했다. 미국은 1846년에 스미소니언과 같은 아카이브를 만들었으며 그것을 미국의 미래지향적인 발전의 동력으로 삼았다. 유럽인들의 성숙한 기록문화 또한 선진국의 면모를 보여준다.

우리도 조선왕조실록과 같은 기록문화가 있었고 문서고가 있었다. 그러나 그것은

---

48 농경을 기반으로 한 전통적 생활문화는 우리사회가 도시사회로 변모하면서 소실의 위험에 처해지거나 이미 상당부분 소실되었다. 한옥이 급격히 와해되어 고도 서울에 수십 만호를 자랑하던 것이 이제 몇 천호가 남았으며 필자의 고향 마을을 보더라도 10여 년 전만 해도 80% 이상이 한옥이었으나 2010년에는 15% 정도만 남았다. 무형의 민속 자산들도 전통적인 농경기반이 와해되면서 단절의 위기에 처하거나 일부는 단절되었다. 우리의 생활주변에 있는 수많은 무형의 민속지식이나 크고 작은 민속의례 등은 전승현장이 사라지거나 전승자들의 고령화로 인하여 단절될 수 있는데 기회가 있을 때 기록해야 한다. 이러한 문화는 과거의 단순한 흔적이 아니라 생활사, 미시사를 밝힐 수 있는 학술적 가치뿐만 아니라 볼거리, 놀거리, 읽을거리, 들을거리, 체험할 거리를 주는 정보이자 자원이다.

왕실을 중심으로 한 것이었다. 민초들에 대한 기억과 증거는 왕조실록과 같은 문헌에 조금 묻어있으나 그것도 지배층의 시각을 바탕으로 하고 있다. 지금은 민주주의 국가이다. 우리사회는 수많은 공동체가 있다. 각 공동체마다 기록에 대한 인식이 충만하고 기록관 설립이 보편화되어야 한다. 공동체가 저마다의 색깔로 자신의 존재의 빛을 아카이브에 담아내는 것은 수많은 사람 속에서 나를 찾고 나의 존재가치를 인식하는 것과 같다. 기록은 나에게 그리고 내가 소속된 곳에 의미를 부여하고 생명력을 주는 생명존중사상과 다르지 않다. 기록은 억압을 폭로하고 계급을 없애며 각 공동체 간의 수평적 관계를 지향한다. 중앙과 지방의 소통, 민·관民官의 협력, 공동체 간의 상생, 권위주의의 청산, 정보의 공유를 위한 기록문화의 활성화는 문화선진국으로 진입하는 초석이며 우리사회를 더욱 값지게 하는 장치이다.

(3) 지자체와 산학협력체제 형성

한국에서 기록관리학의 발전이 공공기록물관리법의 제정과 밀접한 관련을 가지고 있다는 사실은 민속기록학의 발전을 위해서도 관련법의 제정이나 행정적인 조치가 요구됨을 암시한다. 중앙 및 지자체의 문화와 관련된 부서나 기관에 민속기록학을 전공한 사람들이 진출해야 한다. 또한 일선에서 문화를 담당하고 관리하는 공무원들의 전문성 향상을 위해서 민속기록학이 교육되어야 한다. 업무에 대한 공무원들의 전문성 부족은 오늘날 공무원제도의 문제점 중 하나이다. 조선시대에는 과거시험에 합격한 사람이 지방관이 되면 사법, 행정, 군사까지 두루 담당했다. 당연히 전문성이 부족할 수밖에 없다. 오늘날 우리 사회는 조선시대보다 훨씬 복잡한 사회가 되었다. 지역의 문화를 담당하는 업무는 해당분야를 전공한 사람이 해야 한다. 문화행정의 전문성이나 지역의 향토문화 기반을 구축하고 비전을 제시하기 위해서는 전문성을 갖춘 인력이 필요하다.

6. 맺음말

　　　　　　　　인간의 기억은 처음에는 선명하다가 점차 흐려지고 나중에는 사라진다. 물론 오래 간직하는 기억도 있다. 그러나 그것도 기억의 저장고인 자신이 죽고 나면 사라진다. 집단에서도 특정 세대가 작고하면 사라지는 기억도 있다. 따라서 세대 간을 잇고 정보의 소통을 위해 기록이라는 작업이 요구된다. 일제강점기, 분단, 한국전쟁, 군부독재, 민주화운동, 근대화, 새마을운동, 산업화, 도시화, 서구화 등을 겪으면서 우리는 그동안 기록에 대해 깊이 통찰하지 못했다. 지난날을 기록하고 보존하는 기록관이나 연구소도 없었으며 그것을 가르치는 대학의 교육도 없었다. 이제 공공기록에 대해서는 기록관리학에서 교육이 실시되고 있다. 그러나 이러한 공공기록은 과거 왕조국가에서 국왕을 중심으로 하는 기록처럼 대통령과 지자체장, 각종 관청 등의 기록에 집중되어 있다. 여전히 기록에서 많은 것이 소외되고 있고 급변해 온 한국인의 지난날의 기억과 흔적을 담아줄 생활사, 각종 미시사 등에 대한 기록은 학문분야에서 제대로 인식되지 못하고 대학에서도 교육과정을 두어 체계적으로 교육하지 못하고 있다. 이론과 방법론도 미미한 실정이다. 따라서 '민속기록학'이 정립되어 민간영역의 기록에 대한 전문성이 담보되어야 한다. 민속기록학을 통해서 우리는 효율적인 민속자원의 기록화와 활용, 체계적인 민속기록전문가 양성, 국가나 지자체에 필요한 전문인력 수급, 공동체 아카이브의 활성화, 기록문화의 활성화, 문화사회 구현, 민속학과 기록학의 학문적 발전을 이룰 수 있다.

　민속기록학은 공동체의 기록화와 기록관을 위한 전문지식을 창출하는 학문체계이다. 민속기록학은 민속학과 기록학적 소양을 기초로 한다.[49] 민속학은 일찍부터 공동체의 생활문화 연구에 익숙해 있었으며 현장조사, 구술대담을 통한 정보취득, 구술사 채집과 같은 민속기록지적 연구와 문화연구 방법에 전문지식을 가지고 있다. 기록학은 기록물 관리에 대한 지식, 기록의 중요성, 거시적 차원에서 기록이 가야 할 방향

● ● ●

49　이러한 일을 증진시키기 위해서 문화콘텐츠학, 문화재학 등 인접 학문으로부터 실사구시(實事求是)의 입장에서 다양한 방법을 취하겠지만 민속기록학의 기본 토대는 민속학과 기록학에 있다.

등에 시야를 제공할 수 있다. 양자의 융합은 실무경험과 관념적 지향점이 어우러지며 공동체 기록화와 기록관에 대한 한층 성숙된 지식체계를 창출한다. 민속기록학으로 말미암아 민속학에서는 기록에 대해 새로운 인식을 가질 수 있으며 기록관리학에서는 공공기록물 중심의 사고에서 벗어나 새로운 영역을 확보할 수 있다. 오늘날의 환경은 민속기록학의 필요성을 촉진시킨다. 디지털 매체를 통한 정보화 사회는 더 많은 민속자원의 생산과 유통을 요구하며 세계화・지방화 시대는 지역문화의 중요성을 더욱 강조한다. 지역문화의 발굴과 활성화, 전승지식의 기록과 보존, 지역민의 기억의 보존은 지역공동체의 경쟁력 강화와 히스토리 마케팅,[50] 문화산업, 한류의 원천소스 등의 기반조성을 위해 널리 활용될 수 있다.

　　그동안 민속학에서는 민속기록에 대한 심화된 연구를 하지 못했으며 기록학에서는 민간영역이나 공동체 아카이브를 위한 논의가 구체적인 실천방법을 찾지 못했다. 사정이 이렇게 되자 공동체 기록화를 중심으로 하는 국책사업마저 전문적인 인력을 갖추지 못하고 내실성이 부족하다. 즉, 민간영역에 대한 국가기록원의 부실한 대응은 물론, 한국학중앙연구원의 향토문화전자대전사업, 문화재청의 한국민속종합조사사업이나 무형문화재 기록화사업, 국립민속박물관의 민속기록화사업, 서울역사박물관의 서울 생활문화기록화사업, 각 지자체의 지역문화 기록화사업 등에서 아마추어리즘이 난무하며 체계적인 방법이나 장기적인 전략이 부재하였다. 우리 사회는 '민속기록학'을 필요로 하고 있다. 민속기록학은 앞으로 실용적인 학문분야로서 많은 역할을 할 것으로 기대된다.

　　민속기록학의 형성에 있어 몇 가지 성찰할 것이 있다. 첫째는 민속기록학이 발전하기 위해서는 민속학계나 기록학계의 호응이 있어야 한다. 민속학을 기록학으로 가져가고 기록학을 민속학으로 가져오면서 서로의 부족함을 보완하고 장점을 극대화하는

---

50 히스토리 마케팅(history marketing)은 노명환(한국외국어대학교 정보・기록관리학과)이 제창한 것으로 기업이나 공동체가 기록을 통해 그들의 역사를 보존하고 그것을 홍보에 활용함으로 신뢰감과 이미지 향상에 도움을 얻는다는 것이다.

위치에서 양자가 융합되어야 하며 그 만남이 곧 '민속기록학'을 비옥하게 할 수 있다. 따라서 민속학은 정체성, 집단의 기억, 역사적 증거, 투명한 기록, 민주주의와 같은 현대 기록학이 지향하는 방향을 수렴하고 기록학은 생활문화를 연구하고 해석하는 민속학의 방향을 수렴하여 민간영역의 기록에 새로운 전기를 마련해야 한다. 그런데 현실은 정체성, 거버넌스, 민주주의와 같은 용어에 민속학자들이 익숙하지 않으며 기록학에서도 민속학의 용어나 개념에 낯설다. 필자는 양 학문을 수렴해 왔지만 그렇지 못한 연구자들은 이해가 부족할 수밖에 없다. 한동안 설득의 과정이 요구된다. 둘째는 기록화에 있어서 성찰문제이다. 공동체 아카이빙이 근대 민속학의 노정에서 보여졌던 구술성orality을 문자화하는 데 야기되는 일반화·표준화의 문제, 인류학에서 객관적이라고 표방되었던 민족지ethnography의 허구성과 같은 표상의 위기 문제를 어떻게 극복해 나갈 수 있는가 하는 문제이다. 물론 이것은 공공기록물의 평가작업과 마찬가지로 완벽한 것이 없고 미묘한 입장차가 따라붙는 문제이다. 민속기록전문가가 성찰하고 주의할 수밖에 없다. 셋째는 민속기록학은 공동체를 기록함에 있어 심층적인 현장관찰을 요구한다. 민속기록학이 사회과학과 다른 길을 가는 것은 사실에 대한 충실한 기록을 중시하며 그렇게 축적된 자료는 통시적인 접근을 위한 수단이 되며 자연스럽게 공동체를 표현하고 정체성identity을 드러낸다. 지난날의 기억은 그들의 정체성을 말해줄 수 있기 때문이다. 문제는 이것이 도를 넘어 집단주의나 내셔널리즘과 같은 배타성으로 이어지는 것은 경계해야 한다는 점이다. 무엇보다 기록의 정신은 투명한 정보의 공유와 소통에 있으며 그것은 민주주의를 근간으로 해야 한다.

02.
기록의 생산과 민속기록지 작성*

-
-
-

1. 머리말

　　　　　　　　　공동체 아카이브에서는 공식적인 기록물의 수집은 물론 구성원들의 생활문화를 기록한다. 민간영역에 속하는 생활문화의 기록은 공적영역의 한계를 보완하는 밑으로부터의 역사쓰기이며 공동체의 정체성 확립은 물론 생활문화의 자원화를 통해 구성원들의 문화적 삶을 풍부하게 한다. 생활문화는 인간의 삶에 밀착되어 있는 일상의 모습으로 드러나며 삶의 자취로 공동체 문화의 근간이 된다. 이러한 생활문화를 일정한 양식에 담아 기록한 텍스트를 '민속기록지'라고 한다. 기록학에서는 업무과정에서 발생된 기록물을 주로 다루다 보니 인위적으로 생산한 기록에 대해서는 구체적인 용어나 서술양식을 제시하지 못했다. 그동안 민속학에서도 현장조사를 토대로 하는 민속지적 연구의 전통을 가지고 있으나 '기록의 생산'이라는 화두를 가지고 구체적으로 고민한 적이 없기 때문에 적절한 용어나 서술양식을 제시하는 단계로 발전하지 못했다. 기록의 생산에 대해 깊이 고민해야 하는 민속기록학에서는 여기에 적합한

* * *
*　이 글은 기록화 작업을 통해 기록을 생산할 때 작성하는 민속기록지의 서술체계 및 방향, 현장조사 방법, 민속기록지의 보존과 활용 등에 대한 전반적인 내용을 서술하였다. 민속기록지란 공동체의 생활문화를 기록·보존·활용하기 위하여 기록화 작업을 통해 인위적으로 생산한 기록물이다. 본래 2015년 4월 민속기록학회 학술대회에서 발표한 글을 이 책에 원문 그대로 수록하였다.

내용을 찾고 용어와 서술양식을 제시해야 한다. '기록지'란 기록화 작업을 통해서 생산한 텍스트라고 정의할 수 있다. 이렇게 볼 때 기록지는 다양한 유형이 있을 수 있다. 의생활을 다룬 것은 의생활기록지, 놀이를 기록하면 놀이기록지가 될 수 있다. 물론 용어는 연구자에 따라 다소 차이가 있을 수 있다. 그러나 민속기록학에서 '기록지'라고 할 때는 단순히 기록되었다는 사실만 가지고 논하기 보다는 기록－보존－활용에 대한 기록자의 뚜렷한 목표의식이 반영된 일정한 양식을 갖춘 체계라고 보아야 한다.

'민속기록지folklife records'란 공동체의 생활문화를 기록－보존－활용하기 위하여 기록화 작업을 통해 인위적으로 생산한 기록물이다. 기록에 대한 목표가 뚜렷하지 않은 채 민속연구 과정에서 조사를 하여 서술해 놓은 것을 민속기록지와 동일시 할 수는 없다. 즉, 현재 민속학자들의 연구과정에서 발생된 민속조사 내용을 민속기록지로 볼 수는 없다. 그것은 민속학자들이 말하는 '민속지'의 범주에서 보면 된다.[1] 민속기록학에 대한 훈련을 받은 아키비스트는 기록물을 수집하는 데 그치는 것이 아니라 공동체 기록관community archives을 위해 기록지를 생산해야 한다. 민속기록지는 인간의 일상을 다루고 있어 공동체의 삶 전반이 포착된다. 공동체 아카이브에서 민속기록지는 공동체 구성원의 일상의 삶을 포괄하며 체계적인 접근이 용이하다는 점에서 유효한 기록 방식이다. 공문서나 사문서의 수집만으로 공동체의 전반을 알 수 있는 자료가 축적된다고 볼 수 없다. 많은 부분이 결락될 수밖에 없기 때문이다. 누군가는 기존 문서에서 빠져 있는 부분에 대해 기록화 작업을 해야 한다. 수집과 생산은 보완적이며 함께 이루어져야 한다.

본문에서는 공동체에 대한 기록－보존－활용을 위한 매체로서 민속기록지의 생산에 대해 고민한다. 이러한 전략 속에서 민속기록지의 용어 선택 배경, 민속기록지의 방향과 범주, 공동체 기록화를 위한 민속기록지의 유형과 기록해야 할 내용, 기록대상 선정, 기록화를 위한 현장조사, 민속기록지 작성, 민속기록지의 평가, 민속기록지의

• • •

1 기록 및 보존과 활용을 목표로 한 국립문화재연구소에서 제작한 무형문화재기록화 사업에서 발생된 기록책자는 기록지의 맥락에서 볼 수 있으나 민속기록학적 전문성이 부족하다는 점에서 한계가 있다.

보존과 활용 등 민속기록지의 생산을 둘러싼 전반적인 사안을 검토한다. 이 글에서 제시하는 현장조사를 비롯한 기타 기록방법은 현대 한국의 현실에서 필자의 경험을 토대로 하였음을 밝혀둔다.

2. 민속기록지의 방향과 용어 선택의 배경

1) 민속기록지의 용어 선택 배경

〈사기史記〉[2]의 체재가 본기本紀(12권), 표표(10권), 서書(8권), 세가世家(30권), 열전列傳(70권)으로 구성되었다면 〈한서漢書〉[3]는 기紀(12편), 표표(8편), 지志(10편), 전傳(70편)으로 구성되어 있다. 여기에서 알 수 있는 것은 한서는 사기의 체재를 기본으로 하고 있으나 사기에서 보이는 서書가 한서에는 '지志'로 바뀌었다는 점이다.[4] 한서에는 율력지律歷志, 예악지禮樂志, 형법지刑法志, 식화지食貨志, 교사지郊祀志, 천문지天文志, 오행지五行志, 지리지地理志, 구혁지溝洫志, 예문지藝文志가 있다. 중국 역사서의 체재에서 영향을 받은 〈삼국사기三國史記〉는 신라본기新羅本紀(12권), 고구려본기高句麗本紀(10권), 백제본기百濟本紀(6권), 연표年表(3권), 지志(9권), 열전列傳(10권)으로 되어 있다. 조선 초기에 간행된 〈고려사〉는 세가(46권), 지(39권), 연표(2권), 열전(50권), 목록(2권)으로 되어있다.

'지志'라는 용어가 중국의 역사서에는 물론 삼국사기, 고려사에도 보이는 것을 알 수 있다. 지志는 '기록하다'는 뜻을 가지고 있으며 '지誌'와 통용된다.[5] 읍지邑誌, 시지市誌 등에서 보여지는 바와 같이 오늘날에는 '지誌'라는 용어가 흔히 사용된다. 인류학자들은 ethnography를 '민족지民族誌'라고 번역하였다. 이것에 영향을 받은 학자들[6]에

...

2 전한 중엽에 사마천과 그의 부친 사마담이 집필하였으며 상고시대부터 한무제 때까지의 역사를 다루고 있다.
3 후한 때 반고와 그의 부친 반표, 누이동생 반소에 의해 완성되었으며 전한(前漢)만을 다루었다.
4 안대회 편역, 『한서열전』, 까치, 2010, 13쪽.
5 단국대학교 동양학연구소, 『한한 대사전』, 단국대학교 출판부, 2003.

의해 '민속지民俗誌'라는 용어가 통용되었으며 오늘날 학계에서 널리 사용되고 있다. "문화인류학자가 현지조사를 할 때에는 자기가 연구하려는 인간집단의 사회에 들어가서 보통 1년가량 그 사람들과 함께 살면서 그들의 행동과 사고방식 및 생활양식을 관찰·질문·기록함으로써 자료를 수집한다. 이와 같이 현존하는 어떤 인간집단의 기본자료를 수집하여 그 사람들의 생활양식, 즉 문화의 여러 측면을 상세하고 정확하게 기술한 보고서를 민족지라고 한다."[7] "세계 각지의 사회들에 대한 기술은 민족지의 영역에 속한다. 다양한 사람들의 문화를 기록하는 것은 민족지학자들의 일이며, 이들은 민족지民族誌라고 불리우는 책 혹은 논문의 형태로 그 결과를 출판한다."[8] 전거한 글귀에서 보여지는 바와 같이 민족지를 '문화에 대한 기록'으로 정의하고 있으나 여기서 말하는 기록은 민속기록학에서 말하는 기록과는 맥락상 차이가 있다.

민족지 기술에 있어 인류학자들의 관심은 경험적인 관찰에 이론을 접목하여 비평한 결과물을 도출해 내는 것이지, 상세한 기술과 6하원칙을 토대로 메타데이터를 첨부한 기록지를 원하는 것은 아니다. 민족지에서는 장소나 행위자 등을 공개하지 않고 익명으로 처리한다. 특히 오늘날 인류학에서 민족지의 일반적인 경향은 해석적 연구로서 받아들여지고 있다. 현지조사를 통해 자료를 수집하여 귀납법적인 과정을 거쳐 문화를 해석하고 번역하는 일로 간주되고 있다. 실제로 인류학자들은 현장에 가서 꼼꼼한 기술記述을 통해 보고서나 기록지를 만들기 위해 힘쓰지는 않는다. 인류학자들은 기록에 대해서 그다지 애착이 없다. 오히려 기록보존에 대해서 비판적인 입장을 취하는 경향이 있다. 그들은 상세한 기록 대신, 문화비평에 관심을 가지고 있기 때문에 만약 민족지 서술에 있어 기록보존적 입장에서 문화를 기술한다면 '조사보고서 같다'는 비판을 한다.

물론 문화에 대한 해석도 넓게 보면 기록의 일부라고 볼 수 있다. 기록을 하려면

---

6 '民俗誌'라는 용어는 아끼바 다카시의 저서인 『朝鮮民俗誌』(六三書院, 1954), 『滿洲民俗誌』에서도 보여지는 것으로 볼 때 일찍부터 사용되었던 것으로 보인다.

7 한상복 외, 『문화인류학개론』, 서울대학교출판부, 1985, 9~10쪽.

8 가바리노, 『문화인류학의 역사』, 한경구·임봉길 역, 일조각, 1997, 4쪽.

현상을 기록하는 작업 이외에도 기록자는 자기가 기록한 내용을 분석하거나 설명할 수 있다. 또한 무엇을 기록할 것인가에서부터 기록자의 선택이 주어진다는 점은 기록 역시 주관성에서 완전히 벗어날 수 없음을 의미한다. 기록의 범주를 넓게 본다면 대상에 대한 직접적인 기록에서부터 대상을 해석하는 것까지 그 층위가 다양할 수 있다. 이렇게 보면 에쓰노그라피 역시 기록의 범주에서 논할 수 있다. 하지만 본문에서 중점을 두고 있는 기록은 도면과 같이 원형을 재현할 수 있는 기록의 생산으로 한국의 인류학계에서 기존에 도출된 에쓰노그라피와는 차원이 다르다. 엄밀히 말하면 오늘날 인류학계에서 통용되는 에쓰노그라피는 기록보다는 분석과 해석에 치중한 '문화해석지'이지 기록지는 아니다. 민속지 역시 민속에 대한 기록보다는 민속에 대한 분석과 해석에 치중한 '민속해석지'이다. 만약 민속의 기록에 치중하여 상세한 기록을 추구한다면 기존 민속학계에서는 그것을 학술활동으로 인정하려하지 않을 것이다.[9] 따라서 민족지나 민속지는 기록화를 통해 생산된 텍스트의 명칭으로 적당하지 않다. 만약 민속기록를 통해 생산된 텍스트를 '민속지'라고 한다면 민속학에서 기존에 사용되는 민속지와 혼동된다.

민속기록학에서는 이러한 문제를 고려하여 기록자체를 목적으로 하는 취지가 잘 드러나는 '민속기록지民俗記錄誌'라는 용어를 사용하는 것이 좋을 것 같다. 물론 '기록지'라는 말을 사용할 때 '지誌'라는 의미 속에 기록의 뜻이 있는데 앞에 기록이라는 말을 붙인다면 동어반복이라고 지적하는 사람도 있다. 하지만 필자는 심사숙고한 끝에 '기록지'라는 말을 사용하기로 결정하였다. 그 이유는 다음과 같다. 첫째, 오늘날 '지'라고만 했을 때는 곧바로 대중들에게 그것이 '기록의 의미'로 명료하게 새겨지지 않는다. 비록 동어반복이라는 문제가 제기되나 기록지라고 하면 누구에게나 쉽게 의미가 전달된다. 둘째, 현대 중국인들의 경우에도 '지誌'라고만 하면 그 의미를 잘 모른다. 필자는 중국의 지인들에게 문의해 본 결과 그들도 '기록지'라고 하면 누구나 이해가

---

9 민속기록학에서는 기록 자체를 중요한 학술활동으로 본다. 대상을 깊이 기록할 수 있다는 것은 대상에 대한 깊은 이해를 전제로 하기 때문에 기록과 학문적 능력은 비례한다.

쉽다고 한다. 셋째, 민속학이나 인류학에서 기존에 사용하는 '민속지'나 '민족지'가 에쓰노그라피에 근거하고 있다는 점에서 목적이 다른 민속기록학의 취지를 분명히 드러낼 수 있는 용어 선택이 필요하다. '민속기록지'라는 용어를 사용하면 민속기록학을 쉽게 연상할 수 있어 의미의 혼동을 피하며 학문의 취지를 분명히 드러낼 수 있다. 한편, 민속기록지는 민속조사보고서와 지향점에서 차이가 있다. 민속기록지는 '공동체기록관'을 염두에 둔 기록화 전략의 일환이며 보존과 활용적 가치를 고려한 기록생산물인 반면 조사보고서는 이런 점을 적극적으로 고려한 것은 아니기 때문이다. 물론 기록화를 목적으로 한 조사보고서는 민속기록지에 포함될 수 있으나 민속기록지를 좁은 의미로 한정한다면 공동체 기록관을 염두에 두고 보존과 활용을 고려한 양식을 갖춘 기록생산물이다.

2) 민속기록지의 방향

민속기록지는 미시적 접근을 통해 그것과 관련된 공동체를 드러낸다. 따라서 각종 민속기록지에는 그 사회의 환경과 구조, 성격, 시대상이 담겨진다. 실존하고 있는 현재에서 과거의 기억까지 한국사회의 각종 공동체에서 근·현대의 생활문화를 다루게 되는 민속기록지는 미시사 쓰기로서 밑으로부터의 기록이다. 또한 공동체의 생활사를 복원하고 보존, 활용하는 역사문화찾기로서 주류 역사학이 소홀히 한 생활문화를 통해 사회를 읽는 것이다. 전술한 바와 같이 민속기록지는 공동체 기록관을 염두에 둔 기록화 전략의 수단이다.

민속기록지는 공동체의 기록화 전략과 맞물려있다. 가족－마을－지역공동체는 인간의 삶에서 기본적으로 형성되는 공동체이다. 여기에 직업, 취미, 관심분야에 따라 다양한 공동체의 일원으로써 인간은 살아가게 된다. 공동체의 기록화는 공동체의 존재를 그 구성원이 보다 잘 이해하고 자신의 존재를 공동체 속에서 느끼고 성찰하며 구성원 상호 간의 유대를 강화시킨다. 공동체 기록화는 이러한 여러 가지의 이점을 통해 보다 살기 좋은 공동체를 만들기 위한 활동이다.

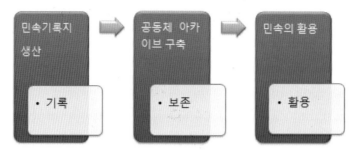

〈그림 1〉 공동체 기록관을 위한 민속기록지 생산

　민속기록지를 작성할 때는 이들 공동체의 특성에 맞게 기록화 전략을 마련해야 한다. 즉, 기록화의 목적 및 방향, 기록대상의 설정, 기록방법 등에 대해 구체적인 전략과 방안을 가지고 있어야 한다. 가족, 마을, 지역, 기타 각종 공동체는 그들의 문화가 가지는 '전형'을 주축으로 하여 다양한 측면을 '미시사적 관점'에서 기록화 해야 한다. 장기적인 관점에서 볼 때 민속기록지는 공동체의 생활문화를 기록한 사료이다. 민속기록지를 작성하는 사람은 이러한 방향에 부합되도록 노력해야 한다. 공동체에서 기록을 할 때, 우리는 무엇을 어떻게 조사해야 하는지 고민하게 된다. 특히 초보자의 경우에는 감을 잡지 못해 헤매는 경우가 많다. 이렇게 되면 민속기록지의 방향을 잡을 수 없다.

　가령 성남의 모란시장에 대해서 기록화를 시도하려고 주제를 잡았다고 하자. 그렇다면 무엇을 어떻게 조사해야 하는지 고민된다. 우선은 '기록화의 목적'을 이해해야 한다. 모란시장 상인공동체의 마을기록관을 위한 것이라면 시장상인들의 정체성, 소속감, 히스토리 마케팅, 모란시장의 이미지 제고 등을 목표로 할 수 있다. '기록화의 방향'은 시장상인과 소비자의 기억과 경험, 생활양식, 변화상 등을 기록하여 기록관에 남기고 활용할 수 있는 토대구축에 있다. 이러한 목적과 방향에서 기록대상을 구체화할 수 있다. 즉, 모란시장의 공간에 중점을 두었다면 공간의 역사(변화상, 변화요인), 공간의 구조, 공간 속의 내용물, 공간의 성격, 관련된 기록물 수집, 공간을 이용하는 사람들의 이야기(개인기억, 집단기억), 공간관 등이 기록화 되어야 한다. 이런 것들이 모여

한 틀의 기록콘텐츠가 되며 민속기록지를 만드는 원천소스가 된다. 물론 공간이 아닌 모란시장 전체를 다루게 되면 기록항목은 더 늘어난다. 전체를 다루든, 부분을 다루든 일단 어떤 대상을 두고 기록화 작업을 하면 선택한 부분에 대해 집중하더라도 전체의 구조가 짐작될 수 있도록 메타데이터나 부연설명을 통해 '맥락 있는 기록'을 시도해야 한다.

필자가 학생들에게 공간 기록화에 대한 과제를 내면, 공간에 대해서 사진만 나열하고(물론 사진도 체계적이지 못함), 인터넷 사이트에서 다운 받은 그 지역 공간의 내력에 대한 내용만 첨부하여 제출하는 경우가 대부분이다. 게다가 전체 구획이 있으면 그것을 코너별로 혹은 건축의 유형이나 용도별로 분류하여 상세히 소개할 수 있는 단계에는 이르지 못하고 있다. 주민들과의 대담이나 기록물 및 물질자료 수집 등은 시도조차 못하고 있다. 물론 단기간의 과제라는 점에서 어려움이 있겠으나 요령과 방법을 파악하고 있다면 같은 시간이라고 해도 한층 질을 높일 수 있다. 공동체의 기록화는 효율성을 높일 수 있는 방법과 전략을 제대로 세워야 한다. 공동체 기록화를 위한 전략을 도표로 살펴보면 다음과 같다.

〈표 1〉 공동체 기록화의 전략

공동체	기록화의 목적	기록화의 방향	기록대상의 설정	기록방법
가족	가족공동체의 정체성, 가족의 유대 강화, 세대 간의 소통, 조상들의 삶의 자취 확인, 구성원 각자에 대한 존재 확인, 가족에 대한 히스토리 마케팅, 기록의 민주주의 실현	가족공동체 문화의 전형, 가족 구성원의 기억과 경험, 생활양식, 가족사 등을 기록하여 가족기록관에 남기고 활용할 수 있는 토대구축	가족사, 가족의 기억과 경험, 가족의 생활문화(가족행사, 의례, 의식주 등)	기록대상 선정, 현장조사, 구술채록, 인터뷰, 자료수집, 기록지 작성
마을	마을공동체의 정체성, 주민의 소속감과 존재감, 유대 강화, 마을에 대한 히스토리 마케팅, 마을문화 활성화, 기록의 민주주의 실현	마을공동체 문화의 전형, 주민의 기억과 경험, 생활양식, 마을사 등을 기록하여 마을기록관에 남기고 활용할 수 있는 토대구축	마을사, 주민의 기억과 경험, 주민의 생활문화(민속)	〃

. . .

10 이러한 미시적 요소에서 공동체의 모습이 드러남.

지역	지역공동체의 정체성, 지역민의 소속감과 존재감, 유대 강화, 지역에 대한 히스토리 마케팅, 문화지방화, 기록의 민주주의 실현	지역공동체 문화의 전형, 지역민의 기억과 경험, 생활양식, 지역사 등을 기록하여 지역기록관에 남기고 활용할 수 있는 토대구축	지역사, 지역민의 기억과 경험, 지역민의 생활문화	"
각종 공동체	공동체의 정체성, 구성원의 소속감과 존재감, 유대 강화, 공동체에 대한 히스토리 마케팅	공동체 문화의 전형, 구성원의 기억과 경험, 생활양식, 공동체의 역사 등을 기록하여 공동체 기록관에 남기고 활용할 수 있는 토대구축	공동체의 역사, 구성원의 기억과 경험, 구성원의 생활문화10	"

3. 공동체 기록화를 위한
민속기록지의 유형

　　　　　　　　기록지는 다양한 유형이 있을 수 있는데 민속기록지는 공동체의 생활문화에 대한 기록지이다. 즉, 의・식・주생활, 신앙 및 의례생활, 놀이 및 여가생활, 생업 및 사회생활, 생활공간, 생활도구, 관련된 기록물 등[11]을 다루게 된다. 민속기록지에는 이런 것이 담겨지지만 공동체에는 민속 즉, 생활문화 이외에도 기록화해야 할 것들이 있다. 예를 들면 공동체의 역사, 공동체가 겪은 특별한 경험과 기억, 문화유적, 생애사 등인데 이런 것도 정보전달에 효과적인 기록지 양식에 맞추어 담겨져야 한다. 이런 것은 민속기록지라고 할 수는 없으나 민속기록지와 비슷한 맥락에서 기록될 수 있으며 명칭은 생애사와 관련되어 있다면 '생애사기록지', 문화재와 관련이 있다면 '문화재기록지' 등 맥락에 따라 지칭할 수 있다. 공동체를 대상으로 하여 기록을 생산하는 아키비스트는 공동체의 생활문화뿐만 아니라 그밖에도 공동체와 관련된 다양한 정보를 기록하고 수집해야 한다. 만약 노동자공동체, 채식주의자공동

・・・

11　민속학에서 대상으로 하는 민속에는 이외에도 의료생활, 군대생활, 학교생활, 회사생활, 공장생활 등 인간의 삶에서 발생되는 다양한 생활문화, 관습, 풍속 등이 포함된다. 물론 생활문화를 다룬다는 자체만 가지고 민속학이라 말할 수는 없다. 이러한 연구대상에 민속학적 연구방법이 투영되어 나타날 때 민속학의 범주에 포함시킬 수 있다.

체와 같은 특수한 공동체를 기록할 때는 그 나름의 특성에 따라 민속기록지의 내용도 차이가 날 수 있다. 아래에서는 마을공동체를 기록할 때를 사례로 하여 다루어야 할 민속기록지의 내용에 대해서 살펴본다.

1) 의·식·주생활의 기록지

의식주생활은 물질의 소비와 밀접한 관련을 가지고 있다. 그것의 유형, 소비, 관습, 공간, 관련된 스토리텔링, 변화상 등을 기록대상으로 삼아야 한다. 의생활의 기록지는 공동체 구성원의 의생활을 다룬다. 옷의 유형(계절별, 기능별, 남녀노소별), 옷의 구입과 소비, 의생활의 관습, 저장공간, 옷과 관련된 추억, 의생활의 변화 등을 기록대상으로 한다. 식생활의 기록지는 음식의 종류, 식재료의 구입, 음식의 소비, 식생활의 관습, 취사 및 저장공간, 음식과 관련된 추억, 식생활의 변화, 공동체의 음식 등을 다룬다. 주생활의 기록지는 도면, 건축재료, 취사 및 난방형태, 부속건물, 건축의 연혁과 변화, 주택과 관련된 의례와 신앙, 지역적 특징과 사회적 배경, 거주자의 이야기, 주택에 얽힌 사연, 주택의 용도 등을 다룬다.

2) 신앙 및 의례생활의 기록지

우리나라의 토속적인 신앙으로는 마을신앙, 가신신앙, 무속신앙이 있다. 대륙에서 전래된 것으로 불교, 유교, 도교와 같은 신앙이나 근대에 서양에서 전래된 가톨릭과 개신교도 있으나 이들은 특정한 지역(이들 종교가 지역성에 강하게 영향을 준 곳)이나 종교공동체의 기록관을 만들 때는 대상이 될 수 있으나 한국의 일반적인 마을이나 지역정체성에 중점을 두고 기록화 할 때는 토속신앙을 중심으로 하게 된다. 왜냐하면 '토속신앙'은 한국인이 생긴 이래로 오늘에 이르기까지 한국문화 전반에 뿌리 깊게 자리하여 일종의 문화적인 문법체계로서 존재하고 있어 한국인의 정체성과 밀접한 관련을 가지고 있기 때문이다.

'마을신앙'은 동제와 제당의 명칭, 동신洞神, 제일, 제비, 제주 및 제관 선정, 금기, 제 준비, 음식장만과 상차림, 제물, 제의절차, 제에 참석하는 사람들과 마을주민의 행위, 제의 전후의 행사, 제기, 제복, 관련문서, 마을신과 관련된 주민들의 신앙생활 등을 기록대상으로 한다. '가신신앙'은 가신의 명칭, 종류, 모시는 위치, 신체神體, 제일, 금기, 고사 때 참여자, 제물, 고사준비, 고사의 절차, 가신과 관련된 가족의 신앙생활 등을 다룬다. '무속신앙'은 굿의 구조와 의미, 신당과 기도터, 무당과 지역주민들의 신앙생활 등을 다룬다.[12]

의례는 일생의례와 세시의례가 있다. 일생의례는 출생의례, 관례, 혼례, 회갑, 상례, 제례 등 일생을 살면서 거치는 통과의례이다. 일생의례에는 무속, 유교, 불교, 도교 등 다양한 종교의 영향이 복합되어 있으며 시대에 따른 변화상도 강하다. 조선시대와 닿아있는 전통적인 한국인의 일생의례에는 중국 예서禮書의 영향이 배어 있는 반면 현대의 일생의례에는 서양적인 요소가 나타난다. 출생의례는 기자祈子신앙, 출산 전후의 행위, 백일, 돌, 의례와 관련된 음식과 옷, 물품, 이웃과의 관계 등을 다룬다. 혼례는 혼례 전의 절차, 혼례식과 그 후의 절차, 혼례복, 혼례음식, 이웃과의 관계 등을 다룬다. 회갑은 회갑잔치, 상차림, 옷, 이웃과의 관계 등을 다룬다. 상례에는 임종 직후의 절차, 습과 염, 성복과 성복제, 출상, 장지에서의 절차, 하산 때와 그 후의 절차, 의례용품, 이웃과의 관계 등을 다룬다. 제례는 의례(차례, 기제, 시제, 불천위)의 절차, 제물, 참여자, 모시는 조상 등을 다룬다. 세시의례는 신년 초, 봄, 여름, 가을, 겨울 공동체의 생활주기에 따라 매년 반복되는 의례, 놀이, 음식 등을 다룬다.

3) 놀이 및 여가생활의 기록지

놀이 및 여가생활에서는 공동체 구성원인 남녀노소의 놀이 및 여가생활의 유형과

• • •

12 마을신앙, 가신신앙, 무속신앙의 기록화에 대한 구체적인 내용은 김덕묵, 『민속종교 연구방법론』, 한국민속기록보존소, 2011를 참조할 수 있다.

방식 등을 다룬다. 놀이는 아동놀이, 성인놀이, 남자놀이, 여자놀이, 개인놀이, 집단놀이 등으로 분류할 수 있다. 여가생활도 개인이나 집단, 성인이나 아동, 남자와 여자 등으로 살펴볼 수 있다. 놀이와 여가생활은 생활환경의 변화에 따라 변화상이 두드러진다. 여가와 놀이를 즐기기 위한 생활반경도 근래로 오면서 더욱 넓어지고 있다.

4) 생업 및 사회생활의 기록지

생업 및 사회생활에서는 공동체 구성원의 생업, 자치조직 및 친목단체 등에 주목한다. 공동체에는 원활한 운영을 위한 자치조직이 있다. 대학공동체에는 학생회가 있고 노동자들은 노동조합을 결성하고 있다. 지역공동체에는 주민자치조직이 있다. 이들 자치조직은 생업과 밀접한 관련을 가지고 있다. 생업에서는 생업의 조건과 환경, 생업방식, 생업주기, 생업도구, 변화상 등을 다룰 수 있고 자치조직이나 친목단체에서는 조직의 목적과 성격, 조직의 구성, 임원선출, 활동 등을 다루게 된다. 자치조직이나 친목단체에는 회칙, 회의록, 회원명부, 회계장부 등 적지 않은 기록물을 보유하고 있다.

5) 생활 속의 공간·도구·기록물·인간에 대한 기록지

민속을 기록하는 일은 앞에서 거론한 것 외에도 생활공간, 생활도구(물질문화), 생활 속에서 산출된 기록물, 생활현장에서 삶을 영위하는 인간(생활인)을 다루게 된다. 생활공간은 주생활을 넘어 공동체의 공간 전체를 범주화 할 수 있다. 마을공간, 지역공간, 광장, 골목, 시장과 같은 다양한 공간을 다룰 수 있다. 여기에서 공간의 역사, 공간의 이용실태와 내용, 의미, 그 속에 반영된 공간관 등이 주요 관심사가 된다. 생활도구는 생활에 필요한 물질적 요소이다. 의식주, 신앙 및 의례, 놀이 및 여가, 생업 및 사회생활 외에도 운송수단, 통신수단, 의료수단 등과 같이 인간 생활에 필요한 다양한 물질적 요소들이 있다. 이것들은 과학기술의 발달에 따라 진화를 거듭하며 이것에 따라 새로운 민속이 생성된다. 도시에서 전화가 대중화되지 못한 시절에는 다방이 약속장소이자 소식을 전해주는 공간으로 활용되었으며 통신수단으로서 삐삐가 대중화되었을 때는 삐삐로 인한 새로운 민속이 파생되었다. 스마트폰 시대에는 이전에 보지 못한 새로운 민속이 생성된다. 생활 속에서 산출된 기록물은 그것을 발생시킨 행위를 증거하는 자료이다. 행위의 실증적 자료로서 기록물에 대한 체계적인 수집이 요구된다. 생활을 영위하는 인간(생활인)에 대한 기록은 생활주기에 의한 일상(하루, 한주, 한달, 1년)이나 구술대담을 통해 채록하는 생활사나 생애사 등이 있다.

4. 민속기록지 작성

민속기록지의 작성단계는 기록대상 선정 → 현장조사를 위한 기획(문헌조사, 예비조사 포함) → 조사항목지 작성 → 현장조사 → 민속기록지 작성으로 이어진다. 민속기록지 작성 단계에서는 필요에 따라 보완조사를 한다.

1) 기록대상 선정

공동체를 기록화하기 위해서는 무엇을 기록할 것인가를 고민해야 한다. 민속기록지는 공동체 구성원들에 의해 영위되는 생활문화를 대상으로 한다. 의·식·주생활, 신앙 및 의례생활, 놀이 및 여가생활, 일상(생업) 및 사회생활, 생활공간, 생활도구, 생활 속에서 발생하는 기록물, 생활인을 대상으로 한다. 민속기록지에서는 '생활'이라는 키워드가 중요한 요소로 작용한다.[13] 이것은 매우 방대한 작업이다. 따라서 무엇을 먼저 다룰 것인가. 어떻게 다룰 것인가. 시기는 언제가 좋은가 등 다양한 측면을 고민해야 한다. 생활문화를 다룬다고 해도 그 층위와 범위는 어떻게 할 것인지 고민된다. 구성원 모두를 다룰 수는 없다. 선별해야 한다. 공공기록물 관리에서 '어떤 기록물을 남길

• • •

13 민속학은 '생활문화'라는 개념을 통해 학문적 통일성과 정체성을 유지한다.

것인가'처럼 어떤 것을 선택하여 집중할 것인가를 고려해야 한다. 공동체의 생활문화 내에서도 전형성이 있는 것, 증거성을 가지는 것, 맥락성을 띠는 것을 우선적으로 고려해야 한다. 기록할 대상을 통해 그 사회가 드러나야 하기 때문이다. 또한 같은 생활문화 내에서도 소실 우려가 있고 존재할 수 있는 기한이 짧은 것, 개발로 인하여 현장이 사라질 위기에 처한 것, 전승자나 정보제공자의 고령화로 조속히 기록해야 하는 것 등을 우선적으로 고려해야 한다. 기록대상을 선정하기 위해서는 아키비스트의 안목이 있어야 한다.

2) 문헌조사

현장조사를 나가기 전에 반드시 문헌조사를 해야 한다. 선행된 조사결과물이나 관련분야의 자료 등을 검토하여 기록대상에 대한 지식이나 접근방법 등을 참조하여야 한다. 가령 조선호텔 뒤 환구단에서 환구대제를 지낸다고 할 때 그냥 가서 본다면 그 의미를 제대로 알 수 없다. 미리 관련자료를 통해 사전지식을 가지고 접근하면 같은 조사라고 해도 더 심층적으로 접근할 수 있다. 아는 만큼 보인다는 말처럼 전혀 모르고 가는 것과 사전지식을 가지고 가는 것은 차이가 크다. 현장에서 정보제공자에게 얻은 지식은 때때로 착오가 있을 수 있다. 인간의 기억은 한계가 있기 때문이다. 특히 생성연대 같은 것은 정확히 기억하지 못할 때가 많다. 개인의 주관적인 해석이 가미되기도 한다. 사전에 문헌을 검토하면 현장에서 생길 수 있는 이러한 착오를 줄일 수 있다. 문헌에 있는 내용과 현장에서 주민이 알고 있는 지식의 간극間隙을 살펴보는 일도 문헌검토가 있어야 가능하다. 지역공동체를 기록할 때는 공공도서관이나 문화원 등에서 향토지, 시군통계연감과 같은 자료를 참조해야 한다. 경우에 따라 국가기록원의 자료도 탐색이 필요하다.

3) 현장조사를 위한 기획

기록대상을 선택하고 문헌조사를 하고 나면 어떻게 기록해서 민속기록지를 작성할 것인가에 대한 전체적인 기획을 해야 한다. 기획을 하기 위해서는 첫째, 기록대상에 대한 선행기록 사례나 기록방법을 알아보기 위해 관련문헌을 검토해야 한다. 둘째, 조사현장에 대한 기본적인 현황을 파악하기 위해 예비조사를 해야 한다. 예비조사는 가볍게 현장을 둘러보고 간단한 기초조사를 하는 것으로 충분하다. 조사범위가 넓고 장기적인 조사가 필요한 경우에는 예비조사가 필요한데 짧은 기간에 하는 조사는 예비조사를 생략하고 바로 본조사를 실시할 수도 있다. 셋째, 기록대상에 대한 문헌검토와 예비조사를 마치면 본조사를 어떻게 할 것이며 민속기록지를 어떻게 작성할 것인가에 대한 계획을 수립해야 한다. 또한 조사대상을 아는 적절한 정보제공자 선택, 조사항목지 작성이 이루어져야 한다.

4) 조사항목지 작성

조사항목은 현장에서 조사를 하면서 수정·보완될 수 있으나 기록화를 위해 조사를 나갈 때는 조사항목지를 지참해야 한다. '조사항목지'를 참조하면서 체계적으로 기록을 해야 하며 그렇지 못하면 중구난방衆口難防으로 산만한 조사가 되며 꼭 들어가야 할 내용을 빠뜨릴 수 있다. 또한 조사시간을 효율적으로 활용할 수 없다. 조사항목지는 장단점을 가지고 있다. 장점은 체계적인 조사가 가능하며, 일사천리로 질문을 하게 됨으로 시간을 절약할 수 있다. 한계는 미리 정해진 기록항목만 질문하게 됨으로 현지의 실제와는 차이가 있을 수 있다.[14] 따라서 조사항목지와 현지의 실태가 연계되고 상호보완적 관계가 될 수 있도록 기록자는 늘 성찰하고 개방적인 태도를 가져야

---

14 김덕묵, 『민속종교 연구방법론』, 한국민속기록보존소, 2011.

한다. 조사항목지의 내용은 고정불변적인 것이 아니라 끊임없이 때와 장소에 따라, 기록자의 문제의식에 따라 변할 수 있다. 조사항목지의 내용이 얼마나 상세하며 심화되어 있느냐에 따라 기록자의 민속지식에 대한 이해도를 알 수 있다. 기록대상이 선택되면 그것을 큰 범위에서 작은 범위로 조사를 위한 분류체계를 세분화 해야 한다. 분류체계의 마지막 단위에 있는 것이 기록항목이다. 가령 주생활을 기록한다고 하면 1차에서는 1) 마을전체의 현황, 2) 기록할 주택으로 분류할 수 있다. 2차분류에서는 1)을 1-1) 한옥, 1-2) 양옥으로 분류할 수 있고 3차분류에서는 1-1-1) 기와, 1-1-2) 초가, 1-1-3) 스레트 등으로 구분될 수 있고 마지막에는 기록항목이 올 수 있다.

〈표 2〉 조사항목지의 분류체계

	1차분류	2차분류	3차분류	기록항목
마을공동체의 주생활	1) 마을의 살림집 현황	1-1) 한옥	1-1-1) 기와	건축연대, 구조
			1-1-2) 초가	〃
			1-1-3) 스레트	〃
		1-2) 양옥	1-2-1) 살림집	〃
			1-2-2) 주상복합	건물용도
	2) 구체적으로 기록할 살림집	2-1) 양철수 댁	2-1-1) 주택구조 및 건축재료	평면도, 기둥 위치, 황토, 시멘트
			2-1-2) 주생활	공간활용
		2-2) 김영자 댁	2-2-1) 주택구조 및 건축재료	〃
			2-2-2) 주생활	〃

5) 기록화를 위한 현장조사

조사항목지가 완성되면 본격적인 현장조사를 해야 한다. 예비조사를 통해 한 차례 현장을 다녀왔기 때문에 이때는 조사항목지를 활용하면서 구체적인 조사에 들어가야 한다.

(1) 기록을 위한 장비

기록화 작업을 할 때는 기록에 필요한
장비를 가지고 가야한다. 조사대상에 따
라 차이가 있겠으나 기본적으로 필기도
구, 줄자, 나침반, 사진기, 녹음기를 준비
해야 한다. 동영상으로 기록을 남고자
할 경우에는 비디오카메라를 소지해야
한다. 간단히 현장을 스케치하여 동영상
으로 남기고자 할 때는 스마트폰도 가능
하나 기록관에서 소장하여 활용하고자
하는 경우에는 전문적인 비디오카메라를
이용해야 한다. 민간기록물을 함께 수집

〈그림 2〉 민속기록 때 사용하는 필자의 장비

하고자 할 경우에는 이동용 스캐너를 가지고 가면 편리하게 이용할 수 있다.

줄자는 민구의 크기나 주택의 평면도를 그리기 위해 길이를 잴 때 사용한다. 나침
반이나 패철은 주택의 방위, 무덤의 좌향, 풍수 등을 볼 때 참조할 수 있다. 사진기는
모든 기록에서 필요하다. 녹음기는 정보제공자가 구술하는 내용을 음성 그대로 남기
고자 하거나 노래나 소리 등을 채록하고자 할 때 반드시 있어야 한다. 구술채록이 목
적이 아니라고 해도 속도감 있게 인터뷰를 진행하려고 하면 녹음기를 이용하는 것이
좋다. 현장에서 노트에 일일이 적는다면 속도가 늦고 정보제공자도 대화의 흐름이 늦
어 지루함을 느낄 수 있다. 동영상은 민속의례나 연희, 중요한 인터뷰 등을 기록할 때
이용할 수 있다. 마을공간이나 특별한 주제를 기록영화 방식으로 남기고자 할 때도
동영상 자료가 필요하다. 기록에 있어서 동영상과 사진, 텍스트는 상호보완적이다. 가
장 이상적인 기록은 이 세 가지를 모두 이용하여 기록하는 것이다.

(2) 현장조사의 일정

기록화를 위한 현장조사는 일정에 따라 단기 혹은 장기조사가 될 수 있다. 단기조

사는 수 일 내에 조사할 수 있으나 장기조사는 수십 일이 소요된다. 기록화의 목적과 내용, 범위, 분량에 따라 현장조사의 기간이나 층위, 밀도는 달라진다. 가령 마을공동체 전체를 기록한다고 할 때는 주민들의 의식주 등 전반적인 항목분류를 통해 접근하게 된다. 이때 여러 사람이 분야를 나누어서 다룰 수도 있고 한 사람이 할 수도 있다. 마을은 범위가 넓고 기록할 대상이 많기 때문에 장기간 기록을 해야 한다. 기록항목이 정해지면 그것에 맞추어 기록화를 하게 되는데 가령 주생활은 우선 마을 전체의 현황을 둘러보고 가치판단을 하여 필요한 집을 선별하여 건축학적인 도면을 남기고 주생활에 대한 구체적인 사례를 기록해야 한다. 이런 경우 그 집만 기록하는 데도 며칠이 소요될 수 있다. 기록대상에 따라 일정이 적절하게 조절되어야 한다.

개괄적인 지표조사에 불과하다면 단기간 방문조사를 하여 정보제공자와 대담을 통해 할 수 있다. 반면 재구성을 고려한 밀도 있는 조사를 하거나 민속기록지를 학위논문으로 준비한다면 장기간 현지에서 체류하며 조사할 수도 있다. 자신의 거주지와 지리적으로 가까운 경우에는 수시로 일정을 정하여 조사할 수 있다. 기록자의 거주지에서 가까운 곳이라면 수시로 왕래할 수 있으나 먼 곳은 며칠씩 그곳에 머물면서 조사를 할 수도 있다. 마을을 조사할 경우에는 마을 주변에 머물면서 마을에 대한 이해도를 넓힌다면 한층 밀도 있는 기록이 가능하다. 지역기록관에서 지역공동체를 기록할 때는 대상과 범위를 선정한 후에 연차적으로 기록화 사업을 추진해야 한다.

(3) 기록자의 수

기록화 사업은 여러 사람이 분야를 나누어 할 수도 있고 한 사람이 다룰 수도 있다. 대개 프로젝트인 경우에는 여러 사람이 각자 분야나 지역을 할당하여 조사한다. 같은 주제를 2인1조로 조사할 수도 있다. 주생활은 2인1조가 좋다. 왜냐하면 벽면이나 방의 길이를 잴 때 줄자를 잡아주거나 한 사람이 수치를 잴 때 다른 사람은 사진을 찍거나 노트에 수치를 기입해야 하는 등 협조가 필요하기 때문이다. 익숙하지 못한 사람들의 경우에 두 사람이 함께 하면 지혜를 보탤 수 있으며 한 사람으로는 용기를 내지 못하는 일도 둘이서 하면 능률을 향상시킬 수 있다. 한편, 정보제공자의 경우에도 한 사람이 찾아갈 때보다 두 사람이 가면 답변에 더 성의를 보이기도 하며 편안함을 느끼기도 한다. 물론 경우에 따라 차이가 있겠으나 두 사람이 함께 하면 용이할 때가 많다. 특히 정보제공자가 여자인데 남자 혼자서 가면 정서적으로 부담을 가질 수 있다. 남녀가 2인1조로 참여하면 정보제공자들도 편안하게 기록자를 맞이할 수 있다. 또한 성별에 따라 출입할 수 있는 공간이나 질문할 수 있는 부분이 있을 수 있어 이런 부분도 남녀가 한 팀을 이룬다면 해결할 수 있다. 2인1조로 할 때 한 사람이 불성실하거나 서로 힘든 일을 미루거나 두 사람에게 불협화음이 있다면 곤란하다. 만약 동제나 제례와 같은 의례나 놀이가 행해지는 현장을 기록하고자 할 때는 한 사람은 인터뷰를 하고 한 사람은 동영상을 촬영하여 분업적으로 기록화를 할 수 있다.

(4) 현장조사의 방법

① 정보제공자 만나기

첫째, 어떤 사람이 정보제공자로 적합한가. 구술사 채록에서는 대담을 통해서 구술자의 증언을 채록하면 되지만[15] 민속기록은 그것보다 한층 다양하다. 민속기록은 구술사적인 방법과 유사한 구술채록은 물론 현장관찰, 기록자의 민속지식 등이 어우러져야 한다. 대담은 적합한 정보제공자를 찾는 것이 선행되어야 한다. 좋은 정보제공자를 만나게 된다면 행운이며 조사는 순조롭게 이루어질 수 있다. 행운이 있으면 자신이 처음 의도했던 것보다 더 많은 정보를 습득할 수도 있다. 부득이한 경우가 아니라면 정보제공자의 선정에 주의를 해야 한다. 총기가 있고 질문자의 의도를 잘 파악하여 논리적이고 설명을 잘 해주는 사람을 찾아야 한다. 또한 그 사람이 태어난 곳과 거주해 온 지역 등을 정확히 알고 있어 정보제공자로서 적합한 지를 판단해야 한다. 가령, 경기도 성남지역의 민속신앙을 조사하는데 그가 충청도가 고향인 사람이라면 아무리 총기가

---

15 구술사에서도 현장관찰의 필요성을 제기하는 사람도 있다.

있고 설명을 잘하는 사람이라고 해도 적합한 정보제공자가 될 수 없다.

둘째, 어디를 가야 정보제공자를 만날 수 있는가. 정보제공자를 만나는 방법은 두 가지로 나누어 볼 수 있다. 기록자가 직접 현장에 가서 찾는 방법과 사전에 공식적인 절차를 통해 협조공문을 보내어 추천받는 방법이다. 양자는 상황에 따라 선택해야 한다. 후자의 경우에는 국가기관에서 하는 공식적인 기록화 사업일 경우에는 가능하나 일반 연구자가 사적으로 기록하고자 할 때는 힘들다. 추천을 받아서 정보제공자를 만나는 경우 격식을 차려야 하기 때문에 민감한 사안에 대해서는 인터뷰가 불가능한 경우도 있다. 다만 이런 경우에는 친밀감이 형성되지 않아도 기본적인 질문에 응해줄 수 있다는 점에서 장점도 있다. 기록자가 현장에서 직접 정보제공자를 선택할 경우에는 연륜이 있고 여가시간이 많은 노년층을 찾을 필요가 있다. 어디로 가야 정보제공자를 만날 수 있을까. 마을의 경우에는 '노인정'을 찾아가면 된다.[16] 마을기록에서 노인정은 매우 유용한 정보탐색 통로이다. 그곳에서는 일시에 많은 사람을 편하게 만날 수 있으며 마을에서 누구를 찾아가야 유용한 정보를 얻을 수 있고 누가 토박이 주민이며 어느 집안이 세거성씨인지 등 다양한 정보를 얻을 수 있다. 일시에 여러 사람의 이야기를 들을 수 있어 정보를 비교하고 가늠할 수 있는 기회를 얻기도 한다.

셋째, 정보제공자와의 첫 만남에서 대화는 어떻게 풀어야 하는가. 정보제공자와의 첫 만남은 중요하다. 짧은 순간에 친밀감을 느끼게 할 수도 있기 때문에 첫 인상에서 호감을 얻어야 한다. 자신이 누구이며 무슨 목적으로 왔는지를 분명히 밝혀야 한다. 공손히 인사를 하고 명함을 주고 차근하게 자신이 온 목적을 설명해야 한다. 그렇게 인사를 하면 정보제공자는 나는 아는 것이 없다며 사양하는 경우가 많다. 그렇게 한다고 되돌아오면 안 된다. 기록자가 하려고 하는 대상에 정보제공자의 현재 지식은 매우 소중한 것이며 그런 것은 소실되기 전에 잘 기록해 두어야 한다고 하면서 정보제공자를 치켜세워주어야 한다. 정보제공자를 처음 대면할 때 다음은 흔히 겪는 상황

⋯

16 '나는 공부하러 노인정에 간다'(광명향토문화전자대전, 아방리마을지 참조).

이다. 효과적으로 대화법을 고려하여 대처해야 한다.

> 기록자: 어르신 안녕하세요(공손히).
>
> 정보제공자: 누구세요.
>
> 기록자: 저는 ○○대학교 ○○학과 대학원에 다니는 김○○입니다.
>
> 정보제공자: 나에게 무슨 볼 일로 오셨나.
>
> 기록자: 저는 ○○마을의 혼례를 기록하기 위해서 왔습니다.
>
> 정보제공자: 그런 거 조사해서 뭐해. 지나간 걸
>
> 기록자: 어르신네들의 경험은 너무 소중해요. 그것을 잘 기록해서 젊은 사람들이 배울 수 있도록 해야 합니다. 그렇게 하지 않으면 과거에 무슨 일이 있었는지 젊은 사람들이 하나도 모르게 됩니다(정보제공자가 가지고 있는 경험이나 지식의 가치를 존중해 주고 잊혀지기 전에 기록해야 됨을 공손히 설명).
>
> 정보제공자: 나 같은 늙은이가 뭐 아는 게 있어야지. 많이 아는 다른 사람들 찾아가보시오.
>
> 기록자: 어려운 이야기는 하나도 없습니다. 언제 결혼하셨고, 중매는 어떻게 했고 등 그냥 살아오신 이야기를 편하게 해주시면 됩니다(편하게 아는 대로 말하면 됨을 설명).
>
> 정보제공자: 그럼 모르는 것은 할 수 없고 아는 데까지는 설명해 주리다.
>
> 기록자: 몇 세 때 결혼하셨어요.
>
> (이어서 미리 준비한 질문을 체계적으로 하면 됨).

정보제공자와의 대담은 기록을 하는 동안 끊임없이 계속되어야 하는 과정이다. 현장에서 기록을 할 때 제한된 시간 내에 효율적으로 많은 정보를 얻을 수 있는 방법도 기록인의 능력이다. 정보제공자가 기꺼이 대담을 해줄 수 있도록 친밀감을 형성하는 일도 필요하다. 필자가 대학원에 다닐 때 어떤 무당의 굿을 보러 간 적이 있었다. 이 무당은 남자들을 꺼리는 경향이 있었는데 사전에 약속 없이 그냥 찾아갔다. 전화로 문의를 하면 거절될 것으로 판단되었기 때문이다. 무작정 찾아가니 부엌에서 일을 하던 아주머니들이 먼저 보고 "여기 보살님은 남자가 오는 것을 싫어하는데요."하면서 난색을 표한다. 필자는 "여기 힘을 쓰는 일은 남자가 있어야죠. 제가 일하는 것 도와 드리겠습니다."하고 넉살좋게 자리를 지켰다. 무거운 것을 옮기는 일, 군웅칼과 손도끼를 들고 돼지의 각을 뜨는 일을 적극적으로 도와주었다. 첫날 굿이 끝난 후 무당은 필자를 무척 신뢰하였으며 다음날부터 나의 조사에 적극적으로 협조해주었다. 필자는 현장조사를 가면 몸을 낮추고 정보제공자의 호감을 얻기 위해 노력한다. 2014년 가을 대학원생들과 이문동 답사를 갔을 때의 일이다. 노인정에 찾아가니 마침 청소를 하고 있었다. 필자는 걸레를 얼른 집어 들고 청소를 해주었다.[17] 그것을 본 학생들도 함께 참여했다. 청소를 마치고 음료수와 과자를 대접하면서 노인들에게 인터뷰를 청하였다. 이 정도의 성의를 보이면 대부분 기꺼이 협조해 준다. 정보제공자로부터 친밀감을 얻기 위해서는 자신을 낮추고 성의 있는 태도를 보여야 한다. 양해를 구하면 대화만으로도 쉽게 응해주는 정보제공자가 있는 반면, 일을 도와주거나 간단한 선물을 주거나 음식을 대접하는 것과 같은 적극적인 노력을 보여야 마음을 여는 정보제공자도 있다. 상황에 따라 적절한 기록자의 행위가 필요한데 무엇보다 기록하고자 하는 기록자의 진실된 마음이 정보제공자의 마음에 전달되어야 한다.

넷째, 정보제공자와 기록자와의 거리는 어떻게 유지해야 하는가. 기록인의 질문과는 달리 어떤 경우에는 동문서답하는 정보제공자도 있고 조사내용에서 벗어나 자신의 자랑만 늘어놓는 사람도 있고 사실과는 다른 정보를 제공하는 사람도 있다. 특히 이해관계가 있거나 드러내기 싫은 내용이 있을 때는 정확한 정보를 얻어내기 힘들다. 이런 것을 잘 판단하고 기록목적에 맞게 정보제공자가 원활히 답변을 해줄 수 있도록 조절하는 능력도 기록인이 갖추어야 할 소양이다. 정보제공자와 기록자는 친밀감이 형성되어야 하나 정보제공자의 말을 그들의 맥락에서 이해하려고 할 필요가 있다. 그러나 무조건 맹신해서는 안 되며 의구심이 들거나 논쟁이 될 만한 요소는 여러 사람의 견해를 함께 수집하여 비교해 볼 필요가 있다. 다양한 사람의 주관을 수집하여 검

• • •

17 물론 필자의 행동은 학생들에게 시범을 보여주기 위한 것이었다.

토하는 일은 객관성을 높이는 데 필요한 과정이다. 문화재지정이나 기타 이권이 개입된 문제가 있는 경우에는 정보제공자의 입장을 객관적인 견지에서 바라보고 판단할 필요가 있다. 이런 경우 정보제공자와 기록자의 관계는 객관성을 유지할 수 있는 가치중립적인 위치에 있어야 한다.

필자가 판교에서 일생의례를 조사할 때는 채록한 후 프린트를 하여 정보제공자에게 건네준 후 검토를 부탁한 바 있다. 이렇게 하면 정보의 커뮤니케이션 과정에서 발생한 오류를 바로잡을 수 있다. 긴 인터뷰의 내용인 경우 이렇게 하면 수정·보완할 수 있는 기회를 가질 수 있다. 이런 과정은 민속기록지의 생산 작업을 정보제공자와 기록자 간의 공동작업으로 발전시킨다.[18]

정보제공자와 기록자 사이에 전혀 친밀감이 없는 경우에는 그릇된 정보를 들을 수도 있다. 만약 친밀한 관계가 형성되어 있지 않은 처녀에게 "남자친구 있느냐"고 묻는다면 "없다"는 대답을 들을 수 있다. 또한 다른 사람이 있을 때와 혼자 있을 때의 대답은 다를 수 있다. 때와 장소는 물론 정보제공자의 심리상태를 헤아려서 자연스럽게 그가 답변할 수 있도록 해야 한다. 어느 마을에 처음 보는 사람이 나타나서 "아주머니집에서는 안택고사를 지냅니까"라고 물어보면 그 사람은 경계심을 가질 것이고 "그런 것 하지 않습니다"라는 대답을 들을 수 있다. 지낸다고 하면 또 이런 저런 질문을 하거나 귀찮게 할 수 있다고 생각하기 때문에 한 마디로 거절하는 것이다. 이런 경우 조사경험이 없는 기록인은 ○○마을에는 안택고사를 지내는 사람이 없다고 기록할 수 있다. 이것은 실제 있었던 일이다. 훗날 필자가 다시 그 마을에 찾아가서 조사를 해보니 토박이주민은 안택고사를 지내고 있었다. 집에 사진첩을 쌓아두고도 옛 사진을 좀 볼 수 있을까요라고 부탁을 하면 이사하면서 다 잊어버렸어요. 없어요 등의 답

18 "미국에서도 1970년대 이후에 구술사가들이 중립적인 면담자의 역할이 아니라 구술사 연구 과정의 적극적인 행위자(agent)로서 인식되기 시작했다. 방법론에 더 관심을 두는 구술사가들은 구술 증언을 비판 없이 받아들이는 것을 비판하고 방법론적으로 더 정교해질 것을 주장했다. 1990년대 부터는 구술사는 면담자와 구술자가 함께 권위를 공유하는 공동작업으로 이해되기 시작했다." 윤택림·함한희, 『새로운 역사 쓰기를 위한 구술사 연구방법론』, 아르케, 83쪽.

변을 들을 수 있다. 기록인은 지혜롭게 조사를 할 수 있어야 한다. 어떤 일이든 기록인이 적극성을 가지고 열의를 다하면 길은 열려있다. 소극적 자세로는 어떤 것도 이룰 수 없다. 일반인의 눈에는 아무것도 보이지 않지만 심마니의 눈에는 약초들이 잘 보인다. 기록인의 경험과 지식이 기록화 작업에서 변수가 된다. 처음 보는 누군가가 나에게 무엇을 물어볼 때 우리는 쉽게 답변을 해주는가. 정보제공자의 입장을 고려하여 그 마음을 헤아린다면 정보제공자들의 협조를 쉽게 얻을 수 있다.

② 현장관찰

현장관찰은 연구자가 직접 민속을 현장에서 관찰하는 것이다. 특히 연희나 의례의 기록은 현장관찰이 선행되어야 한다. 백문百聞이 불여일견不如一見이란 말이 있다. 아무리 다른 사람에게 설명을 듣고 책을 본다고 해도 자신의 가슴과 눈으로 보는 것만큼 느낌을 줄 수는 없다. 때때로 한 권의 책을 읽는 것 보다 한 번 현장관찰을 하는 것이 더 효과적일 때도 있다. 현장관찰을 통해 아키비스트는 문화를 보는 자신의 감수성을 키울 수 있다. 자신의 오감으로 직접 접하는 것보다 기록에서 더 중요한 것은 없다. 나와 기록대상이 만나서 교감하고 그것을 가슴으로 받아들일 때 비로소 문화를 다룰 수 있는 아키비스트가 될 수 있다. 문화와 교감하지 못하는 사람은 문화를 기록할 수 없다. 여기서 교감이란 기록대상과 내가 커뮤니케이션을 하는 것이다. 기록대상이 말하는 정보를 이해하고 습득할 수 있는 능력이기도 하다. 역사학에서는 문헌자료를 중요하게 생각한다. 그러나 문헌자료라는 것은 다른 사람의 눈에 의해 가공된 2차자료이다. 자신의 눈으로 체화하는 1차자료와는 차원이 다르다. 다른 사람의 눈을 거쳐서 자신에게 도달된 2차적 표상체란 이미 생기가 사라진 박제품이나 색안경 속으로 보는 모조품과 같다.

물론 민속기록에서 문헌자료가 의미가 없는 것은 아니다. 만약 1차자료만을 강조한다면 현장 집착성이라는 또 하나의 함정에 빠질 수 있다. 현장상황에 대해서는 많이 알지만 넓은 시야에서 바라보는 눈, 이론적 기반이나 학문적으로 분석하는 능력이 떨어질 수 있다. 또한 근거리에서만 기록대상을 바라보다보니 자신이 가치부여 하는 것을 전부로 생각하는 폐쇄성에 갇힐 수 있다. 이런 측면은 주로 현장관찰에만 몰두하는 재야 민속연구자들에게서 쉽게 볼 수 있다. 현장상황이나 자신이 가치부여 하는 민속지식에 대해서는 깊이 알고 있음에도 불구하고 정작 논문이나 책으로는 그것을 제대로 기록하고 해석해 내지 못한다. 다른 사람이 가공한 2차자료가 무조건 의미가 없는 것은 아니다. 다른 사람의 시각이란 곧 그 사람의 기록과 해석방식을 의미하기에 그것을 통해 자신 이외의 사람들의 접근방식이나 생각을 참고할 수 있다. 다만 남의 시각에서만 사물을 보게 되면 그것은 자신의 것이 아니며 남의 생각에 묻어가는 아류에 불과하다. 물론 사물의 실체를 제대로 꿰뚫고 있는 탁월한 2차자료를 만날 때도 있다. 그런 것은 자기 속으로 체화하여 자기의 혜안을 넓히는 데 사용해야 한다. 궁극적으로 기록은 현장조사와 문헌연구, 이론 연구의 상호작용 속에서 이루어질 때 기록인의 시야는 넓어지고 기록화도 그만큼 상승효과를 얻는다.

현장관찰을 할 때 기록인은 자기 자신을 작게 만들어야 한다. 너무나 작게 만들어 자신이 그 자리에 있다는 사실을 행위자들이 느끼지 못하게 한다면 가장 이상적이다. 그곳에서 대우를 받으려 하지 말고 그들 속에 최대한 동화되어 행위자들이 기록인을 의식하지 않고 자연스럽게 있는 그대로 행동 하도록 해야 한다. 가치판단에 있어서도 우선은 행위자들의 입장과 맥락에서 보아야 한다. 자신의 주관적 판단이나 이론 따위는 유보하고 있는 그대로 행위자의 관점에서 이해한 후 접목시켜도 늦지 않다.

(5) 기록방법

현장을 관찰하고 실측하고 정보제공자와 인터뷰를 하는 일은 행위, 물질, 공간, 인간 등 기록대상에 따라 적절한 방법이 요구된다. 행위에 기반을 둔 의례나 놀이와 같은 무형의 유산인 경우에는 사진, 동영상, 녹음, 텍스트 등 다양한 멀티미디어를 동원하여 기록할 수 있다. 물질인 경우에는 즉, 주택의 평면도 작성을 위해, 혹은 민구의 크기 등을 위해 실측을 해야 할 때도 있다. 마을이나 시장 혹은 공장의 내부 등 특정 공간을 드러내고자 할 때는 공간배치도를 그려야 한다. 의례 때의 상차림, 무당의 신당 등 그 전모를 드러내야 할 때는 일본에서 곧 와지로에 의해 태동한 '고현학考現學'

〈그림 3〉 민구 실측[20]

적 방법을 사용할 수 있다. 고현학의 기본적 사고는 어떤 하나의 시각으로 재단해 버리는 것을 피하고 있는 그대로의 모습을 보려는 것에서 출발한다. 고현학에서는 어떤 집이나 방안에 놓여 있는 물품을 남김없이 조사하여 그것을 실생활에서 포착하려 한다.[19] 인간에 대한 기록은 공동체에서 생활하는 특정인물을 선택하여 생활사를 채록할 수도 있다. 기록방법은 현장상황에 따라 다양한 방법이 있으며 그것은 기록자의 판단에 따라 최선의 방법을 취해야 한다. 기록을 위한 도구로는 멀티미디어(사진, 동영상, 녹음, 텍스트)가 동원될 수 있다. 기록대상에 대한 증거자료로서 기록물을 수집할 수 있다. 의생활과 관련하여서는 의류 구매서, 영수증, 식생활과 관련하여서는 식품구입이 기재된 영수증이나 가계부, 건축의 경우에는 평면도, 의례 및 행사와 관련된 것은 물품구입비, 팜플렛, 행사기획서, 옛 사진, 동영상과 같은 영상자료, 친목회의 장부 등 다양한 기록물을 통해 기록하고자 하는 내용의 실증자료를 얻을 수 있다.

6) 민속기록지 작성

(1) 민속기록지의 서술체계

현장에서 관찰한 내용, 인터뷰를 통해 채록한 내용, 촬영한 사진과 동영상, 수집한 기록물, 문헌자료 등을 수렴하여 대주제, 소주제를 나누고 체계를 잡아서 민속기록지를 작성한다. "구슬이 서 말이라도 꿰어야 보배다"라는 말이 있다. 자료를 모으는 일

• • •

19 김덕묵, 『민속종교 연구방법론』, 한국민속기록보존소, 2011, 113쪽에서 재인용.
20 사진은 2013년 가을 광명시에서 민구를 실측하고 있는 필자의 모습을 학생이 촬영한 것임.

도 큰일이지만 그것을 텍스트로 구성하는 일도 구성력이 있어야 한다. 조사된 각 부분의 내용을 잘 살리면서도 산만하지 않고 기승전결의 체계 속에 조화롭게 담아야 한다. 배치를 잘 하여 안정감을 갖추고 독자가 집중하면서 쉽게 읽어내려갈 수 있도록 구성을 잡아야 한다. 기록성에 중점을 둔 조선시대 화원들의 기록화를 생각해보자. 전체적인 모습을 잘 드러내면서도 부분의 동작을 놓치지 않는다. 김홍도의 씨름을 보면 원형구도를 잡아서 전체적으로 안정되게 포착하면서도 각 부분의 동작을 잘 표현하고 있다. 씨름 선수의 긴박한 표정은 물론 구경꾼들의 긴장된 모습, 그런 것과 상관없이 엿을 파는데 열중하는 아이의 모습, 거만해 보이는 양반의 모습, 부채를 들고 있는 구경꾼의 모습 등 전체적으로 안정된 조화를 이루면서 각 사람들의 모습을 잘 보여주고 있다. 우리는 이 기록물을 통해서 당시의 씨름판 모습을 알 수 있다. 이것을 그린 화원은 독자들의 궁금증을 고려하여 기록성에 중점을 두었다. 200여 년 전 씨름판의 모습을 우리는 이 기록화를 통해서 알 수 있듯이 현재 천하장사 씨름대회의 모습을 5장의 사진으로 200년 후의 후손들에게 전해주기 위해 남긴다면 어떻게 해야 할까. 우리는 기록화를 위해 자료를 모으는 일도 중요하지만 그것을 텍스트에 효과적으로 담는 일도 화폭에 씨름판을 담듯이 구도와 구성을 잘 짜야 한다.

오늘날 천하장사 씨름대회를 보고 기록지를 작성할 때는 서론에서는 그것을 기록하는 목적과 의의, 6하원칙, 메타데이터, 기록방법[21] 등을 수록하고 본론에서는 현장에서 관찰한 내용, 주체측, 선수, 관객 등과의 인터뷰 내용, 문헌자료의 내용, 수집된 기록물과 영상자료에서 추출한 내용을 함축적으로 체계적인 배열 속에서 담아내야 한다. 본론에서는 이들 내용을 체계적으로 정리하고 요약하여 독자들이 용이하게 이해할 수 있도록 하고 분량이 많은 1차자료는 부록에 수록해야 한다. 민속기록지에서 부록은 수집된 기록물이나 대담을 채록한 전문全文, 영상자료 등 본문을 실증적으로 증거 하

· · ·

21 이때 기록자가 어떤 상황에서 기록했는지 기록 당시의 상황을 설명하여 그 자료가 어떤 상황에서 어떤 과정을 거쳐 이용자의 손에 들어왔는지를 알 수 있도록 해야 한다. 자신의 정보취득 과정을 비밀스럽거나 신비주의적 입장으로 만들어놓는다면 기록지로서 요건이 제대로 갖추어졌다고 볼 수 없다. '투명한 정보의 공유와 소통'이라는 명제는 기록지 작성 과정에서 기록자가 늘 상기해야 할 점이다.

는 자료로서 중요한 가치를 지니는 기록콘텐츠이다. 물론 기록지로 텍스트화 하는 방식이 이것만 있는 것은 아니다. 다양한 방식이 있을 수 있으며 그것은 기록자의 창의력에 달려있다.

하지만 어떤 방식으로 하더라도 민속기록지는 체계적인 서술을 통해 이용자가 용이하게 자료를 이용할 수 있도록 해야 한다. 즉, 누구나 쉽게 볼 수 있도록 일정한 양식과 정보전달을 위한 기본적인 항목과 요건을 갖추어야 한다. 외형상 기록지로서 형식을 갖추었다고 하더라도 독자들의 요구를 충족할 만한 콘텐츠가 갖추어져야 한다. 이것은 밀도 있는 기록화를 전제로 한다.

요약하면, 민속기록지는 서론에 기록의 목적과 의의, 6하원칙과 메타데이터, 본론에 재구성이 가능할 정도로 상세히 기록된 내용, 부록에는 본론의 내용을 증거할 수 있는 1차자료 등이 첨부되어야 한다. 전체적으로 이용자의 입장을 고려한 친절한 서술과 자료의 미래적 가치를 고려한 배려가 전제되어야 한다. 민속기록학이 발전함에 따라 민속기록지의 양식도 진화되고 세분화 되어 갈 것으로 전망된다. 현재는 시론적인 입장에서 논의할 뿐이다.

〈표 3〉 민속기록지의 서술체계

목차	내용
a. 서론 부분	기록의 목적과 의의, 기록대상에 대한 메타데이터, 선행기록 및 연구검토, 접근방법(이론적 배경 및 조사방법)
b. 기록 부분	재구성을 목표로 하는 충실한 기록을 지향
c. 분석 부분	기록 부분에서 드러내지 못한 내용이나 기록한 내용에 대한 분석, 사회적인 의미, 현상에 내재된 상징적 혹은 사상적 의미, 타 지역과의 비교, 상황적인 맥락, 통시적인 맥락, 행위자의 특수성, 해당 민속의 생산과 소비, 소멸 혹은 변화상 등 다양한 측면에서 고려할 수 있다. 물론 이러한 모든 측면을 다룰 수는 없다. 분석의 층위는 다양하며 기록자의 능력이 심층적인 분석에 이르지 못할 수도 있고 분석 없이 기록자의 가벼운 설명으로 마무리 할 경우도 있다. 하지만 기록대상의 맥락을 파악하여 기록지를 이용하는 사람들의 이해를 돕고자 하는 적절한 노력이 필요
d. 결론 부분	결론 및 본문의 한계, 추후 과제 제시
e. 부록 부분	본문의 내용을 증거해 줄 수 있는 1차자료(대담을 녹취한 전문, 사진, 기록물 등) 첨부. 이들 자료는 전시, 열람 등 다양한 기록콘텐츠로 활용될 수 있으므로 체계적으로 분류되어야 한다. 분량이 많아 책자에 실지 못하면 책자에는 목록만 제시하고 관련 디지털 콘텐츠에 수록하는 방안이 모색되어야 함

앞의 도표에서 b와 c부분을 나누었으나 실제 기록지 작성에서는 b와 c가 혼합될 수도 있다. 실제 작업과정에서 보다 용이한 방법이 있다면 그것에 맞추어 조절할 수 있다. 민속기록지는 목적에 따라 조사보고서식과 논문형식으로 구분할 수 있다. 전자는 조사된 내용을 가급적 그대로 담아내어 분석부분 보다는 서술부분이 많을 수 있다. 후자는 형식과 분량이 논문에 준해야 하기 때문에 분석부분의 비중이 확대되고 서술부분은 전자에 비해 감소한다. 전자가 기록보존소의 소장자료로 이용된다면 후자는 연구자의 학문적 수단인 논문으로 이용된다.[22] 기록화 사업을 통해서 기록을 생산한 후 기록관에서 보존 및 활용하려고 한다면 b. 부분을 위주로 하여 상세히 서술해야 한다. 연구논문을 위한 것이라면 b. 부분을 요약하고 c. 부분에 중점을 두게 된다. 그러나 연구논문을 위한 것이라도 민속기록지는 일반논문과 달리 b. 부분을 무시할 수 없으며 논문의 형식상 b. 부분에 다루지 못한 부분은 e. 부록 부분으로 돌려서 전체적인 기록내용이 담보될 수 있도록 해야 한다. 부록 부분이 많아서 논문의 지면에서 다 첨부할 수 없다면 그것은 논문이 실리는 학회나 기록관의 디지털콘텐츠에 탑재하는 방법이 모색되어야 한다. 즉, 지면에서 수용할 수 없다면 디지털콘텐츠에서 담보하여 이용자들이 이용할 수 있도록 배려해야 한다. 어느 쪽으로 하든 민속기록지의 생명은 '상세한 기록'에 있음을 인식해야 한다.

물론 민속기록지의 서술체계는 기록대상에 따라 다소 차이가 있을 수 있다.[23] 그동안 민속학자나 혹은 타 학문에서 민속기록화 사업에 참여했던 학자들에 의해 생산된 조사보고서를 보면 b. 부분이 충실하지 않고 c. 부분은 거의 생략되어 있다. 이러한 사업에 참여한 학자들이 기록에 대해 뚜렷한 목적과 이해가 없었기 때문이다. 민속기록에 대한 철학과 방법론이 부재하였고 기록을 위한 방향에서 연구를 하지도 않았다. 또한 프로젝트를 주관하는 기관에서도 뚜렷한 방향과 기준이 없으며 결과물에 대한

• • •

22 김덕묵, 「민속과 기록의 만남, 민속기록학을 제창한다」, 『기록학연구』 제34호, 한국기록학회, 2012, 179쪽.
23 가령 구술사를 목적으로 할 때는 면담을 하여 구술을 채록하고 그것을 지면에 옮기고 메타데이터를 첨부하여 녹취록과 함께 보존한다. 이것을 논문으로 옮기려면 구술내용을 요약하고 분석하여 논문형식을 갖추게 된다.

평가 시스템도 갖추고 있지 않았다. 게다가 충실한 기록에 맞는 시간과 노력을 고려한 비용 책정도 이루어지지 않았다. 구술사 프로젝트처럼 충실한 기록이 가능한 인건비를 책정하고 그 맥락에서 타당한 기록화 작업이 이루어져야 한다.[24]

(2) 민속기록지와 기억의 시간

민속기록지는 현장조사를 통해 생산한 결과물이며 현재와 현재 만나는 사람들의 기억을 대상으로 한다. 현용민속은 현장에서 직접 보고 관찰할 수 있고 행위자의 진술을 토대로 기록할 수 있다. 비현용민속은 과거성을 띠며 정보제공자의 기억에 의존하여 기록한다. 정보제공자는 자신이 멀지 않은 과거에 직접 경험하여 생생하게 기억하고 있는 것(가까운 과거)이 있는 반면, 보다 더 오래된 과거인 자신의 유년기에 어른들이 하는 것을 본 것(먼 과거)이 있다. 현재 생존자들의 기억 밖에 있는 오래된 과거는 '더 먼 과거'로서 이 시기는 대담을 통해서 찾아낼 수 없다. 역사학적 접근이 요구된다. 민속기록지에서 다루게 되는 시간은 현재 – 가까운 과거 – 먼 과거를 중심으로 한다. 따라서 민속기록지의 기록내용은 현용민속[25]일 때 가장 많은 정보를 기록할 수 있다. 영상으로 있는 그대로의 모습을 담을 수 있으며 실측할 수 있다. 과거에 행해진 비현용 단계에 있는 것은 경험자의 기억을 통해 기록할 수 있다. 먼 과거의 사실로 정보제공자가 어렴풋이 기억하는 것은 기록자가 아무리 충실하게 기록하고자 해도 어렴풋이 남아있는 기억의 잔영을 모을 수밖에 없다. 이런 경우 대개는 재구성이 불가능하다. 만약 재구성을 하려고 한다면 그것과 유사한 자료를 모으고 추론을 가미하여 구성할 수밖에 없다. 그래도 기록하지 않아 단서가 전혀 없는 것보다는 낫다. 먼 과거일지라도 희미한 기억의 잔영이라도 생존자가 있을 때 기록해야 한다. 현재 – 과거 –

- - -

24 요즘 구술사 프로젝트의 영향을 받은 공공기관의 일부 담당자들은 본문 원고에 대한 원고비만 책정해 놓고 추가로 정보제공자의 말을 그대로 옮긴 구술채록본을 제출하라고 요구하는 경우도 있다. 구술채록에 대한 추가 비용을 고려하지 않고 '갑'의 위치에서 받을 것만 요구하는 것은 합리적이지 못하다. 또한 이 자료의 보존과 활용에 대한 구체적인 방안도 없이 자료만 받겠다는 점도 안일한 생각이다. 이런 자료를 지역기록관에서 보존하고 활용할 수 있는 시스템을 갖추고 합리적인 비용을 지불하여 질 높은 민속기록지의 생산을 추구해야 한다.
25 현재 행해지는 민속.

먼 과거라는 기억의 시차에 따라 민속기록지의 깊이는 영향을 받을 수 있다. 재현이 가능한 충실한 기록지를 지향한다고 해도 현용민속은 가능하나 과거, 먼 과거로 가면서 그 정도가 약화된다. 그러나 기록자는 주어진 여건 속에서 최선을 다해야 한다.

〈표 4〉 민속기록지와 기억의 시간

시간	더 먼 과거	먼 과거	가까운 과거	현재
현용성	비현용성	←	←	현용민속
정보 제공자	정보제공자 부재	정보제공자의 기억 희미	정보제공자의 기억 선명	현실에서 지각가능
정보량	적음	←	←	많음
현장관찰	불가	불가	불가	가능
재현	남겨진 자료의 깊이와 상태에 달려있음	정보제공자의 기억이나 자료의 깊이와 상태에 달려있음	정보제공자의 기억이나 자료의 깊이와 상태에 달려있음	미래적 가치를 고려하여 재현이 가능한 기록화 가능
접근방법	문헌조사를 중심으로 하는 역사학적 접근	정보제공자의 구술과 관련자료를 참조한 민속기록학적 접근	정보제공자의 구술과 관련자료를 참조한 민속기록학적 접근	정보제공자의 구술과 관련자료 및 현장관찰을 통한 민속기록학적 접근

(3) 민속기록지 작성시 유의점

문화에 대한 해석적 방식을 통해 문화를 기술하는 에쓰노그라피ethnography와 달리 민속기록지는 기록 자체에 바탕을 둔다. 비록 해석적 방식이 결여된다고 해도 있는 현상을 그대로 기록해 놓는 것만으로도 의미가 크다. 더구나 에쓰노그라피에서 해석의 적실성이 의심받고 있다는 점을 고려할 때 현상 자체에 대한 기록의 중요성을 새삼 인식할 수 있다. 물론 무엇을 기록할 것인가라는 선별과정에서부터 이미 기록자의 주관성과 가치판단이 무시될 수 없다고 볼 때 기록하는 일은 곧 해석을 포함하고 있다. 따라서 해석의 정당성이 의심받듯이 기록의 적실성도 의구심에서 완전히 자유로울 수는 없다. 기록을 위해 제시되는 공론화된 조사항목은 기록자의 시각이 균형감을 가질 수 있도록 도움을 줄 수 있다. 또한 재현이 가능한 '기록' 자체를 최고의 목표로 선정하고 있다는 점에서 기록자의 성실성만 보장된다면 기록의 정당성은 상당부분 획득될 수 있다. 민속기록지는 무엇보다 충실한 기록에 중점을 두어야 한다. 민속기록지에서는 해석도 메타데이터의 일부로서[26] 기록대상에 아키비스트가 어떻게 접근하며 어떤 해석을 도출해 냈는지 상황설명이 이루어져야 한다. 민속기록지는 이러한 메타데이터를 통해서 더욱 투명하게 실체가 드러나도록 해야 하며 독자도 기록인의 시각에 개의치 않고 기록내용과 만나볼 수 있도록 실재의 세계와 기록의 세계의 오차를 줄여야 한다. 따라서 민속기록지가 어떠한 기록인에 의해 생산된다고 해도 독자들은 그것에서 자신이 필요한 정보를 찾을 수 있도록 배려해야 한다.

민속기록지는 민속이 현장에서 멸실되더라도 후일 그것을 보고 재현할 수 있도록 기록한 텍스트이다. 민속기록지는 사람들에게 널리 이용되는 자료로서 현장에서 상세히 기록하고 실측한 자료로서 누구나 신뢰할 수 있도록 해야 하며 체계적으로 기술되어야 한다. 그러나 민속기록지를 작성할 때 연구자들이 쉽게 간과하고 지나가는 것이 있어 아래에서 이점을 살펴보도록 한다.

첫째, 일반화를 경계해야 한다(보편과 특수의 문제). 자기가 본 것을 민속의 전부로 보면 안 되며 폭넓은 자료 수집과 심층적인 이해를 바탕으로 해야 한다. 만약 어떤 것을 기록할 때는 그 대상의 범위와 기록자가 처한 입장과 한계를 명시하여 독자들이 가늠할 수 있도록 해야 한다. 둘째, 추상성을 피하고 구체적 사례나 실측한 자료를 제시해야 한다. 민속기록지는 재현할 수 있는 구체적인 내용을 드러내야 한다. 추상적인 어투로 간략히 언급하는 것을 피하고 실증적이며 구체적으로 기술되어야 한다. 셋째, 정보의 출처를 반드시 밝히고 가능하면 정보제공자의 말을 그대로 옮겨야 한다. 정보제공자의 구술내용이 길다면 부록에 전문을 첨부하면 된다. 정보제공자의 말과 기록자의 말을 구분하여야 하며 정보제공자의 말은 있는 그대로 충실히 기록해야 한다.[27] 넷째, 논쟁점이 될 만한 내용은 다양한 견해를 충분히 제시해야 한다. 쟁점이 되는 내용은 정보제공자의 제諸 견해를 충분히 제시해야 한다. 또한 기록자는 다양한 견

· · ·

26 기록대상에 대한 기록자의 해석도 기록지를 읽는 독자에게는 기록의 일부로서 정보가 된다.

27 스프래들리가 말하는 언어분별원칙(The Language Identification Principle), 말 그대로의 원칙(The Verbatim Principle), 구체적 언어원칙(The Concrete Principle)은 늘 성찰해야 한다. James p. Spradley, 『文化探究를 위한 參與觀察方法』, 이희봉 역, 대한교과서주식회사, 1996, 91~95쪽.

해를 제시하여 읽는 이가 스스로 판단할 수 있도록 유도하는 것이 바람직하며 자신의 견해는 유보하다가 뒷부분에서 조심스럽게 입장을 제시하는 신중함을 보여야 한다. 다섯째, 현재 실태뿐만 아니라 그것의 과거, 변화양상, 배경지식 등을 제시해야 한다.[28] 여섯째, 정보제공자의 이름이나 상호 등의 실명화나 익명성 문제, '정보공개동의서'의 문제이다. 민속학자들은 민속조사를 한 후 정보제공자의 인적사항을 사실적으로 기술하는 반면 인류학자들은 익명성을 추구하는 경우가 많았다. 가령 민속학자들은 "이문동의 김성철씨 댁 주생활 연구"라고 한다면 인류학자들은 "이문동의 K씨 댁의 주생활 연구"라고 할 수 있다. 인류학의 경우에는 물론 정도의 차이가 있겠으나 '인간관계'를 비중 있게 다루다 보니 익명성을 취한다. 민속기록지에서는 정확한 정보를 추구하기 때문에 부득이한 경우가 아니면 실명화 하는 것이 좋다. 또한 민속기록지를 만인이 볼 수 있도록 아카이브에서 활용하려고 한다면 주요 정보제공자들의 경우에는 '정보공개동의서'[29]를 받는 것이 좋다. 필자는 어느 기관의 시지편찬 작업에 참여한 바 있는데 모든 정보제공자의 정보공개동의서를 가지고 오라고 하여 난처한 적이 있었다. 그것은 현장의 사정을 모르는 소리였기 때문이다. 민속기록에서 잠깐 단답형의 질문과 대답만 주고받은 사람들의 정보공개동의서까지 다 받아올 필요는 없다. 이런 사람들의 경우에는 익명으로 처리해도 되며 민감한 부분이 아니라면 정보공개동의서를 굳이 작성하지 않아도 된다. 정보공개동의서는 인터뷰가 끝나는 즉시 양해를 구하여 그 자리에서 받아야 한다. 추후 다시 찾아가려면 이중으로 시간을 허비하게 된다. 한편, 기록자는 정보제공자에게 피해가 가지 않도록 정보에 대한 윤리적인 책임을 져야 한다.

• • •

28 김덕묵, 『민속종교 연구방법론』, 한국민속기록보존소, 2011, 142~154쪽. 이와 관련하여 김덕묵 앞의 책, 363~375쪽 부분도 참조할 수 있음.
29 정보공개동의서는 "본인은 본 정보의 공개에 동의합니다."라는 내용과 정보제공자의 이름, 서명, 생년월일, 날짜 및 기록자의 이름과 서명이 첨부되면 된다.

5. 민속기록지의 평가

민속기록지를 평가할 때는 기록의 신뢰성, 충실성, 미래적 가치 등을 검토해야 한다. 이와 관련하여 다음의 측면을 검토할 수 있다. 첫째, 적절한 기록이 이루어졌는가(생활문화를 드러내는 데 증거성과 맥락성을 가지고 있는지, 실측과 인터뷰과 제대로 이루어졌는가). 둘째, 기록대상에 대해서 제대로 알고 기록했는가. 기록자가 기록대상의 속성 및 구조와 원리, 그 속에 내재된 생활관 등에 대한 기본적인 이해를 바탕으로 하고 있는가. 이점은 민속기록지의 신뢰성과 관련된다. 이런 것을 담보하지 못한다면 차원이 낮은 기록이다. 셋째, 통시·공시, 부분·전체, 시간·공간·인간이라는 다양한 측면을 고려하여 맥락 있는 기록을 하고 있는가. 넷째, 민속지식을 제대로 담지하고 있는가. 다섯째, 민속기록지의 내용은 신뢰할 수 있으며 상세하게 기록되었는가. 여섯째, 미래에 활용할 수 있는가. 일곱째, 메타데이터가 제대로 되어있으며, 6하원칙에 충실하며 정보의 출처를 명확히 하고 있는가.

물론 모든 민속기록지가 이러한 조건에 부합될 수는 없다. 현장의 사정이나 기록대상의 특수성을 고려해야 한다. 전술한 것의 일부만 충족할 수도 있다. 가령 전술한 바와 같이 현재 행해지는 것을 관찰할 때, 과거 자신이 참석하여 행한 내용을 상세히 구술할 때, 과거 자신이 참석했으나 어려서 기억이 희미할 때 등 정보제공자의 기억의 정도에 따라 기록의 내용도 영향을 받을 수밖에 없다. 따라서 기록자의 능력이 기록의 깊이에 큰 영향을 미치지만 현장의 상황과 정보제공자의 기억의 층위와도 상관관계를 가진다. 기록자의 능력과 현장의 상황, 정보제공자의 역량이 모두 좋다면 기록의 깊이는 깊어질 수 있으나 그 반대인 경우도 있다. 민속기록지의 평가도 이러한 상관관계를 고려해야 한다. 어쩌면 위의 것을 충실히 충족한 민속기록지를 생산하는 것은 한정된 시간과 비용, 기록자의 능력 등을 고려했을 때 쉽게 도달하지 못할 수도 있다. 다만 이러한 지향점을 가지고 충실한 민속기록지를 생산하기 위해 노력하는 자세가 필요하다.

6. 민속기록지의 보존과 활용 및 공동체 기록관

민속기록지가 작성되면 아카이브에 보존되고 활용되어야 한다. 지역공동체에서는 지역기록관에 관련 자료를 보관하고, 디지털콘텐츠에 탑재하여 정보콘텐츠로서 활용해야 한다. 지역공동체를 위해 생산한 민속기록지는 향토지의 일부가 되기 때문에 향토지와 같이 보존되고 활용되어야 한다. 학회의 경우에는 학술도서로 발간하는 것 외에도 학회공동체의 디지털콘텐츠에 탑재하여 누구나 쉽게 이용할 수 있도록 해야 한다. 민속기록지의 보존은 텍스트와 기록의 생산과정에서 산출된 음성파일, 영상자료, 기록물 등이 모두 포함된다. 지역기록관에서는 문서고에 이들 자료를 보관하고 디지털콘텐츠에서도 서비스하여 이용자들의 열람이 용이하도록 해야 한다. 지역기록관에서는 민속자료를 다룰 수 있는 전문인력이 체계적인 분류시스템을 가지고 이들 자료를 관리해야 한다. 민속기록지는 후세들이 이용할 수 있도록 보존하는 것도 중요하지만 창고에 가두어 두지 말고 많은 사람들이 이용할 수 있도록 해야 한다. 민속기록지를 공시적으로 배열하면 당대의 생활문화가 도출되며 통시적으로 배열하면 생활사가 구축된다. 민속기록지의 작성은 사관이 역사를 기록하듯이 아키비스트가 사료를 쓰는 일이다. 민속기록지를 가지고 역사적 사실을 재구성하고 당대를 살아가는 사람들의 현실과 문화적 환경, 생활관을 이해할 수 있다. 따라서 민속기록지를 보존하고 활용할 수 있는 공동체 기록관의 설립이 담보되어야 한다. 지금 지역공동체에서는 기록화 사업을 통해 도출한 자료들이 있어도 보존 및 활용할 수 있는 장소나 시스템을 갖추고 있지 못하다. 각종 향토지나 시지 발간과정에서 생산된 수많은 1차자료나 기록물을 보관할 수 있는 아카이브나 제도적 장치가 없다보니 사업에 참여한 사람들의 서재에 방치되거나 소실된다. 공동체 아카이브를 설립하고 민속기록지의 DB화, 민속기록지를 이용한 교육, 전시 등 다각적으로 활용될 수 있도록 해야 한다.

7. 맺음말

　　　　　　　　　　기록화 작업은 어떻게 해야 하는가. 민속기록지를 어떻게 작성해야 효과적일까. 그동안 민속학자들은 논문을 쓰기 위한 선행과정으로 현장조사를 생각하였지 기록을 목적으로 하지는 않았다. 물론 민속조사보고서를 위해 기록적인 작업이 전혀 없었던 것은 아니나 그것은 공동체 아카이브를 위한 체계적인 기록화 작업과는 차이가 있다. 민속기록지는 공동체 기록화와 자료의 보존과 활용을 위한 수단이다. 이 글에서는 공동체의 기록 – 보존 – 활용을 위한 기초로서 민속기록지의 생산을 위한 전략을 구상해 보았다. 하지만 다양한 기록대상에 대한 세분화된 논의는 앞으로 진화되어야 할 과제이다.

　기록의 생산과 기록지에 대한 논의는 이제 시작단계이다. 그동안 기록에 대한 경시는 기록의 밀도와 활용적 가치를 약화시켰으며 기록을 학자의 일이나 전문적인 연구영역으로 보지 않았다. 과학의 발전을 위해 기초과학에 충실해야 하는 것처럼 문화연구를 위해서는 문화에 대한 기록이 토대가 되어야 한다. 기록의 생산은 학문활동에서 중요한 과정이며 전문영역으로 자리잡아야 한다. 따라서 국가나 지자체에서 실시하는 공동체를 위한 각종 기록화 사업은 전문기록인에 의해 생산되어야 한다. 오늘날 구술사의 영역은 전문분야로 자리잡았다. 공동체를 기반으로 하는 민속기록은 구술사보다 영역이 넓고 기록대상에 따라 다양한 접근방법이 요구된다. 주생활을 기록할 때는 건축학과 민속학적인 접근이 병행되어야 한다. 의례를 기록할 때는 의례에 대한 지식과 현장관찰에 대한 소양을 갖추어야 한다. 기본적으로 기록대상에 대한 이해가 있어야 맥락 있는 기록을 실현할 수 있다. 또한 재구성이 가능한 기록을 생산하는 일은 적지 않은 시간과 열정이 소요된다. 아직 민속기록은 전문분야로 자리 잡지 못했다. 그동안 기록에 대한 경시는 이론과 방법의 발전을 저해하였다. 자료를 수집하여 비판하고 분석하는 것을 학문 본연의 행위로 간주했을 뿐 대상 자체에 대한 기록을 학문적 행위로 보지 않았기 때문이다. 따라서 성실하게 기록된 자료의 가치를 대다수의 학자들은 깨닫지 못했다.

　하지만 과연 기록 없이 학문이 존재할 수 있을까. 모든 분야에서 기록은 필요하다.

자연과학에서도 실험에 대한 기록자료가 필요하고 음악학에서도 채록된 자료가 있어야 하며 역사학에서도 당대를 기록한 사료가 있어야 한다. 생활문화를 통시적·공시적으로 연구하는 민속학에서도 당대를 기록한 자료가 있어야 한다. 학문분야뿐만 아니라 공동체의 정체성을 찾는 일에도 기록이 있어야 한다. 학문을 하는 일에 기본이 되는 것이 기록이다. 민속기록도 이제는 구술사의 영역처럼 전문분야로서 발전되어야 한다. 구술사를 할 때 조사표나 녹취에 대한 일정한 양식이 요구되듯이 민속기록에 있어서도 민속기록지가 일정한 양식으로 자리 잡아야 한다. 앞으로 기록의 생산은 전문적인 학문영역으로 인정되어야 하며 민속기록지에 대한 논의도 심화되어야 한다.

03.

문화콘텐츠 시대의 민속기록과 활용*

- ·
- ·
- ·

1. 머리말

21세기가 시작되는 벽두부터 디지털과 문화콘텐츠라는
다소 생소한 용어는 한국사회의 산업계와 학계를 달구는 화두가 되었으며 현대사회의
새로운 특징 중 하나로 부각되었다.¹ 이러한 배경 속에서 민속학도 자체 역량을 활용한
'콘텐츠' 생산이라는 사회적 요구를 부여받게 된다. 현재 민속의 활용과 문화콘텐츠는
민속학자가 고민해야 할 일부분이 되었으나 민속활용이 민속학에서 새삼스러운 것은
아니다. 태동기부터 민속학은 활용을 지향하는 실용적인 성격을 내포하고 있었다. 한
국의 민속학은 초창기에 최남선이 단군신화에 주목하였으며 무속적 입장에서 그것을
이해하려고 하는 등 열강들의 침략에 대한 민족적 각성을 가지고 있었다. 해방 후에도

· · ·

* 민속기록학은 기록 및 보존과 함께 활용을 중시한다. 이 글은 민속학, 기록관리학, 문화콘텐츠학을 연계하여 민속
의 아카이빙에서부터 문화콘텐츠화에 이르는 전과정을 유기적인 맥락 속에서 검토하였다. 따라서 일상 속에 널려
있는 민속을 어떻게 기록하고 수집하여 활용할 것인가에 대한 논의와 민속활용의 대상, 유형, 과정을 살펴본다.
본래 2010년 12월 『비교민속학』에 실린 글인데 이 책에 다시 수록하였다.
1 세계적으로 문화콘텐츠 산업의 비중이 날로 증대하고 있으며 산업구조가 자본과 노동 집약적 산업에서 소프트웨
어, 콘텐츠 중심의 지식기반 산업으로 바뀌어가고 있다. 선진 각국에서도 문화콘텐츠산업을 미래의 전략산업으로
선택하여 적극 투자하고 있으며 미국에서는 군수산업에 이은 2대산업으로 문화콘텐츠산업이 자리잡고 있다. 신광
철, 「학부 수준에서의 문화콘텐츠학과 교과과정의 분석과 전망」, 『인문콘텐츠』 제2호, 인문콘텐츠학회, 2003, 7쪽.

민속학자들의 일각에서는 근대화의 홍수 속에서 변모하거나 소실되어가는 민속을 보존해야 한다는 의식을 가지고 민속경연대회, 한국민속종합조사보고서 등을 통해 민속을 발굴하고 보존하려는 노력을 하였다. 그들은 개인적인 연구나 사회적인 활동을 통해 근대화, 도시화, 서구화로 치닫는 와중에서 야기되는 전통문화의 단절, 세대간의 문화적 갈등, 사회적 일탈, 아노미Anomie 현상 등을 해소하는 기제로서 민속을 활용하고자 하였으며 또한 민속을 통해 민족의 통합성과 정체성을 확보하려는 노력도 하였다.

1970~1980년대에는 대학생이나 재야운동권 일각에서도 기존 정권을 외세의존적, 독재적 그리고 상업적, 퇴폐적 자본주의 문화를 양산하는 정권으로 규정하고 그 대항문화로서 탈춤, 풍물, 굿과 같은 민속연희를 통해 민족적, 민중적, 민주적 문화운동을 지향하였다.[2] 민주화운동에서도 민속이 저항의 기제로 활용된 것이다. 민속학은 태동에서부터 현재까지 이어오는 여정 속에서 줄곧 '활용'이라는 측면을 무시하지 않았다. 물론 어떤 학문이든 실용성을 배재할 수 없다. 하지만 민족성, 민중성, 통합성, 지역성, 정체성, 역사성 회복에 있어 현실적인 대안으로 민속학만큼 활용성이 높은 학문도 없다. 지자체에서 지역성 확보를 위한 지역자원을 발굴하거나 지역아카이브, 전시관 등을 만들 때도 민속학자는 그 지역의 민속을 활용하여 다양한 소재를 제공할 수 있다.

이렇게 민속의 활용에 대한 문제는 민속학의 성립기에서부터 줄곧 이어져 왔지만 2000년 무렵부터는 이전과 다른 측면에서 민속의 활용이 급부상하였다. 이전의 민속활용이 정치적이거나 문화운동적 성격을 띠었다면 이 시기의 민속활용은 상업성, 경제성이라는 상품가치로서의 의미가 부각되었다.[3] 따라서 우리는 민속을 새로운 가치로 바라보게 되었고 '민속콘텐츠'[4]를 한층 더 중요하게 인식하게 되었다. 2000년 무렵

. . .

2 "1970년대를 전후하여 일기 시작한 민족문화운동은 그동안 많은 성과를 거두어 왔지만 아직도 비주체적인 상업적 종속문화는 그 대항문화로 대체되지 못하고 우리 민중의 건강한 정서를 가진 민족적 형식의 민중문화를 토착화……"(한국외국어대학교 동아리 굿패 '비나리' 창립 선언문, 1991), "퇴폐적, 향락적 사이비 문화를 과감히 청산하고 주체성과 실천성 있는 새로운 대학문화 창달의 장이 되어야 한다"(1983년 고대 축제준비위원회 성명서 일부. 이상일, 『놀이문화와 축제』, 성균관대출판부, 1996, 216쪽.).
3 그 이전의 민속활용도 상품으로서 의미가 없었다는 것은 아니나 이 시기에 크게 부각된다.

민속활용을 둘러싼 환경은 여러 가지의 측면에서 새로운 전환을 가능하게 했다. 먼저 국내 문화산업의 신장과 함께 '한류'⁵라는 문화수출이 부각되었다는 점이다. 이와 더불어 문화수출의 소재영역으로 애니메이션, 드라마, 영화, 음악, 게임, 공연예술, 만화, 미술 등 이른바 문화콘텐츠의 중요성이 강조되었다. 정부에서는 1990년대 중반 국가전략산업으로 방송영상콘텐츠를 주목하게 되고, 2001년 제9회 국가과학기술위원회의에서 문화기술Culture Technology을 21세기형 미래 국가전략산업으로 채택하였으며 실행기구로서 2002년 한국문화콘텐츠진흥원KOCCA을 설립⁶하였다. 세계적으로도 선진각국은 문화산업에 박차를 가하고 있어 '문화전쟁'이라는 말을 피부로 느끼게 한다.

둘째, 2002년 2월에 한국문화콘텐츠진흥원이 추진한 '문화원형 디지털콘텐츠화사업'은 인문학자들에게 '문화원형'에 대한 관심을 가지도록 하였다. 이 사업은 "문화원형 디지털콘텐츠화를 지속적으로 추진하여 문화콘텐츠산업의 상상력과 창의력의 원천인 창작소재를 제공함으로써 문화콘텐츠산업의 경쟁력 향상을 도모하려는 것"⁷으로 문화원형 과제는 초기(2002년, 2003년)에는 3가지 유형 즉 '시나리오 소재 개발분야', '시각 및 청각 소재 개발분야', '전통문화·민속자료 소재 콘텐츠 개발분야'로 나누었으나 2004년 이후에는 자유공모의 경우 전통문화라는 전체 개념 하에서 공모하였다. 선정된 과제는 문화콘텐츠 닷컴을 통해 서비스되고 있어 국내외 문화콘텐츠산업 및 문화산업에 활용할 기반을 마련하였다. 문화콘텐츠닷컴에서 제공되고 있는 과제는 9개 분류(의식주, 건축, 의례/신앙, 교통/통신, 군사/외교, 역사/민속, 예술, 과학기술, 문학/문헌)의 106개 과제이다(2006년의 상황).⁸ 이 사업은 인문학적 상상력이 절대적으로 필요하기에 사회적

---

* * *

4 민속을 활용한 콘텐츠라는 의미로 쓰도록 한다.

5 한중수교 이후 한국문화산업의 대중수출은 1999년 11월 클론의 북경 공연으로 이어지며 중국 젊은이들을 열광하게 하였고 당시 《北京靑年報》가 寒流라는 용어를 사용하며 한국 대중문화의 중국 침투를 부정적으로 보았다. 다행히 寒流라는 발음이 '한국의 문화바람'을 뜻하는 韓流와 음이 같아 '한류'라는 용어가 사용되게 되었다. 박장순, 『문화콘텐츠학개론』, 커뮤니케이션북스, 2006, 108~109쪽.

6 한국문화콘텐츠진흥원이 설립되면서 '문화'와 '콘텐츠'의 합성어인 '문화콘텐츠'라는 신조어가 자연스럽게 드라마, 대중가요, 영화, 게임, 애니메이션, 뮤지컬 같은 서로 다른 이질적 장르로 구성된 한류 중심 소재영역들을 통칭하는 말로 쓰이게 된다. 박장순, 위의 책, 115쪽.

7 한국문화콘텐츠진흥원, 『문화원형 창작소재 개발 중·장기 로드맵 수립』, 2006, 40쪽.

으로 인문학에 무관심한 이른바 '인문학의 위기'라는 상황 속에서 인문학자들의 긍정적인 반향反響을 일으키게 된다.

셋째, 인문학자들의 반응은 시의적절하게 인문콘텐츠학회(2002년 10월에 창립기념 심포지엄)를 만들고 매년 학회지를 통해 인문콘텐츠와 관련된 이론과 방법론적, 실천적 논의를 전개하여 다양한 담론을 생산하고 있다.[9] 이러한 담론의 핵심은 디지털 환경과 문화콘텐츠 시대에 '인문학의 역할과 관련된 논의'로서 문화콘텐츠 개발에 있어 '문화원형 발굴'이 중요하다는 것이다. 또한 그것을 위해 인문학적 상상력과 지식이 절대적으로 필요하며 이것이 인문학의 역할이라는 것이다. 이와 더불어 무엇이 문화원형이고 문화원형을 어떻게 발굴하고 가공할 것이며 여기서 인문학자들은 어떤 역할을 할 것인가를 고민하고 있다.

넷째, 디지털기술과 관련 미디어의 발달은 디지털콘텐츠의 소재로서 민속이 활용된다는 점이다. 그것은 디지털환경에 맞는 가공된 콘텐츠들의 계속된 공급을 요구하게 된다. "디지털 기술의 발달에 따라 등장한 문화콘텐츠는 흔히 '정보의 고속도로 위를 달리는 문화의 자동차'로 비유된다. 즉 문화와 기술의 융합을 통한 재창조, 즉 문화에 디지털 기술을 접목시켜 탄생시킨 결과물, 즉 지식정보, 문화상품, 문화가치 등이 곧 문화콘텐츠인 것이다."[10]

다섯째, 지방자치제 이후 지자체마다 지역문화에 대한 관심이 급증했다는 점이다. 한국학중앙연구원에서 추진하고 있는 '향토문화전자대전'이나 해당 지자체나 지역문화원의 홈페이지를 활용한 지역문화콘텐츠가 새로운 관심으로 대두되었으며, 지역축제, 지역관광, 지역상품, 지역통합 등 다양한 목적에서 민속의 활용이 강조되고 있다.

• • •

8 한국문화콘텐츠진흥원, 위의 책, 42쪽.
9 김기덕, 「문화콘텐츠의 개념과 인문콘텐츠」, 『한국문화와 콘텐츠』, 채륜, 2009; 김교빈, 「문화원형의 개념과 활용」, 『한국문화와 콘텐츠』, 채륜, 2009; 송성욱, 「문화콘텐츠 창작소재와 문화원형」, 『한국문화와 콘텐츠』, 채륜, 2009; 신동흔, 「민속의 문화원형과 그리고 콘텐츠」, 『한국문화와 콘텐츠』, 채륜, 2009 등 다양한 글에서 볼 수 있음.
10 심승구, 「한국 민속의 활용론과 문화콘텐츠 전략」, 『한국학중앙연구원 민속학 30년: 민속학의 전통문화 연구』, 한국학중앙연구원 학술발표 자료집, 55쪽, 2010.6.4.

연구사적으로 볼 때 민속활용에 대한 이론적 연구는 이제부터 시작이라고 볼 수 있다. 민속활용에 대한 원론적 검토로서 신동흔은 민속문화의 원형은 전통성, 민중성, 생활성을 아우른 속에서 찾아진다고 보고 그러한 원형적 민속을 21세기의 문화환경 속에서 콘텐츠로 활용할 것을 강조하였다.[11] 심승구는 민속의 특성을 민중성, 지역성, 현재성에서 찾았으며 민속은 단순한 잔존문화가 아니라 전통문화를 표상하는 문화유산이라고 보고 민속의 문화콘텐츠화 방안을 검토하였다.[12] 민속을 기반으로 한 문화콘텐츠나 민속의 자원화 및 활용방안에 관한 연구들도 있는데 이윤선은 문화콘텐츠 기획을 경험하면서 얻은 성과를 토대로 연구서를 내놓았으며[13] 이창식은 삼척지역의 줄다리기를 사례로 하여 문화콘텐츠 활용방안을 연구하였다.[14] 안동대 민속학연구소의 마을 민속자원화 방안에 대한 연구도 주목된다.[15] 그밖에도 논저들이 있으나 지면의 한계가 있어 그에 대한 검토는 다른 기회를 가지도록 한다. 다만 이들 논저에서 그동안 논의되고 있는 내용은 주로 민속을 기반으로 하는 문화콘텐츠의 기획, 문화콘텐츠화 방안, 민속에서 무엇을 활용할 것인가에 대한 원론적 검토, 민속의 자원화 과정이나 활용사례에 대한 연구이다.

2000년 무렵의 민속활용은 민속학 내부의 고민에서라기보다 정치경제적, 사회문화적, 과학기술적 환경의 변화에 따른 필연성을 가지고 있다. 최근 대학의 민속학과에서도 문화콘텐츠와 관련된 강좌가 개설되고 있다. 이제 민속의 활용과 문화콘텐츠 및 그것의 기반조성을 위한 시의성 있는 논의가 요청된다. 이 글은 이러한 고민에서 민속활용의 전반적 과정을 기록·보존·활용의 통합체계 속에서 검토한다. 우리가 흔히 활용의 측면만 생각할 수 있는데 활용은 민속에 대한 기록과 보존이라는 기반 위에서 조성될 수 있기 때문에 본문에서는 이러한 총체적 관점에서 보고자 한다. 또한

---

11 신동흔, 앞의 논문.
12 심승구, 앞의 논문.
13 이윤선, 『민속문화 기반의 문화콘텐츠 기획론』, 민속원, 2006.
14 이창식, 「줄다리기의 원형복원과 문화콘텐츠 활용방안」, 『비교민속학』 제38집, 비교민속학회, 2009.
15 안동대 민속학연구소, 『마을민속자원화 어떻게 할 것인가』, 민속원, 2007.

민속활용의 대상에서는 민속학, 민속활용의 유형에서는 문화콘텐츠학, 기록보존에 있어서는 기록관리학적 마인드를 살려서 연계전공을 동원하여 논지를 전개한다. 문화콘텐츠 시대에는 학제간의 연계가 요청된다.

2. 민속활용과
문화콘텐츠

오늘날 민속의 활용은 디지털 환경, 미디어 기술, 문화콘텐츠, 지방화(지방자치화에 따른 지역문화 강조), 세계화, 한류, 문화원형 사업, 문화상품, 관광자원 등과 같은 용어로 대표되는 다양한 시대적 배경과 요청 속에서 고려된다. 그렇다면 민속을 어떻게 활용할 수 있을까. 민속의 활용은 무엇을, 어떻게 할 것인가라는 원론적인 고민에서부터 차근하게 따져볼 필요가 있다. 즉, 활용대상을 찾고 그것에 결합될 활용유형, 활용주체를 검토하고 활용의 초기단계에서 하게 될 유사사례 분석이 이루어져야 민속활용은 기획될 수 있다.

1) 민속활용의 대상

민속학자는 민속에 대한 풍부한 지식과 상상력을 동원하여 활용할 수 있는 소재를 발굴한다. 이것은 다른 말로 '원천소스'라고도 표현할 수 있는데 민속학의 다양한 분야에서 추출될 수 있기에 분야별로 구체적으로 검토할 필요가 있다. 막연한 논의보다는 이렇게 활용대상을 전제해 놓고 꼼꼼히 따져보는 것이 민속활용론의 밑그림을 구체적으로 구현할 수 있기 때문이다. 민속은 의식주, 세시풍속, 일생의례, 민간신앙, 민속예술, 민속놀이, 구비문학, 마을 등 다양한 영역을 연구하게 된다. 이러한 영역에서 우리는 활용할 수 있는 자원을 찾게 되는데 세부적으로 보면 다음과 같은 것을 자원으로 활용할 수 있다.

의생활에서는 옷이나 옷감의 지역성(지역에 따라 특징이 있는 옷, 지역특산품), 용도에 따른 옷(의례복, 일상복, 외출복, 노동복, 군복), 착용위치에 따른 옷(상의, 하의, 속옷, 내의), 계절에 따른 옷(여름옷, 겨울옷, 춘추복), 옷의 역사, 유행, 제작법, 재료, 옷의 구매, 옷과 관련된 생활양식, 관행, 추억, 사연 등을 콘텐츠의 소재로 활용할 수 있다. 식생활에서는 향토음식, 의례음식, 세시음식, 음식제조법, 재료, 음식의 역사, 음식과 관련된 관행, 의례, 놀이 등을 발굴하여 활용할 수 있다. 주생활에서는 지역성, 용도에 따른 집(주거용, 농가, 상가, 창고, 종교건축), 공간구조, 공간이용, 재료, 집의 역사, 집과 관련된 관행, 의례, 놀이 등을 발굴하여 활용할 수 있다.

세시풍속은 지역성, 시간성(절기 및 시간에 따른 차이), 공간성(세시풍속이 행해지는 공간), 의례, 놀이, 음식 등, 동제는 지역성, 마을의 특징, 관련된 관행, 의례, 놀이, 음식, 유래 등, 가신신앙은 지역성, 집안의 특징, 관련된 관행, 의례, 음식, 유래 등, 굿은 지역성, 관련된 관행, 의례, 놀이, 음식, 유래 등, 일생의례는 지역성, 집안의 특징, 관련된 관행, 의례, 놀이, 음식, 유래 등, 민속예술은 가면극, 민속악, 민속무용, 공예 등, 구술사는 대담을 통한 생애사, 생활문화사, 특정한 기억이나 사건 등을 소재로 활용할 수 있다.

이상에서 개략적으로 살펴보았으나 민속활용의 목적이나 내용에 따라 한층 다양하고 복잡한 요소들을 콘텐츠로 추출할 수 있다. 또한 개별적인 특정요소를 집중적으로 조망하는 방법도 있고 다양한 요소들을 통합적으로 아울러서 활용할 수도 있다. 민속활용의 원천소스는 없는 것에서 찾아내는 것이 아니다. 우리가 일상에서 흔히 접하면서도 무심코 지나칠 수 있으나 새로운 의미를 발견하고 새롭게 조망함으로 엮어지기도 한다.

2) 민속활용의 유형

활용유형이란 민속에서 추출된 콘텐츠를 담는 그릇이다. 어떤 그릇에 내용물을 담을 것인가에 따라 내용물의 추출과 가공도 그에 걸맞게 짜여질 수 있다. 민속활용의 목표와 의도를 분명히 하여 활용유형을 선택하면 그것에 맞추어 컨셉을 기획해야 한다. 오늘날 민속콘텐츠를 담는 그릇으로 출판, 다큐멘타리, 애니메이션, 만화, 그림, 사진, 연극, 광고, 캐릭터, 상품, 전시회, 디지털콘텐츠, 관광, 체험학습 등 다양한 유형이 있다.

출판은 인류가 활자를 통해 만들어낸 가장 일반적인 문화전달 유형이다. 오늘날 디지털 사회가 되었다고 해도 여전히 인쇄물의 위력은 무시할 수 없다. 전자신문이 있어도 많은 사람들은 종이로 된 신문을 보고 있으며 출판시장에는 해마다 다량의 출판물들이 쏟아지고 있다. 민속학자는 민속에 대한 지식을 활용하여 출판물을 만든다. 또한 이렇게 민속학자에 의해 정리된 출판물은 다른 사람이 읽게 되고 그것을 다른 매체로 활용하는 데 토대로 삼기도 한다. 민속활용이 원활하게 이루어지기 위해서는 민속에 대한 다양한 지식이 민속학자에 의해 출판물로 생산되어야 한다. 물론 출판물 그 자체가 민속활용의 하나로서 대중들에게 애용될 수 있다. 출판자체가 상품으로서 효용성을 가지고 있기 때문에 민속에 대한 다양한 출판물의 유통도 필요하다. 오늘날 대형서점에서 민속학 관련 도서들은 후미진 구석에 진열되어 있는 실정이다. 민속 도서들이 활발히 발간되고 독자층이 증대 될수록 민속활용의 기초도 공고해 진다.

다큐멘터리Documentary는 있는 사실을 그대로 기록하려는 논픽션Non-fiction 형태의 영상물이다. 오늘날 우리는 다큐멘터리 형태의 방송 프로그램을 자주 볼 수 있다. 다큐멘터리는 사실의 기록에 중점을 두지만 그렇다고 재미가 없는 것은 아니다. 다큐멘터리는 다양한 사람들의 삶의 이야기나 사람들에게 생소한 지식을 흥미있게 전달할 수 있다. 민속지식을 다큐멘터리로 제작한다면 대중들이 흥미를 가지고 접할 수 있는 학습효과를 가질 수 있다. 민속의 문화콘텐츠화에 있어 다큐멘터리 형식은 유용하다. 이와 관련하여 민족지영화ethnographic film나 기록영화 등도 선례가 된다.

애니메이션Animation은 그림이나 무생물을 살아움직이게 만들어 영화화한다. 따라서 캐릭터와 스토리가 있어야 한다. "1987년 KBS와 대원동화가 공동 제작한 애니메이션 〈떠돌이 까치〉가 프랑스를 포함한 유럽 등지로 처녀 수출되면서 한국 방송영상콘텐츠 수출의 역사는 시작된다."[16] 한국의 애니메이션이 한류의 한 축으로 성장을 거듭하기 위해서는 창작소재들이 계속해서 개발되어야 한다. 다큐멘터리는 실제인물들을 촬영해야 하지만 애니메이션은 적당한 소재와 상상력이 동원되면 가능하다. 특히 애니메이션은 어린이들이 재미있게 볼 수 있는 분야이다. 상업용뿐만 아니라 교육용 애니메이션의 제작도 가능하다. 에듀테인먼트적인 애니메이션의 역할이 중요하다고 하겠다. 애니메이션의 창작소재 개발이나 교육용 애니메이션 제작에 있어 민속은 많은 소재를 제공할 수 있다. 우리 전통문화나 민속지식을 활용한 애니메이션은 교육적 효과를 기대할 수 있으며 신화나 설화 등도 창작소재로 개발될 수 있다.

게임은 오늘날 문화산업의 중요한 부분으로서 급성장하고 있다. 한국의 게임 산업은 시장규모가 수조원대에 이르고 매년 수출이 급성장하는 등, 21세기 문화콘텐츠 전략산업으로 자리잡아가고 있다.[17] 요즘 많은 사람들이 게임장, 컴퓨터, 휴대폰 등을 이용하여 게임을 즐기고 있는 것을 볼 수 있다. 도시사회에서는 전통적인 농경사회를 기반으로 하여 행해졌던 공동체 놀이 등이 사라지고 컴퓨터와 마주앉아 혼자서 게임을 즐기는 사람이 많다. 인간과 인간이 모여서 하던 놀이가 이제는 인간이 기계를 쳐다보며 놀이를 한다. 민속학을 연구하는 사람으로 이러한 세태를 비판적으로 바라볼 수 있으나 민속활용의 입장에서 볼 때, 전통적인 우리의 놀이를 PC게임이나 모바일게임 등에서 활용할 수 있는 방안을 검토해야 한다. 놀이는 기본적으로 게임의 속성을 가지고 있기 때문에 전통적인 민속놀이를 오늘날의 디지털과 접목할 수 있는 소재는 많이 있다. 한국의 전통놀이가 게임을 통해서 전세계에 알려질 수 있는 기회가 될 수도 있다.

연날리기, 차전놀이, 고싸움, 쥐불놀이, 강강술래, 자치기, 비석치기 등 다양한 놀이를 디지털과 접목시켜 새롭게 창조할 수 있을 것이다. 오늘날 농구나 축구를 활용한 스포츠 게임처럼 차전놀이, 고싸움, 두레싸움 같은 것도 응용이 가능하며, 현재 많이 통용되고 있는 전투장면이 많은 게임과 같이 쥐불놀이, 석전 등을 응용할 수도 있다. 쥐불놀이는 색이 바뀌는 LED조명을 활용하여 불빛을 재현할 수도 있다. 이밖에도 창

• • •

16 박장순, 앞의 책, 2쪽.
17 정창권, 『문화콘텐츠 직업세계』, 북코리아, 2008, 103쪽.

의적인 구상은 얼마든지 나올 수 있다. 오늘날 게임산업에서 우리의 전통놀이를 활용한 소재가 꽃을 피운다면 우리문화를 알리는 한류의 일부분으로서 세계인을 만날 수 있다. 또한 오늘날 도시아이들이 알지 못하는 우리의 놀이를 교육용 게임으로 보급하여 전통문화 교육자료로서 활용할 수 있다.

만화는 오락물이기도 하지만 재미있게 지식을 전달할 수 있는 매체이다. 우리는 그동안 교육용 만화도 어렵지 않게 볼 수 있었다. 촌락을 기반으로 형성되어 왔던 우리의 전통민속을 교육용 만화로 담아내는 일도 필요하다. 이렇게 될 경우 학자들에게 한정되었던 민속지식이 대중화되는데 전환점이 될 수 있다. 가령 세시풍속을 예로 들면, 일반 민속지에서는 세시풍속에 대한 조사보고나 지역적 사례를 소개한다. 관련 단행본의 경우에도 세시풍속에 대한 일반적인 내용을 소개하는 것을 주요 골자로 한다. 어떤 마을을 배경으로 하여 세시풍속은 물론 그것과 관련된 주민들의 삶의 내력과 내용, 마을의 생태환경, 공간정보 등을 밝혀내고 특정 주민을 주인공으로 삼아 1년을 주기로 하여 그의 삶의 과정에서 세시풍속이 어떻게 전개되어 가고 주민들은 어떻게 반응하며 어떤 의미들을 부여하는지를 스토리로 하는 만화민속지를 만들 수 있다. 민속학개설서도 만화로 만들 수도 있지 않겠는가. 이러한 책들이 수십 종 발간되어 대형서점에서 판매되고 있다고 생각해 보자. 민속학의 저변확대는 물론 우리문화를 알림에 있어 큰 기여를 한다. 오늘날 만화는 한류의 외연을 넓히는 소재영역의 하나이다. 2003년 프랑스에서 개최된 앙굴렘 페스티벌에서 메인 테마로 열린 '한국만화특별전'을 계기로 유럽에서도 본격적으로 한국만화를 수입하고 있다.[18] 만화책 한 권을 오로지 민속으로 엮지 않는다 해도 우리의 정서와 민속이 스토리 속에 녹아 세계인과 소통하는 그런 책도 얼마든지 가능하다.

한국인의 고유한 정서나 생활상, 전경 등을 담은 미술작품이나 민화, 조형예술 등을 위해 민속은 다양한 창작소재를 제공할 수 있다. 한국인의 생활상을 담은 조형물도

• • •

18 박장순, 앞의 책, 97쪽.

좋은 콘텐츠가 된다. 과천시에 가면 빌딩숲 사이의 작은터에 우물과 빨래터의 모습을 재현해 놓은 조형물이 있는데 지금은 사라진 우리의 옛 생활상을 소재로 하여 창안한 본받을 만한 사례이다.

사진의 소재로도 민속은 풍부한 자원을 가지고 있다. 한국인의 일상적 삶의 모습, 생활상을 담은 사진은 기록적 가치뿐만 아니라 예술작품으로서 광고, 전시 등 다양한 콘텐츠로 활용될 수 있다. 민속을 광고의 소재로도 얼마든지 활용할 수 있다. 또한 한국인의 정서를 담은 연극 및 문학의 소재로 활용할 수 있다. 김명곤이 연출한 황해도 굿과 전라도 씻김굿을 혼합하여 영혼결혼식을 소재로 한 '점아점아콩점아'나 이윤택 연출의 동해안굿을 소재로 만든 '오구' 등은 대표적인 사례로 들 수 있다.

캐릭터 산업은 로열티를 축으로 한 고수익 산업이자 롱 셀러long seller가 가능한 매력적인 산업이다.[19] 캐릭터는 로그logo나 마스코트mascot처럼 기업이나 특정 단체, 지자체 등의 상징물로 활용될 수 있고 기념물, 인형 등과 같은 상품으로 생산되기도 한다. 특히 문화상품으로서 각광받고 있는 캐릭터 개발에 있어 우리의 정서나 민속을 활용한 소재개발은 무궁무진하다. 홍길동, 호랑이, 까치, 산신령, 연날리는 아이, 총각, 각시, 부보상, 콩밭매는 아주머니, 쟁기질을 하는 농부 등 일상에서 흔히 볼 수 있는 것들까지 발상을 전환하면 얼마든지 발견할 수 있다. 한국인의 전형적인 일상의 모습을 형상화해내고 그것을 상품으로 전환하면 된다. 민속의 토양은 문화상품, 광고, 캐릭터 등의 소재개발에 무한한 영양분을 제공할 수 있다.

민속전시의 중심공간으로서 우리는 박물관을 건립할 수 있다. 오늘날 민속박물관은 이러한 기능을 하는 곳으로 다양한 민속자료를 콘텐츠로 활용하여 전시공간을 마련하고 관람객을 유치한다. 고가의 국보급 유물로 가득한 국립중앙박물관에 비해 민속박물관은 군이 유물이 아니라고 해도 다양한 발상을 통해 전시공간을 채울 수 있다. 한국인의 생활문화를 옮겨 놓는 것만으로도 가능하기 때문이다. 현재 국립민속박물관은

• • •

19 정창권, 앞의 책, 125쪽.

1960년대의 생활문화를 활용하여 야외공간에 당시의 상가거리를 꾸며놓았다. 충남 보령시의 어느 마을에는 주민들의 지난날의 사진이나 생활도구 등을 소재로 하여 마을의 향토자료관을 만들어 놓았다. 이런 시골마을에 존재하는 작은 민속박물관은 대형박물관에서 맛볼 수 없는 색다른 맛과 정취를 느낀다. 전시물은 소박하지만 마을의 역사와 주민들의 자취가 그대로 담겨있기에 출처가 불분명한 박제화된 대형박물관의 유물과는 차원이 다르다. 한국의 각 마을에서는 자신들이 가지고 있는 민속자료를 활용하여 얼마든지 마을의 볼거리를 만들 수 있다.

민속을 활용한 디지털콘텐츠도 중요성이 부각되고 있다. 특히 민속지식과 정보를 기반으로 텍스트, 영상, 음성 등 다양한 멀티미디어를 디지털화하여 검색시스템을 구축한 데이터베이스가 많다. 한국학중앙연구원의 '향토문화전자대전'을 비롯하여 각 지자체나 문화원의 홈페이지에서는 향토민속을 소개하고 있다. 문화재청이나 민속박물관에서도 무형문화재나 민속자료를 소개하고 있는데 민속의 디지털콘텐츠가 이미 널리 행해지고 있음을 알 수 있다. 앞으로 이 분야는 더 많고, 더 구체적인 민속콘텐츠가 요구되며 교육적으로도 가치가 높다. 또한 민속기록물의 보관 및 다용도로 활용할 수 있는 민속기록보존소도 민속활용의 측면에서 고려된다.

민속활용에 있어 빠질 수 없는 것이 관광이다. 오늘날 급속한 도시화에 따라 그린투어리즘Green Tourism 등 농촌을 공간으로 하는 다양한 관광형태가 대두되고 있다. 재래의 문화유적지나 돌아보는 그런 관광을 넘어 관광의 형태는 한층 넓어졌다. 요즘 우리는 테마관광, 생태관광, 체험관광이라는 용어를 자주 듣는다. 특히 산업화, 도시화, 도로건설 등 각종 개발로 인한 자연환경이 파괴됨에 따라 사람들은 환경, 생태, 재래의 농촌을 중심으로 하는 민속, 잊혀져 가는 지난날의 삶의 자취에 새로운 관심을 가지게 되었다. 국제적으로도 파울로 시트르니니Paolo Saturnini가 창안하고 1999년 이탈리아에서 시작된 슬로시티Slow City[20]운동이 전개되어 전통을 보존하고 생태환경을

· · ·

20 이탈리아에서 시작되었기 때문에 공식명칭은 치타슬로(Cittaslow).

중시하는 경향이 강화되고 있다. 현재 세계 각국에서 참여하여 110여 개가 넘는 많은 도시가 슬로시티로 지정돼 있다. 우리나라도 신안 증도, 장흥 유치면, 완도 청산도, 담양 삼지천, 화동 악양 등지가 슬로시티로 지정되어 관광, 숙박, 생태체험, 특산물 판매 등으로 관광객들에게 인기를 모으고 있다.

민속은 이렇게 우리의 농촌과 전원을 활용한 체험, 생태, 테마관광 등의 자원으로도 이용되며 그것을 박물관이나 전시장으로 옮겨 또 다른 볼거리를 제공할 수도 있다. 또한 용인민속촌처럼 야외박물관으로 관광자원화 할 수도 있다. 제주도의 올레길과 같이 생태환경과 생활문화를 자연스럽게 관광코스로 활용할 수도 있다. 민속이 문화와 관광의 보고寶庫라는 것은 이러한 이유가 있기 때문이다. 민속은 무한한 가치로 우리 앞에 놓여있다.

3) 민속활용의 주체

민속활용의 주체는 마을, 지자체, 국가, 연구소, 사업체 등이다. 즉, 마을단위, 지자체단위, 국가단위, 기타 개인 혹은 연구소, 사업체 등에서 민속을 활용한다. 따라서 민속활용은 이들 주체자의 위치나 성격에 따라 활용의 목적과 내용, 방법은 다양화된다. 마을, 지자체, 국가단위에서는 그 산하 공간범위 내의 민속자원을 활용대상으로 삼는다.

마을에서는 유형, 무형의 민속을 통해 마을민속자료관, 농가체험, 농사체험, 민박, 관광, 특산품 개발 등으로 활용할 수 있다. 물론 이러한 활용을 위해서 마을의 역사 및 민속자원의 발굴과 기록, 개발의 논리에 의한 마을파괴와 한옥소멸, 양옥화 일변도에 대한 대처방안, 마을경관 보존방안, 역사와 전통을 존중하는 주민들의 의식개혁 등 새로운 역사문화찾기 운동인 '신새마을운동'[21]이 필요하다. 이를 통해 변방으로서의

---

21 1970년대에 활발하게 전개되었던 재래의 새마을운동이 전통적인 생활양식을 탈피하고 근대적인 개발논리에 입각한 운동이라면 '신새마을운동'은 이렇게 파괴되고 잊혀져가는 유무형의 민속과 역사, 문화자원을 새로운 가치에서 해석하고 기록·보존·활용을 목표로 하는 마을의 역사문화찾기운동이다. 지난날 새마을운동과 같이 범국민적으로 활성화하자는 뜻에서 이러한 운동을 필자는 '신새마을운동'이라고 지칭하겠다. '마을만들기'라는 용어도 통용

촌락이 아니라 보다 스스로 문화를 만들고 창조하는 문화중심의 마을로서 거듭날 수 있다. 아울러 마을 민속에 대한 새로운 이해와 전승기반을 마련할 수 있다. 또한 산업화 이후 이촌향도로 인한 농촌인구의 감소를 막고 촌락 중심의 문화생활, 자족적 문화생활이 충만한 마을가꾸기를 추구한다.

지자체에서는 지역의 유형, 무형의 민속을 활용하여 민속기록관의 설립, 그를 통한 지역민속의 교육, 전시, 체험 프로그램 개발이 필요하다. 또한 지역민속에 대한 테마관광, 지역축제 활성화, 지역민속을 활용한 문화상품 개발 등을 할 수 있다. 이를 통해 지방화시대에 맞는 지역정체성 확립, 지역 민중생활사의 복원, 지역민의 역사문화의식 강화와 문화시민양성, 지역문화에 대한 새로운 이해와 전승기반을 마련할 수 있다.

국가기관에서는 전국의 민속을 대상으로 한다. 문화재청, 국립민속박물관 등과 같은 기관들이 있다. 지역과는 달리 국가단위에서는 전국의 민속을 조망할 수 있는 시야를 가져야 한다. 지역단위의 민속을 비교하고 통합하면서 전국민속에 대한 문화지도를 만들고 지역 민속의 개성과 특수성을 한자리에 모은다. 이렇게 결집한 민속을 토대로 민속아카이브를 설립하고 전시, 교육, 체험 프로그램을 만들며 중앙단위에서 민속의 활용과 보존정책을 선도한다. 또한 기술적, 방법론적, 혹은 연구인력이나 예산상 지역단위에서 할 수 없는 민속조사나 민속보존사업 등을 주관하거나 지원해야 한다. 이를 통해 민족정체성, 민속자원의 문화콘텐츠화를 이끌어 나가야 한다. 분단상황 아래에서 이데올로기적 색채에서 벗어나 남북의 단일성을 강조하는 소재로서 민속만큼 유용한 것은 없다. 국가기관에서는 통일을 향한 디딤돌로서 민속의 가치를 인식하고 민속학 및 민속활용에 대한 제반적인 지원을 해야 한다.

연구소, 사업체에서도 그들이 추구하는 목적에 따라 민속을 활용한다. 연구소에서

• • •

되지만 일본인들의 마찌쯔꾸리(まちづくり)를 그대로 차용하여 불필요한 오해를 받을 필요가 없다. 우리도 그러한 고민이 내재적으로 없었던 것이 아니며 또한, 그런 운동이 일본에만 있는 것도 아니다. 일각에서 '제 2의 새마을 운동'이라고도 하기에 유명한 새마을운동의 新변혁운동으로서 '新새마을운동'이라는 용어가 한국적 특성을 가지고 세계적으로 어필하기에 좋을 것 같다. 게다가 이 운동은 마찌쯔꾸리와 같이 마을경관을 가꾸는 차원을 넘어 과거와 현재를 잇는 마을 문화운동으로 확대된 차원임을 강조하고 싶다.

는 연구용역을 맡아 새로운 민속활용의 프로그램을 개발할 수도 있고 사업체에서도 나름의 상업적 목적을 위해 기획할 수 있다. 주로 사업체에서는 문화산업과 관련된 콘텐츠로서 민속자원을 활용한다.

4) 민속활용의 사례분석

백승국이 문화콘텐츠 플래너의 기획 프로세스의 1단계에서 유사콘텐츠 분석을 위한 미디어 리서치가 필요하다[22]고 보았듯이 민속활용에 있어서도 앞선 활용사례를 분석해야 한다. 가령 의생활에 있어서는 안동포, 한산모시, 제주도 특유의 노동복인 갈옷의 자원화 방안을 검토하고 여타 미디어 리서치를 통해 의생활을 활용한 박물관, 체험코스, 패션쇼, 축제, 상품화, 스토리텔링 등의 전략을 분석하고 벤치마킹해야 한다. 안동포 마을에서는 안동포 전시관을 두고 향토숙박, 상품화, 안동포 만들기 체험, 대마훑기 체험 등 다양한 프로그램으로 안동포 자원화를 이루고 있으며 충남 서천군의 한산모시의 경우에도 한산모시축제를 통해 한산모시 패션쇼, 길쌈놀이, 모시짜기 체험, 전시회를, 제주에서도 갈옷을 여름철 피서용 의류로 상품화하여 각광을 받고 있다. 식생활, 주생활, 세시풍속, 동제, 가신신앙, 굿, 일생의례, 민속예술, 민속놀이, 마을 등에 있어서도 유사사례를 분석해 보고 새로운 컨셉을 기획해야 한다.

〈표 1〉 민속의 활용

활용대상	전형 확보	활용유형	활용주체	활용사례
의생활	지역성, 용도에 따른 옷(의례복, 일상복, 외출복, 노동복, 군복), 착용위치에 따른 옷(상의, 하의, 속옷, 내의), 계절에 따른 옷(여름옷, 겨울옷, 춘추복), 옷의 역사, 유행, 제작법, 재료, 옷의 구매, 옷과 관련된 관행	출판, 다큐멘타리, 애니메이션, 만화, 그림, 사진, 연극, 광고, 캐릭터, 상품, 전시회, 디지털콘텐츠, 관광, 체험학습	국가기관, 지자체, 마을, 사업체, 연구소	안동포, 한산모시, 제주도 갈옷 등의 사례검토, 전시관, 체험코스, 패션쇼, 축제, 옷이야기, 상품화 등 벤치마킹

· · ·

22　백승국,『문화기호학과 문화콘텐츠』, 다할미디어, 2006, 26쪽.

식생활	향토음식, 의례음식, 세시음식, 음식제조법, 재료, 음식의 역사, 음식과 관련된 관행, 의례, 놀이	〃	〃	전시관, 체험코스, 축제, 음식이야기, 상품화 등
주생활	지역성, 용도에 따른 집(주거용, 농가, 상가, 창고, 종교건축), 공간구조, 공간이용, 재료, 집의 역사, 집과 관련된 관행, 의례, 놀이	〃	〃	고건축박물관, 체험코스, 한옥숙박, 축제, 집이야기, 상품화 등
세시풍속	지역성, 시간성, 공간성, 의례, 놀이, 음식	〃	〃	전시관, 체험코스, 축제, 놀이, 상품화 등
동제	지역성, 마을의 특징, 관련된 관행, 의례, 놀이, 음식, 유래	〃	〃	〃
가신신앙	지역성, 집안의 특징, 관련된 관행, 의례, 음식, 유래	〃	〃	〃
굿	관련된 관행, 의례, 놀이, 음식, 유래	〃	〃	〃
일생의례	지역성, 집안의 특징, 관련된 관행, 의례, 놀이, 음식, 유래	〃	〃	〃
민속예술	가면극	〃	〃	〃
	공예	〃	〃	〃
	민요	〃	〃	〃
민속놀이	연령별(성인, 아이), 성별(남, 녀)	〃	〃	〃
마을	마을의 특징, 역사, 민속, 생태환경	〃	〃	민속마을, 테마파크, 마을기록관, 전시관, 생태마을, 농촌체험마을, 문화체험코스, 향토숙박, 축제, 상품판매 등

3. 민속의 활용과정과 기록

        민속의 활용과정은 활용대상인 민속에 기초하여 적합한 활용유형을 찾아 콘텐츠를 기획하는 경우도 있고, 다음으로는 처음부터 특정한 활용목표와 활용유형을 가지고 적합한 활용대상을 민속에서 찾을 때도 있다. 전자의 경우는 주로 민속아키비스트가 자신이 전공하거나 이해하고 있는 분야를 활용할 때 가능하며 후자는 활용유형을 가지고 문화산업자들이 민속을 활용하려고 할 때이다. 물론 복합적인 경우도 가능하다. 가령 민속아키비스트가 활용유형에도 관심을 가지고 양방향에서 결합을 할 수도 있기 때문이다. 하지만 일반적으로 민속아키비스트는 민속에 대한 지식은 풍부한 반면 활용유형에 대한 지식이 부족하며, 활용유형에 대한 전문 기술자들은 민속지식이 부족하다. 따라서 민속의 활용은 양자의 협력에 의해 가능하다.

그러나 막상 문화콘텐츠 기획에 들어가면 양자의 입장은 확연한 차이를 드러낸다. 민속아키비스트가 자신의 학문적 이상을 가지고 민속지식을 기획하려한다면 전문 기술자의 입장은 원활한 콘텐츠의 제작, 용이한 기술의 접목, 사업성 등을 강조한다. 또한 의례나 민속예술의 콘텐츠화의 경우 민속아키비스트가 현장성이나 자료적 가치, 학술적 측면 등을 살리려고 하는 반면 전문 기술자들은 콘텐츠의 기술적인 컬리티나 겉모습을 중시한다. 즉 화질, 음향상태, 흥미성, 시각적 아름다움 등. 이렇게 되다보니 자연히 현장성보다는 연출이나 인위적인 가공이 가미된다. 문화상품으로서 콘텐츠를 제작할 경우에는 상업성을 충분히 고려해야겠지만 국가기관에서 기록을 목적으로 할 때는 학자들의 입장이 충분히 반영되어야 한다. 예를 들면 국립문화재연구소의 기록영상을 만들 때, 평산소놀음굿을 촬영한 기록영상에는 무당들을 인천 하도진의 정자에 모아놓고 마치 정기적으로 실제 연습을 하는 것처럼 묘사하고 있으나 이것은 사실과는 다르다. 담당PD가 영상미를 살릴 수 있는 그럴싸한 정자를 찾아놓고 무당을 모아 연출한 것이다. 이러한 기록영화는 연출 보다 있는 그대로를 보여주는 것이 본래 취지에 맞다. 만약 연출을 통해 재연再演이 필요한 경우에는 그러한 사실을 메타데이터를 통해 밝혀야 한다.

멸실되어 가는 무형문화재의 기록을 위한 목적의 영상에서조차도 이렇게 내용성보다 보여주기식의 외관에 주목하는데 흥행을 목적으로 하는 경우에는 연출이 중심이 될 때가 많다. 그러나 이러한 연출에 의해 문화콘텐츠가 제작된다고 하더라도 전형全形이 있어야 한다. 이 '전형'이란 민속지식에 의해 농축된 기본양식이며 민속아키비스트의 심화된 이해를 통해 구축될 수 있다.[23] 이렇게 추출된 전형에 다양한 상상력과

• • •

23 전형은 단순히 수집 혹은 조사된 그 자체가 아니다. 유사한 여러 종의 원자료들을 수집하여 일정한 규칙의 발견 속에서 일반성 혹은 전형성의 추출을 의미한다. 기록관리학적 관점에서 보았을 때 증거성과 맥락성을 띠는 것으

연출이 결합되면서 문화콘텐츠로 가공된다.

따라서 민속의 활용과 문화콘텐츠의 과정은 민속아키비스트에 의해 축적된 전형이 확보되어야 하며 이어서 그것을 활용할 기획이 이루어져야 한다. 문화콘텐츠의 기획은 활용유형이나 활용주체의 의도에 따라 다양화된다. 기획을 하고 나면 제작과 마케팅 단계로 이어진다.[24] 즉, 원자료의 수집 및 기록(민속조사 및 기록, 민속기록물 수집) → 전형확보 → 기획단계(활용유형 지정, 제작기법, 시나리오 작성 등 제작에 대한 계획수립) → 제작단계(기획에 따른 제작활동) → 마케팅(완성된 콘텐츠에 대한 판촉과 홍보) 과정으로 이루어진다. 민속기록이 이루어진 후 아카이브를 거쳐서 활용되는 경우에는 기획단계 앞에 아카이브가 놓인다.

전술한 바와 같이 민속활용의 과정은 기록에서부터 활용에 이르는 일정한 단계를 가지고 있다. 민속아키비스트에 의한 전형의 확보단계는 민속기록을 전제로 한다. 민속기록에 의한 전형이 충실하게 갖추어질 때 민속활용의 범위와 영역도 그 만큼 넓어질 수 있다. 이러한 민속활용에 있어 일련의 과정은 통합된 체계로서 파악된다.

통합된 체계로서 민속활용의 과정을 볼 때, 기록은 활용을 유발하며 다시 활용은 기록의 목적, 대상, 범위, 밀도를 조정하고 구조적으로 순환관계 속에 놓여진다. 따라서 민속의 활용은 기록과 전형의 확보단계를 시작으로 하여 서로 영향을 받는다. 충실한 민속기록이 담보되지 않는 민속활용과 문화콘텐츠는 활용의 폭이나 내용이 위축될 수밖에 없고 활용성이 적을수록 기록의 밀도도 떨어진다. 그러나 새로운 가치가 찾아지거나 부여되면 기록과 활용은 새로운 국면에 접어든다.

• • •

로 이것을 모태로 해서 민속활용이 이루어진다. 어떤 민속대상에 있어서 우리가 전형을 파악했다고 하는 것은 단순지식이 아니라 그만큼 본질적 이해가 되었다는 것을 의미한다. 원자료에서 전형이 추출되며 활용단계에서는 기획의도에 따라 그것을 가공한다. 여기서 전형은 전형적인 문화형태를 말하며 문화콘텐츠진흥원에서 지칭한 '문화원형'이라는 것과도 상통하는 바가 있으나 원형이라는 말이 다의적이며 모호한 측면이 있어 전형이라고 하겠다. 원형에 대한 여러 학자들의 견해에 대해서는 심승구가 정리한 바 있다(심승구, 앞의 글, 54쪽).

24 백승국은 문화콘텐츠 플래너의 기획 프로세스에 있어 문화원형의 미디어 리서치(1단계), 문화콘텐츠 컨셉 설계(2단계), 문화콘텐츠 제작(3단계), 문화콘텐츠의 산업화 전략(4단계), 콘텐츠의 커뮤니케이션 전략 수립(5단계)의 단계로 나누었다. 문화콘텐츠 기획 프로세스에 대한 세부적인 내용은 그의 글을 참조하면 된다(백승국, 앞의 책, 26쪽).

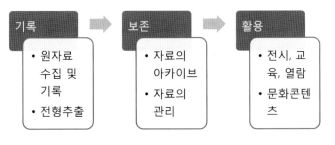

기록은 활용을 유발 ◀━━▶ 활용은 기록의 목적, 대상, 범위, 밀도에 영향

〈그림 1〉 민속활용의 순환적 통합체계

민속활용에 있어서 민속아키비스트의 중요한 역할은 전형의 확보이며 이를 위한 선행작업은 민속기록이다. 농부가 들판에서 추수를 해야 그것을 가공해서 떡이나 밥도 지어먹는다. 민속활용에 있어 아키비스트는 들판에서 땀흘려 일하는 농부와 같다. 민속활용에서 아키비스트의 또 다른 역할은 기획이다. 민속에 대한 이해가 있기에 아키비스트는 문화콘텐츠에 대한 기본적 소양만 가지면 기획에 참여할 수 있다. 만약 민속놀이를 활용한 게임을 만들고자 한다면 민속놀이를 제대로 이해하고 있는 민속아키비스트가 기획단계에 참여할 수 있다. 또한 민속아키비스트는 자신이 알고 있는 민속지식을 활용하여 다양한 기획안을 만들 수 있다. 그 기획안을 기초로 문화산업자가 타당성을 검토하고 수정과 보완을 거쳐 제작단계로 들어갈 수도 있다. 따라서 민속의 문화콘텐츠화를 활성화하기 위해 민속아키비스트가 민속활용에 대한 기획안을 학회지 등에 기고하여 필요한 사람들이 참고할 수 있도록 하는 방법도 유용하다.

4. 민속활용의 기반조성

민속활용과 문화콘텐츠화가 활성화 되기 위해서는 관련 인프라가 구축되어야 한다. 특히 민속자원의 보관소이자 기록, 보존, 활용을 수행할 수 있는 전초기지로서 민속기록보존소와 민속활용을 위한 전문인력의 배출은 그것의 기반조성에서 선결과제이다.

1) 민속기록보존소

　완료된 민속기록물은 일정한 분류를 거쳐 민속아카이브나 공동체 기록관Community
Archives에 보존되게 된다. 원자료의 형태를 유지하기도 하고 DB화 되어 온라인으로
서비스가 되기도 한다. 민속아카이브에서는 기록물을 전시, 열람, 홍보 및 교육 등 다
양한 용도로 활용하게 되는데 자료를 필요로 하는 사람에게는 협조도 하게 된다. 민
속활용에 있어 전형의 확보는 자료가 있는 아카이브로부터 협조를 구할 때 보다 효과
적이며 아카이브에서는 찾아오는 사람들에게 적재적소適材適所에 시의적절하게 자료를
제공해 줄 수 있어야 한다. 이러한 인프라가 구축되어 있을 때 민속활용은 한층 활성
화 될 수 있다. 따라서 민속기록보존소의 역할이 중요하다.

　민속활용은 생활 속에 산재하는 민속에 의미를 부여하고 그것을 일정한 양식에 따
라 기록하여 전형을 구축한 후 보존한다. 이렇게 만반의 준비를 갖추어 놓고 필요할
때마다 자료를 활용하여 콘텐츠를 만든다. 만약 연구자에게 서재나 도서관이 없다고
생각해 보자. 우리는 일일이 서점을 찾아다니며 책을 구입하러 다녀야 한다. 그렇게
한다면 연구자는 언제 필요한 자료를 수집하여 자신이 필요한 글을 쓸 수 있겠는가.
따라서 손쉽게 필요한 자료를 이용할 수 있는 아카이브가 있어야 한다. 마을에서는
마을의 민속을, 지자체에서는 지역의 민속을, 중앙정부는 중앙의 시각에서, 대학이나
연구소는 각자 그들의 위치에서 민속아카이브를 보유하고 있어야 한다. 지역마다 수
많은 도서관이 있듯이 백리부동풍百里不同風이라는 우리 민속의 특성을 고려하여 전국
곳곳에 저마다의 민속을 기록보존하는 아카이브가 만개해야 한다. 민속의 활용과 문
화콘텐츠가 단시일에 가능하다고 생각하거나 부분적 활용에만 관심을 가진 근시안적
태도를 가져서는 장기적인 활용방안을 마련할 수 없다. 한국축구의 발전을 위해 유소
년축구, 해외유학, 선수층의 저변확대, 지속적인 지원 등 장기적인 안목을 가지고 인
프라를 구축하듯이 민속활용과 문화콘텐츠에 있어서도 이러한 장기적 전략을 가지고
기반을 조성해야 한다.

2) 민속아키비스트 양성을 위한 교육

　민속활용의 기반을 조성하기 위해서는 인력자원의 양성도 절실하다. 필자는 이러한 인력으로 민속아키비스트를 제안한다. 기록관리학에서 아키비스트archivist는 기록물의 수집, 정리, 보존, 열람화 등을 주요 업무로 하는 기록관리전문가를 뜻한다. 이 글에서 '민속아키비스트'란 단순한 기록물의 수집을 넘어 현장에서 민속을 기록화 하는 것에 서부터 민속의 활용에 이르기까지 업무를 수행할 수 있는 민속기록관리전문가로 정의 하도록 한다. 또한 기존 기록물보존소에서 이미 발생된 공문서를 수집하는 아키비스 트와 달리 민속아키비스트는 민속을 대상으로 하여 스스로 '기록물을 만드는 생산 자'로서의 기능이 강하다. 민속아키비스트와 민속학자의 차이점은 물론 양자 사이에 유사점도 있지만, 전자는 민속기록과 활용에 대한 체계적인 훈련을 받고 관련 업무에 전문성을 가진 사람으로 볼 수 있다.

　민속아키비스트는 민속에 대한 기록뿐만 아니라 자료의 보존, 활용 및 문화콘텐츠 화의 전과정에 개입한다. 따라서 숙련된 민속아키비스트의 양성이 필요하며 그의 교 육은 먼저 민속기록, 전형의 확보, 자료의 보존, 민속활용을 위한 기획, 문화콘텐츠화 에 대한 제반과정을 수행할 수 있는 커리큘럼에 의해서 체계적으로 교육되어야 한다. 이러한 교육과정에는 민속학 및 기록관리학, 문화콘텐츠학이 연계되어 있다. 연계전 공의 학문이 융합되면서 민속활용은 일련의 체계를 가질 수 있다. '민속학'에서는 민 속의 내용과 의미, 민속조사와 기록방법을, '기록관리학'에서는 기록학적 마인드, 자료 의 수집, 분류, 보존, 열람화, 기록콘텐츠의 구축을, '문화콘텐츠학'에서는 문화콘텐츠 의 기획, 비즈니스적 안목, 컨텐츠 마케팅, 컨텐츠 제작기술 등을 교육하게 된다.[25]

* * *

25　정창권은 문화콘텐츠 교육의 특성은 '통합교육'을 지향하며 21세기 디지털 기술의 발달에 따라 문화콘텐츠의 장르 간 파괴와 융합이 더욱 가속화되고 있다고 보았다. 따라서 문화예술적 역량, 기술적 역량, 비즈니스적 역량을 갖 춘 '통합적 인재'를 필요로 하며 교육도 통합적인 교육 후 차츰 자기만의 전문분야를 찾아가는 방향으로 이루어져 야 한다고 하였는데 민속아키비스트 교육에 있어서도 참고가 된다. 정창권, 『문화콘텐츠 교육학』, 북코리아, 2009, 151쪽.

둘째로 이론교육, 실습교육, 현장교육이 절충되어야 한다.[26] 민속의 활용은 민속이라는 자원을 가지고 활용의 예비단계인 전형을 구축한 후 아카이브에서 관리하고 때에 따라 그것을 기획하여 수시로 문화콘텐츠로 이용하게 된다. 물론 이것은 전형적인 민속활용의 과정이며 경우에 따라 다양한 변수가 있다. 이때 민속활용의 전과정에 대한 이론과 실습, 현장교육이 실시되어야 한다. 즉, 민속조사 및 기록에 대한 방법론과 현장교육, 민속기록물 수집에 대한 현장교육, 문화콘텐츠에 대한 현장교육 또한, 산학연계의 프로젝트를 통해 실무능력을 배양하는 것도 중요하다. 민속지식에 대한 선행연구 검토 및 현장답사를 통해 민속지식을 넓히는 것은 곧 '아는 것이 힘이다'라는 말처럼 민속아키비스트의 축적된 역량으로 작용한다. 현장교육에서는 답사를 많이 해야한다. 석사과정 재학시절에 필자는 민속예능에 대한 지식을 향상시키기 위해 잠실놀이마당에 자주 갔으며 여타 민속조사를 많이 다녔는데 민속지식을 넓히는 길은 많이보고 느끼고 다니는 것만큼 중요한 것은 없다. 물론 민속아키비스트는 보는 것뿐만아니라 보면서도 기록과 활용을 고민해야 한다.

전술한 바와 같이 민속활용의 전과정에 관여하는 인력으로 필자는 민속아키비스트를 상정하였다. 오늘날 아키비스트의 업무는 단순히 자료를 관리하는 것에 국한되지 않는다. 기록에서부터 활용에 이르는 전과정이 그의 업무이며 민속아키비스트의 교육은 이러한 방향에서 이루어져야 한다. 민속아키비스트의 다양한 업무 중 기본이 되며여타 활용의 원천적 힘은 민속지식에 대한 이해와 밀도있는 민속기록의 능력에서 기인한다. 따라서 민속아키비스트 교육에서 가장 중요한 측면은 민속지식과 기록능력배양에 있다. 아울러 민속지식에 대한 이해력, 민속을 보고 해석할 수 있는 힘, 민속지식의 실용화 능력(창의적으로 민속을 발굴하여 기획할 수 있는 힘)을 키울 수 있는 민속학교육의 내실화 등이 이루어져야 한다. 민속아키비스트에게 문화콘텐츠에 대한 기술적측면은 부차적인 것이며 실제 제작에 있어서는 관련 기술자나 문화산업자들의 도움을

• • •

26 문화콘텐츠학과에서도 이론, 실무, 실습교과가 절충되어 있다. 김교빈, 「콘텐츠관련 고급인력 양성을 위한 대학원 교육의 현황과 문제점」, 『인문콘텐츠』 제2호, 인문콘텐츠학회, 2003, 33쪽.

받으면 된다. 민속아키비스트가 문화콘텐츠에 대해 가져야 하는 지식은 기술적인 측면보다는 그러한 마인드가 중요하다. 즉, 문화콘텐츠에 대한 안목, 민속활용의 능력, 창의력 등이 배양되어야 한다. 물론 콘텐츠 제작기술이나 노하우, 마케팅 등에 대한 기초적인 이해력은 습득되어야 한다.

참고적으로 인문콘텐츠학회에서 '문화콘텐츠 교과과정의 현황과 과제'라는 특집으로 기획한 문화콘텐츠 교육방향에 대한 학자들의 고견을 보도록 한다. 신광철은 문화예술산업기술CT의 핵심적 키워드는 '지식과 기술의 창조적 결합'이라고 보고 문화예술산업기술은 단순한 과학기술에 한정되지 않는다. 문화예술산업기술은 인문학적 상상력, 예술적 감수성, 디자인과 과학기술이 결합된 '복합적인 기술'의 특성을 지닌다고 보고 우리나라는 정보 인프라의 구축은 세계적 수준에 도달했지만, 이를 채울 콘텐츠의 양이 부족한 실정이라고 한다. 따라서 그는 이러한 일을 수행할 전문인력의 교육이 중요하다고 보고 학부차원에서 이루어지고 있는 문화콘텐츠 관련 커리큘럼에 대해서 성찰하고 있다. 그가 소개하는 몇몇 학부의 커리큘럼을 보면 기획 및 창출을 위한 인문학 및 예술적 기반, 사회과학적 안목 및 비즈니스 능력, 제작 및 개발을 위한 테크놀로지, 문화기획능력 등을 배양하고 있다는 것을 알 수 있는데 민속활용에 대한 교육에 있어서도 일정부분 참고가 된다.[27]

김교빈은 정보기술 혁명에 따른 디지털환경은 21세기 지식기반사회를 열면서 교육현장 또한 많은 변화를 보이고 있다며 그 특징으로 전통적 학문 분류체계에 기초한 분과학문 중심의 인력양성에서 여러 학문의 융합을 바탕으로 한 다기능적 인력양성시스템으로의 변화, 이론 중심의 학문 전수에서 산학일체형 실 교육 중심으로의 변화를 꼽고 있다. 이러한 측면은 민속활용에도 투영된다. 그는 몇몇 대학원의 문화콘텐츠 관련학과의 교과과정을 소개하며 기존 교과과정에서 디지털기술, 영화, 디자인, 애니메이션 같은 예술, 마케팅 위주의 경영이나 행정정책 같은 사회과학이 중심을 이루

• • •

27 신광철, 「학부 수준에서의 문화콘텐츠학과 교과과정의 분석과 전망」, 『인문콘텐츠』 제2호, 인문콘텐츠학회, 2003, 6~19쪽.

며 창의적 사고와 문화를 이해할 수 있는 능력을 길러줄 인문학이 배제되어 있다는 점을 지적하였다. 또한 디지털기술과 예술, 사회과학 중심의 교과과정조차도 제대로 접합점을 찾지 못하고 있으며, 적합한 강사를 찾는 것도 쉽지 않다고 한다.[28]

고기정은 미국 교육기관의 문화콘텐츠 인력양성의 현황을 검토하며 미국의 선진 교육기관들의 인력 양성 교육은 기본적인 소양을 기를 수 있는 교양 및 기초적인 지식과 기술, 태도에 관한 교육을 바탕으로 새로운 지식과 기술을 습득하여 최종적으로 이를 실제 적용하는 데에 초점이 맞추어져 있다고 보았다.[29]

김기덕은 역사학과 관련하여 콘텐츠 교과목의 보완에 대해서 언급하면서 문화유산과 문화재, 지방사, 현지조사방법, 역사기록, 영상역사학, 정보화와 관련, 분류사적으로 본 인접학문인 민속학, 여성사, 생활사, 고고미술사, 박물관학, 관광학 등과의 관련, 위인전이나 구술생애사와 같은 인물사 관련, 문화원형과 관련, 발상의 전환과 같은 문화기획과 관련 교과목을 제시하였다. 이러한 가운데에서도 그는 기술보다는 내용 즉 콘텐츠가 중요하다고 하며 또한 디지털시대에 있어서도 내용물 창출의 주된 원천은 바로 인문학적 사고와 축적물이며 인문학 교육의 목표인 창의성, 상상력, 비판력을 제대로 담보해 주어야 한다고 주장한다.[30]

여러 학자들의 견해를 종합하면 소재개발에 인문학적 지식과 상상력이 매우 중요하며 그것을 토대로 이공계적인 기술과 노하우, 마케팅 등에 대한 이해력 습득, 현장중심교육을 통한 실무능력의 강화와 프로젝트에 참여하여 산학연계교육 및 타학문분야와의 연계전공이 필요함을 강조한다. 민속의 활용에 있어서도 시사하는 바가 크다.

필자는 근래에 '민속아키비스트'를 양성하기 위한 교육에 주목하고 있다. 민속기록에

• • •

28 김교빈, 「콘텐츠관련 고급인력 양성을 위한 대학원교육의 현황과 문제점」, 『인문콘텐츠』 제2호, 인문콘텐츠학회, 2003, 26~35쪽.

29 고기정, 「해외 선진교육기관의 문화콘텐츠 인력 양성 교육과정 분석」, 『인문콘텐츠』 제2호, 인문콘텐츠학회, 2003, 112쪽.

30 김기덕, 「전통적 인문학 관련학과에 있어서 '콘텐츠 교과목'의 보완 – '역사학' 관련학과의 사례를 중심으로-」, 『인문콘텐츠』 제2호, 인문콘텐츠학회, 2003, 147~170쪽.

서부터 민속활용에 이르는 전과정에 대해서 심화된 교육을 목표로 하고 있으나 아직은 실험적인 단계이며 우선 학생들에게 민속기록이나 민속지식을 향상시키는데 주목하고 있다. 교육에 있어 현실적인 어려움도 직면한다. 첫째, 1학기 수업으로는 민속활용의 전과정을 강의하기에 시간이 부족하다. 최소 3학기 정도의 시간은 주어져야 한다. 3학기로 책정했을 때 첫학기는 민속지식과 민속기록에 대한 기초적인 이론 및 실습교육이 있어야 하며 두 번째 학기에는 영상민속기록, 민속기록물의 수집과 관리, 민속기록콘텐츠 구축, 세 번째 학기에는 민속활용실습, 문화콘텐츠 이론 및 기획, 현장 체험학습 등이 교육될 수 있다.[31] 또한 학생들도 처음부터 단계별로 과정을 밟아야 한다.

둘째는 학생들이 그동안의 습관처럼 강의실 안의 교육에만 익숙해 있을 뿐 강의실 밖, 삶의 현장으로부터의 학습에는 감을 잡지 못한다. 민속아키비스트에게는 무엇보다 현장경험이 중요한데 학생들은 현장을 두려워하며 스스로 정보제공자를 찾아서 인터뷰하는 것에 능동적으로 참여하지 못한다. 학생 스스로 체험하고 느끼면서 경험을 쌓아가지 못한다면 결코 자신의 힘으로 설 수 없다. 선생은 방향성을 제시해주고 선험적 경험을 들려줄 수 있어도 그 이상은 자신이 찾아야 한다. 민속아키비스트는 현장성이 충만한 사람으로 조련되어야 하며 엄한 훈련이 요구된다.

학생들에게 민속아키비스트로서 동기를 심어주는 일도 중요하다. 아키비스트는 주변사람들을 설득해야 하는 운동가이다. 사람들이 무시하거나 무심코 지나치는 흔적에 의미를 부여하고 그것을 기록하고 보존해야 한다. 이런 것이 탄탄하게 쌓이면서 활용도 이루어지게 되는데 사람들은 동전만 넣으면 음료수가 곧바로 나오는 자판기처럼 금방이라도 활용과 대가가 주어지는 것을 원한다. 자료의 기록과 수집, 보존은 오랜

· · ·

31 필자는 2010년 7월 수원에서 한국외대 문화콘텐츠학과에서 강의를 하는 최명환 선생과 담화를 나누었는데 참고적으로 그의 사례를 소개한다. 그는 축제, 문화투어, 한국전통문화와 문화콘텐츠 등에 대해서 강의를 하는데 민속에도 관심이 있어 마을조사도 콘텐츠 쪽으로 관심을 가지고 하며 강의에서 현장성을 매우 강조한다. 그는 현장의 것이 사장되는 것이 아쉬웠으며 그것을 보존가능케 하는 것이 곧 활용이라는 의미심장한 이야기를 하였다. 그는 강의주제를 좁게 잡아 언젠가는 "민속촌이라는 테마파크에서 민속이 어떻게 활용되는가"를 가지고 매달 1회 학생들과 현장학습을 하고 학생들이 제시한 아이디어는 민속촌 관계자에게 제공했다고 한다. 그는 이러한 강의가 아직 실험적이라고 하나 민속활용과 문화콘텐츠의 교육을 고민함에 있어 참고가 된다.

저장기간을 필요로 하는 명주名酒처럼 쓰임이 찾아올 때까지 때를 기다려야 한다. 쉽게 가시화되지 않는 그런 일을 아키비스트는 묵묵히 해야 한다. 우리나라 문화행정을 보더라도 대중들에게 쉽게 주목을 받을 수 있는 궁중건축이나 유명한 사찰건물 등에는 쉽게 예산을 편성하면서도 향토성 짙은 민가나 사람들의 추억 속에 깃들고 생활사적으로 가치가 높은 거리나 쉽게 가시화 되지 않는 무형문화재와 같은 부분에서는 기관장들이 예산을 편성하려하지 않는다. 따라서 비가시적인 민속문화유산의 기록이나 관리에 있어서는 인식자체가 희박하다고 보아도 과언이 아니다. 그러다 보니 늘 껍데기만 번지러하고 내실을 채워야 할 소프트웨어는 찬밥신세이다.[32] 우리나라의 무형문화재정책 역시 체질적으로 육성할 수 있는 근본대책을 내놓을 수 없고 적은 예산으로 임기응변식으로 대처할 수밖에 없는 것도 이런 이유가 있다.

문제는 자신의 주변에서 일어나는 이런 일을 지적하고 방향을 제시해 주는 일도 민속아키비스트의 역할인데 그의 취지를 알아주는 사람은 많지 않다. 하지만 사람들이 간과하거나 소홀히 하는 것을 기록하고 관리하는 그는 '문화민주주의자'이다. 멸실되어 가는 문화를 기록하여 재생의 씨앗을 남기며 사람들이 귀중한 용도로 활용할 수 있도록 한다는 점에서 그는 '문화창조자'이다. 그것을 보지 못한 사람이나 후세에 전해주는 그는 '문화전달자'이자 '인류문화의 수호자'이다.[33] 그는 주류 역사학이 놓치는 새로운 역사를 쓰는 '사관史官'이다. 아키비스트는 현장에서 사라지는 문화를 보존하려는 의식, 기록하려는 의식을 본능적으로 가져야 한다. 일상에서 생산하는 그의 기록은 시간이 지날수록 더욱 빛을 발한다. 아키비스트는 늘 깨어있어야 하고 늘 앞선 생각을 해야 한다.

• • •

32 아키비스트가 가장 경계해야 할 사람은 스타일리스트(stylist)이다. 이들은 내실보다는 눈에 보이는 것에 집착한다. 장기적인 안목이 없고 내용에도 관심이 없다. 눈앞의 자기 과시나 겉모습을 추구하기에 아키비스트의 안목, 조언은 이들에게 외면된다. 문제는 이들이 각 기관장이나 연구소 책임자로 앉아 있어 허세나 부리고 있는 동안 현장의 소중한 문화자원들이 소실되어 가고 있다는 점이다.

33 기록물이 우리의 삶의 구석구석에 대한 기록된 증거라면, 이들을 체계적으로 관리하는 것은 곧 우리의 지나간 삶과 미래의 후손들에 대한 구체적인 관심을 학문적으로 연구하고 실천하는 가장 고귀한 의무이며 동시에 권리일 것이다. 김정하, 『기록물관리학 개론』, 아카넷, 2007, 19쪽.

5. 맺음말

오늘날 문화산업은 세계각국에서도 주목하고 있는 전략산업이다. 우리는 한류를 통해서 이러한 문화산업의 힘을 보았다. 한국의 문화산업이 세계로 도약하고 한류의 물줄기를 계속 잇게 하려면 콘텐츠가 있어야 한다. 오늘날 "문제는 콘텐츠다"라는 말을 곧잘 한다. 아무리 좋은 기술, 좋은 그릇이 있어도 그 속에 담을 내용물이 없으면 소용이 없다. 이러한 콘텐츠로서 민속만큼 풍부한 자원은 없다. 최근 민속의 활용은 국가전략적 문화산업인 한류의 원천소스, 디지털시대의 디지털콘텐츠, 지역문화발굴 등의 시대적 요청에 힘입어, 민속자원이 이제 국가성장동력의 원천으로 중요시되고 있다.

민속학에서는 이러한 시대적 요청에 부응하여 민속활용에 대한 방안이 마련되어야 한다. 이러한 취지에서 본문에서는 민속학, 기록관리학, 문화콘텐츠학을 연계하여 민속의 아카이빙에서부터 문화콘텐츠화에 이르는 전과정에 대해 유기적인 맥락 속에서 민속활용의 방안을 검토하였다. 따라서 일상 속에 널려있는 민속을 어떻게 기록하고 수집하여 활용할 것인가에 대한 논의를 하고 민속활용의 대상이 되는 의식주생활, 세시풍속, 민간신앙, 일생의례, 민속예술, 민속놀이, 마을 등의 세부 활용대상을 검토하였다. 또한 그것을 담을 그릇으로 책, 다큐멘타리, 애니메이션, 만화 등 여러 종류의 활용유형을 살펴보았다. 민속의 활용과정은 기록 및 전형 확보단계, 기획단계, 제작단계, 마케팅 단계로 구분하여 이 중에서 민속아키비스트의 주요 역할인 전형 확보단계와 기록의 측면을 강조하였다. 또한 민속활용의 전문적인 연구인력으로 민속아키비스트를 제안하였으며 민속활용의 기반조성을 위하여 민속기록보존소와 민속아키비스트의 양성이 필요하다고 보았다.

이제 민속활용은 정치, 경제, 사회, 문화적으로 당면과제이며 기록에서부터 문화콘텐츠화에 이르는 전과정이 유기적으로 검토되어야 한다. 민속의 활용은 민속에 대한 풍부한 지식과 활용방법에 대한 창의적인 아이디어가 결합될 때 가능하다. 민속의 특정분야를 활용할 수도 있고 다양한 분야를 결합할 수도 있다. 민속현장 그 자체를 보존하는 방법도 있고 민속지식을 창고(아카이브)에 쌓아놓고 열람 혹은 전시물로 활용할 수도 있고 디지털콘텐츠, 상품화 등 다양한 콘텐츠 개발이 가능하다. 민속은 있는 그 대로의 모습을 유지하는 것만으로도 콘텐츠가 될 수 있다. 가령 슬로시티처럼 서울 4 대문 안을 개발하지 않고 100여 년만 그대로 두었다면 세계적인 관광지가 되었을 것 이다. 굳이 유물·유적이 아니라고 해도 한국인의 과거 혹은 현재의 전형적인 일상의 모습을 형상화하여 그것을 콘텐츠로 개발할 수도 있다. 민속학과 기록관리학, 문화콘 텐츠의 만남은 더없이 넓은 세상을 상상할 수 있을 것이다.

제2부

지역
아카이브의
세계

01 .

시·군 단위에서 기록관 설립에 관한 구상*

-
-
-

1. 머리말

경쟁력 있는 지역을 만들고 지역자치의 문화기반을 구축하는 데 있어서 기록관은 큰 힘이 된다. 선진국의 경우 기록관은 지역행정과 지역문화의 발전, 지역경쟁력 강화를 위해 필수적인 요소로 인식되고 있다. 우리는 어떻게 만들 것인가. 기왕에 만드는 것이라면 지역을 위해 보다 효율적이고 미래지향적인 형태를 띠어야 한다. 분명한 것은 지역공동체를 토대로 한 기록관은 공공기록물만 가지고는 우리나라 지자체의 여건을 고려할 때 독립된 기록관으로서 존립기반이 약하다. 공공기록물로 한정한다면 지자체에서 시청 건물에 문서고를 두는 정도에서 벗어날 필요성을 느끼지 못하기 때문이다. 어떻게 하면 시·군 단위에서 독립된 건물과 조직을 갖춘 기록관을 설립하고 그것을 통해 지역문화 창달의 중심으로 기능하도록

• • •

* 국내에는 아직 지역기록관이 없다. 어떻게 지역기록관을 만들 것인가? 이 글은 공공영역과 민간영역을 아우르는 지역공동체의 아카이브를 제안한 글이다. 오늘날 시·군 단위의 지자체에서는 지역문화 전반을 수용하고 민·관이 애용하며 지역경쟁력과 지역정체성을 강화할 수 있는 맞춤형 기록관이 요구된다. 기록관을 공문서나 사문서를 보관하는 문서관 정도로 생각하는 사람도 있으나 지역에서는 오늘날 거버넌스(governance), 사회정의(social justice), 참여민주주의, 지역학, 지역문화, 문화지방화, 기록의 민주주의를 고려한 새로운 형태의 공동체 기록관이 요구되고 있다. 본래 2014년 4월 비교민속학회에서 발표하였고 수정·보완하여 2016년 3월 『민속기록학』에 게재한 글인데 이 책에 다시 수록하였다.

할 수 있을까. 법률적으로 지자체에 기록관을 두도록 해도 지자체의 인식이 있지 않는 이상 즉, 중앙에서 권장한다고 해서 될 일이 아니라 지역에서부터 스스로 필요성을 인식하고 독립된 기관으로서의 위상을 갖춘 기록관을 설립할 수 있는 의지를 가져야 한다. 지역으로부터 기록관 설립을 이끌어내기 위해서는 지역문화를 포괄하는 민간영역이 충분히 수렴되어야 한다. 그런 구상 위에서 제안될 때 지자체 단체장은 물론 지역민들로부터 보다 공감을 얻을 수 있다. 따라서 광역자치단체가 아닌 시·군 단위의 지역에서 기록관은 민간과 공공영역을 아우르고 지역사회와 지역문화를 포괄적으로 다룰 수 있는 틀 속에서 고민되어야 한다.[1] 게다가 기존에 지자체 산하에 있는 향토자료관, 향토전시관 등과 같이 유명무실하거나 효율성이 부족한 곳을 기록관으로 수렴하여 재조직해야 한다. 선진국의 경우 오래전부터 지역에서 기록관이 운영되고 있지만 그들의 기록관에서 보이는 한계가 있다면 우리는 그것을 추월하여 보다 진화된 형태를 찾아야 한다. 이 글에서는 '문화지방화'와 '기록의 민주주의'라는 시대적 요청에 부합하며, 공공영역이나 문서 중심의 패러다임을 넘어서 '지역사회'와 '지역문화'로 다가가고 또한, 지역민이 향유할 수 있는 문화공간으로서 새로운 기록관의 모형을 제안해보고자 한다. 지방에서 기록관은 행정관청의 자료관 기능을 넘어 공동체 아카이브를 지향해야 한다. 문서보관소나 자료관의 기능을 넘어 지역공동체의 문화전반을 기록-보존-활용하는 지역문화의 센터이며 행정기관에 딸린 보조적인 사료관이 아니라 공공복지를 위한 개방된 공간이 요구된다.

그동안 지방기록관의 설립에 대해 적지 않은 논의가 있었다.[2] 논의의 핵심은 지방

...

1 오늘날 민간영역에 있는 것도 공공성이 강조되고 있다.
2 박찬승, 「외국의 지방기록관과 한국의 지방기록관 설립 방향」, 2000; 지수걸, 「「지방기록물관리기관」의 기능과 역할」, 『기록학연구』 제3집, 한국기록학회, 2001; 지수걸, 「지방자치와 지방기록관리」, 『기록학연구』 제6호, 한국기록학회, 2002; 안병우, 「지방기록관 설립과 경기기록문화포럼의 활동」, 『영남학』 제6집, 경북대학교 영남학연구원, 2004; 지수걸, 「지방기록물관리기관 설립의 방향과 방법」, 『기록학연구』 제21집, 한국기록학회, 2009 등. 이외에도 학위논문을 포함한 다양한 글에서 논의가 있었다. 한편 우리나라에서 공공기관의 기록물 관리에 관한 법률이 시행되기 시작할 때(2000년 1월 1일 시행)부터 지방기록자료관에 대한 설치조항이 명시되어 있었다. 그럼에도 불구하고 오늘날 시·군 단위에서 기록관은 설립되지 못하고 있다.

기록관의 목표와 필요성, 설립 방향과 방법, 기능과 역할 등이다. 박찬승은 외국의 사례를 살펴보고 우리나라 지방기록관은 해당 지방의 지역자료를 수집, 정리, 보존 및 조사 연구하며, 해당 지방의 문화향상과 문화유산을 보존해야 한다. 또한 기록자료관 소장의 제 자료를 시민 일반의 활용에 제공하여 그 지방의 역사와 문화의 발전에 대한 이해를 심화시키고, 시민의 애향심 육성에 이바지할 것을 목적으로 해야 한다고 보았다.[3] 지수걸은 지방기록관의 설립목적을 '행정의 책임성·투명성 강화', '지역사회에 유의미한 지식·정보 축적'으로 보고 이를 실현하기 위해서는 기록 생산 의무가 철저히 준수됨과 동시에 기관의 독립성이 보장되어야 한다고 보았다. 또한 주민의 참여 행정(정치)을 활성화하려면 지자체의 중요한 선택과 결정, 혹은 주민들의 정치적 결정과 선택이 온전하게 기록으로 남아야 하고, 또 그 같은 기록들이 적절한 방식으로 공개, 공유되어야 한다고 보았다. 그는 또한 지방기록관이 해야 할 중요한 일은 가치 있는 공적 기록을 많이 생산하여 잘 활용할 수 있게 만드는 것, 또는 유실되거나 흩어져 있는 가치 있는 지방기록(특히 구술기록)들을 잘 수집하고 정리(네트워킹)하는 것이라고 하였다.[4] 박찬승의 논의가 지역문화에 다가서는 입장이라면 지수걸은 민간영역을 포함시키고 있으나 공공기록물에 무게를 두고 있다. 이들의 논의는 공공영역과 민간영역을 아우르고 있으나 문서를 중심에 두고 있다. 이 글에서는 공공영역이나 문서 중심의 논의에서 탈피하여 민간영역과 유·무형의 지역문화를 망라하는 기록관을 목표로 한다. 여기서 기록관[5]은 지역 기록화와 공공기록물 관리는 물론 지역민의 문화적인 욕구까지 충족시켜주는 지역문화센터를 지향한다. 접근방법은 민속학과 기록학의 융·복합을 지향하는 민속기록학적 입장을 견지한다. 지역에서 기록관은 보다 개방적인 지식을 바탕으로 한 맞춤형 공동체 아카이브로서 문서고나 자료관, 전시관의 범주를 넘어 지역문화를 포괄하는 센터로서 기능해야 한다. 이점은 지역아카이브에 대한 기존 논의와 대비된다.

•••

3 박찬승, 「외국의 지방기록관과 한국의 지방기록관 설립 방향」, 『기록학연구』 1, 한국기록학회, 2000, 129쪽.
4 지수걸, 「지방기록물관리기관 설립의 방향과 방법」, 『기록학연구』 제21집, 한국기록학회, 2009, 271쪽.
5 이 글에서는 공공영역은 물론 지역성을 담지하고 지역문화에 대한 보다 적극적인 기록과 보존 및 활용을 용이하게 할 수 있는 통합형의 기록관을 지향한다.

2. 지역공동체를 위한 기록관의 필요성과 기능

1) 기록관의 필요성과 새로운 인식

기록에 있어서 선진적인 국가들은 우리와 달리 지역이나 도시, 대학, 기업 등 각종 공동체에 다양한 아카이브가 있다. 프랑스에서는 프랑스혁명 후 지역기록보존소가 생겼으며[6] 각 도와 해외령에 103개소의 도립기록보존소가 있으며 전국에는 120여 개소의 시립기록보존소가 있다. 시의 경우에는 전적으로 시에서 재정을 담당한다. 영국에도 County나 City, Borough에 Record Office가 있다. 영국의 레코드 오피스에도 고문서와 사문서들이 보존되고 있다. 또한 열람, 전시, 교육 등 각종 서비스, 자료집 발간 등이 활발하게 이루어지고 있다. 미국에도 State, County, City에 기록보존소가 있으며 주립기록보존소에는 주 정부의 기록물, 군립기록보존소는 County 정부와 의회 및 개인들의 기록물, 시립기록보존소에서는 시정부와 의회 및 개인들의 기록물을 보존한다. 일본의 현문서관은 1959년 야마구치현 문서관을 시작으로 현재 46개 도도부현都道府縣 중 54%에 해당하는 25개 현에 설립이 완료된 상태이다.[7] 중국에도 지역마다 당안관이 설립되어 있으며 최근에는 당안관이 도시문화시설 건설에 있어 필수적인 요소로 인식되고 있다.[8] 독일에도 지방의 도시나 카운티에 많은 기록보존소가 있다. 노명환은 독일의 하이델베르크와 만하임 시의 기록보존소를 방문하여 이들 기관이 도시의 발전을 위해 어떠한 역할을 하는지 관찰하고 그 중요성을 강조한 바 있다.

하이델베르크 시의 경우를 보면 도시의 유구한 역사를 증거해 주는 기록들이 잘 보존되어 있

* * *

6 송기호·소매실, 「유럽의 기록관리 제도 및 체계에 대한 연구 – 영국·프랑스·독일을 중심으로–」, 『한국기록관리학회지』 제4권 1호, 한국기록관리학회, 2004, 130쪽.

7 박찬승, 앞의 글.

8 나진희, 「지역공동체 발전을 위한 로컬리티 기록화 전략의 적용 – 중국 상하이(上海)시의 사례를 중심으로–」, 한국외국어대학교 석사논문, 2013, 41쪽.

고 …(중략)… 기록보존소는 각 주요 건물에 대해 거리에 대해 그리고 도시 전체에 대해 시대별 변화상을 그림과 사진으로 담아 출판하는 작업을 계속해 오고 있다. 이는 하이델베르크 시 관광 산업의 진흥에 결정적인 기여를 해오고 있음은 말할 것도 없다. 도시 전체의 유물·유적에 대한 설명이 이러한 기록들에 의거해서 이루어져 있기 때문에 정확성의 권위를 가지고 있다. 하이델 베르크 시 행정 문서들이 기록관리 원칙에 의거하여 잘 보존되고 있는 것은 두말할 나위 없다. 기록보존소에는 열람실이 잘 갖추어져 있어서 누구나 언제든지 와서 비밀이 해제된 기록들 그리 고 오래된 문서와 그림·사진 등을 열람하고 활용하여 향토사와 문화를 연구하기도 하고 단순히 고향 사랑을 확인하는 시간을 갖기도 한다. 학생들이 이곳에 와서 숙제를 하기도 하고 단체로 방문하기도 한다. 상시적으로 또한 주기적으로 기록전시회를 실시한다. 그런데 이 도시 기록보존 소는 지역 내의 각 기록보존소, 예를 들어 하이델베르크 대학교 기록보존소 등과 긴밀히 연계되 어 있다. 만하임 시의 경우 보존된 기록들에 의거하여 도시 내의 건물들과 거리에 대해 다양한 경로의 이야기 테마 관광 코스를 만들어 관광산업에 성공하고 있었다. 그동안의 도시 행정의 기 록들을 디지털 콘텐츠화 하여 현재 행정의 체계적인 참고자료로 사용하고 있는 것도 인상적인 측면이었다.[9]

외국의 사례를 통해 우리는 다음과 같은 사실을 알 수 있다. 첫째, 기록에 있어서 선진적인 국가들은 일찍부터 지역에 기록관이 설립되어 있었다. 여기에서 역사와 전 통, 지역문화, 기록보존을 중시하는 문화 의식을 엿볼 수 있다. 둘째, 이들 기록관들은 지역경쟁력 강화에 큰 역할을 하며 지역의 관광자원을 극대화 시키고 있다. 셋째, 지 역의 기록관에서는 공공기록물뿐만 아니라 민간기록물, 향토사료 등을 보존하며 미국 에서는 관련 유물까지 보존하고 있음을 알 수 있다.[10] 넷째, 이들 기관은 지방사 연구 에 큰 몫을 하고 있다. 다섯째, 지역의 기록관들이 중앙으로부터 독립되어 있으며 기

- - -

9 노명환, 「용인기록보존소의 설립 필요하다」, 『용인문화』 제14호, 용인문화원, 2010.
10 이들은 지역의 향토사학회(Historical Society)의 활동과 연결되어 있으며 향토사료, 단체기록물, 개인기록물, 인디
    언유물, 이민의 역사유물 등을 보존하고 있다. 일본에는 지방의 자료 보존과 현사(縣史) 편찬과정에서 수집된 자
    료의 보존을 위한 노력이 지방의 문서관 설립으로 이어졌다. 박찬승, 앞의 글, 129쪽.

록물의 현지보존 원칙이 간과되지 않고 있다. 한편, 한계도 있다. 외국의 경우(지역에 따라 차이가 있겠으나) 기존 기록관들이 문서 중심에서 출발하다보니 아직 비문자적인 것을 다루는 데 이론과 지식이 부족하고 사회적 역할이 제한되어 있다. 따라서 지역문화를 효과적으로 다루기에는 미흡하며 지역주민이 보다 적극적으로 참여할 수 있는 참여형 기록관을 성취하기에는 갈 길이 멀다. 따라서 우리는 보다 발전된 형태를 추구해야 한다. 지역에서 기록관은 국가에 따라 사정이 다를 수 있다. 우리의 실정과 환경에 맞는 기록관을 설립해야 한다는 점에서 우리는 기록관의 방향을 외국과 굳이 동일하게 추구할 필요는 없다. 하지만 각국의 사례는 지역에 기록관이 없는 우리에게 시사하는 바가 있다. 독일의 하이델베르크시는 인구 14만에 불과하나 연간 방문객이 300만 명을 넘고 있는데 기록보존소가 큰 역할을 하고 있다.[11] 상해 당안관이 연간 20만 명의 관광객을 창출하며 상해시의 이미지 제고에 중요한 역할을 하고 있다는 점도 시사하는 바가 크다.

우리는 왜 지역에서 기록관이어야 하는가라는 의문을 가질 수 있다. 문서 중심의 자료관으로도 가능한 데 왜 지역문화를 담보한 기록관을 지향해야 하는가. 그것은 지역을 체계적으로 기록하고 보존, 활용하는 형태로서 '기록관'이 효율적이며 미래적 가치도 크다고 보기 때문이다. 문서 중심의 자료관은 지역에서 위상이 좁을 수밖에 없다. 지역문화를 포괄하는 큰 틀에서의 기록관으로 존재해야 지역에서 충분한 위상과 활동 영역을 가지고 기록문화를 선도할 수 있다. 또한 지역민에게 보다 다가갈 수 있다.

기록관이라고 하면 우리는 우선 문서보관소를 생각할 수 있다. 그러나 Community Archives를 주장하는 학자들은 기록관의 의미를 문서보관소에 국한하는 것에 동의하지 않는다. 만약 기록관의 수집범위를 문서에 국한해야 한다고 주장한다면 일방적인 입장이라고 볼 수 있다. 이렇게 되면 기록관을 문서수집 기관으로 제한할 수 있으며 문서수집에 해당되지 않는 기관이나 단체에서는 기록관이라는 용어를 사용하지 못하

---

11 주회현, 「히스토리마케팅 전략과 지역공동체의 발전 - 독일 하이델베르크시 아카이브를 중심으로 - 」, 한국외국어대학교 석사학위논문, 2013, 30쪽.

게 된다. 기록은 다양한 공동체나 학문분야에서 요구된다. 수집주체에 따라 문서를 대상으로 할 수도 있고 물질이나 무형문화를 대상으로 할 수도 있다. 무용기록관에서는 무용을 재연하기 위해 무용가의 몸짓을 영상에 담을 수 있고 음악기록관에서는 녹음한 음성자료를 중심으로 하여 기록관을 만들 수 있다. 민속기록관에서는 민속자료를 기록하고 수집할 수 있다. 따라서 '기록관'은 문서 중심에서만 논의되거나 한정될 수 없으며 기록학의 전유물도 아니다. '기록관'이라는 용어를 공공기록물관리의 입장에서만 제한하고 독점하려 한다면 기록학을 폐쇄주의에 머물게 하며 공유와 소통과는 거리가 멀어진다. 오늘날 기록학은 공문서에 한정될 수 없으며 다양한 공동체와 학문분야의 기록인프라 조성에 협력하고 소통해야 한다. '기록관'이라는 용어도 모든 분야와 공동체가 사용할 수 있는 열려있는 개념이며 그들 입장에서 얼마든지 특성화 할 수 있는 것이다. 만약 그렇게 하지 않는다면 사회 저변에 기록인프라를 조성하는 것은 불가하며 기록학이 이러한 일을 지원할 수 있는 길도 차단된다. 또한 기록학은 문서를 위주로 한 기록물관리자들의 업무에 한정된 지극히 제한된 영역에서만 사용될 수 있을 것이다. 이렇게 되면 거버넌스, 공유와 소통 이런 것은 단지 구호에 불과하며 기록학자들의 활동은 표리부동한 자기모순에 빠질 수 있다.

기록관의 업무는 공공기록물 관점에서 제한할 수 없다. 게다가 공공성이라는 것은 공공기록물에만 머물러 있는 것이 아니라 지역문화, 민속에도 있다. 지역에서 공공성의 관점에서 보았을 때 공문서와 사문서, 민속유산 등은 기록관이라는 키워드 속에서 얼마든지 공유될 수 있다. 광역자치단체가 아닌 상대적으로 인구가 적고 예산이 적은 시·군 단위에서는 공문서 따로, 민속유산 따로, 박물관 따로 그렇게 독자적으로 기관을 만드는 것은 무리가 있다. 그렇게 한다면 지역문화센터로서의 기능도 제대로 발휘될 수 없고 현실적으로 지자체에서 이렇게 따로 예산을 편성하기도 힘들다. 즉, 중앙과 광역자치단체는 기록관과 박물관, 도서관이 독자적으로 설립될 수 있으며 시·군 단위에서는 현실적으로 기록관과 박물관이 독자적으로 설립되기가 쉽지 않다. 도서관은 분리가 가능하다. 마을단위에서는 기록관과 박물관, 도서관을 통합하는 것이 현실적이다.

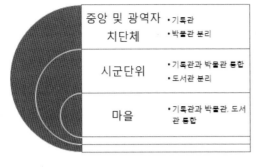

〈그림 1〉 공간 범주에 따른 기록관과
박물관, 도서관의 통합과 분리의 적합성

"기록관에서 민속자료까지를 주장하는 것은 이미 기록관의 영역을 넘어서는 것이다. 문화유산기관으로 도서관, 기록관, 박물관이 문화유산을 서로 적절히 분할하여 수집하고 관리, 보존하여 후손에게 물려줄 책무를 지닌 기관이다. 기록관에서 모든 문화유산을 다 수집하고 관리하려고 하는 것은 아키비스트의 범위를 넘어서는 것이다."라고 주장하는 사람도 있으나 이것은 지역의 사정을 간과한 채 중앙적 시각에 입각한 논의로 보인다. 이러한 입장은 광역자치단체에서는 가능할 수 있다. 상대적으로 열악한 환경에 있는 시·군 단위의 지자체에서는 기록관과 박물관을 따로 만들 수 있는 곳이 흔하지 않다. 예산문제로 주민의 합의를 도출해내기도 힘들다. 물론 현재 모든 지자체에는 도서관이 있다. 문제는 기록관과 박물관이다. 지역의 사정에 따라 이것을 같이 할 수도 있고 별도로 할 수도 있다. 그런데 지역의 민속은 어디에 속해야 하는가. 지역의 민속은 기록관에 속해야 하는가. 박물관에 속해야 하는가. 통념상 기록관은 자료수집과 보관, 박물관은 전시에 비중을 둘 수 있다고 생각할 수 있다.

오늘날 학제 간의 협력이 요청되고 경계와 구분이 지양止揚되듯이 지역단위에서 기록관과 박물관을 이분화하려는 것은 타당한 대책이 아니다. 기록관은 자료수집과 보관뿐만 아니라 전시관을 두고 있으며 박물관도 전시뿐만 아니라 자료수집과 보관을 하고 있다. 다만 지역에서 볼 때 기록관은 공공영역과 민간영역을 아우르고 전시관을 통해 박물관의 기능까지도 수용하며 사회적으로 기록인프라 조성을 선도할 수 있다. 또한 박물류도 기록물의 일부에 속하여 아카이브는 박물관을 포괄하는 상위의 개념이 될 수 있다. 거버넌스, 공유와 소통과 같은 민주주의적 이상을 실현함에 있어서 또한 지역문화를 체계적으로 기록화 함에 있어서 '기록'의 개념이 강조되어야 한다. 박물관과 기록관의 기존 개념을 허물고 합리적으로 통합할 필요가 있다.

　지역에서 기록관은 기록물관리의 전문가, 기록화의 전문가, 전시 전문가 등의 협력이 요구된다. 물론 이러한 분야에 대한 전문인력을 배양하고자 하는 것이 민속기록학이다. "기록관에서 모든 문화유산을 다 수집하고 관리하려고 하는 것은 아키비스트의 범위를 넘어서는 것이다"라는 견해가 기록학 일각에서 제기되는데 이러한 주장에는 기록관에서 문서를 관리하는 기록물관리자를 염두에 둔 발상으로 보인다. 그렇다면 아키비스트의 범위를 어떻게 규정할 수 있는가. 국내에는 기록물관리자가 있을 뿐 아키비스트가 없다고 흔히들 말한다. 지역공동체를 토대로 한 기록관에서 현재와 같은 기록물관리자는 공문서의 수집과 관리 업무를 할 수 있을 뿐 사문서의 수집이나 지역 기록화에서 제대로 업무를 수행할 수 없다. 사실 시·군 단위의 지역에 기록관이 만들어질 때 이런 기록물관리자는 유능한 인력이 되지 못한다.

　물론 기록관에서 모든 문화유산을 다룰 수는 없다. 고고학 유물을 다룰 수 없으며 그밖에도 아키비스트의 한계를 넘어서는 것이 있다. 지역의 기록관에서 근무하는 아키비스트라고 하면 기록물의 수집과 관리, 지역문화에 대한 기록화, 지역문화의 활용을 주로 고민하게 된다. 기록물과 지역에서 현재를 살아가는 주민의 생활문화와 현재 생존자의 기억을 수집하여 기록화 작업을 한다. 이것을 가지고 아키비스트의 범위를 넘어선다거나 아키비스트가 모든 것을 다 다룰 수 없다고 엄살을 부릴 필요는 없다. 또한 기록관은 아키비스트 혼자서 운영하는 것이 아니다. 다양한 분야의 전문가와 협력할 수 있다.[12] 지역에서 기록관의 업무는 아키비스트 개인의 일을 넘어설 수 있으며 분업화될 수밖에 없다. 한국에는 아직 지역에 기록관이 없다. 광역자치단체에서조차 기록관이 없는 상황이다. 그러다 보니 기록관에 대한 인식은 중앙이나 광역자치단체의 여건에 근거하고 있는 것으로 보인다. 시·군 단위의 지역공동체를 위한 기록관은 지역의 여건에 근거하여 효율성을 찾아야 한다. 지역의 형편이나 지역문화의 특성을

* * *

12 지역과 마을에서는 이용자 중심에서 협업과 통합이 이루어져야 한다.

간과하고 중앙의 시각이나 분과학문에 매몰된 기록관에 대한 논의는 탁상공론에 빠질 수 있다.

2) 기록관의 기능변화

오늘날 지역에서 기록관의 업무와 기능은 지역문화 전반으로 다가가고 있다. 독일의 경우 중세의 기록보존소는 봉건적 권력자들의 통치수단으로서 특권과 소유권을 증빙하고 주권자와 통치당국의 이해관계를 증명할 수 있는 문서를 관리·보존하는 기관이었다. 지방의 시기록보존소는 19세기 후반에 이르러 공공기관으로서 주목받기 시작했다. 당시 역사서술을 위해 기록보존소에 있는 기록물의 가치가 인식되었으며 향토사에 대한 관심이 일어났다.[13] 미국의 경우에도 시립 기록보존소는 향토사학회의 활동과 연결되어 있다. 일본의 경우 1960년대 이후 산업화 과정에서 일어난 이농현상으로 농촌사회가 크게 변모하면서 많은 자료가 인멸되기 시작했다. 이에 자료 보존이 시급한 문제로 떠올랐고 이는 자연스럽게 지방의 문서관 설립으로 이어졌다.[14] 중국 상하이시는 도시의 발자취를 기록하기 위해 '도시기억개발프로젝트'를 전개하여 기록화 사업을 펼치고 있으며, 당안관리나 서비스업무가 지역발전의 실질적 요구에 부합하도록 하기 위해 지질당안만을 관리대상으로 하던 것에서 벗어나 다양한 유형의 당안을 관리범위에 포함시켰다.[15]

이러한 경향에 맞추어 기록학도 공공영역에서 벗어나 공동체기록관community archives이나[16] 지역을 기록할 수 있는 도큐멘테이션 전략, 로컬리티 기록화 방법론이 제기되고 있다.[17] 다음의 글은 아카이브의 사회적 역할을 강조하고 대중에게 다가갈 것을 주

- - -

13 한해정, 「19세기 후반 독일의 시기록보존소(Stadtarchiv)와 그 역할 – 지방자치와의 관계를 중심으로 – 」, 『서양사론』 제115호, 한국서양사학회, 2012, 214~223쪽.
14 박찬승, 앞의 글, 117~120쪽.
15 나진희, 앞의 글, 66~80쪽.
16 Bastian, Jeannette A, *Community archives-the shaping of memory*, London: Facet Publishing, 2009.

장한다.[18]

현재 국제 표준과 많은 서구의 아카이브는 아카이브의 임무와 정체성에 대해 지극히 편협한 정의를 내리고 있다. 즉 어떤 것이 아카이브이고, 어떤 것은 아카이브가 아닌지, 또한 아카이브가 무엇을 해야 하고 무엇을 하면 안 되는지에 대한 이론과 실무에 대해 지나치게 세세한 지침을 규정해 놓음으로써 오히려 아카이브의 사회적 역할과 의미를 축소시켰다고 할 수 있다. 무엇보다 이러한 기록학 이론들은 아카이브가 무엇인가에 대한 좀 더 폭넓은 대중적 시각을 고려하지 않았기 때문에, 아카이브의 의미와 사회적 역할을 제한시킴으로써 대중들이 아카이브를 더 가깝게 느끼고, 효과적이고, 의미 있게 사용하는 것을 오히려 방해해왔다.

지금 기록학과 기록관의 방향과 업무는 공공에서 민간으로, 문서에서 문화로, 종이 매체에서 다양한 물질 및 비물질(정신적 요소, 무형문화), 비문자적non-textual인 요소로 지평이 확대되고 있다. 특히 시·군 단위의 기록관에서는 지역사회와 지역문화를 위한 사회적 역할이 요구된다. 따라서 진화하는 기록관의 추세에 맞추기 위해 접근방법도 개선되어야 한다. 지역에서 기록관은 단순한 자료관이 아니다. 공공영역/민간영역, 공문서/사문서, 문서/비문서, 지역의 각종 공동체와 개인의 삶에서 생산된 모든 문화유형을 기록-보존-활용의 대상으로 삼아야 한다. 또한 지역의 마을기록관, 민간기록관 등과 관계망을 가지고 지역의 기록문화운동을 선도해야 한다. 박찬승은 "특별시·광역시·도에 지방기록물관리기관을 둔다. 그 명칭은 '○○○도(시) 기록자료관'이 적당하다고 여겨진다. 다음 시·군·구에는 기록자료관을 두며, 그 명칭은 '○○시(군·구) 기록자료관'이 적당하다. 이들 지방기록자료관은 각 지방자치단체 소속으로 한다. 광역시·도의 기록자료관은 정부기록보존소의 지시·감독을 받으며, 시·군·

• • •

17 설문원, 「디지털 환경에서의 로컬리티 기록화 방법론 연구」, 『한국기록관리학회지』 제11권 제1호, 한국기록관리학회, 2011; 설문원, 「지역 기록화를 위한 도큐멘테이션 전략의 적용」, 『기록학연구』 제26집, 한국기록학회, 2010.
18 길리랜드 앤·윤은하, 「문화 간 차이 속에서 아키비스트의 역할과 임무: 균형된 관계를 모색하며」, 『역사문화연구』 제43집, 한국외국어대학교 역사문화연구소, 2012, 196쪽.

구의 기록자료관은 광역시·도의 지시·감독을 받는다.[19]"고 하였다. 이러한 생각은 문서를 중심으로 한 발상이라고 볼 수 있다. 이것과 달리 이 글에서 '기록관'이라고 하는 것은 중앙의 하부조직이 아니라 지역 중심의 독립기관으로서 지역문화와 지역의 자치를 중시하는 지역문화의 센터를 지향한다. 자자체에서는 '○○기록관'이라고 하여 예를 들면, 광명시는 광명기록관, 용인시는 용인기록관이라고 하면 될 것 같다.

지역에서 기록관의 궁극적인 이상은 '문화지방화'와 '기록의 민주주의'에 있다. 문화지방화란 문화의 측면에서 강조되는 지방화이다. 이것은 문화의 분권, 문화의 자치를 의미한다. 즉, 지역이 독자적인 문화기반과 질서를 확립하는 것이다.[20] 지역에 기록관이 없는 현 상황에서는 지역문화에 대한 기록·보존·활용이 체계적으로 이루어질 수 없으며 그것을 담당하는 주체 역시 불분명하며 초보적인 전문성조차도 담보되기 힘들다. 지역에 기록관이 없다면 지역문화의 많은 것이 타 지역으로 이관되거나 소실된다. 지역의 기록물은 지역의 역사와 문화를 말해주는 것으로 그 지역에 남아있어야 한다. 이러한 역량을 만들기 위해서는 반드시 지역에 기록관이 설립되어야 한다. 기록의 민주주의란 특정한 계급이나 집단을 중심으로 하는 것이 아니라 중앙과 지방, 모든 계급과 각종 공동체가 동등하게 가치를 인정받고 기록될 수 있는 민주주의적인 기록문화의 창출을 의미한다. 인류역사에서 기록은 늘 승자와 지배층의 것이었다. 정복된 국가의 기록은 곧바로 잿더미가 되었으며 승자는 그들의 입장에서 역사를 기술하였다. 특히 지배층들은 문자를 향유하였기 때문에 그들이 목적하는 바를 기록으로 남길 수 있었으나 피지배층의 문화는 문자화된 기록에서 소외되어 구술로 전승될 뿐이었다. 그동안 기록은 민주적이지 못했다. 특정 기억만이 기록관리의 대상이 되기도 하고 일부 전통만 선택되기도 했다. 멕시코 코시타 치카Costa Chica에서 조사를 했던 White는 16세기부터 아프리카에서 끌려온 흑인들은 멕시코가 독립(1821)된 이후

---

19 박찬승, 앞의 글, 130쪽.
20 김덕묵, 「문화지방화시대를 위한 지자체의 역할과 지역문화의 기록·보존·활용 방안─광명시의 동제를 중심으로─」, 『남북문화예술연구』 제13호, 남북문화예술학회, 2013, 209쪽.

스페인 출신Spanish 및 멕시코 원주민과 더불어 멕시코 사회의 일원이 되었음에도 불구하고 멕시코의 공식적인 기록에서 배제되었다는 점을 지적한다.[21] 이러한 일은 지역조사에서도 어렵지 않게 볼 수 있다.

필자가 남한산성 지표조사를 했을 때의 일이다. 남한산성의 복원방향에 있어서 필자는 과거 청량당 앞에 당지기 무당이 거주하며 당을 관리하고 각지에서 찾아오는 무당들이 이곳에서 굿을 하던 전통을 살릴 필요가 있다고 주장하였다. 오늘날 군대에 가면 군종이 있듯이 산성에는 정서적으로 의지할 신앙 대상이 있어야 하며 전통사회에서는 신당神堂이 이런 역할을 했다. 따라서 우리나라의 대부분의 산성에는 신당이 존재했으며 오늘날도 그러한 유적이 남아있어 무당들의 기도처로 이용된다. 당시 조사보고서를 발간하는 과정에서 다른 사안과 달리 필자의 건의는 누락되었다. 남한산성이 가지는 관방문화, 유교문화만을 전통으로 생각하는 사람들에게 민중의 신앙처는 전통으로 판단되지 않기 때문이다. 지역 내에서 특정 기억만을 보존하고자 하는 사람들이 있다. 힘을 가진 자들은 자신들의 세계관에 맞추어 역사를 편집한다. 기록의 '민주주의'는 이러한 불합리를 해소하는 것이다. 밑으로부터의 기록을 아우르는 것이며 공정한 기록문화를 창달한다. 봉건국가에서는 왕조 중심의 기록이 지향되었으며 오늘날의 공공기록물은 국가기관을 중심으로 하고 있다. 지역의 기록관에서는 지역민의 역사와 문화를 대상으로 하는 밑으로부터의 기록을 등한시 하지 않는다. 한편 그동안 지역사는 세거성씨나 사족 혹은 그들의 문헌을 중심으로 연구하는 경우가 많았으나 기록의 민주화는 지역민 모두를 중시한다. White는 미국에서 사회의 엘리트나 힘 있는 사람, 백인 중산층 남자의 행동을 기록화 하는 아키비스트들이 여성, 소수자 minorities, 환자, 장애자, 노동자, 가난한 사람을 무시했다고 지적한다.[22] 기록은 개인이

· · ·

21 Kelvin L. White, "Meztizaje and remembering in Afro-Mexican communities of the Costa Chica; implications for archival education in Mexico *Archival science* vol.9, 2009, pp43~55.

22 Kelvin L. White, "The Role of Knowledge Infrastructures in Promoting Inclusive Archives and Participatory Democracies", 「사회 거버넌스와 역사연구를 위한 기록관리의 역할과 기록학의 패러다임 변화 - 기록의 평가 문제를 중심으로 -」, 한국외국어대학교 기록학연구센터 대학원 정보기록관리학과 국제학술회의, 2012, 57쪽.

나 단체, 각종 공동체가 고루 조망되어야 한다. 이러한 것을 위해서는 문헌뿐만 아니라 민속학적 접근을 주축으로 하는 민중생활사의 수집에도 주목해야 한다. 기록의 민주주의는 공동체 간의 수직적 위계나 불평등을 거부하며 정보의 바다 속에서 저마다의 개성을 마음껏 쏟아낼 수 있도록 한다.[23]

〈표 1〉 지역에서 기록관의 기능

문화지방화 구현	기록의 민주주의 실현
▶ 지역을 문화의 변방에서 문화의 중심지로 ▶ 지역문화의 기록·보존·활용을 통한 지역문화의 발굴과 육성 ▶ 시민들에게 다양한 지역문화 제공, 시민을 대상으로 하는 지역문화의 교육·전시·체험 프로그램 계발 ▶ 이용자가 손쉽게 접근할 수 있는 기록콘텐츠 제공, 용이한 자료열람과 행정서비스 ▶ 지역문화의 전승과 지역민의 자각을 통한 지역정체성 확립 ▶ 지역이미지 제고와 히스토리 마케팅을 통해 지역경쟁력 강화	▶ 지역민을 역사의 주체로 등장시킴 ▶ 밑으로부터의 기록을 성취 ▶ 민·관 협력을 통한 거버넌스 실현 ▶ 기록의 자치 실현, 지역의 기록물은 지역에 보관함으로써 중앙으로부터의 종속에서 벗어나 지역기록물의 진정한 주인은 지역민임을 가시화, 지역 간의 민주화를 성취 ▶ 지역 내 공동체 간의 수평적 관계를 중시하여 계층 간의 민주화 성취, 관청 중심의 기록이나 세거성씨, 사족 중심의 기록에서 벗어나 모든 민중을 포함시킴.

3. 지역에 부합하는 맞춤형 기록관 설립을 위한 방안

앞에서 지역공동체를 위한 기록관의 필요성과 기록선진국들의 사례를 살펴보았다. 우리는 기록선진국들의 사례를 벤치마킹할 부분도 있으나 그것에 머물러서는 안 된다. 또한 국제적으로 통용되는 표준은 보편이라는 함정 속에서 지역이 처한 환경과 다양한 형태로 존재하는 기억과 기록의 유형을 소외시킬 수 있다. "다양한 지역의 역사와 문화에 대한 깊이 있는 이해 없이 서구 방식을 일방적으로 받아들이는 현 기록관리의 문제점은 지금까지 기록학 교육과정이 지나치게 서구

23 김덕묵, 「민속과 기록의 만남, 민속기록학을 제창한다」, 『기록학연구』 제34호, 한국기록학회, 2012, 170쪽.

중심적으로 이루어졌기 때문이라는 비판으로 이어졌다."[24] 한국의 지역사회는 기억을 내포한 다양한 문화유형을 가지고 있다. 주민들은 동제에서 신화를 전승시키며 신화 속에는 그들의 역사와 기억이 내재되어 있다. 의례를 통해 그들의 역사를 재현하기도 하며 일상생활에서 각인된 그들의 기억은 놀이 속에 포함되어 되살아난다. 민가는 주민들의 삶의 방식을 보여주는 기록물이며 그 속에는 주민들의 기억이 고스란히 담겨 있다. 의례와 놀이는 익명의 연출자(공동체 구성원으로서 민속의 생산자)들에 의해 집단의 삶과 기억을 각인시키는 보존장치로 기능한다. 이러한 것은 집단의 삶의 방식이 기억되어 있기에 지역정체성과 지역성으로 드러난다. 지역의 역사와 기억을 담지하는 '기억보존장치'[25]는 문서고(문서) 밖에서 다양한 형태로 존재하며 이런 기억보존장치에 담겨진 기억은 역사가 오래된 것에서부터 최근의 것까지 나타난다. 또한 기억을 담지하고 재현시키는 패턴은 일정한 규칙을 보이며 원형질을 가지기도 한다. 기존의 기록학적 패러다임이나 기록학 교육으로는 이런 것을 다루기에 역부족이다. 지역에 맞는 맞춤형 교육과 인력이 필요하다. 전거한 기록선진국들의 기록관은 문서보존에서 출발하여 업무가 점차 지역 기록화로 확대되고 있다. 우리는 후발주자이지만 처음부터 지역사회와 지역문화를 효과적으로 다룰 수 있는 맞춤형 기록관을 설계해야 한다. 이것은 출발이 늦었지만 가장 앞설 수 있는 지름길이기도 하다.

1) 지자체에 있는 기존 조직의 조정과 결집

현재 시·군에는 문서고, 향토사료실, 향토전시관, 문화원 등이 있으며 이것들은 공공기록물, 민간기록물, 지역문화 등과 관련을 가지고 있다. 지역에서 기록관을 설립한다면 기존의 조직을 어떻게 수렴하고 조정해야 하는지 고려해야 한다. 이런 조직들이 지역문화와 일정부분 관련되어 있지만 전문화된 인력과 체계적인 조직을 가지고 지역

• • •

24 길리랜드 앤·윤은하, 앞의 글, 205쪽.
25 윤은하, 「공동체와 공동체 아카이브에 대한 고찰」, 『기록학연구』 제33호, 한국기록학회, 2012, 11쪽.

문화 전반을 기록·보존·활용할 수 있는 역량이나 규모를 가지고 있지 못하며 파편화 되어 있다. 지역문화에 대한 전문성이 부족하고 소단위로 분산되어 있기 때문에 지역사회에서 역량을 발휘하기에 한계가 있다.

경기도의 일부 지자체의 실정을 보면 다음과 같다. 공공기록물의 경우 경기도는 수년 전만 해도 일반 행정직 공무원이 여러 업무를 겸하면서 기록물을 관리했었다. 공공기록물관리법의 영향으로 2000년대 이후 기록관리학을 전공한 인력이 점차 해당 업무를 담당하고 있다. 용인시의 경우를 보면 시청 자치행정국 행정과에 기록물 담당자가 있으며 시청 지하에 문서고가 있다. 담당자는 생산된 기록물을 '종합문서고'로 이관받고 그것을 관리하고 활용할 수 있도록 한다. 담당자의 제반업무는 기록물지도감독, 전자문서배부, 종합문서고 관리를 업무로 하며 시청 로비에 있는 행정사료관도 관리하고 있다. 기록물관리법에 의해 2001년에 DB화하면서 비로소 오늘날과 같은 기록물관리가 이루어지게 되었다. 근래에는 종이보다 전자문서를 많이 사용하기 때문에 기록물이 이전과 다르다. 종이는 시간이 지나면 파손되며 낱장이 누락되는 것도 있어 원본은 그대로 두고 DB화 한 후 전자문서를 확인한다. 이러한 사정은 시흥시나 광명시의 경우에도 비슷하다. 광명시에서는 2009년부터 기록학을 전공한 인력(1명)이 자치행정과에 배치되었다. 현재 문서고는 시청 옆 시의회건물 지하에 있다. 전에는 문서고 관리가 미흡했으나 전문인력이 배치된 이후 항온이나 습기 방지를 위한 시설을 설치하고 체계적인 관리를 하고 있다. 문서고에는 공익요원 1명이 배치되어 문서정리를 할 때 도움을 주고 있다. DB화는 2005년~2008년까지 실시하여 영구 및 준영구 기록물에 대한 구축을 마쳤다. 현재는 기록물을 국가기록원으로 이관하지 않고 있다. 시흥시는 2009년부터 기록학 전공자(행정과 소속)가 배치되었다. 문서고는 시청 지하에 있으며 기록물 담당자 혼자서 관리하고 있다. 과거에는 서고처럼 방치되었으나 기록학 전공자가 배치되면서 비로소 체계적인 정리와 관리가 이루어지고 있다. 영구 및 준영구 기록물에 대한 DB구축은 2003년부터 시작되어 2014년 현재에도 계속되고 있다.

민간기록물을 다루는 조직은 지자체에 따라 차이가 있다. 시흥시의 경우에는 시청 내에 '향토사료관'이 있으며 1명의 직원이 근무하고 있다. 이곳은 이한기(필명 이승언,

2000년대 초에 작고)씨가 수집한 자료를 이관 받아서 관리하고 있다. 이한기의 자료는 향토자료로서 가치가 부족하며 시흥 외의 자료도 많이 있다. 이곳에서는 수집된 자료의 목록화에 중점을 두어 웹상에서 목록을 검색가능하게 만들어놓았다. 아직 자료의 수집과 전시 및 활용 단계에는 이르지 못했다. 시청 별관에 수장고를 마련하여 그곳에 자료를 보관하고 있다. 시흥문화원 1층에는 '향토전시관'이 있다. 이곳은 100여 평되는 공간에 고문서, 고고학자료 등이 20여 권 전시되어 있으며 문화원에서 수집한 농기구 등의 민속자료가 있다. 시흥문화원에 향토사연구소는 없다.

광명시는 광명도서관 2층의 일부 공간에 향토행정사료관을 만들어 놓았다. 이곳에는 고문서 725점(정원용 선생 가전 고문서류 632점, 창녕 성씨 문서 33점, 금녕 김씨 문서 18점, 기타 42점), 서화류로 정원용의 증손자인 정인승 영정 1점, 1970년대 광명시의 그린벨트 현황을 촬영한 사진 460점, 기타 부장 유물 및 민속품 14점이 있다.[26] 향토행정사료관은 도서관의 외진 곳에 작은 공간이 마련되어 있는 형태이며 상주하는 직원도 없고 공익근로자 한 사람이 입구에서 지키는 정도이므로 기능을 제대로 발휘하지 못하고 있다. 이곳을 확대하여 아키비스트를 배치한다면 '광명기록관'으로 큰 역할을 할 수 있을 것으로 보인다. 물론 기록관의 기능을 제대로 수행하려면 단독건물을 짓고 전시실, 연구실, 교육실, 체험관 등 다양한 공간을 확보해야 한다. 민간기록물 및 지역문화 수집과 관련된 사업으로 '광명의 오래된 미래 사업'이 주목을 끈다. 광명문화원과 푸른광명21실천협의회의 공동사업으로 2009년 문화관광체육부의 '역사마을만들기' 사업을 모태로 시작되었다. 푸른광명21 문화교육위원회는 구술채록을 통해 『광명의 오래된 미래-첫 번째 이야기, 설월리』, 『도고내고개와 가학광산이야기』, 『괭메이야기』를 발간하였으며 민간기록물을 수집하였다. 이 사업을 통해 지역사 발굴과 지역 정체성 재정립의 중요성이 각인되고 조사사업을 통해 산출된 음성 파일과 사진 및 동영상, 생활용품 등을 보존하고 사업의 활성화를 위해 광명시 아카이브즈 설립의 필요성이 인

• • •

26 민성혜, 「광명시의 민간기록물 관리를 위한 지방기록물관리협의회 설립 방안 연구-푸른광명21실천협의회의 사례를 중심으로-」, 한국외국어대학교 석사학위논문, 2012, 55~56쪽.

식되었다.[27]

　용인시의 시청 1층에 있는 행정사료관은 2008년 12월 9일에 개관하였으며 용인과 관련된 고문서, 변화상을 담은 사진, 행정사료(용인 행정구역 변천사, 근현대 행정박물), 용인의 고지도, 행정사를 보여주는 교지, 호구단자 등의 자료와 유물도 일부 전시되어 있다. 또한 용인의 역사적 인물인 정몽주, 조광조 등과 관련된 고서도 전시해 놓았다. 1층 로비 옆에 만들어 놓은 전시관 외에도 각 층의 복도를 이용하여 2층에는 영광의 순간들(수상기념물), 3층에는 세계를 향하여(국제교류관), 4층에는 용인시 기관포상을 주제로 하여 전시를 해놓았다. 이곳을 개관한 목적은 600여 년의 역사와 전통을 시민들에게 알리고 창조적 미래를 맞이하기 위해서 이다. 이곳의 자료들은 문화원 등의 협조를 받아 그동안 매입과 기증을 통해 이루어졌다. 담당자의 말에 의하면 이곳을 개관함에 있어 창원과 강릉 등의 선행사례도 참고하였으며 전시물은 행정물품 위주로 하였다고 한다. 방문하는 시민들의 반응이 좋은 편이다. 용인의 행정사료관이 광명의 향토행정사료관에 비해 방문객이 많은 것은 외진 곳에 있지 않고 시민들이 많이 찾는 시청 로비에 있기 때문이다.

　경기도에서는 지역문화의 기록과 수집에 있어서 문화관광과나 문화원이 일정부분 역할을 하고 있다. 이들 조직에서는 가끔 프로젝트를 기획하여 책자를 발간한다. 하지만 민속기록학적 방향이나 전문적인 훈련을 받은 인력에 의해서 사업이 진행되지 못하기 때문에 생산된 자료들의 수준과 활용가치가 떨어지는 경우가 많다. 가끔 지역의 기록을 아키비스트가 하는 것이 아니라 민속학자를 시켜서 기록하면 되지 않는가 라는 질문을 하는 사람이 있다. 이런 경우 기록관의 아키비스트가 민속기록에 대해 능숙한 경험과 일의 내용과 방향을 잘 알아서 업무를 추진할 수 있어야 하고 민속학자는 민속기록학적 훈련을 하여 전문성을 가지고 있을 때 가능하다. 그러나 현실은 그렇지 않다. 민속학자에게 전문성을 기대할 수 없다. 그는 전문적인 기록화 훈련을

27　민성혜, 위의 글, 58~59쪽.

받은 기록전문가가 아니기 때문이다. 따라서 지역에서 기록화 사업이 성공적으로 완수되려면 민속기록학적 훈련을 받은 인력이 충분히 있어야 하며 기록관에 근무하는 아키비스트 본인도 이런 인력 중 한 사람이어야 한다. 본인이 전문성을 가지지 못하면 사업을 능동적으로 펼쳐갈 수 없다.

〈표 2〉 지자체 내 지역문화와 관련된 기존의 기반

지자체	공공기록물 관리	민간기록물 관리와 전시	여타 지역문화의 기록과 보존
용인	문서고(시청 본관 지하) – 행정과 소속 기록물 전문인력 배치	시청 로비에 행정사료관 – 행정과에 있는 기록물 전문인력이 관리	문화원 – 원장과 사무직이 있으며 전문적인 연구인력은 없음
광명	문서고(시청 별관 지하) – 자치행정과 소속 기록물 전문인력 배치 (2009년)	광명도서관 2층에 향토행정사료관 – 시청 문화관광과에서 관리	〃
시흥	문서고(시청 지하) – 행정과 소속 기록물 전문인력 배치(2009)	시청에 향토사료관 – 1명이 관리	〃
비고	수년 전부터 공공기록물 전문인력 1명 배치	시흥은 향토사료관에 상주인력이 1명 배치되어 있으나 다른 곳은 없음. 이미 수집된 자료를 관리하고 있을 뿐 지속적인 자료수집 작업은 하지 못하고 있음.	문화원에 사무직 직원이 있으나 전문적으로 지역문화를 기록·보존할 수 있는 인력은 없음. 문화원은 지역문화의 기록, 보존보다는 문화강좌, 행사 등을 주로 관장.

이상에서 본 바와 같이 지자체에는 공공기록물, 민간기록물, 지역문화와 관련된 문서고, 향토사료실, 향토전시관, 문화원 등의 조직이나 공간이 있다. 문서고는 시청 소속의 기록관리자 한 사람에 의해 운영되고 있으며 향토사료실이나 향토전시관은 시청 소속 건물 일부에 공간을 차지하고 있을 뿐 특별히 연구자가 그곳에 상주하며 연구하는 경우는 드물며 방치되거나 박제화 된 공간으로 남겨져 있다. 문화원도 원장과 사무직 직원이 있을 뿐 지역문화에 대한 전문가가 상주하며 연구하는 곳은 아니다. 가끔 지역문화와 관련된 책자를 발간할 뿐이다. 따라서 시·군에서 기록관을 설립할 때는 이들 조직이나 공간을 통합하고 조정해야 한다.

2) 기록관의 공간구성

기록선진국의 경우에도 기록관의 관심은 문서에서 지역문화로 확장되고 있다. 우리는 처음부터 지역의 환경과 지역문화의 성격을 고려한 맞춤형 기록관을 설계해야 한다. 지역에서 기억되어야 할 문화적 가치가 높은 물질자료가 개발 등의 이유로 현장보존이 불가능할 때는 그것을 옮겨놓을 수 있는 야외공간이 확보되어야 한다. 지역의 무형문화유산이나 민속학적 가치가 높은 의례나 놀이 등은 체험관이나 전수회관 같은 것을 함께 수용해도 된다. 따라서 시·군에서 기록관은 지역문화의 기록화와 보존 및 활용이 원활하게 수행될 수 있는 구조와 면적을 갖추어야 한다. 기록관은 독립된 건물이어야 하며 적지 않은 야외공간이 확보되어야 한다. 실내 공간에는 연구실, 전시실, 자료 저장고 등이 갖추어져야 하지만 야외에는 지역에서 문화적 가치가 있는 민가나 건축물, 옛 거리, 민간신앙과 관련된 조형물 등 실내에서 수용할 수 없는 다양한 것을 활용하여 체험시설이 조성되어야 한다. 문서뿐만 아니라 지역을 증거할 수 있는 모든 것을 대상으로 하기 때문에 공간이 넓어야 한다. 위치는 시민들의 근접성이 뛰어난 곳이 좋으나 옛 거리나 민가 등이 잘 보존된 곳이나 역사적으로 보존할 만한 가치가 있는 마을을 끼고 기록관과 관광자원을 연계해도 된다. 이렇게 한다면 기록관 주변의 마을이나 지역문화가 연계되어 야외전시관 역할을 하며 시너지 효과를 낼 수도 있다. 시·군에서 기록관은 공공기록물 관리는 물론 지역문화의 수집과 기록을 필두로 전시, 연구, 교육프로그램 운영, 출판, 음반, 멀티미디어 제작, 디지털콘텐츠 구축 등 다양한 일을 수행할 수 있다. 공간은 이러한 용도에 맞게 구성되어야 한다. 또한 시민들의 이용을 고려하여 자료열람 업무를 위한 공간, 야외 전시관, 지역문화 체험관 등 다양한 시설이 갖추어져야 한다.

(1) 전시관

전시관은 기록물(조선시대 자료, 근·현대자료), 민속자료(세시의례, 놀이, 동제, 가신신앙, 무속, 일생의례, 의식주, 생업 등 그 지역의 생활문화), 인물, 지역 변천사 등을 통해 그 지역의 특성과 주민사를 드러내야 한다. 광명시 향토사료관의 사례를 보면 아래와 같다. 지역에서 기록관의 전시관은 이러한 향토사료관에서 발전된 형태가 되어야 하며 지역 아카이빙을 통해 얻은 자료들이 충분히 전시에 반영되어야 한다. 또한 지역사와 주민사가 고스란히 드러날 수 있도록 해야 한다. 필자는 광명시 자연마을 조사에서 호롱, 고서, 농기구 등과 같은 물질자료를 기증받거나 기증을 약속받았다. 광명기록관이 만들어진다면 이 자료들은 전시관으로 옮겨질 것이다. 이 자료를 전시할 때 반드시 기증자와 출처, 용도 등 다양한 메타데이터가 안내문에 소개되어 전시물의 내력을 관람객들이 충분히 알 수 있도록 해야 한다. 이러한 노력도 없이 전시관을 만들어놓고 골동품상회에 가서 출처도 알 수 없는 민구를 구입하여 전시해놓겠다는 안일한 생각을 가진 사람도 있는데 그런 방식은 피해야 한다. 도저히 지역에서 수집이 불가능한데 전시에 반드시 필요하여 외지에서 구입을 해 온다면 그런 것도 관람객의 이해를 위해 연유를 밝혀야 한다. 가급적이면 그 지역에서 아카이빙을 통해 수집된 자료를 충분한 안내서[28]와 나란히 하여 전시하는 것이 바람직하다. 전거한 바와 같이 시흥시에는 향토전시관, 광명시에는 향토행정사료관, 용인시에는 행정사료관이 있다. 시·군에서 기록관의 전시관은 기존에 있는 이것들을 확대하며 특히 지역민의 생활문화 자료를 충분히 확보한 형태가 되어야 한다. 현재 광명시의 향토행정사료관의 전시공간을 예로 들면 다음과 같다.

• • •

28 광교신도시를 조성하고 있던 경기도시공사는 신도시 개발과정에서 사라져버릴 자연의 흔적과 삶의 흔적을 기록으로 발굴, 정리하기 위하여 4년에 걸쳐 30여 명의 전문 인력을 투입하여 광교신도시 개발조성 전의 민속, 문화, 생태 및 생활사 자료를 수집하였다. 이렇게 수집된 자료는 2008년 『지감보감(地感寶鑑)』이라는 이름으로 발간되었다. 여기에는 생활사 유물 134종 5백50여 점, 사진 6천여 점, 동영상 3시간 20분 분량, 소리음원 2시간 분량이 수록되어 있다. 수집된 자료를 데이터베이스로 구축하여 보존하고 아울러 이를 전시콘텐츠로 활용함으로써 원주민의 삶의 흔적을 예술소재로 승화시켜 원주민의 정체성과 자긍심을 고양시킨다는 의지도 표명되었다. 설문원, 「디지털 환경에서의 로컬리티 기록화 방법론 연구」, 『한국기록관리학회지』 제11권 제1호, 한국기록관리학회, 2011, 216쪽.

〈표 3〉 광명시 향토행정사료관의 전시

zone	전시내용
1 zone, 광명의 소개	- 광명의 사계 - 광명의 연혁 - 광명의 유래, 지형, 지세
2 zone, 광명의 인물	- 광명 관련인물의 자료 전시 - 정인승 초상 - 성하경 호패 - 김대덕 묘 명기 외 - 김응수 고문서
3 zone, 생활문화	- 생활 자료 전시 - 학교 자료 전시 - 민속신앙 및 민속놀이
4 zone, 문화 유적	- 광명의 선사유적 - 시흥농민 봉기 - 광명의 3.1운동
5 zone, 광명의 변천사	- 광명의 변천사
6 zone, 광명의 미래	- 미래의 광명
7 zone, 기획 전시실	

(2) 체험관

지역에서 기록관은 지역민들이 애용하는 공간으로 기능해야 한다. 체험관이나 체험 시설이 실내나 야외에 설치되어야 한다. 기록물이나 지역문화를 활용한 체험시설은 놀이공간을 겸하며 지역민이 즐기고 기록관을 찾아오는 촉매가 되어야 한다. 따라서 기록관은 자료보관소나 전시관의 기능을 넘어 지역민이 즐기고 재미있는 추억을 만들 수 있는 곳이 되어야 한다. 기록콘텐츠를 통해 즐길 수 있고, 일생의례, 세시의례, 민속신앙, 의식주생활, 놀이, 특정 역사의 재현 등 각종 지역문화를 활용한 체험관이 지역민의 발길을 당겨야 한다. 기록관의 체험관은 놀고 배우고 즐기며 지역의 역사와 문화를 체험하는 곳, 웃으면서 지역문화를 전수받는 곳으로 설계되어야 한다. 지역민에게 유익하고 아이들이 친근하게 배울 수 있는 소재를 기획하여 활용할 필요가 있다. 체험관을 설립할 때는 다양한 타 기관의 사례를 본보기로 할 수 있다. 국립민속박물관, 남산한옥마을 등 다양한 곳에서 참고할 수 있다. 안산시에서는 성호기념관에

성호의 사상을 활용한 체험관을 만들어 놓았다. 이곳은 아이들의 수준에 맞추어놓았는데 부모와 아이들이 함께 와서 즐길 수 있다. 이곳은 향토인물을 소재로 그의 책, 기록물, 사상 등을 활용하여 전시관과 체험관[29]을 만들어놓았다는 점에서 지역의 기록관에서도 참조할 수 있다. 국립민속박물관 내 어린이박물관에서는 평면적인 전시보다는 체험을 위주로 하여 놀이와 학습공간을 추구하며 최근에는 아이들의 반응이 좋아서 많은 관람객이 방문하고 있다. 어린이박물관 관계자들의 세심한 노력이 만든 결과이다. 어린이들이 가는 곳은 이렇게 체험을 위주로 한 전시를 고려하는데 반면, 성인이 관람하는 전시관은 대부분 평면적인 전시에서 벗어나지 못하고 있다. 미술품과 같이 유물에 중점을 둔 경우에는 기존의 전시형태를 따른다고 해도 생활문화나 지역문화를 소재로 한 각종 전시는 평면적인 전시에서 벗어나 성인들도 즐길 수 있는 체험시설을 추구해야 한다. 놀면서 지역문화를 이해하고 학습할 수 있는 체험 중심의 전시기법이 다양하게 계발되어야 한다. 아직 우리사회는 향토자원을 활용한 체험관이 드물기 때문에 이러한 사례를 예시할 만한 곳이 적다. 그만큼 이 부분이 미진하다. 하지만 향토자원은 무궁무진한 활용가치와 체험시설의 소재가 될 수 있기 때문에 앞으로 충분히 기획되고 만들어져야 한다.

(3) 문서고

지역의 기록물은 그곳의 역사이며 정보로서 지역민들이 쉽게 이용할 수 있도록 해야 한다. 지역의 공공기록물을 보관할 문서고가 제대로 갖추어져 있지 않으면 상당부분의 문서들이 파기될 수 있고 타지他地로 이관될 수 있다. 기록물 보관을 위한 충분한 공간과 안전시설이 갖추어져야 한다. 민간기록물을 보관할 공간도 필요하다.

• • •

29 사농합일(호미를 이용하여 밭일구기), 별자리(이익은 천문학자였다는 것에 착안하여 천상도를 통해 별자리를 체험), 거문고와 가야금(성호 이익이 거문고를 즐겼다는 것에 착안하여 거문고와 가야금을 놓고 비교체험), 성호사설 천지문수리(제방쌓기), 성호사설 만물문 잠면구(蠶綿具), 성호의 사회개혁사상(노비제도, 과거제도, 벌열제도, 기교제도, 세금내지 않으려고 승려가 된 사람, 게으름뱅이는 사회를 병들게 하는 여섯 가지 좀벌레) 등을 활용하였다. 국립민속박물관 어린이박물관에서는 아이들의 눈높이에서 전시 및 체험시설을 시도하고 있다.

(4) 그 밖의 공간

그밖에 연구실, 자료열람 및 이용공간, 지역주민을 위한 교육공간, 박물류 및 민속자료를 보관할 수장고, 체험시설이나 각종 행사가 가능한 야외공간 등이 있어야 한다. 수장고는 지역문화의 다양한 물질자료를 보관하는 곳인데 이러한 공간이 충분히 확보되어야 한다.

3) 기록관의 조직과 인력

(1) 기록관의 조직

시·군 단위의 기록관에서는 지역공동체를 증거할 수 있고 미래적 가치가 있는 지역문화 전반을 다루기 때문에 공공영역과 민간영역이 함께 수용될 수 있다. 공공기록물도 비현용 단계가 되면 지역의 역사를 말해주는 문화재가 되며 민간영역도 지역공동체의 역사와 문화를 증거하는 기록물이다. 따라서 지역에서 기록관의 조직도 민간영역팀, 공공영역팀, 수집된 자료를 활용할 수 있는 자료활용팀, 관리팀으로 구분할 수 있다. 물론 구체적인 부서는 지자체에 따라 차이가 날 수 있으나 효율적인 조직을 통해 업무분담이 이루어져야 한다. '민간영역팀'은 지역 기록화, 민간기록물 수집, 마을기록관 지원,[30] '공공영역팀'은 공공기관의 기록물을 수집하고 관리하는 업무를 수행한다. '자료활용팀'은 수집된 자료의 활용에 관한 업무를 담당한다. 시·군 단위의 기록관은 중앙의 국가기록원과 국립민속박물관, 역사자료관을 합쳐놓은 기능을 지역에서 해야 하나 적극적인 기록화 사업이 전제되어야 하며 전시업무는 그 산하에 두어져야 한다. 또한 기록관의 민간기록물이나 생활문화자료는 한 번 수집한 뒤 방치하거나 박제화 하여 전시효과만 내는 기존의 향토자료관처럼 되어서는 안 된다. 꾸준한 기록－보존－활용이 연속적으로 이어지며 순환되어야 한다.

. . .

30 김덕묵, 「마을문화 활성화를 위한 방안, '마을기록관'을 제안한다」, 『기록학연구』 제33호, 한국기록학회, 2012, 77쪽.

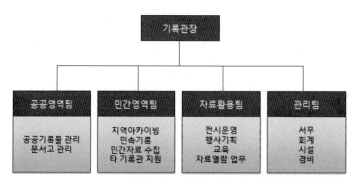

〈그림 2〉 기록관의 조직

　지역문화의 기초를 튼튼히 하기 위해서는 기록보존과 활용에 만전을 기할 수 있는 전문성있는 주체가 있어야 한다. 특히 밑으로부터의 기록을 통한 주민사 복원에 노력해야 한다. 이런 업무들이 중시되고 전문영역으로 자리를 잡지 못한다면 지역문화 정책은 공공기록물과 가시적인 유적·유물 중심에서 벗어나지 못하며 주민을 둘러싼 그들의 문화에 대한 이야기는 소극적 대처에 머물고 정작 간직해야 할 내용은 놓칠 수 있다.[31]

(2) 기록관을 위한 맞춤형 인력양성

　지역에서 기록관을 운영하기 위해서는 전문인력이 있어야 한다.[32] 그동안 지역에서 밀도 있는 기록을 바탕으로 지역문화의 자료적 가치를 극대화 시키지 못한 것은 해당

---

* * *

31　모든 지자체가 도서관, 보건소 등을 가지듯이 기록관은 문화지방화 시대를 향한 초석으로서 국가정책으로 추진되어야 한다.
32　〈용인시민신문〉 2007년 8월 16일자 기사에 "용인시 문화재 담당 공무원의 경우 문화재 담당업무를 보는 기간은 1년도 채 되지 않는다. 최근 3년 새 문화재 관련 담당자만 다섯 차례나 바뀌었다. 당연히 문화재 담당자들의 문화재에 대한 전문적 지식이나 마음가짐을 요구하기는 무리다. 문화재 업무를 담당했던 공무원들은 민원문제를 해결하는데 대부분 시간을 보내고 있는데 문화재 관련 자료를 정리하는 것은 현실적으로 어려움이 있다면서 무엇보다 문화재 업무의 경우 전문성이 없기 때문에 접근이 쉽지 않다고 입을 모았다."라는 내용은 지자체 지역문화의 인력 실태를 대변한다.

업무를 아는 전문인력이 없었기 때문이다. 이제 지역문화를 위한 업무담당자는 민속기록학으로 훈련된 전문인력이어야 한다. 기록관장의 경우에도 전문지식을 갖춘 박사학위 소지자가 해야 한다. 전문성을 갖추지 않은 낙하산 인사나 행정직 공무원이 맡아서는 안 된다. 지역의 기록관에서 일할 수 있는 이런 아키비스트는 지역사회, 지역문화, 지역의 역사에 대한 소양이 있어야 한다. 따라서 지역의 기록관에서 일할 아키비스트는 지역사와 지역문화를 아우르는 지역학, 기록학과 민속기록에 대한 교육과정을 거쳐야 한다. 독일의 마르부르크 기록학교Marburg Archivschule의 아키비스트 교육프로그램에서는 이론교육에서 기록학(기록보존체제의 역사 및 기록보존·관리기술 포함), 중세 및 근대 역사보조과학(특히 기록관 소장자료에 의거한 훈련), 제도사 및 행정사, 지방사 및 연방사, 중세 및 근대 법제사, 사회경제사, 법학 및 행정학 등의 범위에서 이루어진다.[33] 독일과 우리는 역사 및 문화적으로, 그리고 지자체의 여건이 다르다.

우리의 경우 전술한 바와 같이 시·군 단위의 기록관을 위한 인력교육은 지역학, 기록학과 민속기록학을 중심으로 하여 이론과 실습교육이 진행되어야 한다.[34][35] 대학원의 기록관리학과나 민속학과에서 민속기록전문가를 배출하기 위해서는 정규교육과정에 민속기록학을 넣고 논문 자격시험에서도 민속기록학이 들어가야 한다. 현재 대학원에서 공공기록물 관리학을 중심으로 교육받은 인력은 지역의 기록관에서 공공기

· · ·

33 김영애, 「독일의 아키비스트 양성제도–마르부르크 기록학교(Marburg Archivschule)를 중심으로–」, 『기록학연구』 2집, 한국기록학회, 2003, 211쪽.

34 지역에서 기록관은 지역학과 상생관계에 있다. 기록관에서 하는 사업이 지역학 발전의 밑거름이 되고 지역학의 성과는 기록관에 반영되어야 한다. 마을기록관이 마을 아카이빙과 마을학을 바탕으로 하듯이 지역 아카이빙과 지역학은 기록관의 토대가 된다. 지역에 대한 풍부한 식견은 지역의 역사와 사상을 찾고 발전시키는 데 많은 도움을 줄 수 있다. 기록관에 지역학 강좌가 개설되고 지역의 학자들이 기록관의 활동에 자문역할을 할 수 있어야 한다. 지역학이 성숙되어 기록관에 폭넓은 지식을 전달하고 기록관의 업무와 사업이 깊이를 더할 수 있도록 해야 한다.

35 여기서 '민속'이란 옛 문화의 잔존을 대상으로 하는 folklore가 아니다. 과거는 물론 현재 주민들이 일상에서 영위하는 현용문화를 포괄하는 folklife이다. 지역공동체 전반을 기록화 하는 데 있어서 민속학적 소양은 매우 중요하다. 특히 지역사회 곳곳을 현장으로 하여 기록화 함에 있어서 민속학적 노하우가 바탕이 되어야 한다. 기억과 기록의 존재방식은 다양하다. 공공기록물 관리만으로는 지역공동체의 다양한 측면을 기록할 수 없다. 이러한 문제를 해결하기 위해 기록학에서는 도큐멘테이션 전략을 논의하고 기록 생산을 위해 구술사에 주목하고 있으나(설문원, 2010) 구술사 또한 민속학적 방법에서 연유한 것이며 그것만 가지고 지자체에서 요구하는 기록 생산을 충족시킬 수는 없다. 지자체의 현실에 맞는 인력이 양성되기 위해서는 '민속기록학'이라는 큰 틀에서 고려되어야 한다.

록물 이외의 업무를 수행하기에 미흡하다. 공공기록물 관리는 기록관의 다양한 업무 중 일부에 해당한다. 지역에서 기록관의 업무를 능동적으로 수행할 수 있는 인력은 민속기록학에 대한 지식을 바탕으로 지역학 및 공공기록물 관리에 대한 소양이 있는 맞춤형이 되어야 한다. 문서고 안에서 제한된 업무만 수행할 수 있는 기록물관리자는 지역의 기록관이 원하는 아키비스트가 아니다. 문서고 밖의 넓은 지역사회를 통찰하고 필요한 자료를 취하고 기록화 할 수 있는 전문인력이야 말로 지역을 위한 기록관이 요구하는 맞춤형 아키비스트이다. 시·군 단위의 기록관에서 아키비스트를 선발할 때는 민속기록학 교육을 이수하고 관련분야에 대해 논문실적이 있는 전문가가 일정부분 수용되어야 한다. 또한 학문적 자질이 없으면 적절한 가치판단을 가지고 지역을 능동적으로 기록하기 힘들다. 기록관에서는 단순한 자격증만을 보고 인력을 선발하기 보다는 그의 연구실적을 참조하여 아키비스트로서의 능력과 열정이 있는 인재를 선발해야 한다. 앞으로 지역에서 기록관이 활성화 된다면 민속기록학을 전문으로 하는 학과설립도 추진해 볼 수 있다. 학계에서는 민속기록학을 심화시킬 수 있는 연구기반을 조성해야 한다. 지역 아카이빙을 할 때 만약 해당 기록관의 인력으로 감당할 수 없다면 외부에 의뢰할 수도 있으나 이때도 민속기록전문가에 의해서 해당 사업이 이루어져야 한다. 문화재 수리를 할 때 국가로부터 자격을 받은 업체와 인력이 투입되듯이 지역 아카이빙의 경우에도 전문적인 자격을 갖춘 연구소와 인력이 투입되어야 한다. 이런 것은 법제화할 필요가 있다. 아무나 참여하여 이루어지는 사업은 아마추어리즘에서 벗어날 수 없으며 내실성이 떨어진다. 아무나 할 수 있다는 생각이 결국 지역문화를 황폐화하는 문화행정을 낳았으며 쓸모 있는 자료를 제대로 남기지 못했다. 시·군 단위의 기록관에는 아키비스트가 4~5명은 있어야 한다. 인력에 지출되는 예산문제보다는 기록관이 가져다 줄 지역의 자원화와 지역경쟁력 강화라는 생산적 측면을 보아야 한다.

4. 시·군 단위에서 기록관의 업무와 지역문화의 기록·보존·활용

1) 지역문화의 기록

지역에서 기록관은 기록화를 토대로 한다. 지속적인 아카이빙을 하지 않고 한 번 수집한 자료를 전시해 놓고 '아카이브'라고 현판을 내건 곳도 있으나 그것은 정체된 자료관에 불과하다. 지역에서 기록관은 정해진 매뉴얼에 따라 자료를 이관 받는 것에 그치거나 소극적인 수집과 자료를 보관하는 자료관이 아니라 능동적으로 자료를 수집하고 기록하는 기관이다. 기록관은 자료관과 차원이 다르며 기록·보존·활용이 역동적으로 숨 쉬는 곳이다. 시·군 단위의 기록관은 해당 지역 전체를 기록물이자 문화재로 보고 그곳에서 일어나는 모든 것을 주시해야 한다. 지역에서 도출된 기록물, 문화재, 민속(생활문화) 등 모든 것이 수집과 기록의 대상이 된다. 기록관은 전시를 목적으로 하는 박물관이 아니라 지역을 기록하기 위해 끊임없이 노력하는 것을 토대로 해야 한다. 기존의 공공기록물 관리 수준의 방법과 마음가짐으로는 제대로 업무를 수행할 수 없다. 기록관은 지역에서 발생하는 기록물의 수집과 지속적인 기록화 사업이 시의적절하게 이루어질 수 있도록 늘 관찰하고 주시해야 하며 지역을 잘 파악하고 있어야 한다. 이 사업은 지역민의 삶, 생활문화 등 지역에서 일어나는 정치, 경제, 사회, 문화를 망라할 수 있다. 물론 지역성과 지역의 정체성 등은 이러한 사업을 시행함에 있어 판단 근거가 된다.

2) 지역문화의 보존과 활용

기록관에서는 자료를 영구적으로 보관할 수 있는 시설과 관리체계를 가지고 있어야 한다. 또한 지역문화의 보존과 관리에도 효율적으로 대처할 수 있어야 한다. 지역문화에 대한 애정과 관심이 밀도 있는 기록으로 이어지고 지역문화의 보존을 남의 일로 보지 않을 때 기록관과 지역사회, 지역문화는 그 만큼 가까이에서 나란히 할 수 있으며 그것은 지역에서 기록관의 위상과 역할을 증대시킨다. 무형의 민속유산의 전승보존에도 협력해야 한다. 이것을 체계적으로 기록하여 재구성이 가능할 수 있도록 기록지를 생산해야 하며 전승의 발판을 만들어 놓는 것은 물론, 지역민이 공유할 수 있도록 기록관에서 공연이나 발표회, 전시 등의 행사를 해야 한다. 또한 지역민이 배울 수 있도록 체험기회 제공, 교육 등 다양한 방안을 마련해야 한다.

기록관은 지역문화의 전시, 교육, 각종 행사, 자료열람 업무, 향토지 발간, 지역문화 디지털콘텐츠 운영 등 다양한 자료의 활용 방안을 통해 친숙하게 지역민에게 다가가야 한다. 현재 시·군에서 발간되는 통계연보를 보면 한숨이 나온다. 기존의 문제를 개선하기 위해서는 통계연보를 기록관에서 다루는 것이 더 생산적이다. 그 해에 산출된 공공자료를 이용하여 통계연보를 작성해야 한다. 기존의 통계연보는 1970년대의 형식을 그대로 유지하고 있으며 이용자를 위한 충분한 자료적 가치를 담보하지 못하고 있다. 가령 지자체의 시청 앞 도로가 언제 포장되었는지 이런 정보를 말해주지 않는다. 다만 해마다 시에서 도로포장을 얼마나 했는지 양적인 소개만 되어 있다. 주민 생활사나 향토사를 위한 구체적인 역사를 말해주지 않는 이런 통계연보는 이용자의 입장을 고려하지 않은 전형적인 전시행정에 불과하다.[36] 따라서 지방행정의 통계와 내력이 잘 담겨있고 훗날 사가史家나 이용자들이 필요한 자료를 얻을 수 있도록 사료적 가치가 담보된 통계연보가 생산되어야 한다. 통계연보에는 그 해의 역사가 담겨야 하며 그런 점에서 역사의식을 가지고 기록관에서 제작하는 것이 합당하다. 또한 박찬승이 주장[37]한 바와 같이 시·군지 편찬이나 향토사 자료 조사 및 편찬 사업도 지역에서 기록관의 업무가 되어야 한다.

- - -

[36] 시·군 단위의 기록관에서 발간되는 통계연보는 통계자료뿐만 아니라 지자체에서 시행한 사업의 과정, 예술행사 등 공공기관에서 행한 일의 전모가 담겨야 하며 행정보도용 사진자료 등도 겸비되어야 한다. 앞으로는 전자책 형태로 발간하고 웹상에서 누구나 쉽게 찾아볼 수 있도록 하는 방법도 검토되어야 한다.

[37] 박찬승은 지방기록관이 만들어지면 시·군지의 발간이나 현재 시·군 문화원에서 이루어지는 향토사 자료조사 및 편찬 사업도 기록관의 업무로 행해져야 한다고 보았다. 박찬승, 앞의 글, 132쪽.

기록	보존	활용
• 기록화 사업(장기 및 단기간, 마을 및 각종 공동체 등에서) • 기록물 수집(공공영역 및 민간영역)	• 기록물 관리 • 수집된 자료 관리 • 지역 내 향토문화 관리 • 지역 내 무형민속유산의 보존과 전승에 협력 • 타 기록관과 연계 및 협력	• 전시, 교육, 각종 행사 • 자료 열람 업무 • 향토문화 디지털콘텐츠 운영 • 향토지, 시지 발간 • 통계연보 발간

〈그림 3〉 기록관의 주요 업무

5. 맺음말

오늘날 시·군 단위의 지자체에서는 지역경쟁력을 강화할 수 있는 맞춤형 기록관이 요구된다. 시·군 단위에서 독립된 기관으로서 위상을 갖춘 기록관이 되기 위해서는 공공영역과 민간영역이 결합된 지역공동체 아카이브를 지향해야 한다. 지역에서 기록관의 업무는 공공에서 민간으로, 문서에서 문화로, 종이매체에서 다양한 물질 및 비물질(정신적 요소, 무형문화) 요소로 내용이 확대되어야 한다. 지역전체를 기록보존의 대상으로 삼아야 한다. 공동체 아카이브community archives에 입각하여 지역을 능동적으로 기록하고 보존, 활용할 수 있는 지역문화 센터로서 작용해야 한다. 따라서 기존 공공기록물관리학의 범주나 한정된 도큐멘테이션 전략에서 벗어나 공동체 아카이브를 지향하는 민속기록학적 방법이 접목되어야 한다. 기록선진국인 서유럽이나 미국, 일본, 중국에도 지역에 기록관이 있다. 그러나 이들 기록관은 문서중심에서 태생하여 점차 지역문화로 영역을 확대하고 있다. 선견지명을 가지고 우리는 지역문화 전반을 고려하여 지역현실에 필요한 맞춤형 기록관을 만들어야 한다. 이렇게 할 때 문화지방화와 기록의 민주주의도 다가올 수 있으며 기록문화가 활짝 피는 명품기록관도 실현될 수 있다.

이러한 기록관에서 일할 전문인력은 공공기록물관리를 넘어 지역문화 전반을 다룰 수 있는 아키비스트가 요구된다. 지자체에서는 장기적인 전략을 가지고 지역경쟁력과 지역문화 활성화의 중추기관으로 기록관을 자리매김 시켜야 한다. 훗날 "그 지역의 문화를 보려면 기록관을 가보라"는 말이 상식화될 수 있도록 지자체의 노력이 필요하다. 오늘날 지역의 기록관이 세계적인 관광지가 된 하이델베르크나 상하이의 사례만 보더라도 도시나 지역의 경쟁력 강화를 위해 기록관이 필수적인 것임을 알 수 있다. 아직 지방자치제나 민주주의가 성숙한 단계에 이르지 못한 우리나라의 현실에서 지자체 단체장은 지역문화의 창달에 대한 관심이 부족하고 전시행정에 치우치는 경향이 있다. 무엇보다 단체장과 지역의 문화행정가는 물론 지방의회, 시민단체, 지역주민의 적극적인 관심과 의지가 필요하다.

이상以上에서 본 바와 같이 이 글에서는 공공영역과 민간영역, 지역문화를 망라하는 지역문화센터로서 기능할 수 있는 기록관을 제안해보았다. 다만 이러한 큰 틀에서 밑그림을 그리는 것에 중심을 두다보니 3장에서는 공간구성이나 조직 및 인력에 대해 개괄적인 논의에 그쳤다.[38] 4장에서는 기록·보존·활용의 기본 방향만 제시하고 구체적인 영역과 하위 요소 및 방법에 대해 살피지 못했다. 지면의 한계로 인해 이것은 별도의 글에서 다룰 것이다.

끝으로 시·군 단위에서 기록관을 설립할 때 제기되는 쟁점을 살펴보면서 마무리하겠다. 첫째는 박물관과 기록관을 통합시킬 것인가 아니면 떼어놓을 것인가의 문제이다. 시·군 단위에서는 양자를 통합적 입장에서 생각할 수 있다. 그러나 박물관에 비하면 아직 우리 사회는 아카이브에 대한 이해도가 낮다. 아카이브를 문서보관소 정도로 생각하거나 아카이브의 대중성이나 문화적 가치와 활용 방법, 아카이브의 기능이나 잠재력을 제대로 이해하지 못하고 있다. 이러한 현실은 지자체에서 박물관은 만들면서 기록관 건립으로 이어지지는 못하고 있다. 지역 기록화, 지역문화 활성화, 지역 경쟁력 강화, 지역 정체성 확립을 위해 기록인프라 조성은 시급한 사안이다. 서울역사박물관이나 지역의 시립박물관은 도시의 발자취를 기록하는 지역기록화와 밀접한 관련을 가질 수밖에 없다. 박물관과 기록관을 통합하여 지역을 위해 보다 효율적

• • •

38 시청각자료, 전자 및 비전자기록물의 보관현황, 기록물의 추정량 및 서고의 수용면적, 전시관의 넓이 등 모든 공간에 대한 보다 세부적인 설계는 기록관 설립 논의의 진척과 함께 구체화 되어야 한다.

인 체계를 만들어야 한다.

둘째는 지역문화원과의 관계이다. 문화원은 원장과 사무직 직원이 있으며 문화강좌나 행사 등을 주관한다. 문화원에 따라 차이가 있으나 부설로 '향토문화연구소'를 두어 지역문화와 관련된 책자를 발간하기도 한다. 지역에 기록관이 생긴다면 향토문화연구소가 하는 일은 기록관에서 수렴하면 된다. 문화원에서는 문화강좌나 행사 등을 위주로 운영하면 된다.

셋째는 예산문제이다. 시·군 단위에서 기록관을 건립하자고 하면 예산타령을 할 수 있다. 그러나 그것은 본질이 아니다. 인식과 방법의 문제이다. 지자체가 전시행정에서 벗어난다면 예산은 얼마든지 배정될 수 있다. 사실 지역에서 기록관 설립의 문제는 민주적인 지방자치제도의 정착과 내실 있는 지방행정, 지역의 미래를 생각하는 공무원, 애향심을 가진 시민들의 협의를 바탕으로 해야 한다. 지방자치단체장의 허황된 전시행정과 공무원들의 보신주의 등이 팽배한 지자체에서는 설립되기 힘들다.

넷째는 공공영역과 민간영역을 함께 했을 때 시너지 효과가 있는가 하는 점이다. 서양의 경우 공공영역을 다루면서도 민간영역도 수렴하였다. 어차피 지역에서 기록관에는 민간영역이 들어갈 수밖에 없다. 공문서도 오래되면 지역의 역사와 문화를 내포하는 자료이며 민간자료 역시 그렇다. 따라서 두 영역의 미래적 가치를 고려할 때 함께 하는 것이 바람직하다. 시너지 효과도 고려해 볼 수 있는데 민간영역의 측면에서 볼 때, 양자가 함께하면 공문서처럼 민간영역도 중요성을 인정받고 효과적인 관리가 가능해진다. 공공영역의 측면에서 보면, 공문서가 민간영역과 같은 독립기관에 보관됨으로 인해 이용자들이 친숙하게 다가갈 수 있고 또한 공문서의 활용에도 용이하다. 공문서를 문서고에 보관하고 폐쇄시켜 놓아서는 안 된다. 공개가 가능한 공문서는 적극적으로 공개하고 활용해야 한다. DB화하여 디지털아카이브를 통해 이용자의 용이한 접근을 구현하는 것은 물론 공문서를 활용한 전시회 및 그것을 소재로 한 행사나 체험관도 필요하다. 가령 처음으로 그 지역에 철도가 놓일 때의 기록을 활용하여 당시를 재구성하여 철도 건설의 상황을 놀이화 하여 체험할 수도 있다. 그밖에도 기록물의 다양한 내용을 활용하여 지역의 역사를 재체험하게 할 수 있다. 이렇게 공문서를 활용할 때 권위주의 속에 갇혀있는 기록물을 민간에 가져올 수 있으며 민간영역은 공공영역과 함께 함으로 보다 가치를 인정받을 수 있다. 민간영역과 공공영역이 기록관을 통해서 만날 때 거버넌스의 정신이 구현될 수 있으며 기록의 민주주의도 탄력을 받을 수 있다.

다섯째는 왜 민속을 기록관에 편입하려고 하는가라는 질문이다. 기존의 공공기록물 위주의 사고에서 머물러 있다면 이런 의문이 있을 수 있다. 민속은 공동체 문화에서 중요한 요소이다. 기록관에서 민속을 뺀다면 그야말로 문서 위주가 된다. 문서밖에 있는 수많은 지역문화가 소외될 수밖에 없다. 대부분의 지역문화는 민속과 떨어질 수 없는 불가분의 관계 속에 있다. 지역에서 맞춤형 기록관을 시도한다면 지역문화 전반을 포괄하는 방향에서 이루어져야 한다. 그렇게 될 때 기록관이 지역에서 차지하는 비중이 커지며 시너지 효과도 극대화될 수 있다. 지역에서 기록관은 문서관에 국한되어서는 안 된다. 지역문화를 담보한 공동체 기록관community archives으로서 기능해야 한다. 민속을 기록관에 편입하면 현재 향토사료관에서 하는 것과 어떤 차이와 장점이 있는가라는 질문도 할 수 있다. 현재 지자체에 있는 '향토사료관'이라는 곳은 전거한 바와 같이 모아둔 자료만 보관해 놓고 상주하는 근무인원도 없이 간판만 달아놓은 곳이 대부분이다. 시흥과 같이 근무인력이 1인 있는 곳도 보존에 치중하고 있을 뿐 향토사료관으로써 수집과 보존, 활용이 지속적으로 연계되지 못하고 있다. 지역에서 기록관은 유명무실하게 존재하는 향토사료관과는 달리 수집－보존－활용을 지속적으로 펼치며 지역사회에서 활발하게 기능할 수 있다. "지역의 민속을 해당 기록관의 업무로 한다면 혼란만 초래하는 것이 아닌지, 그 대안으로 해당 시·군청의 담당자들에게 지역기록 업무를 주는 것이 어떤가"라는 질문도 있을 수 있는데 이 글에서 제안하는 기록관에는 공공영역과 민간영역을 다루는 부서가 따로 있다. 각자 자기 부서의 일을 하는데 혼란이 온다는 것은 있을 수 없다. 반면 기존의 시·군청 행정과 소속 담당자들에게 지역기록업무를 준다면 그때는 혼란이 초래될 수 있다. 각자 업무가 있고 지역기록화에 대한 훈련도 되지 않은 공무원들에게 이런 일을 맡긴다면 아마추어리즘에서 벗어날 수 없다. 게다가 공무원들의 잦은 부서이동은 기록에 대한 최소한의 감각

조차 담보하기 힘들다.

여섯째는 법률적 문제이다. 현재 '공공기록물 관리에 관한 법률'에 근거할 때 이 글에서 이야기하는 기록관은 국가기록관리체계와 대치되지 않는다. 시·군 단위의 기록관 내에 공공기록물 관리를 위한 보존시설이 존재하며 기록전문가가 업무를 담당하기 때문에 국가기록관리체계를 충실히 따르는 것이다. 다만 기존의 문서관에 한정되지 않고 지역의 환경을 고려하여 범위와 위상을 넓혔을 뿐이다.

02 .

향토문화전자대전 '향토문화백과'의 개선을 위한 민속기록학적 방향*

-
-
-

1. 머리말

1994년 한국정신문화연구원에서는 『동국여지승람』의 역사의식을 이어받아 우리 민족의 생활문화를 길이 후손에게 물려 줄 수 있는 국가수준의 문화편찬 사업을 염두에 두며 『가칭假稱 「민국여지승람民國輿地勝覽」 편찬編纂을 위한 연구研究』를 수행한다. 이 사업은 10년이 지난 후 향토문화전자대전으로 현실화된다. 그리고 다시 10여 년이 지났다. 『가칭假稱 「민국여지승람民國輿地勝覽」 편찬編纂을 위한 연구研究』를 구상했던 중심인물들이 작고하거나 은퇴한 후 새로운 사람들에 의해 디지털 환경에서 고려된 디지털 향토지는 '온라인 세대', '독자의 관심과 몰입', '흥미있는 기사거리', '개방적 편찬환경', '이용의 편의성과 정보전달 효과'와 같은 지향점을 표방한다. 물론 이러한 편찬의 지향점이 실제 편찬사업에서 효과가 있었는지 객관적으로 검토해 보아야 한다. 또한 『가칭假稱 「민국여지승람民國輿地勝覽」 편찬編纂을 위한 연구研究』를 구상했던 학자들의 생각과 방법이 디지털 향토지에서는 어떻게 계승

• • •

* 지역공동체를 위한 디지털 콘텐츠와 아카이브 제작은 어떤 방향에서 이루어져야 하는가. 이 글은 민족문화대백과사전과 인터넷 포털사이트, 지리지를 참조하여 사전체제로 만든 향토문화전자대전 '향토문화백과'를 검토하고 새로운 방향으로 사전체제의 탈피와 지역공동체의 디지털 아카이브를 제시하였다. 본래 2015년 10월 민속기록학회에서 발표한 글인데 이 책에 수록하였다.

되었고 계승되지 못한 것은 무엇인지도 성찰해 보아야 한다. 사업전반에 대한 성찰에 있어 애초의 의도를 다시 한 번 환기시켜 볼 필요가 있기 때문이다. 또한 '디지털 향토지'라고 하여 지역문화에 대한 기초연구나 조사 및 우리의 삶의 모습을 드러낼 수 있는 연구방법 등을 무시하고 '온라인 세대'니, '독자의 관심과 몰입'이니 하는 디지털 환경만 고려할 수는 없기 때문이다. 따라서 아날로그든, 디지털이든 콘텐츠의 생산에 이르는 기초적인 과정은 무시될 수 없다. 전거한 바와 같이 『가칭假稱 「민국여지승람民國輿地勝覽」 편찬編纂을 위한 연구研究』를 구상했던 학자들이 문화접근방법으로 제시한 '민속지학의 연구'방법을 무시하지는 않았는지 또한, 현대 한국인의 삶을 총체적으로 드러낼 수 있는 방안으로서 '인간', '공간', '시간' 속에서 한국인의 '삶의 형식'을 담으려고 했는지 등에 대해서 성찰해 볼 필요가 있다.

이 글에서는 이러한 과제를 가지고 지난 10여 년간 제작된 향토문화전자대전 향토문화백과를 검토한다. 따라서 본문에서는 먼저, 향토문화백과의 성립배경과 기획방향, 사업현황 및 사업을 추진하면서 대두된 문제를 살펴본다. 그리고 민속지학[1]의 연구방법과 인간, 공간, 시간 속에서 한국인의 삶의 형식을 담으려는 방향을 수렴할 수 있는 민속기록학적 방법의 필요성을 제기한다. 민속기록학은 전통적으로 민속학에서 현장조사를 통해 자료를 도출하는 민속지학의 연구방법과 현대 기록학에서 제기되는 공동체 아카이브community archives[2]의 논의를 창조적으로 결합하고 발전시킨 것이다. 즉, 민속학과 기록학의 융·복합을 통해 지역문화 기록화와 지역기록관의 설립과 운영에 있어 전문성을 추구하는 학문체계인 민속기록학은 지역공동체를 위한 디지털 아카이브 구축의 접근방법으로 타당하다고 본다. 그동안 지자체에서는 각종 향토지가 발간된 바 있다. 그러나 기록에 대한 전문적인 학문체계나 방법론이 확고하게 자리 잡지 못하다보니 이러한 사업에서 기본적인 방향을 잡지 못하고 내실 있는 기록물 생산으

• • •

1 민속지학은 현장조사를 통해 민속지를 작성하는 방식이다. 당시 민속학자 장철수가 이러한 방법을 제시한 것은 현장에 대한 충실한 조사를 전제한 것이라고 볼 수 있다.
2 Bastian, Jeannette A, *Community archives-the shaping of memory*, Facet Publishing: London, 2009.

로 이어지지 못하였다. 지역공동체의 아카이브는 지역문화에 대한 충실한 기록 - 보존 - 활용의 순환체계가 원활하게 운영되는 것을 선결조건으로 해야 한다. 지역공동체의 디지털 아카이브 역시 이 원칙에서 예외가 될 수 없다. 따라서 이 글에서는 향토문화 전자대전 향토문화백과의 기존 체제를 비평하고 민속기록학적 입장에서 지역문화 디지털 아카이브를 제안한다.

필자는 향토문화전자대전의 근본적인 문제인 사전체제를 그대로 둔 채 그 안에서 다른 대안을 찾아보는 것은 사실상 불가능하다고 본다. "시스템 지적과 그에 대한 원론적인 언급은 실제적인 개선방안이 아니다"라고 하는 사람도 있으나 근본적인 문제를 방치하고 어떻게 실제적인 개선이 가능한 지 필자는 반문하고 싶다. 필자는 사전체제의 탈피를 그동안 누차 주장하였다. 이 글을 통해 보다 구체적으로 현안의 문제를 짚어보고 해결방안을 모색하겠다.

2. 향토문화백과의 성립배경과 성격

1) 향토문화백과의 성립

한국정신문화연구원에서는 1994년 이계학, 장철수, 유광호, 박동준 교수 등이 학계의 전문가들과 함께 『동국여지승람』의 역사의식을 이어받아 우리 민족의 생활문화를 길이 후손에게 물려 줄 수 있는 국가수준의 문화편찬 사업을 염두에 두며 『가칭假稱「민국여지승람民國輿地勝覽」 편찬編纂을 위한 연구研究』를 수행한다. 연구자들은 문화편찬사업으로 전국에서 시·군·읍지가 출판되는 것을 주시하면서 질적으로 수준 높은 지방지를 편찬해 내기 위해서는 전문가들의 도움이 필요하다는 것을 절감하였다. 또한 세계화·지방화 시대를 맞이하고 있는 우리의 현재적 삶의 모습을 확인하고, 오늘의 우리의 삶의 모습을 여실하게 드러낼 수 있는 문화편찬사업을 위한 기초연구를 서두르게 되었다.[3] 이들은 현재적 삶의 모습을 그대로 드러낼 수 있는 방안을 모색하기 위하여 문화접근방법 중 하나로 민속지학의 연구방법을 탐색하였다. 또한 현대 한국인의 삶을 총체적으로 드러낼 수 있는 방안으로서 삶을 구성하는 네 가지 요소, 즉 '인간', '공간', '시간', '삶의 형식'을 근간으로 하여 『가칭假稱 「민국여지승람民國輿地勝覽」 편찬編纂을 위한 연구研究』의 기본 분류체계를 구상하였다. 삶의 터전, 삶의 내력, 삶의 주체, 삶의 틀, 삶의 내용, 삶의 자취, 삶의 방식, 삶의 이야기와 터전의 자랑이 그것이다.[4] 당시 우후죽순처럼 지방지들이 편찬되고 있었으나 체계와 전문성이 부족한 상황이었다. 이러한 시점에서 지방지 편찬에 대한 지식과 방법을 제공하고 또한, 현재 한국인의 삶을 있는 그대로 담아내어 후세에 물려줄 수 있는 방안을 모색하는 것은 당면한 과제였다고 볼 수 있다.

이로부터 10년이 지난 후 향토문화전자대전 성남시편이 제작되었다. 『가칭假稱 「민국여지승람民國輿地勝覽」 편찬編纂을 위한 연구研究』를 기획할 때와는 환경이 변했다. "인터넷 이용의 급속한 확대에 따라 종래 책자 형태로 발간되던 지역문화 관련 콘텐츠도 온라인 환경에서 서비스 되어야 할 필요성이 증대"[5]되었기 때문이다. 디지털 향토지 편찬의 지향점에 대해 한국학중앙연구원 한국학정보센터에서는 다음과 같이 말한다. "오프라인 세대가 보존해 온 지식을 온라인 세대에 전파하는 것을 중요한 목적으로 삼는다.", "전통적 책자형 향토지에 비해 독자의 관심과 몰입을 유도하여 정보 전달 효과를 높이는 데 유리하다는 점이다. 이것은 독자가 흥미를 느끼는 기사거리를 능동적으로 찾아갈 수 있게 하는 하이퍼텍스트 기술 및 동영상, 가상현실, 애니메이션 등 감성적인 콘텐츠 제작을 통해 가능하다.", "디지털 향토지의 새로운 지향점은 이용자가 직접 콘텐츠 수정·증보에 참여하는 개방적 편찬 환경의 조성이다.", "디지털 데이터는 발췌·복제 및 재활용이 용이하다.", "21세기의 지역문화지 편찬 사업 종사자들은 콘텐츠의 내용적 특성에 적합하면서 이용의 편의성과 정보 전달 효과를 극대화 할

---

3   이계학 외, 『假稱 「民國輿地勝覽」 編纂을 위한 研究』 (2), 한국정신문화연구원, 1996, 1쪽.
4   이계학 외, 위의 책, 1~2쪽.
5   김현 외, 『지역문화와 디지털 콘텐츠』, 북코리아, 2008, 286쪽.

수 있는 디지털 향토지 제작 방향을 스스로 강구해야 할 과제를 안고 있다."[6] 이제 향토문화백과의 기획방향을 구체적으로 살펴보겠다.

2) 향토문화백과의 사업현황과 방향

(1) 사업현황

향토문화전자대전은 2013년까지의 통계를 보면 국내와 중국 동북지역을 합쳐 총 67개 지역에서 사업이 실시되었다.[7] 향토문화전자대전은 향토문화백과, 특별한 이야기, 마을이야기로 구성되어 있다. 향토문화백과는 자연과 지리, 역사, 문화유산, 성씨와 인물, 정치·경제·사회, 종교, 문화와 교육, 생활과 민속, 구비전승과 어문학에서 세부적인 소항목을 도출하여 원고 몇 매의 분량(소항목은 3~5매, 중항목은 7~10매)으로 사전 체제를 추구하였다. 대개 5매 정도이다. 특별한 이야기는 기획항목으로 원고 20~40매 분량으로 향토에서 특정한 주제를 도출하여 집필해 놓은 것이다. 향토문화백과의 분류는 대분류 / 중분류 / 소분류 / 세분류 / 세세분류 / 항목명으로 이어진다. 대분류와 중분류를 도표로 보면 다음과 같다.[8]

〈표 1〉 향토문화백과의 분류

대분류	중분류
A 자연·지리(삶의 터전)	A1 자연지리
	A2 인문지리
	A3 동식물
B 역사(삶의 내력)	B1 전통시대

• • •

6   김현 외, 위의 책, 286~287쪽.
7   한국학중앙연구원, 『문화융성의 시대, 우리 지역의 문화콘텐츠』, 한국향토문화전자대전 심포지엄 자료집, 2013, 9쪽.
8   이 분류체계는 공동체와 지역민을 제대로 담을 수 없다. 마을과 지역공동체를 기본으로 하여 다양한 공동체를 다루어야 하며 지역민을 드러내는 보다 효과적인 방안이 요구된다. 공동체와 지역민이 충분히 반영되어야 주민참여적인, 그리고 대중성을 띨 수 있는 기회를 만들 수 있다.

	B2 근현대
C 문화유적(삶의 자취)	C1 유형유산
	C2 무형유산
	C3 기록유산
D 성씨 · 인물(삶의 주체)	D1 성씨 · 세거지
	D2 전통시대 인물
	D3 근현대 인물
E 정치 · 경제 · 사회(삶의 틀)	E1 정치 · 행정
	E2 경제 · 산업
	E3 사회 · 복지
	E4 과학기술
F 종교(삶의 내용1)	F1 불교
	F2 유교
	F3 기독교
	F4 신종교
G 문화 · 교육(삶의 내용2)	G1 문화 · 예술
	G2 체육
	G3 교육
	G4 언론 · 출판
H 생활 · 민속(삶의 방식)	H1 생활
	H2 민속
I 구비전승 · 어문학(삶의 이야기)	I1 구비전승
	I2 언어
	I3 문학

몇 단계의 분류과정을 거쳐 마지막 단계에 있는 집필항목은 민속의 경우, [정의] /
[개설] / [연원 및 변천] / [절차] / [생활 민속적 관련 사항] / [참고 문헌]과 같은 체계로
서술이 이루어지고 있다.

(2) 향토문화백과의 기획방향과 제기되는 문제

① 향토문화백과의 기획방향

가. 민족문화대백과사전의 형식 추구

『가칭假稱「민국여지승람民國輿地勝覽」편찬編纂을 위한 연구研究』에서 장철수 등의 학자들은 접근방법의 하나로 민속지학을 제시하였다. 민속지학이란 충실한 현장조사를 토대로 문헌조사의 성과를 수렴한다. 이러한 민속지학의 접근방법은 충실한 현장조사가 가능할 수 있는 지원과 기획을 토대로 해야 한다. 그러나 당시 한중연에서는 디지털콘텐츠나 지역문화의 기록화에 대한 전국적인 시야나 장기적인 안목이 부족한 상황이었고 또한 민족문화대백과사전에 대한 경험만 있던 처지라 백과사전을 만드는 방향으로 향토문화전자대전을 생각했던 것으로 짐작된다. 민족문화대백과사전과 향토문화백과를 집필해 본 사람이라면 형식에서 두 사업의 유사성을 알 수 있다. 지역문화 디지털콘텐츠를 민족문화대백과사전과 같은 사전 체제로 만들었을 때 야기되었던 문제는 다음과 같다.[9]

첫째, 민족문화대백과사전은 아날로그 시대의 환경에서 만들어진 것이다. 따라서 지면의 한계를 넘을 수 없으며 사전 체제가 요구하는 표준화를 그대로 따를 수밖에 없다. 그러나 디지털환경을 토대로 하는 콘텐츠는 많은 양질의 자료를 올릴 수 있고 또한 주기적으로 업데이트 할 수 있으며, 지역주민과 학자, 외지인, 지자체가 콘텐츠를 공유하고 소통할 수 있는 장을 만들 수 있다. 그럼에도 불구하고 이것을 아날로그 시대의 사전에 머물게 한다는 것은 시대착오적일 수밖에 없으며 무한한 가능성을 스

• • •

9 향토문화백과의 근본적인 개선을 위해서는 아카이빙을 통한 향토문화 아카이브 구축에 목표를 두어야 한다. 그동안은 이러한 것이 제대로 수행되지 못하니 사업기획서에서 표방하는 목표와 실제 실행되는 사업내용이 괴리되는 모순을 가질 수밖에 없었다. 기존사업은 사전 체제의 비효율성, 인력의 전문성 부족, 사업진행 방식의 비효율성, 예산부족이라는 문제에 직면하였다. 필자는 향토문화전자대전이 처음부터 아카이브 개념으로 만들어져야 하는데 사전으로 만들어졌다는 것을 늘 아쉽게 생각해 왔다.

스로 가두어 놓는 것이다.

둘째, 민족문화대백과사전의 경우 기존의 책이나 자료에서 정보를 취합하여 원고를 작성하면 되지만 지역문화를 중심으로 하는 사전이란 이전에 집필된 책이나 자료에만 의존할 수 없다. 게다가 지역의 현장상황을 현재의 관점에서 조사하여 첨부해야 한다. 가령 민족문화대백과사전에서 '가신신앙'을 집필한다고 할 때는 그것에 대한 일반적인 내용을 여러 책자에서 취합하여 집필할 수 있다. 향토문화전자대전의 경우 해당 지역 관내에 있는 현지실태를 현재의 관점에서 조사하고 이전에 조사된 것을 함께 곁들여서 취합해야 한다. 이전에 조사된 내용도 지역에 따라 들쑥날쑥이다. 어떤 지역에서는 잘 조사된 자료가 있는 반면 어떤 지역에서는 형편없거나 아예 조사가 안 된 곳도 있다. 이런 경우 기초적인 조사에서부터 지역 실태에 대한 분석까지 귀납법적으로 모두 이루어진 후에나 제대로 된 내용이 나올 수 있다. 그런데 웹사전은 형식을 만드는 데 많은 예산이 투입됨에 따라 내용을 위한 예산이 충분히 지급될 수 없다. 이러한 사정으로 인해 집필자가 적당히 임기응변식으로 대처해야 한다. 이것은 곧 향토문화에 대한 실태나 현황이 제대로 담겨질 수 없는 결과물로 이어질 수밖에 없다.

나. 인터넷 포털사이트의 참조

향토문화전자대전 향토문화백과는 인터넷에서 볼 수 있는 포털사이트의 양식을 참조하였다. 즉, 정보량이 긴 것을 지양하고 흥미롭게 독자들이 읽을 수 있는 방향을 고려하였다. 그러나 이것은 문제가 있다. 디지털 콘텐츠라고 하여 흥미를 추구하거나 독자들의 읽는 시간을 고려한다며 원고량을 줄이는 일은 정보량이 생명인 디지털 콘텐츠로서의 잠재적 가치를 저해한다. 감성추구는 빈약한 콘텐츠나 호기심 자극과 같은 방법으로 접근해서는 안 된다. 오히려 착실하고 세밀한 기록, 충분한 콘텐츠를 통해 독자들을 감동시키는 편이 바람직하다. 향토문화전자대전에 '인기검색어' 부분을 넣어 둔 것도 인터넷 포털사이트의 모방이다. 향토문화전자대전은 콘텐츠의 질로 승부를 걸어야지 포털사이트와 같은 유형으로 가면 안 된다.

다. 지리지 개념

향토문화전자대전 향토문화백과가 참고한 방향 중 하나는 지리지 개념이다. 향토문화 디지털콘텐츠 제작은 기록문화운동과 연계되어야지 과거와 같이 '지리지' 개념에 머물러서는 안 된다. 향토문화를 지리지 개념에서 표준화된 매뉴얼로 사전화辭典化 하는 것은 적절하지 않다. 지금과 같이 디지털 문화가 갖추어진 정보화 사회에서는 기록콘텐츠 구축에 초점을 맞추어야 하며 그것에 도달하는 방식은 지리지 방식이 아니라 아카이빙과 기록관을 목표로 해야 한다. 물론 향토문화전자대전의 기획이 전술한 바와 같이 "한국정신문화연구원에서는 1994년 이계학, 장철수, 유광호, 박동준 교수 등이 학계의 전문가들과 함께 『동국여지승람』의 역사의식을 이어받아 우리 민족의 생활문화를 길이 후손에게 물려 줄 수 있는 국가수준의 문화편찬 사업을 염두에 두며 『가칭假稱 「민국여지승람民國輿地勝覽」 편찬編纂을 위한 연구研究』"라는 글귀에서 알 수 있듯이 지리지에서 이 사업을 착안한 점은 이해가 된다. 하지만 그 후 20년이 지난 현재는 새로운 조건이 요구된다.

과거 전근대시기에는 교통이 불편하고 지역 간의 왕래가 뜸한 사회적 상황에서 전국의 현황을 소개할 수 있는 매체도 '지리지'라는 형식이 유일한 시대였다. 또한 이 시기의 지리지란 통치체제에 필요한 지배층의 정보획득이 중요한 목적이었다. 오늘날은 지배체제를 위해 향토문화전자대전이 필요한 것이 아니다. 지금은 위로부터가 아니라 '밑으로부터의 기록'이 강조되는 시대이다. 특히 지역민의 일상의 모습과 문화를 충분히 담을 수 있는 그릇이 요구된다. 지금은 민이 주인民主인 시대이기 때문이다. 한편, 현대사회는 지역적인 왕래가 원활하다. 전근대시기에 비하면 각 지역에 대한 지리적 정보도 넘쳐나고 있다. 지금은 지리지 혹은 지리학적 접근으로 향토문화를 다루어서 될 일이 아니다. 지역민을 주인공으로 삼고 민속기록학적 접근을 통한 지역문화 아카이빙과 아카이브를 목표로 해야 한다.

② 제기되는 문제

가. 적은 양의 원고와 불충분한 내용

향토문화백과는 향토문화전자대전의 대부분을 차지하는 핵심부분이다. 향토문화백과가 만들어지는 과정을 보면, 입찰을 받은 외부연구소에서 해당 지역의 시군지, 기타 향토지 등을 검토하여 집필항목을 선정한다. 선택된 항목의 검수를 거쳐 최종적으로 항목이 선정되면 해당 지역의 향토학자나 관련분야의 학자들에게 원고청탁을 하여 집필작업이 이루어진다. 집필이 된 후에는 한중연에서 원고검수를 하는 과정으로 이어진다. 문제는 이렇게 얻어지는 원고의 문제점이다. '향토문화백과'는 기존의 市誌나 기타 향토지의 내용을 몇 장의 원고로 축소하여 옮겨놓도록 기획되어 있다. 물론 민속과 같이 현장조사가 필요한 것은 현장의 실태를 조사하여 서술하도록 하고 있는데 적지 않은 문제를 안고 있다.

첫째, 원고의 양과 내용성이 부족이다. 몇 장의 원고로 정해진 주제를 소화하여 지역의 실태를 옮겨놓는 것은 애초부터 불가하다. 집필항목의 다수가 원고 5매에 해당한다. 가령 성남시의 '동제'를 원고 5매에 넣으라고 한다면 어떻게 기술을 해야 하는가. 한중연에서 요구하는 대로라면 정의, 현황, 변화, 지역실태 등을 나누어야 한다. 동제에 대한 일반적인 지식을 소개하고 성남의 지역실태를 1~2매 정도 서술한다. 그리고 이러한 형식이 모든 지자체에서 반복적으로 이루어진다. 둘째, 전체 예산이 적기 때문에 제대로 된 양질의 원고를 생산할 수 없고 약간의 샘플 정도를 소개하는 것에 그칠 수밖에 없다. 셋째, 애초부터 현장조사를 염두에 두어 예산과 시간이 기획된 것이 아니기 때문에 제대로 된 현장조사는 사실상 불가능하다. 현장조사에 대한 예산이 책정되지 않은 상황에서 현지의 실태를 반영하도록 하니 사업을 시행하는 팀에서는 일반 원고료를 줄이고 대신 현장조사를 한 원고에 대해서는 몇 천원 더 주는 식으로 한다. 처음부터 현장조사를 고려하지 않은 상황에서 이러한 대책만으로 근본적인 문제가 해결되지는 않는다. 넷째, 그럼에도 불구하고 향토문화백과에 대한 질책이 제기될 때마다 원고의 양과 질에 대한 요구가 이어진다. 그러다 보니 최근에 와서는 공식적인 원고량은 4~5매라고 해놓고 최종 원고의 양은 두 배 이상을 요구하고 있으며 원고의 내용 또한 그 주제에 대한 일반적인 내용과 지역의 현지실태 등을 상세히 기술하도록 요구한다.[10]

나. 내용의 중복성과 지역정보의 부족

향토문화백과의 집필방식은 항목에 따라 차이가 있으나 민속의 경우를 보면 [정의] / [개설] / [연원 및 변천] / [절차] / [생활 민속적 관련 사항] / [참고 문헌]으로 되어 있다. 이러다 보니 정의와 개설, 연원 및 변천과 절차는 지역에 따라 특수성이 없다. 일반적인 개설서에 나오는 내용이 그대로 옮겨진다. 모든 지역에서 이 부분은 중복되고 있으며 단지 생활 민속 관련 사항에서 지역의 내용이 몇 줄 소개되는 것으로 그친다. 이렇게 중복되는 내용으로 아까운 지면을 낭비할 필요가 없다.

민속의 경우 정의, 개설, 연원, 변천과 절차 부분은 내용이 중복되고 전국적으로 공통분모가 되는 것이니 차라리 이 부분을 통일적으로 정리하여 별도의 콘텐츠를 구성하고 각 지역의 해당항목과 링크가 되도록 해놓으면 된다. 이것을 통해 독자들이 기본적인 내용을 이해할 수 있도록 하고 지역의 부분에서는 지역의 내용만 충실하게 기술하게 하면 된다. 과거 각 지역에서 발간한 '내고향의 민속'과 같은 책은 '지역의 세시풍속'이라고 해놓고 동국세시기나 기타 개설서에 있는 내용을 옮겨다 놓은 것처럼 현재 향토문화전자대전에서도 이러한 현상이 나타나고 있다. 원고량이 부족하여 지역의 정보를 많이 담을 수 없는데 설상가상雪上加霜으로 이러한 불합리한 체제로 인해 지역정보가 담길 수 있는 지면을 더욱 축소시키니 콘텐츠의 질은 그만큼 떨어진다.

다. 아카이빙과 민속지학의 연구방법 경시

향토문화 디지털콘텐츠는 '아카이빙 → 아카이브' 즉, 이러한 기본 공식을 토대로

---

10 원고량은 4~5매로 한정해 놓고 실제 요구하는 양은 두 배이다. 처음부터 두 배를 요구하는 것은 아니나 교정자의 지적을 수용하려면 기존의 원고량으로는 감당할 수 없다.

구축되어야 한다. 민속지학 역시 충실한 조사를 바탕으로 한다. 그러나 기존 사업은 아카이빙 단계를 과소평가하거나 안일하게 보았음을 사업전반을 통해 알 수 있다. 이 사업에서 역점을 두어야 하는 것은 충실한 조사와 기록이다. 그러나 이 사업은 '기존의 글 옮기기'와 '약간의 현장조사'를 통한 간단한 원고 만들기에 치우쳤다고 볼 수 있다. 각종 향토지에 나와 있는 내용에서 항목을 추출하고 그 내용을 간략히 옮기고 그것으로 부족한 항목은 현장상황의 일부분을 잠깐 보고 와서는 원고에 표시해 놓는 맛배기 정도였다고 볼 수 있다. 즉, 구체적인 아카이빙 전략에 의해 추진된 것이 아니라 임시방편이었다. 당연히 도출된 결과물은 지역문화의 전모와 성격을 체계적으로 담보한 기록물로서 효력을 가질 수 없었고 따라서 기초자료로서 이용자들이 이용하기에는 내용이 부족하여 신뢰성을 얻기 힘들었다. 따라서 기존 사업은 근본적으로 수정되어야 하고 아카이빙을 통한 기초자료 DB화를 강화하는 전략이 요구된다.

3. 향토문화백과의 개선을 위한 민속기록학적 방향

1) 민속기록학적 구상

향토문화백과는 많은 정보를 언제, 어디서나 올릴 수 있는 디지털의 장점을 제대로 살리지 못했다. 사전 체제에 의한 기존 향토문화백과는 한국학중앙연구원이 표방하는 것과 달리 지역문화를 제대로 기록화 할 수 없으며 지역문화를 탑재한 디지털 아카이브로서 원활한 역할과 기능을 수행할 수 없다. 지난 10년 간의 사업을 돌아볼 때 4가지의 측면에서 그 한계를 논할 수 있다. 첫째는 방법론과 철학의 부재이다. 이러한 문제는 둘째, 사업을 추진할 인력구성에서도 비효율성으로 나타났다. 그것은 셋째, 비효율적인 사업구조를 야기하였으며 그 대표적인 것이 사전형식이다. 이것은 결국 효율적인 예산운용의 실패를 초래하여 양질의 콘텐츠를 생산하는 데 제약이 되었다. 방법론과 철학의 부재가 연쇄적으로 다른 문제를 야기하며 결국 근본적인 밑그림부터 새로운 접근과 형식을 요구하게 되었다. 새로운 방법론과 철학, 그리고 이 분야를 감당할 학문체계를 지향하고 있는 것이 민속기록학이다. 민속기록학은 특히, 지역공동체의 기록화와 지역기록관의 설립과 운영 및 지역자원의 기록·보존·활용을 위한 전문적인 학문체계이다. 이점은 곧 지역문화를 다루고 있는 향토문화백과의 제작과도 밀접한 관련을 가질 수밖에 없다. 『가칭假稱 「민국여지승람民國輿地勝覽」 편찬編纂을 위한 연구研究』를 구상했던 학자들이 문화접근방법으로 제시한 '민속지학의 연구'방법은 체계적인 현장조사를 근거로 하고 있다. 현장에 대한 체계적인 기록을 강조하는 민속기록학은 기본적으로 민속지학의 연구방법을 창조적으로 발전시킨 것이다. 민속지학적 접근과 차이가 있다면 보다 기록적 측면을 강조하며 공동체 기록관community archives을 통해 기록-보존-활용의 체계를 활성화 하고자 하는 점이다. 이러한 측면은 디지털 환경과 민관협력, 자료의 활용을 강조하는 현재의 실정을 충분히 반영할 수 있다.

그동안 향토문화백과의 제작은 민속학이나 기록학의 지혜나 시각을 수용하지 못했으며 이 분야의 인력 역시 사업진행에 참여시키지 않았다. 민족문화대백과사전의 형식과 지리지 개념, 인터넷 포털사이트의 형식을 고려하여 전산전문가나 인문지리학, 문화콘텐츠학을 전공한 인력에게 사업을 맡겼다. 이들은 지역문화의 기록화나 지역문화자원에 대한 전문지식을 가지고 있지 못했다. 단지 형식을 만드는 기술을 고려하여 인력을 선정한 것이다. 그러나 내용을 모르고 형식을 만들 수는 없다. 다 알 수 있는 인력이 드물다는 점을 고려할 때 양자의 협조체제를 고려했어야 하는데 이러한 고민이 없었다. 따라서 아래에서는 정보화, 아카이빙, 디지털 아카이브, 지역문화자원과 같은 사안을 고려하여 '민속기록학'적 구상을 통해 향토문화백과의 새로운 방향을 설계한다.

(1) 사전 체제에서 지역문화 아카이브 구축으로

기존 향토문화백과는 지역문화를 담지한 정보콘텐츠로써 비효율적이다. 이를 위한 기본적인 방향은 공동체 아카이브 설립에 있다. 지역문화 디지털콘텐츠의 구축도 이것을 염두에 두어야 한다. 지역문화 디지털콘텐츠의 구축을 통해 궁극적으로는 각 지자체가 오프라인상에서 지역기록관을 설립하도록 촉진해야 한다. 또한 그와 연계하여 온라인과 오프라인상에서 지역문화 활성화의 전초기지로서 기능해야 한다. 기존의 사전 체제는 폐쇄적인 형식을 요구하며 풍부한 아카이빙 사업을 추진하거나 그것을 수용할 여지를 두지 못하고 있다.

(2) 디지털 아카이브 구축을 위한 구체적인 실행방법

이 사업은 아카이브 개념으로 가지 못하고 백과사전 형태로 간 것이 많은 문제를 낳게 하였다. 이제 개선을 위한 결단력이 요구된다. 그 구체적인 실행방법을 살펴보겠다.

첫째, 향토문화백과를 이제까지 한 것은 그대로 두더라도 새롭게 하는 시군부터는 향토문화 아카이브로 방향을 전환해야 한다.

둘째, 그렇다면 디지털 아카이브를 어떻게 만들 것인가. 현재 향토문화백과에서 도출하는 항목 선정 대신에 각 분야를 디렉토리 분류로 하여 DB화에 맞추면 된다. 따라서 사전 체제보다 분류체계를 간단히 할 수 있다. 각 항목의 양은 사전체제에서처럼 한정할 필요가 없다. 또한 업데이트가 가능하게 하여 수시로 자료가 보완될 수 있도록 해야 한다.[11]

셋째, 시군지와 기타 향토지(저작권이 해당 시군에 있는 것을 중심으로 하고, 저작권이 없는 것도 협의를 하여 가능하다면 포함시킴)의 파일은 별도의 원고료 지출 없이 분류하여 그대로 올리면 된다. 최근에 작업한 것은 문서파일을 넘겨받으면 되고 과거의 것은 스캔을 하면 된다. 지역적으로 일반적인 내용은 시군에 관계없이 표준형을 만들어 놓고 그것과 각 지역의 내용을 해당 향토지에서 찾아볼 수 있도록 링크를 해놓으면 된다. 예를 들면, 항목이 '주생활'이라고 할 때, 우리나라 주생활의 일반적인 내용을 민속사전에

• • •

11 이것은 열린 구조를 지향해야 하며 새로운 자료를 추가로 올릴 수 있는 구조 및 이용자가 자신의 자료를 올릴 수도 있는 공간을 두어 콘텐츠의 관리자와 이용자가 쌍방향에서 자료를 공유하고 소통할 수 있는 기회를 주어야 한다.

서와 같이 올려놓고 그것과 관련된 각 지역의 내용이 곧 바로 링크될 수 있도록 연결해두면 된다. 현재는 각 지역마다 이것을 매번 수록하므로 지면낭비로 이어진다.

넷째, 이렇게 할 때의 장점은 다음과 같다. 사전의 장점과 아카이브의 장점을 고루 살릴 수 있다. 전국적 표준형에서는 사전적인 효과를 얻을 수 있고 그에 링크된 각 지역의 내용은 아카이브를 위한 1차적인 기록자료로서 독자들과 연결될 수 있다. 독자들은 전국 어디에서건 기존과 같은 몇 장의 원고에서 벗어나 각지의 1차자료를 공유할 수 있다는 점에서 지식정보전달에 큰 영향을 미칠 수 있다. 특히 연구자들은 쉽게 각지의 자료를 찾아다니지 않아도 곧바로 웹상에서 이용할 수 있어 학계에 주는 영향은 매우 크다. 또한 지역문화연구를 촉진시킬 수 있다. 이렇게 되면 무엇보다도 그동안 향토문화전자대전을 외면했던 학자들이 자신의 학문활동을 위해 이 사이트를 자주 이용할 것이고 향토문화전자대전은 널리 애용되는 사이트가 될 것이다. 또한 사전을 만들기 위한 별도의 원고집필이 필요없다. 기존의 향토지의 자료를 스캔하거나 파일을 올려놓으면 된다. 여기에서 상당한 예산을 절감할 수 있다.

다섯째, 향토지에는 항목에 따라 내용이 잘 조사되어 있는 것이 있는 반면 그렇지 못한 것이 있다. 또한 현지의 사정은 변하기 때문에 최소 10~20년 사이에 한 번은 주기적으로 내용을 업데이트해야 한다. 따라서 기존에 향토문화백과를 위해 지출했던 원고료를 가지고 새로운 내용을 아카이빙 하는 데 사용하면 된다.

여섯째, 새로운 내용을 보충할 때는 민속기록지적 작업을 통해 현지의 내용을 상세히 기록화한 자료를 올려야 한다. 물론 이때 작성되는 민속기록지는 일정한 양식에 의해 이루어져야 한다. 이러한 작업은 이 분야에서 전문적인 훈련을 받은 사람을 활용할 필요가 있다. 이를 위해서는 한중연에 관련 연구소를 두고 그곳에서 조사사업을 관장하는 것이 효과적이다. 이렇게 한다면 기존의 예산을 가지고도 보다 나은 양질의 정보를 웹상에 올릴 수 있고 이용자들의 만족도를 향상시킬 수 있다.

일곱째, 향토문화백과에는 민속부분만 있는 것은 아니다. 하지만 향토문화의 상당 부분이 구술orality에 의해 전승되고 있고 그런 점에서 이러한 자료를 수집하고 기록함에 있어 민속학적 방법과 민속학의 역할이 다른 학문에 비해 비중이 크다. 따라서 주축은 민속학이 담당을 하고 역사부분은 역사학에서 담당하여 정보를 보충하는 것이 바람직할 것 같다. 물론 기타 학문분야에서도 관련 내용에 따라서 개입할 수 있다. 그러나 어떤 분야에서 개입하던 민속기록지적 이론과 방법에 대한 훈련이 갖추어져야 하며 이러한 과정을 통해 전문성이 담보되어야 한다.

여덟째, 향토의 사정을 잘 아는 지역의 인사들은 어떻게 할 것인가도 고려해야 한다. 지역에 있는 사람들은 지역 사정이 밝을 수는 있으나 기록화에 대한 이론과 방법이 부족하여 기록전문가로서 활용하기에는 한계가 있다. 따라서 이들은 자문위원으로 활용할 필요가 있다.

2) 민속기록학적 접근과 디지털 아카이브 구축을 통한 효율성

(1) 충실한 아카이빙과 지역정보 확보

디지털 아카이브는 자료의 수집과 기록화 작업을 통해 충실하게 1차자료를 확보하고 그것을 DB화하여 콘텐츠를 형성한다. 따라서 사전 체제에서 배제될 수 있는 많은 자료를 수용할 수 있다. 기존에는 지역의 현황을 제대로 조망할 수 있는 1차자료도 없는 상황에서 집필자에게 모든 것을 요구한다. 적당히 구색을 맞추어 얼버무린 내용으로 채워질 가능성이 높다. 사전체제의 구조적인 모순이 이러한 것을 부추기는 것이다. 또한 원고의 겉모습에 치중하는 측면도 보인다. 향토의 실태를 소개하는 것이 목적인 향토문화백과에서 많은 참고문헌을 요구한다. 관련내용이 있는 향토지의 경우에는 그것을 적으면 될 것이고 없으면 현지에서 조사한 내용을 서술하고 정보제공자를 소개하면 될 것인데, 많은 수의 참고문헌을 요구하는 것은 왜일까. 가령 해당 지역의 상례를 소개한다면, 『주자가례』, 『사례편람』, 기타 각종의례서, 개설서 등을 잔뜩 집어넣어 마치 이 원고를 쓰기 위해서 많은 참고문헌을 검토한 것처럼 보이도록 요구한다. 지역의 현황을 소개하는 데 이러한 겉치레에 신경을 쓰는 것은 아직도 담당자들이 일의 핵심을 파악하지 못한 것이 아닌가 생각된다. 이러한 상황이 모든 시군에서 동일하게 반복되다보니 모든 지역에서 중복되는 결과를 낳게 한다. 정의, 개설, 특징,

역사 등 사전 체제에서 요구하는 형식에 맞추다보니 지역마다 비슷한 내용이 중복되며 그것이 원고의 상당부분을 차지하게 됨으로써 지역정보를 수록할 지면은 더욱 부족하다. 디지털 아카이브의 체제에서는 이러한 번거로운 형식을 피하고 지역정보를 중심으로 서술한다. 또한 형식보다는 내용을 중시하기 때문에 기록의 밀도를 강화할 수 있다.

(2) 효율적인 예산운용

기존 향토문화백과에서는 향토지의 내용뿐만 아니라 현재의 현황을 기술하도록 하는데 문제는 이런 것에 대한 근본적인 예산편성이 고려되지 못한 점이다. 한편, 광명시와 같이 지역의 민속을 적지 않게 향토지에 수록해 놓은 경우에는 향토지를 읽고 지역의 사정을 어느 정도 이해하면서 특정 마을에 들어가서 간단히 현재 실태를 알아보고 원고를 작성할 수 있다. 그러나 상당수의 시군에서는 이러한 기본적인 조사조차 되지 않았으며 관련 향토지에도 내용이 없다. 이런 경우에는 그 시군의 현황을 짧은 기간 안에 집필자가 조사를 할 수도 없고 제대로 파악할 수도 없다. 이러한 사정은 간과하고 현재의 정보를 담아서 원고를 구성하라고 하면 집필자로서는 현지에 '다녀왔다'라는 흔적 정도만 보여주는 임기응변식으로 할 수밖에 없다. 더구나 향토문화백과는 지역문화의 모든 것을 망라하기 때문에 현장조사 항목의 선택과 집중이 이루어지지 못하기 때문에 각 항목에 투입되어야 할 현장조사비를 거의 줄 수 없다. 그러다보니 상대적으로 현장조사를 하지 않은 항목의 원고료를 내려서 현장조사를 한 항목의 원고료에 얹어주는 방식을 취하고 있다. 그렇다고 해도 현장조사를 하지 않은 항목은 1매에 7~8천원, 현장조사를 한 항목은 1만원 내외의 원고료가 책정된다. 한 항목에 겨우 원고 몇 매에 불과한 점을 고려하면 조사비와 원고료가 제대로 책정되었다고 볼 수 없다. 근본적으로 이러한 문제가 야기되는 것은 조사항목의 선택과 집중이 불가능한 사전 체제의 한계와 사업진행의 비효율성에서 기인한다. 필자가 인천시 남구의 향토문화백과의 집필 시 원고 검수자의 요구사항을 소개해 본다.

1. [개설]에서는 인천남구의 명절이 어떤 것들이 있는지 등을 서술하고

2. 그 다음에 [주요 명절음식]으로 소제목을 달아 인천남구의 명절음식을 소개해주고,

3. [현황] 혹은 [의의와 평가] 등에서 현재 명절음식이 어느 정도나 실제 행해지는지, 인천남구 명절음식의 특징은 무엇인지 등을 서술했으면 좋겠습니다.

이와 관련된 민속지학적 조사 내용도 제대로 된 것이 없고 그렇다고 이 원고를 작성하기 위한 선결 작업으로 민속조사사업이 이루어지는 것도 아니다. 단지 집필자가 이것을 충족하도록 원고를 집필하라는 것이다. 집필자는 원고를 맡았으나 어쩔 수없이 한 개 마을을 찾아가서 이와 관련된 내용을 조사하여 원고를 집필하게 된다. 그러나 여기에 책정된 조사비가 제대로 나오는 것도 없고 원고량도 5매 정도라고 할 때 과연 제대로 조사가 이루어질 수 있으며 원고내용 또한 충실하게 될 수 있을까. 최소한 이 정도의 요구에 부응하는 원고라면 20매 분량은 되어야 한다. 애초부터 그러한 것을 수용하지도 못할 정도의 원고 분량을 책정해놓고 많은 요구를 하는 것은 모순이다. 그렇다고 항목당 원고 20매씩을 할 수 있을 만큼 현재 예산이 있는 것도 아니다. 결국 현재 향토문화백과는 적당히 얼버무린, 이것도 아니고 저것도 아닌, 이러지도 못하고 저러지도 못하는 딜레마 속에 있다.

기존의 사전 체제는 복잡한 형식에 맞추는 번거로운 과정과 모든 항목을 다루어야 하는 난제 때문에 효율적인 예산운용이 이루어지지 못했다. 현 상황에서 절실한 부분부터 선택하여 집중할 수 있어야 하는데 그런 것이 무시되고 '수량 채우기'식의 항목선정과 그것으로 인한 예산배분의 문제는 결국 적은 원고분량으로 귀결되었다. 하지만 디지털 아카이브 체제에서는 사전을 만드는 것이 아니기 때문에 지나치게 형식에 얽매이지 않으며 기본적인 디렉토리 분류만 하고 그 속에 필요한 1차자료를 첨부하면 된다.

기존의 사전 체제에서는 시군지와 같은 향토지의 내용을 요약하여 사전형식에 맞추어 옮겨놓기 방식을 취한다. 이러한 작업을 하는 데도 항목선정, 항목선정 심사, 원고비 등에 예산이 허비된다. 디지털 아카이브 체제에서는 시군지와 같이 지자체에서 저작권을 가지고 있는 자료는 PDF파일을 만들어 그대로 탑재하여 서비스한다. 따라서

이미 서술된 자료를 다시 옮겨놓는 데 들어가는 비용을 절감할 수 있다. 여기서 절감된 비용은 부족한 부분을 아카이빙 하는 데 사용할 수 있다. 예를 들면 광명시의 향토문화 디지털 아카이브를 구축한다고 하면 광명시에서 기존에 발간된 향토지를 그대로 웹상에서 서비스하고[12] 그것에서 제외되거나 부족한 부분들을 선택하여 체계적인 아카이빙 작업을 실시하여 결과물을 서비스한다. 물론 이용자들을 위하여 적절한 분류체계를 가질 필요가 있으나 사전 체제처럼 번거롭지 않다. 이렇게 할 때 큰 장점은 기존에 확보된 책자를 사전으로 옮기는 데 들어가는 비용을 절감할 수 있고 또한 기존에 다루지 못했거나 미흡한 부분을 기록화 하는 데 예산을 집중할 수 있어 예산의 효율적인 활용과 동시에 체계적인 양질의 지역문화 아카이빙 작업이 가능하여 지역문화 디지털 콘텐츠의 내실을 다질 수 있다. 또한 밀도 있는 지역문화의 기록, 보존, 활용이라는 애초의 목표를 달성하는 데도 용이하다. 이용자들도 디지털 아카이브를 통해 양질의 자료를 이용할 수 있어 만족도를 높일 수 있으며 자료의 미래적 가치도 증대된다.

　전술한 내용을 토대로 기존의 사전체제와 디지털 아카이브 체제의 방향을 도표로 정리하면 다음과 같다.

〈표 2〉 사전체제와 디지털아카이브체제의 차이

형식	기존의 사전체제	지향되어야 할 디지털 아카이브
근거	· 민족문화대백과사전 · 인터넷 포털사이트 · 지리지	· 『假稱「民國輿地勝覽」編纂을 위한 硏究』에서 제시한 '민속지학의 연구방법'을 계승 · 지역공동체의 아카이브를 토대로 하는 기록-보존-활용의 순환체계를 고려
내용	· 백과사전 체제에 의한 간단한 설명	· 민속지학의 연구방법과 현대 기록학에서 제기되는 공동체 기록관(community archives)의 논의를 결합하고 발전시킨 민속기록학적 접근에 의한 디지털 아카이브 지향. 디렉토리 분류에 의한 자료 탑재

･ ･ ･

12 이 부분은 책자의 전체를 그대로 묶어서 서비스할 지, 목차에 있는 '장'과 '절'을 고려하여 디렉토리 분류방식을 채택할 지 등은 실제 사업에서 고려하여 보다 합리적인 방식을 취해야 한다.

	적은 양의 원고와 자료창고로서의 기능 부족	충분한 내용을 토대로 자료창고로서 기능
결과 및 예측	· 내용의 중복성과 지역정보의 부족	· 충실한 기록화에 의한 지역정보 확보
	· 기록화 경시	· 기록화 중시와 효율적인 예산운영
비고	· 일방적	· 쌍방향
	· 닫힌 구조	· 열린 구조

4. 맺음말

　　　　　　　향토문화전자대전 향토문화백과는 지역문화를 위한 디지털콘텐츠를 구축한다는 목표에서 이루어졌으나 실제로는 사전 체제에 의해 소량의 콘텐츠를 담보하는 데 머물렀다. 이것은 실제 용도에서 그만큼 실용성이 떨어진다. 디지털콘텐츠는 정보의 양과 질로서 승부를 걸어야 한다. 처음 방문하는 사람이나 비전공자들은 사이트를 둘러보고 잘됐다고 감탄할지 모른다. 그런데 막상 자신이 필요한 정보를 얻고자 하는 사람은 곧 실망감을 느낄 수밖에 없다. 이 사이트가 충실한 정보를 제공해 주기 위한 것이라고 하기 보다는 표제어를 나열해 놓고 간단한 설명을 첨부한 것이기 때문이다. 게다가 지역은 늘어나고 있는데 채워지는 내용은 지역정보가 적고 표준화되고 있다는 점에서 문제가 커지고 있다. 향토문화백과의 경우 기존의 향토지에서 필요한 정보를 요약하여 올리고 있는데 기존 향토지의 내용부실과 향토문화에 대한 아카이빙이 부족한 상황에서 그것에 의존하는 것도 근본적인 한계로 드러났다.

　　따라서 이 글에서는 『가칭假稱「민국여지승람民國輿地勝覽」편찬編纂을 위한 연구研究』에서 거론된 '민속지학의 방법'과 현대 기록학에서 제기되는 '공동체 기록관community archives'의 논의를 창조적으로 결합하고 발전시킨 민속기록학적 측면에서 디지털 아카이브를 제안하였다. 특히 사전체제에서 기존 향토지 옮기기에 시간과 예산을 낭비하지 말고 기존의 향토지는 이용자들이 쉽게 이용할 수 있도록 서비스하고 그것에서 부족한 부분을 중심으로 항목을 선택하여 집중적인 기록화를 통해 디지털 아카이브의 내용을 풍부하게 하는 방향으로 선회할 것을 제시하였다. 이렇게 하면 예산문제, 내용성, 이용자의 욕구, 미래적 가치, 지역문화의 기록, 보존, 활용 등 다양한 측면을 만족시킬 수 있다. 이러한 견해는 필자가 기존에 주장해왔던 시스템 지적과 그에 대한 원론적인 대안제시와 맥락을 같이한다. 그러나 이러한 근본적인 문제가 해결되지 않는데 어떻게 그것을 두고 대안제시가 가능하겠는가. 향토문화백과의 구조적인 모순을 해결하기 위한 타개책은 사전체제의 탈피에 있음을 거듭 주장한다. 향토문화전자대전을 제작하고 있는 한중연 정보센터가 표방한 다음의 글을 소개해 본다.

> 향토문화 관련 인적자원을 교육·조직하여, 전국에 산재해 있는 향토문화자료를 총체적으로 발굴·분석·디지털화하고, 시·군·구별 디지털향토문화대전을 구축하여 향토문화에 대한 종합적인 지식정보를 제공함으로써, 지식기반 사회의 토대를 마련하고 지역 균형발전 및 지역 경제 활성화에 기여함을 목적으로 한다.[13]

첫째, 인적자원을 교육하고 조직화하기 위해서는 한중연 자체의 연구소와 대학원에서부터 이렇게 해야 한다. 둘째, 전국에 산재해 있는 향토문화자료를 총체적으로 발굴하고 분석하며, 종합적인 지식정보를 제공하기 위해서도 이것을 담는 그릇은 사전 개념에서는 감당할 수 없다. 아카이브로 가야 한다. 셋째, 지역의 균형발전 및 지역 경제 활성화를 위해서도 온라인과 오프라인이 유기적으로 연계하며 활력을 가질 수 있는 방향으로 가야 한다. 지역의 경우에는 디지털콘텐츠와 지역기록관이 연계되어야 한다. 넷째, 한중연은 정보센터 스스로가 명시한 사업목적에 부합될 수 있도록 사업을 추진해야 한다. 그렇게 할 때 이 사업에 참여하는 사람들에게도 '긍정적인 동기부여'를 심어주며 콘텐츠는 알차게 채워질 수 있다. 이상에서 향토문화백과의 개선 방향에 대해 논의하였는데 앞으로는 우리 사회에서 '아카이브'와 '아카이빙'이 더욱 강조될 것이다. 향토문화전자대전 사업에서뿐만 아니라 국가기관 및 민간에서 행해지는

...

13 한국학중앙연구원 한국학지식정보센타 디지털 광명문화대전 집필사업팀,『2009 향토문화전자대전 편찬을 위한 원고 집필 지침서』, 2009, 1쪽.

다양한 기록화 및 기록관 사업에 있어 민속기록학과 공동체 아카이브에 관한 이론은 이러한 사업을 수행함에 있어 내실 있는 실천을 위한 길잡이가 될 수 있다.

03 .

문화지방화시대를 위한 지자체의 역할과
향토문화의 기록·보존·활용 방안*

- ·

- ·

- ·

1. 머리말

        2009년 필자는 광명향토문화전자대전 마을지를 집필하기 위해 몇 개월 간 광명시에서 조사를 했다. 이어서 향토문화전자대전 일반항목의 민속부분을 집필하기 위해 광명시 전 지역에 있는 동제를 조사하였다. 광명시는 면적이 좁기 때문에 동제조사는 1주일 간 현지조사를 하는 것으로 마무리되었다. 그러나 마음이 편하지 않았다. 공장이나 택지조성으로 자연마을이 해체되고 토박이 주민이 떠남으로써 사라진 동제, 동제당의 훼손으로 인한 단절, 단절되지는 않았으나 촌로를 중심으로 겨우 명맥을 이어가는 동제 등 동제의 전승과 지역문화유산으로서의 자리매김은 낙관적이지 않았기 때문이다. 반면 각종 개발사업은 광명의 산줄기를 자르고 자연녹지 훼손, 도로건설 등 하루가 다르게 생태환경과 전통적인 향토문화기반을 축소시켜갔다. 설상가상으로 그나마 남아있는 광명의 자연촌락을 붕괴시킬 보금자리 주택지 선정은 필자를 패닉panic 상태로 몰아갔다. 이렇게 내버려둘 수만은 없다. 민속학

· · ·

* 지역문화 활성화를 위해 지자체의 역할은 무엇이며 지역문화를 어떻게 기록·보존·활용할 것인가. 이 글은 현대 도시사회에서 지역문화의 자산인 동제를 사례로 하여 보존과 활용에 대해서 광명시를 중심으로 방안을 검토하였다. 본래 2013년 『남북문화예술연구』에 실은 글인데 이 책에 다시 수록하였다.

자로서 할 수 있는 역할이 있을 것이다. 작은 외침이나 대안이라도 만들어야겠다고 생각했다. 이것이 이 글을 쓴 동기이다.

지역문화가 왜 중요하고, 문화지방화가 왜 필요하며 그 속에서 동제는 어떤 의미가 있는가. 동제를 어떻게 기록·보존·활용할 것인가. 소멸론에 이끌리는 수동적인 태도를 버리고 도시개발과 동제가 상생할 수 있는 공존의 법칙 혹은 공존될 대안적 틀을 어떻게 만들 것인가. 이 글에서는 이러한 당면과제를 풀어보고자 한다.

최근 인문학의 사회적 역할이 강조되고 있다. 인문학이 사회발전의 동력으로써 한 부분을 담당할 수 있다는 인식은 그동안 경제논리나 효율성과 같은 기준만으로 다른 것은 간과하던 경향에 대한 반성이기도 하다. 서구적 합리성이나 발전의 논리는 일정 부분 우리사회에 기여하는 바가 있었지만 결국 경제위기, 환경문제, 자연재해 등 각종 문제를 야기하며 인류를 위기로 몰고 있다. 전통과 지역문화에 대한 가치인식, 문화의 논리가 경제의 논리와 조화할 수 있는 인식의 전환이 요청된다. 이러한 단초端初를 제공할 수 있는 기초작업으로 민관협력, 국가정책을 위한 학계와 행정당국 간의 협력이 필요하다. 인문학과 사회과학, 공학이 서로의 장점을 결합하면 시너지 효과를 낼 수 있고 새로운 패러다임을 만들 수 있다. 이러한 경향과 무관하지 않게 민속학도 신축성 있는 대응이 요구된다. 민속학에서 동제에 대한 연구라고 하면 동제의 의미나 구조를 분석하고 변화양상과 같은 현상을 밝히는 것이 기존의 접근이었다. 이 글에서는 기존의 접근방법과 다른 시도를 한다. 즉, '민속기록학'적 접근을 한다. 민속기록학이란 무엇인가. 학문 간의 융합과 민속학의 사회적 실천에서 탄생한 것이다. 민속학과 기록학의 특기를 수렴하여 공동체에서 일어나는 생활문화의 기록·보존·활용에 대한 전반적인 지식을 탐구하는 실용적인 학문분야이다. 민속기록학은 가족, 마을, 향토사회, 현대 도시사회의 각종 공동체를 전문적으로 기록하기 위한 전략에서 비롯되었다.[1] 민속기록학은 민民·관官 협력을 통한 문화정책과 참여민주주의를 지향한다.

---

1 김덕묵, 「민속과 기록의 만남, '민속기록학'을 제창한다」, 『기록학연구』 제34호, 한국기록학회, 2012.

따라서 민속기록학은 학문 내적으로의 성숙도 지향하겠지만 국가기관이나 지역의 문화행정에 관심을 가지며 그들의 보다 나은 의사결정에 이바지한다. 본문은 이러한 입장에서 지자체가 어떻게 동제를 기록·보존·활용할 수 있을까에 대해 광명시를 중심으로 살펴본다.

2. 문화지방화와 지자체

1) 문화지방화의 의미

1961년에 5·16 군사 쿠데타에 의해 중단되었던 지방자치제가 1991년 지방자치법이 개정되고 지방선거를 통해 부활했다.[2] 이후 '지방화'라는 용어는 흔히 사용되었다. 지방자치단체는 저마다 지방화를 외쳤으며 지방지를 발간하고 향토문화에 대한 인식을 강화하고 지역의 문화자원을 발굴, 문화산업 육성, 지역축제 확립과 같은 성과를 거두었다. '지방화'란 한국 현대사를 되돌아 볼 때 중앙집권에 반대되는 정서적인 의미를 담고 있다. 이것에는 민주화, 다원화와 같은 의미를 내포하고 있다. 과거 권위주의 정권은 경제성장이라는 명목으로 국가주도의 강력한 중앙집권적 지배권력을 행사해 왔기 때문이다.

지방자치제도는 주민자치와 참여민주주의를 배경으로 한다.[3] 일제강점기 순사나 지방관리라고 하면 일제의 수탈을 말단에서 행사하는 존재로 각인되었으며 해방 후 권위주의 시대에도 이들은 지역주민을 대변하기 보다는 국가정책을 하달하는 존재였다. 오늘날 동사무소에 가면 주민들을 위한 행정서비스의 질도 높아졌으며 주민복지를 위

. . .

2 정일섭, 『한국지방자치론』, 대영문화사, 2004, 29~66쪽.
3 지방자치란 일정한 지역과 주민을 기초로 독립적 법인격을 갖는 지방자치단체가 지역의 발전과 주민의 복리 증진을 위해 주민들의 일상생활과 밀접하게 관련되는 지역적 사무를 주민 스스로 또는 대표자의 선출을 통해서 자주적으로 판단·결정하고, 그 결과에 대해 책임을 지는 제도이다. 정일섭, 『한국지방자치론』, 대영문화사, 2004, 12쪽.

한 시책이나 시설도 좋아졌다. 이러한 것은 지방자치제의 실시와 무관하지 않다. 지방화는 중앙집권화에서 탈피하여 지역중심의 정치, 경제, 사회, 문화적인 질서를 확립하는 것이다. 중앙의 권력으로부터 하달 받는 것이 아니라 지역주민이 주체가 되어 지방행정의 수장을 뽑고 주민과 지자체가 소통하고 정보를 공유하며 자율적인 참여 속에서 지역의 발전과 지역문화 창달에 이바지 하는 것이다.

'문화지방화'란 문화의 측면에서 강조되는 지방화이다.[4] 이것은 문화의 분권, 문화의 자치를 의미한다. 즉, 지역이 독자적인 문화기반과 질서를 확립하는 것이다. 과거 전통사회에서 촌락을 중심으로 한 민중들의 놀이문화를 사례로 보면, '노동하는 삶'에서 파생된 놀이는 노동요와 각종 노동 속의 연희를 낳는다. 이러한 놀이로는 들판에서 일을 하면서 하는 두레놀이, 집을 지을 때 하는 지정닫이기와 같은 놀이가 있다. '의례행위를 하는 삶'에서 파생된 놀이는 혼례식에서 노는 것이나 장례놀이, 무당이 굿에서 하는 신놀이, 마을의 동제에서 행해지는 풍물놀이, 세시의례에서 행해지는 놀이가 있다. 세시의례에서는 정초의 지신밟기, 대보름의 달집태우기, 줄다리기 등이 있다. '여가를 보내는 삶'에서 행해지는 놀이는 주로 농한기나 명절에 이루어진다. 윷놀이, 연날리기, 그네뛰기 등이 있다.

전통사회에서 민중의 놀이는 다음과 같은 특징들이 보여진다. 첫째, 놀이를 만드는 자와 놀이를 향유하는 자가 구분되어 있지 않다. 놀이를 생산하는 사람도 누구라고 정해져 있지 않다. 각자의 놀이본능이 자연스럽게 응집되면서 놀이가 생산되기 때문에 모두가 놀이 만들기의 참여자가 된다. 문화산업가가 놀이를 만들고 그것을 사서 소비하는 오늘날 도회지의 대중문화에 비하면 민중들이 향유했던 놀이는 놀이의 생산자와 소비자가 일치한다. 둘째, 공동체를 기반으로 대동성을 가지고 있다. 민중의 삶의 일부분을 차지하고 있는 노동과 의례는 물론 여가 생활에서 조차 마을공동체의 기

<hr />

4 지방화라는 말은 들어보아도 '문화지방화'라는 말은 생소할 수 있다. 필자가 처음 사용하는 말이다. 문화지방화가 지역자원을 활용하여 세계시장에 진출하려는 것도 고려될 수 있으나 현 단계에서는 침체된 지역문화를 활성화하고 문화의 생산과 소비구조를 지역중심에서 만들어야 하는 부분이 더 절실한 문제이다.

반 위에서 이루어진다. 따라서 마을공동체는 협동심이 있어야 한다. 이러한 민중예술은 민중들의 원초적인 신명과 대동성이 결부되면서 집단적인 신명으로 분출되며 대동놀이로 표현된다. 셋째, 의례와 놀이가 결부되어 있다. 줄다리기는 단순한 놀이가 아니다. 세 번의 싸움에서 한 번은 남자가 이기고 두 번은 여자가 이겨야 한다는 규칙이 항상 적용된다. 양팀이 승부욕을 가지고 팽팽하게 밀고 당기며 긴장감이 땀을 쥐게 하며 성패를 예측할 수 없는 그런 싸움이 아니라 싸움을 위장한 일정한 양식을 갖춘 의례이다. 이러한 행위를 함으로써 마을의 풍요를 기원하기 때문이다. 농요 속에는 풍작을 비는 농경의례 행위가 포함되어 있으며 매년 특정한 절기에 따라 행해지는 세시의례 속에는 놀이가 포함되어 있는 경우가 많은데 이런 것도 의례와 놀이의 절충적 성격을 가지고 있다. 넷째, 일과 놀이가 결부되어 있다. 일 속에 놀이가 있고 놀이 속에 일이 있다. 일을 놀이처럼 하며 놀이가 단순한 유희를 위한 것이 아니라 일을 하는 과정 속에 있다. 신명나게 노동요를 부르면서 일을 하고 이렇게 놀이를 하다보면 어느새 일이 완성된다. 민중의 삶은 일과 놀이와 의례로서 표현되며 세 가지의 영역은 민중의 삶의 구조 속에서 상호의존적으로 존재한다. 세 가지가 얽혀서 민중의 삶은 완성된다.[5]

이러한 민중의 놀이는 공동체를 기반으로 생산과 소비가 자체적으로 이루어진다. 문화지방화는 지역공동체를 기반으로 문화의 생산과 소비가 자립적 기반 속에서 이루어지는 것을 지향해야 한다. 물론 농경을 기반으로 하는 전통사회와 유동성이 강한 현대 도시사회가 동일할 수 없다. 또한 쇄국주의鎖國主義로 갈 수도 없다. 다만 현재의 시공간 속에서 지역을 문화의 중심지로, 지역주민을 주체로 만들기 위해 과거의 전통에서 지혜를 배우자는 것이다. 도시화, 산업화가 되었다고 지역의 정체성이나 지역에서 전승되어 온 문화를 용도 폐기하거나 단절시키는 방향으로 갈 수는 없다.

문화지방화를 위해서는 다음과 같은 조건들이 구성되어야 한다. 첫째, 지역이 중앙

• • •

5 이 부분은 필자가 광명향토문화전자대전 특별항목에 기술한 내용을 발췌하였음을 밝혀둔다.

에서 벗어난 문화의 변방이 아니라 지역 자체가 '중앙'이라는 인식을 가져야 한다. 이것은 지역 자체를 소우주로 인식하고 그렇게 만들기 위한 전략이다. 지역의 힘, 지역의 잠재력, 지역적 가치, 지역성의 포기는 자아의 상실을 의미한다. 자기지역의 문화가 세계의 중심이라는 생각은 지역문화의 가치를 극대화시키는 전략을 낳으며 지역의 문화를 더 이상 변방에 머물게 하지 않는다. 지역문화 하나 하나를 새로운 의미로 바라보게 한다. 둘째, 지역민을 문화의 주체로 세워야 한다. 지역민이 수동적으로 문화를 소비하는 향유자가 아니라 그들 스스로 문화를 생산하고 소비할 수 있는 자립적 기반을 만들어야 한다. 지역민의 자각과 자치운동과 같은 협력이 필요하다. 셋째, 지역의 전승문화를 창조적으로 계승할 수 있는 기록·보존·활용에 대한 대책을 마련해야 한다. 넷째, 문화지방화를 위한 지자체의 일관된 정책이 뒷받침 되어야 한다.

이웃나라 일본의 사례를 보자. 1980년대부터 일본에서 눈에 띄게 나타나는 흐름은 지역문화의 발굴이다. 일본의 "나카무라시는 홍수나 지진 또는 전재나 화재 등으로 예전부터 전해 오는 거리 경관이 거의 보존되어 있지 못함에도 불구하고, 기회가 있을 때마다 '쇼코토 문화'나 '이치죠 문화'를 전면에 내세우며 그 유풍을 강조해 왔다. 이들 문화에서 자신의 아이덴티티를 찾고자 하는 노력은 오래된 지층 속에서 문화유산을 발굴하는 작업으로 이어질 수밖에 없었다. 때문에 지역의 역사에 대해 학습하는 기회를 마련하는 것을 필두로 하여 역사적·문화적 유산을 중요시하고 '역사로부터의 선물'을 재생하고 계승하는 것을 강조해 오고 있었다. 또 지역의 독특한 생활양식을 재인식하고, '와가마치我が町'라는 말을 내세워 내 고장에 대한 의식을 고양시키기 위한 커뮤니티 활동을 촉진하며, 여러 가지 문화를 형상화하는 작업을 시작하고 있다."[6]

...

6   김양주, 『축제의 역동성과 현대일본사회』, 서울대학교출판부, 2004, 328쪽.

2) 문화지방화를 위한 지자체의 역할

한국기록학의 발달이 공공기록물관리법과 밀접한 관련을 가지듯이 국가정책이나 지자체의 정책이 특정 기술분야나 학문 혹은 문화의 발전에 촉매가 될 수 있다. 한국 민속학의 발전에 〈한국민속종합조사사업〉과 같은 국가적인 사업이 영향을 주었다. 제도나 정책의 시행은 국가나 지자체의 단위에서 할 수 있는 것이지 개인이나 민간단 체가 할 수 있는 것이 아니다. 지역의 문화정책은 지자체로부터 나오기 때문에 지역 문화 발전에 있어서 지자체의 역할은 매우 중요하다. 강정원은 독일의 사례를 제시하 며 민속기록에 있어서 국가나 지자체의 역할을 강조한다.

> 국가는 국민들의 일상생활의 기반이 되는 전통문화가 기록도 없이 사라지는 것을 막고, 오히려 현재에 좀 더 잘 계승될 수 있도록 해야 하는 의무를 지니는데, 독일 국가가 행한 민속 지도의 작성과 이를 위한 체계적인 자료 수집은 이 의무를 충실하게 수행한 것이라고 생각한다. 독일이 혹심한 역사적 경험, 즉 나치정권의 폐해를 경험하고 난 뒤에 민속자료 수집과 민속지 발간은 중앙 정부의 소관이 아니라 연방을 구성하고 있는 각 주의 소관으로 바뀌게 된다 …(중략)… 필자 는 민속자료의 수집과 민속학이라는 기초 학문의 발달에 자본이나 권력으로부터 중립을 목표로 내세우는 국가의 역할이 중요하다는 점을 지속적으로 강조하고 있는데, 국가의 범주에 지방 자치 단체도 포함시킬 필요가 있다. 독일의 주는 민속자료 수집에 큰 관심을 가지고 지원하고 있는 것을 볼 수 있는데 …(중략)… 현재 민속에 대한 지속적 기록을 국가 기관에서 수행하는 것은 민속자료 수집이 국가가 수행해야 할 중요한 과제라는 점을 독일 국가가 잘 인식한 결과라고 할 수 있다.[7]

문화지방화를 위해서는 지역주민과 시민단체의 역할도 중요하다. 동제의 전승집단

• • •

7 강정원, 「한국민속종합조사의 민속학사적 의미」, 『한국민속종합조사의 성과와 민속학사적 의미』, 한국민속학회, 2011, 339쪽.

인 마을차원에서도 동제에 대한 의식을 가져야 하며 지역의 시민단체에서도 관심을 가져야 한다. 하지만 지역에서 문화정책을 시행하고 예산을 집행할 수 있는 주체가 지자체라는 점에서 무엇보다 지자체에서 사업을 집행할 수 있는 위치에 있는 사람들의 판단이 중요하다. 오늘날 지역의 문화정책에 있어 지방자치단체장의 결단이 결정적인 영향을 미친다.[8] 지방자치단체장이 어떤 정책과 사업을 정하느냐에 따라 지역의 문화구도는 달라질 수 있다. 몇 해 전 성남의 어느 시장은 재임시절 호화로운 청사를 지어 성남을 빚더미에 올려놓았다고 빈축을 샀다. 오세훈 전 서울시장도 한강에 오페라하우스를 만든다느니 뉴타운을 착공한다느니, 한강르네상스를 만든다느니 하면서 언론의 뭇매를 맞은 적이 있다. 호화로운 청사나 내실 없는 이벤트나 시장 개인의 치적쌓기를 위한 보여주기식 허영은 지역발전을 저해하고 문화지방화를 요원하게 만든다. 호화청사 대신에 지역기록관local archives을 만들었다면 성남은 문화적으로 선진적인 지자체로서 기틀을 마련했을 것이다.

오늘날 지역의 문화정책은 시청의 '문화관광과'[9]에서 담당하고 있으며 지자체로부터 예산을 받는 '지역문화원'에서도 지역문화와 관련된 각종 사업이나 활동을 펼치고 있다. 그러나 지역의 문화정책을 기획하는 공무원들이 문화를 연구하는 전문가가 아닌 경우가 많기 때문에 보다 많은 전문가들이 이 분야에서 일할 수 있는 방안이 요구된다.[10] 또한 지방공무원들을 대상으로 하는 지역문화의 기록·보존·활용 및 지역문화 교육 프로그램을 운영하여 이 분야에 대한 공무원들의 소양을 높일 필요가 있다. 아울러 지역문화의 기록·보존·활용을 담당할 수 있는 지역기록관의 설립이 시급하다.

• • •

8 자치단체장이 지방자치에 미치는 영향은 매우 크다. 더욱이 민주화의 수준이 낮은 우리 지방자치제에서는 자치단체장의 영향력이 선진국보다 크다. 조성호·조임곤, 『우리나라 지방자치 발전을 위한 자치단체장의 역할』, 집문당, 2003, 15쪽.
9 지자체에 따라 부서의 명칭은 다소 차이가 있다.
10 오늘날 광명시나 안양시 등의 민속조사보고서들이 알찬 내용이 담겨있는 것은 이 분야에서 혼신의 노력을 펼치는 학예직 공무원들의 열정이 있었기에 가능하였다.

3. 문화지방화와 향토문화

1) 향토문화의 의미

향토라는 말은 '지방', '전통'과 같은 용어를 생각나게 한다.[11] 물론 향토문화는 지역공간을 토대로 하여 역사성을 띠고 있다. 향토문화는 시간에 따라 쉽게 변하는 도회지의 대중문화와는 차이가 있다. 자본주의 대중문화가 '유행'이라는 말에서 느껴지는 것처럼 일종의 '바람'과 같은 일시적인 성격을 띤다면 향토문화는 일정한 지역을 근거로 그것을 전승시키는 전승집단을 모태로 하고 있다. 지역성, 역사성, 지속성, 지역공동체, 전승집단은 향토문화를 고려할 때 떠오르는 상像이다.

도시화·산업화·서구화는 향토문화의 근간을 위협하게 되었고 국경을 초월한 자본주의 상업문화의 확장은 지역문화의 개성을 희석稀釋시키게 하였다. 일제의 민족문화 말살정책에 대한 트라우마, 해방 후 정통성이 부족한 정권들의 친서구화와 문화사대주의에 대한 의구심, 미국을 중심으로 한 자본주의 상업문화의 영향력 강화를 경계하는 문화주권에 대한 인식과 문화제국주의에 대한 경각심은 1970~1980년대에 대학가를 중심으로 한 민족문화운동을 낳게 하였다.

1990년대에 접어들어 '정보화', '문화산업'이라는 용어가 주목되면서 향토문화에 대한 관심은 새로운 양상을 띠게 되었다. 디지털을 기반으로 하는 정보화, 문화산업의 비약적 발전은 전 세계가 동일한 문화를 공유할 수 있게 하였다. 최근 싸이의 강남스타일이 세계적으로 유행을 떨칠 수 있는 것도 유튜브를 통해 신속하게 세계인이 공유

---

* * *

11 우리나라를 비롯하여 중국과 일본에서 사용하는 한자어 향토(鄉土)라는 말은 원래 독일어 하이마트쿤스트(Heimatkunst)에서 파생된 말이다. 독일어 하이마트쿤스트는 '향토예술'이란 뜻을 담고 있다. 일본에서 독일어 하이마트(Heimat) 개념을 처음으로 수용한 사람은 우치무라 칸죠(內村鑑三)였다. 우리나라에서는 일제의 식민지배시대에 '향토'라는 용어가 도입되었다. 특히 일제의 문화정책 일환으로 1937년 5월 17일 사월초파일에 조선민속학회 주최, 조선일보사 후원으로 열린 제1회 조선향토무용민요대회가 '향토'라는 말을 대중적으로 전파시킨 계기가 되었다. 주영하, 「향토문화의 개념」, 『향토문화란 무엇인가』, 한국정신문화연구원 한국향토문화전자대전추진위원회, 2002, 2~4쪽.

할 수 있었기 때문이다. 세계인의 거리는 좁아졌다. 타자와의 접촉은 곧 자아의 인식으로 이어진다. 세계가 문화산업의 각축장이 되면서 자신의 고유한 경쟁력은 지역문화를 기반으로 할 때 유리하다는 주장도 설득력을 얻는다. 가수 싸이의 강남스타일의 리듬이 우리 전통음악인 휘몰이 장단과 흡사하다는 주장도 음미해 볼 필요가 있다. 이제 세계화와 지방화는 동일선상에서 볼 수 있다.

이러한 시도는 이미 지역의 문화정책에서 보여지고 있다. "지역활성화 혹은 지역발전의 중심을 '문화산업'으로 인식하고 각종 상징적 구조물을 건립하며 다양한 축제 형태의 행사를 시도하고 있다는 것이다. 이러한 지역 수준의 '문화산업 만들기'에서 두드러지게 나타나는 특징은 그 모티브를 과거의 역사적 경험이나 문화적 독특성에서 찾아내어 자원화하려는 경향이다. 이러한 경향의 이면에는 지역을 활성화시키는 데 전통적인 요소가 장애로서 작용하는 것이 아니라 오히려 전통적인 요소로부터 출발해야만 부작용을 줄일 수 있다는 발상의 전환이 자리잡고 있다."[12] 향토문화는 지역의 문화산업이나 지역경쟁력 제고를 위해서만 의미가 있는 것은 아니다. 지역의 역사를 복원하고 정체성을 확립하고 지역문화의 해체를 막고 지역민의 삶의 질 향상과 문화지방화를 열기 위한 기제이다. 결국 향토문화란 지역발전을 위한 근거가 된다.

오늘날 향토문화는 전통사회를 기반으로 하여 전승되어 온 것, 현대사회에서 보여지는 현상 등 통시적 입장에서 볼 때 여러 층위로 볼 수 있다. 현재를 배경으로 하고 역사성이 짧은 문화도 현재의 공간 속에서 자리를 차지하고 있다. 민속기록학적 입장에서 지역을 기록할 때는 지역성과 전통성을 중요시 여기며 그러한 맥락을 띠는 문화요소를 기록의 우선순위에 놓을 수 있다. 그러나 현재에 대한 충실한 기록도 무시할 수 없다. 현재라는 시공간을 채우고 있는 모든 요소들이 현재를 증언해 주기 때문이다.

'문화지방화'란 중앙의 문화를 지방으로 옮기는 것이 아니다. 지역의 문화기반을 구축하고 강화하는 것이다. 지역의 문화기반을 강화하는 것은 외래의 문화를 지역에서

. . .

12 홍성흡, 「지역정체성과 지역정치 – 전라남도 영암군 구림마을의 사례 –」, 『전통의 활성화와 지역문화의 발전』, 제 32차 한국문화인류학회 국제학술대회 자료집, 149쪽, 2000.

도 향유할 수 있도록 만드는 것이라기보다 지역 내의 문화를 발굴하고 보존하며 발전시키는 것에 방향을 둔다. 지역문화에 대한 패러다임은 그동안 지역에서 세거했던 양반 사족의 문화나 사적, 유적 등을 중심으로 생각하는 경향이 있었다. 지역문화의 주체는 민중이 되어야 하며 그동안 지방 혹은 변방으로서 하찮게 취급되었거나 생활주변에 있어 그 가치를 제대로 인식하지 못했던 민속이 중요한 위치에서 가치를 인정받아야 한다. 지역민들을 그들의 문화 '중심부'에 위치하게 하는 것이다.[13] 향토문화는 마을을 기반으로 영위되어왔던 전통적인 민속자원들이 다수를 차지하며 민중성을 띠는 경우가 많다. 향토문화를 기록·보존·활용하는 일은 지역사회의 발전과 지역민의 삶의 질을 향상시키는 주민복지의 과정이다.

2) 향토문화에서 동제가 차지하는 위상

동제는 상고시대부터 내려온 유구한 공동체 신앙의 흔적일 뿐만 아니라 오늘날도 수많은 마을에서 행해지고 있는 주민자치의 문화이다. 동제에는 민속예술, 문학, 역사 등 전통의 문화예술자원이 함유되어 있으며 마을의 역사를 말해주는 증거물이기도 하다. 문화지방화시대에 지역문화찾기, 마을의 역사와 문화찾기를 위해서 마을신앙은 주요한 소재가 된다. 이렇게 보면 마을신앙은 예술, 문학, 역사, 민속 등 다양한 학문의 연구대상이 될 수 있을 뿐만 아니라 지역문화유산이며 마을의 정체성 찾기를 위한 자원이기도 하다. 더욱이 도시화, 산업화로 인해 공동체가 해체되어가고 있는 오늘날 공동체 신앙은 향토의식, 애향사상 등 현대사회가 잊을 수 있는 다양한 문화적 가치와 활력을 상기시켜 줄 수 있다. 또한 유구한 역사를 이어온 한국 공동체 신앙의 원줄기로서 민중의 종교관을 파악함에 있어 중요한 단서가 된다. 동제는 지역의 자연환

• • •

13 일본에서도 무라오코시(村起こし), 마치즈쿠리(町作り), 마츠리 만들기 등을 통해 지방으로부터의 지역재생운동이 전개되고 있다. "중앙정부에 의한 개발정책이 그다지 효과를 내고 있지 못한 상황에서 지방은 스스로의 길을 모색하지 않을 수 없게 된 것이다. 해체의 위기에 처한 지방이 스스로 해내지 않으면 안 되게 된 재생운동·활성화 운동 바로 그것이 지방 내부로부터 태동하기 시작한 운동성인 셈이다.", 김양주, 앞의 책, 2004, 302쪽.

경, 생태, 역사, 사회·문화적 배경에서 기인하는데 가까운 우리의 현대사를 보더라도 동제와 동제당이 가지는 의미를 읽을 수 있다. 과거 삼일운동 때 서울의 용산지역을 비롯해 김천, 예천 등 상당수의 지역에서 동제당에서 만세를 합창하였다.[14] 지역민들의 주요행사도 동제당 앞에서 벌어진 사례가 보이는데 지역민에게 미친 동제당의 위상을 알 수 있다.

지역문화에서 동제는 지역공동체의 역사와 문화적 정체성을 담보하는 핵심이다. 동제는 마을의 역사를 토대로 형성된 것이며 마을공동체의 번영은 물론 각 구성원의 안녕을 기원하는 공동체의 의례이기 때문이다. 마을이 모여 지방을 이룬다. 즉, 지역문화에서 마을신과 마을공동체 의례인 동제를 수호하는 일은 곧 지역문화의 근간을 지키는 일이며 정체성을 확립하는 일이다.[15]

광명의 경우, 동제에서 모셔지는 신은 산신과 같은 자연신도 있고 마을에서 거주했던 역사적 인물(사들 정원용)도 있다. 이러한 마을신은 기본적으로 '조상숭배'와 밀접한 관련이 있다. 입향조나 마을을 살다간 영웅이 마을신으로 섬겨지는 것은 마을조상으로서 신격화한 것이다. 한편 산신은 비록 '자연신'이라고 하지만 조상과 무관할 수 없다. 『삼국유사』에 단군이 죽어서 아사달의 산신이 되었다거나 김유신이나 범일국사, 단종 등이 산신으로 모셔지는 것은 산신과 조상신과의 관련성을 보여준다. 오늘날 무당들을 관찰해 보면 무속에서 조상은 '산신줄'로 내리기도 하고 '용신줄'로 내리기도 하며 '서낭신'으로 오기도 한다. 그밖에 '대신', '군웅' 등 조상이 자손에게 오는 신줄은 다양하다.

특정한 인물이 사후 마을신으로 신격화 되는 것에는 이러한 여러 신줄과 관련이 있다. 노온사동 사들에서 군웅신으로 모셔지는 정원용은 군웅줄과 관련이 있는 것으로 추정된다. 이와 같이 역사적 인물이 마을신으로 모셔지는 경우와 달리 구체적으로 인

* * *

14 이러한 사실은 필자가 주민들과 대담을 통해서 알 수 있었다.
15 "마을공동체신앙은 각 마을을 하나의 '지연 공동체'로 결속시키는 데 있어서 가장 핵심적인 역할을 해왔다.", 김익두, 「무형문화유산으로서 마을공동체신앙의 보존과 전승을 위한 지원 정책: 마을공동체신앙 보존·전승의 '시학'과 '정치학」, 『무형문화유산의 보존과 전승』, 민속원, 2009, 221쪽.

물을 알 수 없는 마을신도 있다. 가학동 노리실의 경우에는 군웅할머니·군웅할아버지로 모셔지고 소하2동 영당말에서는 도당할머니로 모셔지는데 구체적인 인물이 누구인지 알 수가 없다. 이런 경우 마을신과 관련된 특정한 인물과 신화가 있었으나 후대로 내려오면서 잊혀진 경우도 있고 마을의 지세나 자연환경 등에 의해 특정한 신으로 호칭되는 경우도 있다. 가령 한라산의 산세가 '여산女山'이라고 하여 여산신, 여장군이 모셔지는 것과 같다. 물론 이렇게 산세와 관련된 명칭도 이후 인물신과 결합되면서 구체적인 전설이나 신화를 낳기도 한다. 어찌되었든 한국의 마을신은 자연신이든 인신이든 결국에는 조상숭배로 승화되며 그것과 밀접한 관련을 가진다. 따라서 지역의 마을신은 마을의 역사와 유래, 마을의 자연 및 생태환경, 마을을 살다간 선조들과의 관련성 속에서 찾을 수 있다.

지역문화에서 혹은 마을의 역사와 문화를 이해하는 데 있어 중요한 동제와 동제당이 산업화, 도시화로 인하여 그 가치와 의미가 퇴색되고 훼손되고 있다. 최근에 들어서는 대도시의 뉴타운 건설, 신도시 건설, 도시의 팽창, 도로건설, 주민들의 이주 등 갖가지 이유로 마을의 대동축제인 동제가 사라져가고 있다. 농촌에서도 사정이 좋지 않다. 급격한 인구감소와 노령화로 인해 동제가 겨우 명맥을 이어가거나 사라지기도 한다. 대도시의 경우 아파트 건설이나 도로건설로 인하여 동제당이 헐리는데도 지역사회에서 누구나 지적하거나 대응의 논리로 맞서지 못하고 경제논리나 개발의 논리에 밀리고 있다. 광명의 경우에도 도시화로 인하여 상당수의 촌락이 훼손되고 그 속에서 전승되던 마을문화와 동제도 사라져가고 있다. 따라서 광명의 문화기반을 구축하기 위해서는 향토문화의 가치를 재인식하고 민·관이 협력하여 그것을 지역문화의 중심으로 끌어올려야 한다.

이러한 현실에서 그나마 다행스러운 일은 1990년대 이후 지자체에서 향토지가 간행되면서 관할지역의 동제에 대해 조사보고서가 나오고 있다는 점이다.[16] 또한 최근에

· · ·

16 기왕에 하는 조사사업이라면 꼼꼼하고 기록적인 임무를 충실히 수행할 수 있도록 선도하는 것도 민속학자의 몫이며 이러한 것에 대한 방법론적 검토도 요구된다. 우리나라의 공동체 신앙은 고대의 제천의례에서부터 찾을 수 있

와서는 동제의 활용에 대한 연구가 시도되고 일부의 마을에서는 동제가 활용되고 있다는 점이다.[17] 이러한 경향은 2000년 이후 우리 학계에 불어온 문화콘텐츠의 영향과 무관하지 않다. 동제의 활용에 대한 그동안의 연구에서는 축제화 및 관광자원화 방안, 마을신앙과 관련된 문화콘텐츠의 원형과 소재발굴 및 그것에 기초를 둔 스토리텔링, 마을신앙의 공연화 방안 등이 논의되었다.[18] 이와 더불어 앞으로는 보다 구체적이고 심화된 연구들이 다양하게 시도되어야 한다. 특히 지역의 환경, 여건, 지자체의 사정 등을 감안하여 구체적인 실현방안들이 논의되어야 하며 또한, 단순한 이용에 그치는 것이 아니라 향토문화자원으로서 동제를 장기적으로 보존할 수 있는 대책도 요구된다. 보존도 중요한 활용의 일부가 될 수 있기 때문이다. 마을공동체의 해체가 촉진되는 도시화 사회에서 동제와 동제당을 어떻게 보존하고 활용할 것인가는 특히 도시화로 인해 지역문화가 멸실되어 가는 광명시와 같은 지자체에서 고민해야 할 부분이다.

4. 광명시 동제의
기록 · 보존 · 활용 방안

광명지역은 경기도 시흥군에 속해 있다가 1981년에 시로 승격되었다. 광명지역은 도덕산과 구름산을 중심으로 나뭇잎 모양을 하고 있으며 안양천과 목감천을 경계로 인근의 시와 맞닿아 있다. 서울시 구로구와 인접하며 서쪽으로는 부천시, 동쪽으로는 안양시, 남쪽으로는 시흥시와 접하고 있다. 이러한 지정학적 위치 때문인지 오늘날 대다수의 지역은 도시화되었으며 시의 북부인 철산동이 도

다. 오랜 역사를 거치면서 다양한 神格과 神體, 神話, 의례구조와 신앙형태를 가지고 있다. 그동안 동제연구는 이러한 점을 분석하거나 조사하는 것에 역점을 두었다.

17 부안 우동리의 사례를 보면, 당산제를 위해 놀이마당을 만들어 놓았으며 줄다리기, 솟대제작 등 갖가지 행사를 통해 지역축제로 활성화하고 있다. 또한 당산제를 공연화하여 전북민속예술축제에 출전하기도 하였다. 광명에서도 동제를 얼마든지 이렇게 활용할 수 있다.

18 이와 관련된 연구로는 서해숙(2001), 표인주(2005), 충북개발연구원(2007), 김미경(2009) 등이 있다.

심을 이룬다면 남쪽지역은 도시근교농촌의 모습을 보이고 있다. 이곳이 농촌의 모습을 보일 수 있었던 것은 그린벨트 지역으로 지정되어 있었기 때문에 각종 개발로부터 벗어날 수 있었다. 변두리의 촌락에는 공장, 유통업을 위한 창고가 민가와 섞여 있으며 주민들은 이렇게 토지를 이용하여 임대료를 받고 있다. 광명에는 지역축제로 자리매김이 된 유명한 동제가 있지도 않고 한 귀퉁이에서 언제 단절될지 모르는 위태로운 처지에 있는 동제가 많다. 자연마을이 모두 개발되고 나면 광명에서 동제는 완전히 사라질지 모른다. 이러한 이유가 현 시점에서 필자가 광명을 선택하여 이 글을 서술하는 이유이다. 볼거리가 많고 의례규모가 큰 동제도 전국에 산재한다. 광명의 동제는 쉽게 잊혀질 수 있고 가치를 제대로 인정받지 못할 수도 있다. 그러나 광명의 동제는 광명의 역사이며 문화적 특성을 담고 있다. 지역문화의 발굴은 이러한 평범한 생활주변에서 의미를 찾고 그것의 기록·보존·활용을 고민해야 한다. 광명과 같은 처지에 있는 전국의 평범한 동제들은 이제 지역의 역사와 문화를 담은 문화지방화 시대의 주역으로 발굴되어야 한다. 지역문화의 발굴은 거창한 문화재를 찾거나 세우는 것이 아니다. 생활주변에 있는 평범한 것을 재발견하고 가치를 찾는 것에서부터 비롯된다.

1) 광명시 동제의 전승과 변화양상

(1) 전승지역과 단절된 마을

필자는 2009년에 능말, 2010년 2월에는 광명 전 지역의 동제를 조사하기 위해 현장조사를 다녔다. 이후 2013년에 동제가 단절된 두 개의 마을(뒷골, 장터말)을 발견했다. 현재까지 광명시에서 조사된 동제는 모두 15곳이다. 『광명시지』(1993) 편찬 때 조사된 12곳과 필자가 추가로 발견한 마을을 포함하여 15곳이 된다. 현재 광명지역에서는 동제를 도당굿이나 유교식 제의로 지낸다. 마을신은 산신, 군웅, 조상으로 나타나며 근래에는 마을에 우물이 사라졌지만 우물이 있을 때는 동제를 지낼 때 샘고사도 함께 지냈다. 동제를 조사한 15개 마을 중 현재까지 전승되고 있는 마을은 7개 마을, 단절된 마을은 8개 마을이다. 광명시 동제의 전승지역과 단절된 마을을 도표로 보면 다음과 같다.

마을	신격과 신화	제당과 신체	제당의 위치	제의명칭	제일[19]	제의 주관	제의내용	전승유무
옥길동 두길	산신	수목 (도당나무)	마을동편 동산의 사창터	산신제, 도당제	10월 초정유일	무당과 제관	도당굿	1980년대 초 무렵에 단절
옥길동 식길	산신	수목 (도당나무)	마을남쪽 도당고개	산신제, 도당고사	7월 1일, 10월 1일	무당과 제관	우물고사와 도당굿	근래에는 당주집 대신 노인정에서 음식 준비
옥길동 해방촌	산신	바위	마을 뒤 만수산 중턱	산신제	10월 초사흘	무당 또는 제관	굿 혹은 제례	2002~2003년 무렵부터 단절
일직동 자경리	산신	수목	성재산 중턱	산제사	10월 초하루	제관	제례	현존
일직동 양지편	산신	수목	성재산 정상 (황룡사 뒤)	당고사	10월 초하루	제관	제례	현존
노온사동 능말	산신	제당	금천강씨 선산 옆	산제	10월 2일	제관	제례	현존
노온사동 사들	군웅 (정원용)[20]	수목 (소나무)	마을입구	군웅제	정월 초이틀 오후	제관	군웅제와 우물에서 용왕제, 풍물을 치고 논다	2001년 무렵 단절[21]
광명동 원괭메	산신	수목 (은행나무)	마을 뒤편	산신제, 도당굿	10월 초하루	무당, 제관	도당굿이 끝나면 은행나무 아래에서 한 바탕 논다	현존
가학동 노리실	군웅할머니, 군웅할아버지	제당과 짚주저리	마을 앞 안산	군웅제	10월 초열흘 경	무당	굿이 끝난 후 풍물을 치며 마을잔치	현존
철산동 쇠머리	산신[22]	수목과 짚주저리	철산동 왕재산	도당고사	10월 초하루	무당	고사	1990년대 단절

• • •

19 음력.
20 군웅신으로 모셔지는 정원용과 관련된 신화와 군웅제 때 올려놓는 군웅옷이 주목된다.
21 주택건설로 대동우물이 사라지고 군웅나무 고사.
22 쇠머리에 최초로 입향한 사람은 덕수 장씨 11세손인 장준(張俊)으로 그는 고양 행주에서 살다가 임진왜란 때 그의 부친이 권율 장군 휘하에서 행주대첩에서 순국한 후 이곳으로 이주하였으며 그 후손들이 세거하였다(광명시지편찬위원회, 앞의 책, 615쪽). 동제당은 왕재산 덕수 장씨 사당에서 50여 미터 떨어진 정상에 있는 수목이다.

하안동 밤일	산신	수목 (느티나무)	도당산 중턱	도당제	7월 1일	제관	제례	1970년대 후반 단절
소하동 가리대	산신	제단	뾰족산 중턱	산신제	10월 초사흘	앉은당주와 선당주	제례	현존
소하2동 영당말	도당할머니	수목	구름산 줄기 도당고개	도당굿	7월 그믐, 10월 초하루	무당, 제관	굿	1992년 단절23
가학동 장터말	산신	수목	장터 주변의 고목나무 앞	산신제		제관	제례	1980년 이전에 단절
가학동 뒷골	산신		서독산 중턱 절터	산신제	10월 초순	제관	제례	1980년대에 단절

(2) 전승과 단절의 원인

동제가 단절된 옥길동 두길은 1980년대 초반에 도당나무가 고사枯死된 이유도 있지만 마을에 교회와 공장 등이 들어서면서 마을공동체가 손상되고 공동체 문화를 보존할 여건이 어려워진 것이 근본적인 원인이다.[24] 옥길동의 해방촌은 50여 년 전에는 30여 호가 되는 마을이었으나 2002~2003년 무렵에는 대부분의 땅에 공장이 들어서면서 토박이 주민이 몇 집 남지 않아서 지내지 않게 되었다. 필자가 조사한 2010년에는 50년 전부터 이곳에 거주한 주민 이희남(남, 1939년생) 댁만 남았다. 그는 시월에 가을고사를 지낼 때 그의 집 뒤쪽에 있는 동제당을 바라보며 간단히 제를 지낸다. 노온사동 사들은 2001년 무렵 단절되었는데 주택건설로 대동우물이 사라지고 군웅나무가 고사되었기 때문이다. 하안동 밤일은 1970년대 후반 기독교인들의 반대로 단절되었다. 이후 마을에 변고와 자살자가 많이 생겨 다시 지내자는 논의도 있었다. 소하2동 영당말의 경우에는 1989년에 구획정리사업으로 도당고개가 훼파되자 1992년에 단절되었다.[25]

...

23 이곳 도당굿을 1986년에 '광명도당놀이'로 개칭하여 경기도 민속예술경연대회에 출전한 바 있다.
24 광명시지편찬위원회, 『광명시지』, 1993, 584쪽.
25 위의 책, 580~637쪽.

전거한 바와 같이 동제가 단절된 곳은 동제를 유지할 수 있는 마을공동체가 훼손되거나(두길, 해방촌), 동제당이 손상되거나(사들, 영당말), 기독교인들의 반대(밤일)가 원인으로 작용하였다. 따라서 동제를 유지할 수 있는 마을공동체의 기반이 훼손된 경우는 어쩔 수 없지만 다른 이유는 지자체에서 보존대책을 마련하면 보존될 수 있다. 즉, 옥길동 두길과 해방촌의 경우에는 마을공동체 기반이 거의 훼손되어 동제를 유지할 수 없지만 사들과 밤일, 영당말의 경우에는 여전히 마을공동체가 유지되고 있고 동제의 단절도 오래된 것이 아니기 때문에 광명시에서 적절한 보존대책을 시행하면 다시 행해질 수 있다. 이들 마을의 동제는 향토문화적 가치가 높다.

동제가 전승되고 있는 마을은 옥길동 식길, 일직동 자경리, 양지편, 노온사동 능말, 광명동 원광메, 가학동 노리실, 소하동 가리대이다. 이들 마을에서 동제가 전승될 수 있었던 것은 무엇보다 토박이 주민들을 중심으로 한 마을공동체가 유지되고 있기 때문이다. 물론 마을제당이 유지되고 있는 것이나 기독교인들의 방해가 적은 것도 원인이다. 그러나 이들 마을에서 동제가 앞으로 계속 유지되리라고 예견할 수만은 없다. 옥길동에서부터 광명동, 학온동 일대 즉, 광명 서남부 일대도 점차 개발되고 있기 때문이다. 아파트나 주택지로 선정되지 않은 일직동 자경리의 경우에도 과거 100호나 되는 큰 마을이었으나 2010년에는 7가구가 남았다. 현재는 지내고 있으나 촌로들이 작고하고 나면 전승될 수 있을지 의문이 든다.

(3) 동제의 변화양상과 변화요인

마을의 환경은 동제를 변화시켰다. 제장의 축소, 의례의 축소나 제의준비과정, 제관 선출 등에서 변화상이 두드러진다. 옥길동 식골의 예를 들면 제를 지낼 때 과거에는 대동우물을 치고 새 물을 길어서 정성스럽게 술을 빚고 음식을 장만하였다. 무당과 악대들은 우물고사를 먼저 올리고 도당고개에 가서 차일을 치고 산신제를 지냈다. 그러나 지금은 마을 중앙으로 도로가 생기면서 우물이 없어졌다. 당연히 우물을 치거나 그곳에서 물을 길어 음식을 장만하던 풍습은 사라졌다. 과거 당주집에서 제물을 준비하던 풍속도 이제는 노인정에서 한다. 당주집 앞에 금줄을 두르고 황토를 뿌리던 풍속도 없어지게 되었다. 노리실에서도 2003년 무렵부터 제관집을 대신하여 마을회관에 서 제물을 준비하며 능말에서도 마을회관에서 제물을 준비한다. 다만 가리대의 경우 에는 지금도 당주집에서 음식을 장만한다.[26] 제수 비용을 마련하는 방식에서도 변화가 보인다. 노리실의 경우 과거에는 각 집마다 쌀을 갹출하여 제비를 마련하였는데 2007 년 무렵부터는 동네자금으로 한다. 가리대는 한 가구에 쌀 한 되씩을 거두던 방식에 서 지금은 마을경비로 제비를 마련한다.

이러한 변화의 요인은 동제를 둘러싸고 있는 마을공동체가 도시화로 인한 변화를 맞이했기 때문이다. 특히 마을공간의 변화는 동제의 변화에 적지 않은 영향을 미치고 있다. 마을 을 도로가 관통함에 따라 대동우물이 사라지거나 제장이 훼손되기도 하여 제의공간이 축소되거나 제의를 소멸시켰다. 과거 농사를 주업으로 하며 조용한 전원 마을을 형성했을 때는 제일이 임박하면 마을에 금줄을 쳐놓고 황토를 뿌려놓기도 하 였으나 근래와 같이 외지인이 많이 왕래하는 마을공간은 금기 같은 것이 제대로 지켜 질 수 없는 환경을 만들었다. 동제를 지낼 때 풍물을 치면서 마을공동체의 대동잔치 가 되던 동제가 이제는 간단한 제례로 마무리 되는 경우가 많다. 또한 엄격히 당주와 제관을 선출하고 금기를 지켜야만 했던 예전과는 달리 근래에는 마을 촌로들이 중심 이 되어 노인정에서 제물을 장만하고 노인층에서 제를 담당하는 경우가 많다. 마을에 청장년층이 부족해지고 노인층만 남아서 가정에서 제물을 준비하는 것이 어렵게 되었 기 때문이다. 농사를 본업으로 하고 화폐보다는 물물교환이 성행하던 시기의 유풍이 라고 볼 수 있는 쌀 갹출을 통한 제비 마련은 이제 화폐로 대신하거나 마을공동경비 로 지출하는 경향이 일반적이다.

공장건설, 도로건설, 택지건설과 같은 마을의 물리적 공간의 변화, 토박이를 중심으 로 하는 전승집단의 축소, 도시화로 인한 외지인의 이입 등은 마을공동체의 유지를 위협하게 되고 그것은 곧 동제의 전승에도 여러 가지 변화양상을 낳게 하였다. 그나

---

26 필자가 2010년에 조사한 내용임.

마 남아있는 동제도 이제 단절의 위기에 놓여있다. 기존의 마을공간이 해체되고 보금자리 주택이 들어설 예정이기 때문이다. 동제에서 가장 큰 변화란 단절이다. 단절을 야기하는 치명적인 것은 전승집단을 해체하는 마을공동체의 붕괴이다. 기존의 마을공동체가 붕괴되고 그것이 담고 있는 지역문화가 증발한 후 아파트만이 들어서 있다면 그것은 무늬만 '광명시'일 뿐 그곳에 '광명시'는 없다. 이러한 파괴와 단절의 역사를 우리는 서울과 같은 대도시에서 이미 수십 년 전부터 경험해 왔다. 또 다시 그런 상실의 역사를 재현할 것인가.

도시화 되더라도 자연마을은 그 전통이 유지되도록 기존의 주거지역은 보존하는 도시정책을 취해야 하는데 무조건 아파트단지를 조성하는 방향으로 나가는 것은 바람직하지 못하다. 자연촌락은 지역문화를 담지하고 있는 보고이며 박물관이다. 문화재보호구역으로 인식되고 보호되어야 한다.

(4) 광명시 동제의 특성과 문화사적 의미

이 글의 초안을 만든 후 광명시에 사는 지인에게 보여주었다. 그는 "광명에 그렇게 가치 있는 동제가 있는가"라고 반문하였다. 나는 민속학자의 눈으로 보면 가치가 보인다고 대답했다. 과연 광명의 동제는 가치가 있는 것일까. 우선 지역적 특성을 보면 광명의 동제에서 다수를 차지하는 신격은 산신이다. 그 다음으로는 군웅신과 조상신이다. 사들의 군웅신은 이 마을을 살다간 정원용이라는 역사적 인물이며 마을에서 모셔지던 군웅복은 국립민속박물관에 보관되어 있는 문화재이다. 광명의 동제는 인근의 안양, 성남, 시흥 등지의 것과 유사하다. 굳이 지역적 특성을 말하라고 하면 한국의 산신신앙, 군웅신앙, 조상숭배의 전통을 다른 곳에서도 볼 수 있으나 이것은 이곳을 살다간 지역민의 삶이 담겨있는 문화이며 이것을 통해 전승되어 오는 광명의 향토문화를 들여다 볼 수 있다는 점에서 문화사적 의미를 둘 수 있다. 동제는 광명의 공동체문화와 주민들의 삶을 증거해 주는 증거물이자 기록물[27]이다. 지역사의 입장에서 볼 때 이 기록물을 찢어버릴 것인가 아니면 후손들도 이용할 수 있도록 보존할 것인가. 역사적으로 볼 때 이웃나라를 정복하면 먼저 그 나라의 기록물과 흔적을 불태워버리는 경향이 있었다. 당나라가 고구려를 정복했을 때도 그렇게 했다. 광명이라는 공간을 앞서간 사람들로부터 물려받아 잠시 머물다가 우리는 후손들에게 다시 넘겨주고 다음 세상으로 간다. 과거-현재-미래라는 역사의 수레바퀴 속에서 광명의 동제를 본다면 문화사적 의미를 어렵지 않게 찾을 수 있다.

한편, "안양과 시흥에도 있으니 광명의 동제는 없어도 된다"라고 한다면 합리적인 판단일까. 안양의 동제는 안양의 역사와 문화를 보여주는 증거이며 광명의 것은 아니다. 안양의 동제를 통해 광명을 들여다 볼 수 없으며 광명의 역사에서는 광명을 살다 간 선조들의 문화가 공간의 역사를 말해주며 그들의 공간마케팅, 히스토리마케팅을 해줄 수 있는 것이지, 안양의 것을 빌려와서 사용할 수는 없기 때문이다.

우리는 문화재나 문화자원이라고 하면 거창한 것을 상상하는 지도 모른다. 왜 그런 것만을 문화재라고 생각하는가. 강릉시 강문마을에 있는 진또배기[28]는 평범한 솟대에 불과하지만 많은 사람이 찾는 문화재이다. 그것이 가지는 의미를 찾고 문화재화 하니 문화재가 되는 것이지, 처음부터 문화재가 되는 것은 없다. 광명시 마을 주변에 있는 주민공동체를 위한 신목神木을 평범한 나무로만 볼 수도 있다. 그러나 오랜 기간 동안 주민들이 그곳에서 치성을 드리고 받들고 위했으며 그곳에 마을을 살다간 선조들의 역사와 문화가 담겨있다고 할 때 어찌 소중한 문화재가 아니겠는가. 주민들에게 있어 그곳은 그 어떤 문화재보다도 직접적인 의미가 담겨있는 곳이며 그런 것이 모여 지역 문화재의 근간이 된다. 외관이 비범해 보이지 않는다 하여 의미와 가치를 발견하지 못한다면 문화의 깊은 속살을 보지 못하기 때문이다. 광명의 동제당은 광명에만 존재하는 광명의 역사와 문화이며 그들이 찾아야 하는 지역문화유산이다. 광명 밖에 존재하는 문화유산은 광명의 역사를 말해주지 않는다. 광명의 지역공동체에게 무엇보다 중요한 것은 광명에 존재하는 문화유산이다. 그것이야 말로 지역을 증거하고 말해주

* * *

27 여기서 사용하는 '기록물'이란 지역공동체의 삶을 증거해 주는 모든 유형의 자료를 의미한다.
28 진또배기는 장대 위에 세 마리의 새를 방향이 다르게 앉혀놓은 것인데 화재, 풍재, 수재를 막고 마을의 풍요와 안녕을 비는 것으로 강문동에서는 여서낭과 남서낭, 진또배기에 제를 지낸다. 이것은 이 지역의 공예특산품으로 팔리고 있다.

는 자산이며 1차적으로 광명시민이 지켜가야 할 지역문화이다.

2) 동제의 기록 · 보존 · 활용을 위한 대책

오늘날 광명시의 동제들은 도시화로 인해 전승현장이 해체되어 가고 있다. 특히 도시의 팽창과 재개발에 직면하여 특별한 관리조치가 취해지지 않는다면 사라질 운명이다. 광명의 역사와 문화의 증거물이자 지역문화콘텐츠로 활용할 수 있는 문화유산을 어떻게 도시화와 공존시킬 수 있을까. 또한 시민들에게 문화적인 자양분이 되게 하기 위해 그것을 어떻게 계승하고 창조해 나갈 것인가. 이 시점에서 지자체의 역할이 요구된다. 그 방안을 찾아보자.

(1) 기록론
현재 광명시 지역문화에 대한 기록은 시청 문화관광과와 광명문화원의 협력 속에서 이루어지고 있다. 지역문화에 대한 기록은 다른 사업에 비해 비용이 많이 들어가는 일은 아니다. 인식과 방법의 문제라고 볼 수 있다. 필요성을 인식하고 방법을 안다면 실현하는 것은 어렵지 않다.[29]

① 대담을 통한 조사
동제에 대한 심층적인 조사가 이루어져야 한다. 특히 기존에 『광명시지』(1993)에서 조사된 내용 이외에도 마을신에 대한 전설, 신화, 주민들의 체험담, 마을의 역사와 마을신과의 관계 등이 심도 있게 조사되어야 한다. 마을신에 대한 깊이 있는 조사는 이 것을 통해 마을의 역사뿐만 아니라 마을신화로서 활용할 가치가 높기 때문이다. 이러한 조사를 할 때는 조사과정을 촬영하여 주민의 이야기를 생생하게 다른 사람들이 들

. . .

29 현재는 이러한 업무를 문화관광과나 문화원에서 할 수 있겠으나 지역기록관이 세워진다면 기록관의 업무가 될 수 있다.

을 수 있도록 영상자료화 하여 기록관에 비치할 수 있도록 해야 한다.

② 기록물 및 물질자료에 대한 조사

동제와 관련된 문서, 축문, 제물구입 목록, 영수증, 회의록 등 관련자료도 수집하여 콘텐츠로 활용되어야 한다. 또한 동제와 관련된 물질자료인 신복, 신간神竿, 신체神體, 제복, 제기 등도 기록되어야 한다. 이러한 자료들은 테마파크나 기록관에서 활용할 것을 염두에 두고 종합적으로 검토해야 한다. 단순한 자료에 대한 기록이나 수집 정도에 머물러서는 안 된다. 이러한 것들이 가지는 상징적 의미, 마을공동체에서 사회적 의미, 유래, 변화상 등이 체계적으로 기록되어야 한다.

〈표 2〉 동제에 대한 기록화 방법

기록화 방법	비고
구술 채록	동제에 대한 상세한 정보
기록물 조사 및 수집	제의와 관련된 회의록, 제물 목록, 물품 구입 영수증, 축문, 홀기, 사진 등
물질자료 조사 및 수집	제기, 제복, 제물 등
영상기록	동제당의 전모, 정보제공자와의 대담 과정, 동제 진행과정, 제물의 준비 과정, 관련 기록물과 물질자료에 대한 소개 등

③ 의례현장에 대한 관찰을 통한 조사

실제 의례가 진행되는 과정을 참석하여 관찰해야 한다. 의례의 준비과정부터 끝나고 음복과 뒤풀이 과정까지 참관하여 기록해야 한다. 광명에서 동제는 음력 10월과 7월에 있는데 사전에 주민들과 연락을 취해 모두 관찰해서 기록해야 한다. 광명에 동제가 현존하는 곳은 8개 마을에 불과하기 때문에 모두 참관하여 기록한다고 해도 방대한 일은 아니다.

④ 멀티미디어를 통한 기록

동제에 대한 기록은 텍스트에만 한정할 수 없다. 오늘날 멀티미디어의 발달은 기록방법을 다양하게 했으며 기록할 수 있는 내용도 풍부하게 하였다. 사진, 동영상, 음향 자료 등을 이용해 폭넓게 동제의 다양한 측면을 기록해야 한다. 동제당의 전모, 정보 제공자와의 대담 과정, 동제의 준비 및 진행과정 등을 기록해야 한다.

(2) 보존론

오늘날 광명에서 동제를 지내는 전승집단인 토박이 주민들은 동제를 당연히 지내야 할 그들의 문화로 인식하고 있다. 이러한 정서는 필자가 조사를 하면서 만난 주민들을 통해서 알 수 있었다. 옥길동 두길의 경우에는 토박이 주민 한 가구가 남아있는데 그는 지금도 가을고사[30]를 지낼 때 동제당이 있는 곳을 향해 제를 올리며 소하동 가리대 주민들도 도심 속에 있으나 동제를 정성으로 받든다. 능촌의 주민 이재숙(여, 1932년생) 씨는 마을에 흉사가 있었을 때 스스로 팔을 걷고 돈을 거두어 일꾼을 사서 구름산에 가서 산제당을 지었다. 그녀는 옛어른들에게 배워온 대로 요즘도 정성스럽게 동제를 맞이한다. 광명에서 동제가 단절된 마을의 경우에도 주민들의 의지였다기 보다 개발로 마을공동체가 해체되거나 동제당이 없어져서 그런 경우가 대부분이다. 지자체에서 보존대책을 세워야 한다. 광명시는 면적이 좁고 자연마을도 적어 동제를 향토문화재로 지정하고 관리한다고 해도 비용이 많이 들어가지 않는다. 인식과 방법의 문제이다.

① 향토문화재 지정

동제와 동제당의 보존을 위한 향토문화재 지정이 요구된다.[31] 이러한 장치를 통해 법적인 보호를 받을 수 있을 때 무분별한 개발로 인한 동제당의 파괴나 동제의 단절이 방지될 수 있다. 동제와 동제당은 지역의 문화재로 지정되어야 한다. 도시화로 인한 인위적인 파괴가 자행되는 현실에서 이제는 지자체가 인위적인 대책을 세워서라도 동제보존에 나서야 한다. 그래야 파괴와 개발에 의한 향토문화 공동화 현상을 막을

---

30 경기남부지역에서 가을에 지내는 안택고사.
31 김덕묵, 『민속종교 연구방법론』, 한국민속기록보존소, 2011, 382쪽.

수 있으며 도시화와 상생하는 균형적인 조치가 될 수 있다. 광명시 지정문화재는 현재 6점이 있다.[32]

〈표 3〉 광명시 지정문화재

지정문화재	종별	소재지	소유자	지정일
철산동 지석묘 1기	향토문화유산 1	철산동 222번지	광명시	1985.12.24
정원용 묘 1기	향토문화유산 2	노온사동 산178-6	정진흡	1985.12.24
이순신 묘 1기	향토문화유산 3	일직동 산26-7	이병헌	1987.9.10
영모재 및 분성군 김응수 가전고문서 1채, 15점	향토문화유산 4	노온사동 648-1	김우택	2005.1.22
아방리 농요	향토문화유산 5	노온사동 648-1	아방리 민속보존회	2009.11.17
설계조 영정 1점	향토문화유산 6	가학동 494	순창 설씨 종친회	2009.11.17

② 동제당과 동제에 대한 보존대책 수립

광명의 동제당은 수목 형태가 많으며 당집은 두 곳(노온사동 능말, 가학동 노리실), 제단이 한 곳(소하동 가리대)이다. 당집은 현재 스레트지붕과 벽면은 벽돌로 되어 있는데 기와집으로 신축하는 것이 좋다. 수목으로 되어 있는 곳도 신목 앞에 표지석과 제단을 설치하고 마을문화 보존을 위한 '보호수'로 지정하는 것이 좋다. 옥길동 해방촌과 같이 마을이 해체되어 동제가 단절된 마을도 동제당터에 표지석을 두어 그곳이 어느 마을의 제당이었다는 것은 밝혀두는 것이 좋다. 마을은 도시화 되고 없어져도 그 표지석은 과거의 역사를 말해주는 증거가 되기 때문이다.

광명에서 동제는 무당이 주관하여 무속의례로 하는 경우와 마을주민이 제관이 되어 하는 유교의례식이 있다. 무속의례든 유교의례든 동제에서 행해지는 의례도 보존대책을 세워야 한다. 향토문화재로 지정된 동제는 매년 행하도록 하며 동제에 들어가는

• • •

32 광명시, 『광명의 문화유산 살아숨쉬다』, 2013, 10쪽.

비용의 일부는 지자체에서 지원해야 한다. 경기도 광주 엄미리의 경우 장승제의 보존을 위해 지자체에서 일정부분의 예산을 지원함에 따라 동제가 활발하게 전승되고 있으며 지역주민들도 자부심을 가지고 의례를 행하고 있다.[33] 또한 장승제가 행해질 때마다 인근에 거주하는 학생들이나 외지에서 온 민속학자, 사진작가 등이 참여하여 학술적으로나 문화적으로 중요한 기능을 담당하고 있다.

③ 마을에 대한 보존대책 수립

도시화 이전부터 오랜 세월 향촌사회를 구성해 온 마을에 대한 보존대책이 요구된다. 재개발이나 택지조성, 공장부지 선정, 도로건설 등을 위해 역사적인 안목 없이 전통마을을 파괴하는 일은 재고되어야 한다. 마을은 지역문화를 담보하고 있는 기본적인 토대이다. 이러한 마을을 해체시켜놓고는 지역문화의 온전한 보존이나 활용을 기대할 수 없다. 부득이 도시화로 인해 전통마을이 일부 훼손된다고 해도 그 속에 계속해서 토박이 주민들이 거주하며 생활할 수 있는 방안을 마련해야 한다. 도시화와 지역문화가 공존할 수 있는 근거를 마련해야 한다.

광명시 아방리(능촌)의 경우 고려시대부터 강감찬 장군의 후손인 금천 강씨가 터를 잡고 살아온 유서 깊은 마을이다. 특히 소현세자의 빈이었던 민혜빈 강씨의 무덤인 영회원이 있고 조선초기부터 높은 벼슬을 지냈던 금천 강씨 조상들이 묻혀 있는 선산이 있다. 마을 도처에 이러한 역사의 흔적이 남아있다. 또한 아방리 농요, 아방리 줄다리기, 동제, 지정다지기, 상여놀이 등의 무형유산과 동제당, 상여집, 민가 등 유형의 유산도 풍부하여 광명의 향토문화를 담보하고 있는 보고寶庫이자 거점이라고 할 수 있다. 그런데 도시의 팽창은 이런 곳을 가만히 두지 않는다. 수백 년의 역사와 소중한 향토문화유산을 가지고 있는 유서 깊은 마을이 한낱 아파트 건설 때문에 해체될 수는

---

33 2013년 대보름에 필자는 영암군 군서면 서구림리 남송정마을의 동제를 참관하였다. 마을회관에서 음복을 하면서 대화를 나누던 중 주민들은 지자체에서 동제를 향토문화재로 인정하고 매년 10만원 정도라도 지원금을 준다면 동제에 대한 주민들의 자긍심도 강화되고 전승도 잘 될 것이라는 의견을 피력한 바 있다. 비록 적은 금액이 지원된다고 해도 문화재라는 명예를 준다면 보존에 효과적일 것이다.

없다. 콘크리트 건물 몇 채를 만들자고 수백 년의 유산을 뭉개버린다면 납득이 가는가. 이러한 역사적 마을은 개발로부터 보호받을 수 있는 대책이 강구되어야 한다. 지역문화를 보존하기 위해서는 이러한 마을을 문화유산으로 바라보는 시각이 필요하다.

(3) 활용론

아래의 내용은 광명시의 여건으로 볼 때 실현이 불가능한 것은 아니다. 물론 예산이 소요되겠지만 문화지방화와 주민복지의 차원을 고려할 때 지자체에서 충분히 검토해 볼 만하다.

① 볼거리 조성

가. 동제에 관한 전시와 체험공간이 포함된 지역기록관 건립

지역기록관local archives[34]은 동제뿐만 아니라 광명의 모든 기록을 망라할 수 있는 공동체 아카이브community archives로서 '광명기록관'이라는 명칭이 적당하다. 동제를 주제로 한 별도의 기록관을 만드는 것은 지자체의 현실상 어려운 문제이기 때문에 광명기록관 안에 동제에 관한 전시실과 체험시설이 있으면 된다. 광명기록관에서는 광명시의 동제 및 동제당의 전모를 보여주는 멀티미디어와 관련문서 및 자료들이 전시 및 교육자료로 활용되어야 한다. 체험시설에서는 동제를 지내는 당주나 제관의 체험[35]이나 동제에 올릴 음식 만들기(조

체험프로그램
• 당주 및 제관 체험
• 제물만들기
• 터주가리 만들기
• 축문읽기
• 소지올리기
• 우물퍼기
• 산신제 및 용왕제 지내기
• 풍물놀이

〈그림 1〉 체험프로그램

• • •

34 지역기록관에 대한 구체적인 논의는 다른 기회를 가지도록 한다.
35 영당말에서 당주는 정결한 옷을 입고 바랑을 메고 삿갓을 쓰고 다니면서 제의에 소용될 경비를 갹출한다(『광명시지』, 1993, 626쪽). 이러한 것을 놀이화 하거나 연극화할 수도 있다.

라술 빚기, 떡 빚기 등), 영당말에서와 같이 터주가리 만들기, 축문읽기와 소지올리기, 우물퍼기와 용왕제 지내기 등 다양한 체험프로그램을 만들 수 있다. 물론 기록관에서는 동제뿐만 아니라 가신신앙, 세시풍속, 민속놀이는 물론 다양한 유형의 지역문화 및 기록물을 전시하고 체험할 수 있는 기능을 고려해야 한다.

광명시에는 아직 지역기록관이 없다. 현재 광명도서관 2층에 '향토사료관'이 있을 뿐이다. 이곳에는 광명의 소개, 광명의 인물, 생활문화, 문화 유적, 광명의 변천사, 광명의 미래를 주제로 전시를 해놓았다. 현재 공익근로자가 입구를 지키고 있을 뿐 지역기록관 기능은 하지 못하며 단편적인 전시관에 머물고 있다. 이곳이 광명기록관으로 발전하기 위해서는 단독건물을 짓고 전시실, 연구실, 교육실, 체험관 등 다양한 공간을 확보하고 규모도 확대해야 한다.

광명시에서 능촌(아방리)은 향토문화의 보고寶庫이다. 이곳은 금천 강씨의 본향이며 영회원과 역사가 깊은 금천 강씨의 선산이 자리한다. 또한 동제, 농요, 줄다리기, 가신신앙, 세시의례 등 풍부한 전통문화가 전승되고 있는 유래가 깊은 전통마을이다.[36] 이곳 능촌을 관광자원으로 활용할 필요가 있다.

능촌은 금천 강씨의 종가와 사당이 있던 곳이다. 주민들은 이 종가를 '능참봉집'이라고도 한다. 이 집에서 영회원 능지기를 하여 국가로부터 '참봉'이라는 직함을 받았다. 1970년대에 종손이 수원으로 이주하게 되자 이곳에는 창고가 들어서게 되었다. 종가는 그 집안의 역사는 물론 향촌사회의 내력까지도 담지하고 있는 소중한 향토문화이다. 오늘날 우리는 향촌사회를 소개할 때 그 지역의 세거성씨를 언급한다. 바로 세거성씨의 실체를 드러내는 중요한 물질적 지표가 종가와 사당, 선산이다. 특히 종가는 중요한 향토의 유형문화로서 그 집안사람들에게는 정신적인 구심점이 되기도 한다. 광명의 주요 세거성씨이며 오랜 역사와 전통을 가진 금천 강씨의 유서 깊은 종가가 이렇게 현대에 와서 사라진다는 것은 참으로 어이없는 일이다. 종가의 보존은 영

...

36 이곳은 강감찬 장군의 후손들이 사는 곳으로 민회빈 강씨와 관련된 스토리텔링, 농요, 줄다리기, 동제, 지정다지기, 두레, 세시풍속, 가신신앙 등 수많은 민속자원이 잠재되어 있다.

회원을 가꾸고 보존하는 일과 맞물려 있어야 한다. 연계된 여러 향토문화유산이 개별화되고 파편화되기 보다는 그 지역의 연계망 속에서 공동으로 관리되고 탐구되어야 한다. 민가나 종가, 사당, 선산 등이 파편화 될 때 그 효용성이나 가치에 대한 인식은 단편화 될 수밖에 없다. 이러한 것들이 세트로 존재하여 연계망 속에서 이야기가 이어질 때 그만큼 향토문화콘텐츠는 심층적인 것이 될 수 있다. 또한 이렇게 될 때 관광자원은 풍성한 이야기거리를 쏟아내면서 관람자를 이끌어 낼 수 있다.

따라서 필자는 능촌의 금천 강씨와 협력하여 종가를 복원시키고 이 주변에 광명기록관을 조성하면 좋을 듯하다. 만약 부득이하게 이 일대에 주택을 건설한다고 해도 온신초등학교 건너편에 있는 능말은 보존되어야 한다. 아파트 단지가 지역의 역사와 문화를 무시하고 모든 것 위에 군림할 수 있는 방향으로 흘러가서는 안 된다.

광명기록관의 설립 장소로 만약 능말의 주택가가 여의치 않으면 애기능저수지와 구름산 주변의 농토를 활용해도 좋을 듯하다. 이 일대에 동제, 가신신앙, 세시의례를 활용한 체험공간을 만들고 아울러 광명기록관과 아방리 농요 전수관[37] 및 놀이마당 등을 만들어 복합적인 용도로 사용하면 좋을 듯하다. 이렇게 되면 지역문화를 보존 및 활용할 수 있는 광명시의 문화인프라가 구축되며 시민들의 휴식처이며 지역문화 교육의 장으로 큰 역할을 할 것이다. 능촌은 광명IC 부근에 있으며 최근 연일 수많은 관광객이 찾아드는 '가학광산동굴'과도 멀지 않은 거리에 있다. 현재 가학광산동굴을 관람한 후 연계해서 광명을 볼 수 있는 문화자원이 없다. 능촌에 광명기록관, 농요 전수관 및 놀이마당, 영회원과 금천 강씨의 문화유적, 마을의 향토문화 등을 활용한 문화단지를 만들어 가학광산동굴과 연계한다면 광명시는 수도권에서 주목받는 관광지로 부상할 수 있다.

•••

37 현재 아방리농요 전수관이 없어 하안동에 있는 광명문화원의 지하공간을 활용하고 있다. 아방리농요 전수관이 아방리에서 멀리 떨어져 있으니 아방리 주민들과는 거리가 멀어져 가고 있다. 아방리 내에 농요 전수관이 있어야 아방리를 토대로 전승되어 갈 수 있다.

나. 동제당을 잇는 향토문화 탐방길 조성

광명의 동제당은 도덕산과 구름산을 끼고 있다. 따라서 도덕산과 구름산의 둘레길을 활용하여 광명의 동제당을 하나로 잇는 향토문화 탐방길을 개척할 필요가 있다. 이 길을 통해 광명의 동제당을 잇고 또한 곳곳에 전통문화나 역사유적을 연결[38]하여 향토문화 탐방길을 풍성하게 해야 한다. 때로는 문화해설사가 관내의 학생들이나 관광객을 데리고 동제당과 동제에 대해서 설명을 하며 투어를 하는 방식도 생각할 수 있다.

동제당 탐방길은 옥길동 식골 – 광명동 원괭메 – 노온사동 능말 – 노온사동 사들 – 가학동 노리실 – 일직동 자경리 – 소하동 가리대 – 하안동 밤일 – 철산동 쇠머리로 이어질 수 있다. 물론 옥길동이나 가학동과 같이 도덕산과 구름산에서 어느 정도 떨어져 있는 곳도 있지만 그런 곳은 갈래길을 두고 1차적으로는 도덕산과 구름산을 중심으로 둘레길을 활용하여 동제당을 찾아가는 길로 만들 수 있다. 이러한 동제당을 잇는 향토문화 탐방길은 테마여행 코스로서 지역의 학생과 주민들에게 향토문화 교육에 중요한 역할을 할 수 있다. 더욱이 광명은 도덕산과 구름산을 가운데 두고 나뭇잎 모양을 하고 있으며 면적이 넓지 않다. 따라서 제주도 올래길, 지리산 둘레길, 북한산 둘레길처럼 지역주민들을 위해서 여가를 즐길 수 있는 길을 개척할 필요가 있다. 걷기가 몸에 좋다는 것은 잘 알려져 있다. 현대 도시사회에서 산책길은 많을수

〈그림 2〉 군웅신을 모신 노리실마을제당

---

38 충현박물관 등 지역의 향토문화유산과 연계해야 한다.

록 좋다. 다른 곳과 달리 동제당과 향토문화를 활용하여 길을 잇는다면 차별화된 광명시만의 자랑거리로 자리잡을 수 있다.

② 공연 및 축제

가. 신화의 활용

우리나라에는 각지에 신화가 있지만 특히 지자체에서는 자기지역의 신화에 주목해야 한다. 그 지역의 신화는 동제와 밀접한 관련이 있다. 태백산의 산신으로 모셔지는 단종이 사후 태백산으로 가기 위해 거쳐서 갔다는 마을에서는 마을신으로 단종이 모셔지며 마을에서는 단종과 관련된 신화가 전해진다. 동제와 동제당이 있는 마을이면 어디나 크고 작은 신화나 전설이 있다. 이러한 자원들을 이용하여 공연이나 축제, 스토리텔링의 소재로 활용할 수 있다. 사들마을의 군웅신으로 모셔지는 정원용이야기나 제당이나 동제

신화의 활용
• 사들마을 정원용
• 산신
• 군웅신
• 도당할머니
• 용왕
• 조상

〈그림 3〉 신화의 활용

에 얽힌 지역주민들의 기억을 통해 유추하여 재구성한 후 공연물이나 축제로 활용할 수도 있다. 그밖의 마을신으로 모셔지는 산신, 군웅신, 도당할머니, 용왕, 조상 등을 소재로 하는 광명의 마을신이라는 스토리텔링을 만들고 전시나 공연물로 활용할 수도 있다.

나. 의례의 활용

의례행위를 활용할 수도 있다. 광명지역에서 공동체 의례는 도당굿으로 지내는 마을, 유교식 제의를 기본으로 하여 산신제를 지내는 마을, 군웅에 제를 지내는 마을, 샘고사를 지내는 경우 등[39]으로 나누어 볼 수 있는데 이것은 축제로 활용될 수 있다.

우선 도당굿의 활용을 검토해 보자. 광명지역에서 근래에는 간략하게 제관들만 모여서 지내는 경우가 많지만 새마을운동 이전에는 많은 자연마을에서 도당굿을 하였

다. 오늘날 무형문화재로 지정된 부천의 장말도당굿과 같이 예전에는 광명지역에서도 마을마다 도당굿이 널리 행해졌다. 특히 옥길동의 두길, 식골, 해방촌, 광명동의 원괭메, 가학동의 노리실, 철산동의 쇠머리, 소하동의 영당말에서는 근래까지 무당이 동제에서 굿을 했다.

소하동의 영당말은 1992년까지 도당할머니께 마을의 풍요와 안녕을 비는 도당굿을 했다. 1986년 영당말 사람들은 도당굿이 사라지는 것을 안타까워하다가 도당굿복원위원회를 결성하여 제를 지내는 형식으로 도당굿을 민속놀이로서 복원하였고, 그해 경기도 민속예술경연대회에 광명시의 전통 민속놀이로 출전하였다. 이러한 도당굿을 광명의 지역 축제로 활용해야 한다.

둘째, 산신제를 보자. 원괭메 마을은 고사나무로 불리는 소나무가 있어 그곳에서 제를 지내는데 제당에는 작은 바위도 하나 있다. 제의절차는 10월 초하룻날 저녁이 되어 어두워지면 마을사람들은 문밖 출입을 금한다. 이러한 금기는 산신제를 지내러 가는 사람이 깨끗하지 못한 사람을 만나 부정이 타면 제의가 효험이 없다 하여 철저히 지키고 있다. 제장에는 당주 내외의 제관, 축관 등 5~6명이 올라간다. 안당주는 떡시루를 지고 올라간다. 제물로는 삶은 소머리, 고기, 떡, 과일, 북어, 식혜 등을 진상한다. 조라술은 채에 내려 받쳐 흘러나오는 술을 사용한다. 떡은 시루채로 상 위에 올려 놓는다. 제관은 예년과 같이 초헌, 아헌, 독축, 종헌, 소지의 순으로 진행한다. 소지는 마을 전체의 대동소지를 하고 개별적으로 제관에게 부탁하면 개별적인 소원을 소지에 실어 올려 준다. 산신제가 끝나면 12시경이 된다. 이때 소임은 집집마다 다니면서 "고사술 잡수러 오세요"하고 소리친다. 소임의 소리를 들은 마을사람들은 횃불을 밝혀들고 당주집에 모인다. 예전에는 무당의 도당굿이 끝나면 마을사람들은 은행나무 아래에서 한바탕 놀았다고 한다. 금기, 제물 만들기, 제례, 소지 올리기, 대동놀이 등 산신제를 축제화 할 수 있으며 공연이나 체험 프로그램으로 활용할 수 있다.

···

39 여기에서 예시하는 동제의 내용은 『광명시지』(1993)에서 발췌하였음을 밝혀둔다.

셋째, 군웅제의 경우를 보자. 노온사동 사들의 군웅제는 헌종 때 대신 정원용 (1783~1873)의 혼백을 위로하기 위한 제의이다. 그동안 마을에는 정원용의 옷이 있어 그 옷을 두고 제사를 지냈으나 현재는 군웅옷을 문화재관리국에서 보존하고 있어서 한동안 군웅옷 없이 제의를 지냈다.[40] 군웅제가 끝나면 군웅나무에서 철수하여 대동우물로 내려가 용왕제를 지낸다. 용왕제가 끝나면 마을 사람들이 풍물을 치며 한바탕 놀고 마을의 화합을 다진다. 군웅제, 우물퍼기, 용왕제, 풍물놀이 등을 놀이나 축제로 재연할 수 있다.

넷째, 소하2동 작은말에서는 정초 마을을 돌면서 마당밟기를 하기 전 먼저 공동우물에 가서 샘고사를 지낸다. 제의는 유교식으로 지낸다. 부천에서는 300년의 전통을 가진 '먼마루 도당우물 대동제'를 보존하여 지역의 축제로 활용하고 있다. 우물고사의 기원은 물의 신인 용왕과 결부되어 있는데 주민들이 합심하여 우물을 퍼내고 깨끗하게 청소를 한 후 풍물을 치고 고사를 지내는 전 과정은 축제로서 중요한 자원이 된다.

광명시의 동제는 음력 10월과 7월에 집중되어있다. 농경세시로 볼 때 7월이 김매기와 밭농사를 끝내고 잠시 휴식기에 들어가는 시기라면 10월은 추수감사의 의미가 있다. 따라서 동제를 지내는 마을과 연계하여 7월이나 10월의 일정한 기간을 동제를 테마로 한 축제 기간으로 설정할 필요가 있다. 이때 마을과 광명기록관이 연계하여 마을에서는 해당 동제를 지내고 기록관에서는 산신, 도당신, 군웅신 및 그와 관련된 동제, 샘고사 등에 대한 전시, 공연 체험 행사를 개최하여 향토문화 축제로 승화시키면 좋을 듯 같다. 또한 이 기간에는 시민이나 관광객들이 마을에서 동제를 직접 참관할 수 있도록 홍보하고 동제당 탐방길 순례, 내고장 문화찾기와 같이 향토를 알고 이해할 수 있는 다양한 행사를 할 수 있다. 일본의 마츠리처럼 동제를 지역축제로 활용해야 한다. 동제의 축제화는 지역의 자족적인 문화기반을 조성하는 일이며 그 토대 위

• • •

40 그 지역의 문화재는 그 지역에 남아있어야 한다. 문화재를 부득이하게 옮긴다고 해도 원래 있던 자리에서 가장 가까운 곳에 있을 때 그 맥락을 잘 말해줄 수 있다. 광명의 문화재가 광명에 남아 있으려면 그것을 보관할 수 있는 지역기록관이 있어야 한다.

에서 시민들이 향토문화를 배우고 체험할 수 있는 기회를 준다. 요즘과 같은 도시사회에서는 전통적인 촌락문화를 접하는 것만으로도 생태관광, 문화관광, 역사관광이 된다.

③ 동제를 소재로 한 향토문화교육

가. 마을의 역사와 신화적 근거로서의 동제

마을의 역사 및 정서적 유대와 밀접한 관련을 가지고 있는 동제는 지역문화의 토대인 마을과 운명을 함께 한다고 해도 과언이 아니다. 마을이 존재하고 있음에도 동제가 단절되는 경우도 있지만 그런 곳도 속을 들여다보면 마을공동체가 상당부분 훼손된 경우가 많다. 대개 동제는 마을이 개발에 의해 해체되고 토박이 주민이 떠나게 되거나 마을의 일부에 공장 등이 들어서고 외지인이 많이 거주하면서 마을공동체의 유대감이 상실될 때 단절된다. 따라서 동제의 운명은 마을공동체의 운명과 관련이 깊다. 확대하면 지역문화의 운명과 연결된다. 지역사회는 수십 개의 마을로 결합되어 있다. 마을이 해체된다는 것은 기존 향토문화 기반의 해체를 의미한다.[41]

마을의 역사와 상관관계를 가지고 있는 동제는 마을공동체의 조상과도 관련이 있다. 단군이 한韓민족의 조상으로 숭배될 수 있듯이 동신洞神 역시 주민들에게는 그들 지연공동체의 조상으로 인식될 수 있다. 한韓민족은 단군을 통해서 그들의 역사적인 혹은 신화적인 근거를 마련할 수 있듯이 마을신이 존재함으로 주민들은 마을의 역사적 혹은 신화적인 근거를 얻을 수 있다. 마을공간은 마을신에 의해 신화적 공간으로 의미화 될 수 있으며 신화가 반영되는 공동체 의례 역시 마을사 속에서 문화적인 특성을 담보한다.

이렇듯 지역문화의 근거는 마을을 기점으로 하고 있고 마을의 역사와 문화는 동제

· · ·
41 지역문화의 정체성은 곧 마을의 유지와 밀접한 관련을 가지고 있으며 마을공동체의 건강한 유지는 마을문화의 전승에서도 감지될 수 있다.

와 연결된다. 따라서 지역문화 교육은 마을에 대한 교육-동제에 대한 교육을 기본축으로 하여 확대되어야 한다. 오늘날 우리는 세계화·지방화 시대를 말한다. 세계에 나가 경쟁하려면 지역문화에서부터 저력을 찾아야 한다. 한류가 지역문화에서 근거를 찾지 못하면 서양문화의 흉내내기에 불과하고 그것은 우리의 독자적인 브랜드를 만들 수 없다.

나. 지역의 학생 및 시민교육

오늘날 입시교육 위주의 초중고 교육은 많은 문제를 야기하고 있다. 초중고와 대학에서도 지역문화 교육이 실시되어야 한다. 지역문화라는 교과목을 두거나 특별활동 시간을 통해 월 1회 이상 지역문화 교육을 실시해야 한다. 지역문화교육을 통해서 그들 삶의 주변에 있는 지역사와 민속, 마을과 마을문화, 동제에 대한 지식을 어려서부터 낯설지 않게 이해하도록 해야 한다.[42] 이들이 성인이 되어 외국에 유학을 가고 세계인과 교류를 하거나 서양문화를 받아들이거나 각종 문화콘텐츠 산업에 종사할 때도 지역의 역사와 생활문화에 대한 깊은 이해가 바탕이 될 때 적지 않은 밑천이 될 수 있다. 지역문화에 대한 이해 없는 입시교육이나 외국유학, 서양문화 일변도의 지식습득은 자칫 기형화된 지식인이나 관념적으로 국제미아를 양산할 수 있다.

오늘날 학생들은 동제에 대한 지식이 거의 없다. 자기 마을에서 동제를 지내고 있음에도 모르는 경우가 많다. 광명시의 동제에 대한 실태와 현황을 소개하고 도시개발 → 마을해체, 지역문화말살 ↔ 마을문화활용과 같은 문제 속에서 어떻게 하는 것이 지혜로운 방향인가를 학생들이 자각하게 해야 한다. 현대 도시사회에서 우리가 처한 현실과 대안을 학생들에게 제시해 줌으로써 차후 젊은 세대들이 우리의 향토문화를 능동적으로 계승할 수 있는 기반을 만들어 주어야 한다. 초중고 대학에서뿐만 아니라 동제에 대한 교육은 지역민의 사회교육 프로그램에도 있어야 한다. 지역문화에 대한

---

42 용인시에서는 용인학 교육을 실시하고 있다. 관내의 일부대학에서는 용인학 강좌가 개설되어 있다. 앞으로 더욱 발전해야겠지만 이러한 발상을 했다는 것만으로도 고무적이다.

교육은 지역주민들에게도 중요하다. 지역문화의 발전은 민·관의 협력 속에서 이루어져야 하며 이렇게 되기 위해서는 지역문화에 대한 인식을 가진 주민이 요구된다. 문화지방화는 무엇보다 지역민이 지역문화에 대한 가치를 인식할 때 가능하다.

동제에 대한 교육방향은 지역문화의 가치인식, 지역문화에 대한 자긍심과 주인의식, 보존, 활용 방안에 대한 지식전달을 목표로 이루어져야 한다. 광명시의 동제에 대한 영상자료는 학생들이 흥미있게 동제를 이해할 수 있도록 활용되어야 한다. 또한 의례절차, 구조, 의미 등 동제에 대한 실태와 내용은 현대 도시사회의 한 켠에 자리잡고 전승되는 소중한 민속지식으로 학생들이 바른 이해를 가질 수 있도록 교육되어야 한다.

광명의 마을신에 대한 신화나 전설은 스토리텔링으로 무한한 상상력과 아이디어를 제공할 수 있다. 동제당은 현장답사와 테마여행이 가능한 곳이다. 무형의 문화유산인 의례행위 및 그것을 활용한 관광자원, 축제, 공연 등은 학생들이 지역문화와 민속지식을 공부하고 배울 수 있는 자료가 될 수 있다.

5. 맺음말

이상에서 본 바와 같이 이 글에서는 동제를 중심으로 하여 문화지방화를 위한 지자체의 역할과 방안을 제시해 보았다. 접근방법에 있어서는 기존의 민속학적 접근과 달리 민속기록학적 방법을 시도하였다. 민속기록학에서는 기록·보존·활용, 공동체 기록관community archives이 핵심어가 된다. 따라서 이러한 입장에서 지자체의 역할과 연계하여 지역문화(동제)의 기록·보존·활용에 대한 상像을 제시해 보고자 하였다.

문화지방화란 문화의 측면에서 강조되는 지방화이다. 문화의 분권, 문화의 자치를 의미하며 지역이 독자적인 문화적 기반과 질서를 확립하는 것을 뜻한다. 문화지방화를 위해서는 지역문화의 발굴과 기록·보존·활용이 전제되어야 한다. 동제는 향토문화의 중심에 있다. 지역공동체를 대표하는 의례이며 지역의 역사와 문화가 그 속에 함축되어 있기 때문이다. 동제의 상실은 곧 지역공동체 문화의 뿌리를 뽑아내는 것과 같다. 동제는 상고시대부터 내려온 우리의 공동체 문화이며 한국의 마을에는 어디나 있었고 지금도 서울의 도심은 물론, 전국 각지의 수많은 마을에서 행해지고 있다. 그런데 이 동제가 위기를 맞고 있다. 최근 수도권은 아파트 건설, 신도시 건설, 도로건설, 마을해체 등 갖가지 이유로 동제가 사라져가고 있다. 농촌에서도 사정이 좋지 않다. 급격한 인구감소와 노령화로 인해 동제가 겨우 명맥을 이어가거나 사라지고 있다.

반면에 동제의 중요성은 커지고 있다. 문화지방화, 세계화를 위한 지역문화 개발, 지역의 정체성 확립, 시민을 위한 지역문화의 발굴과 같은 시대적 요구에 동제는 중요한 기제가 될 수 있다. 따라서 본문에서는 지자체에서 어떻게 동제를 보존할 것인지, 그리고 어떻게 활용할 것인지에 대해 광명시를 중심으로 살펴보았다. 광명시와 같이 개발로 인해 자연촌락이 사라져가고 그곳에서 행해지던 동제마저 증발되어 가는 현실은 대부분의 지자체가 고민해야 할 문제이다. 또한 동제의 보존과 활용에 있어 실질적으로 예산을 집행하고 지역의 문화정책을 취할 수 있는 지자체의 역할이 요구된다. 오늘날 지자체에서는 동제를 지역의 역사문화찾기를 위한 일환으로 기록·보존해야 하며 지역문화콘텐츠[43]로 활용할 수 있는 정책을 취해야 한다. 향토문화는 지역의 소중한 문화적 자산이며 문화지방화 시대를 여는 기제이며 지역문화의 기반을 견실하게 하는 토대이다. 문화재를 경복궁과 석굴암 같은 것만으로 이미지화해서는 안된다. 지역에서 민중에 의해 누대를 걸쳐 내려온 무형의 전승유산은 지역주민에게 더할 나위 없이 소중한 문화재이며 외지인에게는 지역적 특징으로 다가가는 관광자원이다. 무엇보다 지자체의 인식과 실천이 요구된다.

• • •

43 지역문화콘텐츠란 넓은 의미로는 지역문화에 내포되어 있는 내용물들을 의미한다. 그러나 문화산업적 측면에서 보자면 지역문화를 디지털로 가공·저장한 텍스트 형태를 말하며 특정 플래폼 형태의 미디어에 탐재된 내용을 말한다. 김영순, 2006, 「지역문화콘텐츠의 교육적 활용 방안에 관한 연구」, 『인문콘텐츠』 제8호, 인문콘텐츠학회, 129쪽.

제3부

마을
아카이브의
세계

01 .

마을기록관을 제안한다*

-
-
-

1. 머리말

　　　　　　　　　일반적으로 마을은 수십 개의 가정이 결합된 공동체이다. 인간의 사회생활은 가족을 기점으로 마을, 지역사회, 국가로 확대되는데 이 중에 마을은 말단의 사회단위로 자치를 위한 조직(이장, 반장)과 효율적인 생업을 위한 협동조직(두레 등)을 형성하고 친목이나 공동의 이익을 위해 노인회, 부녀회, 청년회 등 기타 부수적인 조직을 수반하고 있다. 전통적인 한국의 마을을 볼 때, 주민들은 문화적으로 공동의 신(洞神)을 모시며 마을의례를 행하고 공동체 의식을 가지고 있으며 지신밟기, 지정다지기, 농요, 줄다리기 등 공동체의 삶 속에서 배태된 놀이문화를 함께 영위한다. 또한 노인잔치, 야유회, 화전놀이, 체육대회와 같은 공동체의 친목을 도모하기 위한 행사가 행해진다.[1] 인간은 "거주공간, 생산공간, 의례공간, 휴양공간을 포함하는

- - -

* 이 글은 마을기록관의 설립 방안에 대해서 검토하였다. 오늘날 문화적으로 소외된 마을을 되살리고, 정체성을 강화하고 주민들의 삶의 질을 향상시키고 마을과 외부세계를 연결하고 소통시키는 기제로서 마을기록관의 중요성이 부각된다. 본래 2012년 7월 『기록학 연구』에 게재한 글인데 이 책에 다시 수록하였다.
1 도시의 경우에는 전통적인 촌락과 차이가 있으나 오늘날 도시 역시 일정한 공간을 중심으로 주민공동체를 상정할 수 있다. 따라서 도시 나름대로 지역공동체를 중심으로 논의할 수 있다. 도시에도 과거부터 내려오는 지연의식이 전혀 없지는 않다. 과거 도시화 전의 자연촌락의 공간영역 안에 존재하는 공간의 역사가 있고 토박이 주민들이 거주하고 있으며, 그들에 의해 동제나 향토문화가 전승되는 곳도 드물지 않다. 서울시에도 동제를 지내는 마을이

개념인 '마을'이라는 생활단위의 구성원 즉, 마을사람으로서의 자격을 갖는다."[2] 과거 교통이 불편하여 오늘날과 같이 이동이 자유롭지 않았던 시절에는 대부분의 사회생활이 마을을 중심으로 이루어졌으며 평생 마을을 벗어나지 않는 사람도 있었다. 이런 경우 그에게 마을은 세상의 전부나 마찬가지였다. 지금도 농촌에서는 마을을 중심으로 대부분의 사회생활이 이루어진다.

'마을'이란 지연地緣을 바탕으로 하는 생활의 기본단위이다. 이러한 지연공동체는 주민들 간의 협의에 의해 마을의 대소사가 이루어지고 있으며 공동의 전승문화를 향유하며 정서적인 유대를 가지고 있다. 또한 이러한 성격은 그들 나름의 지역성과 정체성을 담보하게 한다. 지연공동체의 기본단위로서 마을을 아카이빙하고 기록관을 세우는 것은 그들의 역사와 문화를 찾는 일이며 향토문화의 근간根幹을 지키는 일이다. 또한 주민들의 삶의 주변에 자리하여 지척에서 그들에게 혜택을 주어 '문화와 복지', '민주와 자치'를 실현하는 밑으로부터의 혁신이다. 본문에서 필자가 굳이 다른 문화형태를 피하고 마을기록관을 제안하는 것은 박제화된 전시관이 아닌 주민과 융합하고, 가능한 주민 스스로에 의해 그들의 삶을 기록하고 표현하는 '상像'을 추구하기 때문이다.

그동안 기록은 늘 지배층을 중심으로 이루어져 왔다. 근래의 기록관리학도 공공영역에 치우쳐 왔다. 민간영역, 민중의 영역에서 민중의 삶의 토대인 마을의 기억과 흔적을 마을기록관으로 재생산해 내는 일은 기층에 있는 민중을 역사의 전면에 올려놓는 일이며 민중이 결코 역사의 피동체가 아니라 그들 스스로가 역사의 주체임을 가시화하는 일이다.

Kelvin L. White는 패러다임을 지탱시키는 아카이브 이론archival theories이 종종 가치중립적인 것으로 간주되지만 그것은 연구와 경험을 통해서 볼 때 가치중립이 아니

⋯

현존하고 있다. 물론 타지에서 이주해 온 이주민들의 공동체, 아파트를 중심으로 한 지역공동체 등 새로운 의미의 공동체를 마을의 개념 속에서 문화적으로 수렴할 수도 있다.

2 장철수, 『한국 민속학의 체계적 접근』, 민속원, 2000, 45쪽.

고 지배문화의 재생산을 조장하는 헤게모니의 도구가 될 수 있다고 보았다. 또한 아키비스트가 지배그룹의 가치를 따라간다고 보고 대학이나 아카이브즈, 박물관과 같은 정보기관Information institutions은 지배문화를 전달하는 주요 기관main agencies이라고 지적하였다. 이러한 과정에서 그는 전통의 선택selective tradition에 주목하면서 어떤 의미와 관습은 강조를 위해 선택되고 다른 의미와 관습은 무시되고 배제된다고 보았다. 그에 의하면 또한 아키비스트의 기록물 평가archival appraisal는 전통의 선택이 일어나는 공간이라고 한다.[3] 기록하고 관리되는 것의 중심에 지배층과 지배문화가 놓여있는 경향은 동서고금을 막론하고 일반적인 모양이다. 또한 이런 것에 쉽게 포섭될 수 있는 것이 아키비스트인 것 같다. 그동안 이러한 경향에 대해 비판과 지적이 있었음에도 불구하고 현재 기록관리학계에서는 여전히 공공기록물에 치우쳐 있다. 민간의 기록, 민중의 문화와 삶에도 눈을 돌려보자. '마을'이라는 공간에서 '기록관'이라는 그릇에 오늘을 살아가는 서민 대중을 주인공으로 담아보자. 마을기록관은 민중사를 복원하고 민주주의를 실현하는 그러한 지향점 속에 놓여있다.

마을기록관과 마을아카이빙은 특히 기록관리학이나 민속학에서 주목할 수 있으며 학제 간의 협력이 요구된다. 그동안 기록관리학계에서는 이영남, 김익한 등에 의해서 마을만들기나 마을아카이빙에 대한 논의가 있었다. 이영남[4]은 마을아르페Community Archpe를 제안하며 그것은 한 마을의 중심적 위치에서 개인과 마을의 문화적 토양을 풀무질하는 곳으로 일종의 '복합문화공간' 또는 '커뮤니티 센타community center'에 가까우며 마을도서관, 마을기록관(마을아카이브), 마을역사관community historical center, 마을치유센타community recovery center, 마을창업센터community commencement of an enterprise center 등을 포괄할 수 있다고 정의하였다.

. . .

3 Kelvin L. White, "The Role of Culture in Recordkeeping Infrastructures:Developing Culturally Relevant Archives in a Pluralist Society", 『기록관리를 통한 기업경영과 지방행정의 발전: 기업 및 지역공동체와 문화유산간 상생과 발전을 위한 아카이브즈의 활용』, 한국외국어대학교 정보・기록관리학과 창립 10주년 기념 국제컨퍼런스, 2010.10.15, p. 7~9.
4 이영남, 「'마을아르페'(Community Archpe) 시론 - 마을 차원의 "책, 기록, 역사 그리고 치유와 창업의 커뮤니티"를 위한 제안 - 」, 『기록학연구』 제18호, 한국기록학회, 2008.

관련분야의 연구가 척박한 현실에서 이영남의 연구는 마을의 복합문화공간으로서 마을아르페를 제시하였고 이를 통해 마을기록관의 방향성을 찾고자 하는 연구자들에게 시사점을 던져준다. 이와 같은 연구를 징검다리로 하여 민속학적 측면에서도 다양한 논의가 제시되어 관련분야의 연구지평이 넓어졌으면 하는 바람이다. 한편 이영남이 제시하는 마을아르페는 면面 단위나 도시의 동洞 규모에서 할 수 있는 것으로 주민의 공동체 생활에 기초를 이루는 촌락 단위에서 할 수 있는 것도 제시되어야 할 것으로 보인다.

김익한은 마을이야말로 공동체적 삶의 말단 현장이며 동시에 시민사회의 기반구조를 공고히 해가기 위한 민주주의의 말단 현장[5]이라고 보고 마을아카이빙에 대한 시론적 검토를 하였다. 그는 마을아카이빙과 공공기록관리를 비교하며 양자 간에 주체와 대상, 방법에 있어 차이가 있음을 설명하였다. 또한 마을아카이빙 운동의 전개 방식은 마을만들기 운동과 공동 진행을 전제로 해야 하며 아카이브 이론의 적용이라는 관점보다 아카이빙의 방법을 마을 만들기 운동의 한 수단으로 위치 지우는 관점의 정립이 필요하다고 보았다.[6]

김익한의 논의는 마을아카이빙의 목표, 대상, 방법 등에 대한 시론적인 논의로 시사하는 바가 크다. 그가 말한 바와 같이 물론, 마을아카이빙이 반드시 아카이브를 지향해야 하는 것은 아니며 마을만들기 운동의 일부로서 행해질 수도 있다. 그러나 마을아카이빙은 마을기록관을 성립시키는 데 있어서 반드시 필요한 전제라는 점 또한 무시할 수 없다. 김익한의 논의가 마을기록관을 전제로 한 것이 아니라는 점에서 이 글에서 필자가 의도하는 것과는 약간의 차이가 있을 수 있으나 그가 마을만들기와 마을

• • • •

5 김익한, 「마을 아카이빙 시론」, 『일상 아카이브의 발견』, 선인, 2012.
6 김익한은 마을아카이빙이 공유와 소통을 위한 시각에서 전제되어야 하고 활동의 증거를 모두 기록으로 수집하는 시각이 요구되며 마을만들기의 전략적 고려를 전제로 아카이빙 전략이 수립될 필요가 있다고 보았다. 이에 그는 자연공간 아카이빙, 인문공간 아카이빙, 마을 역사 아카이빙, 공동체 조직에 대한 아카이빙, 공동체 문화에 대한 아카이빙, 경제활동에 대한 아카이빙, 소조직에 대한 아카이빙, 개별 가호에 대한 아카이빙, 네트워크에 대한 아카이빙으로 마을아카이빙의 대상을 제시하였다. 또한 마을아카이빙의 주체와 절차 및 방법 등에 대해 논의하였다. 김익한, 앞의 글, 72~73쪽.

아카이빙의 관리와 서비스 측면에서 마을 공유 공간을 통해 전시 서비스를 시행하거나 아카이브 전시관, 마을주민의 화합공간 등의 일체화를 지향했다는 점에서 마을기록관의 방향과 크게는 다르지 않음을 알 수 있다.

기록관리학계의 접근과는 차이가 있지만 민속학계에서도 마을에 대한 관심은 적지 않았다. 민속학계의 장점은 마을아카이빙에 대한 상당한 노하우가 있다는 점이다. 민속학자들은 예전부터 마을을 중심으로 민속조사를 실시해왔으며 마을에 대한 중요성은 여러 학자들에 의해서 강조되어왔다. 장철수는 "독립적인 생활단위를 형성"하여 민속조사의 기본단위라고 볼 수 있는 마을에 주목하여 종합적인 민속지의 작성 방법을 제시한 바 있다.[7] 또한 그는 마을을 대상으로 하여 한국정신문화연구원에서 발간했던 『한국韓國의 향촌민속지鄕村民俗誌』[8]를 기획하고 추진한 바 있다. 안동대 민속학연구소에서도 마을민속에 주목하여 여러 권의 책을 발간하였다.[9]

거버넌스, 주민복지, 시민사회의 기반을 공고히 하는 민주주의의 말단으로서 마을기록에 주목한 기록관리학계와는 달리 민속학계에서는 민속을 연구하기 위한 기본단위로서 마을에 접근하였다. 또한 마을을 대상으로 하여 어떻게 민속을 연구하고 민속지를 작성할 것인가에 대해 관심이 집중되었다. 즉, 같은 마을을 대상으로 하지만 기록관리학계가 민주주의의 말단으로서 마을아카이빙에 주목하였다면 민속학계에서는 민속연구를 위한 기본단위로서 마을에 주목하였다.[10] 이러한 양자의 입장과 구체적 방

· · ·

7 장철수, 앞의 책, 139~147쪽.

8 이 책은 장철수가 기획하여 1992년 경상북도 편을 시작으로 각 도별로 몇 개의 마을을 선정하여 생활문화를 체계적으로 기록하였다. 따라서 마을과 사회, 생업과 의식주, 세시와 놀이, 신앙과 의례, 개인생활사를 중심으로 마을에서 집중적인 조사를 실시하여 민속지를 발간하였다.

9 『마을 민속보고 어떻게 할 것인가』, 민속원, 2003; 『마을 민속연구 어떻게 할 것인가』, 민속원, 2005; 『마을 민속비교 어떻게 할 것인가』, 민속원, 2006; 『마을 민속자원화 어떻게 할 것인가』, 민속원, 2007; 『마을만들기 어떻게 할 것인가』, 민속원, 2009; 『마을민속 아카이브 어떻게 할 것인가』, 민속원, 2008.

10 1990년대 이래로 지자체를 중심으로 마을지가 발간되고 있는 추세인데 이것은 향토지의 일환으로 마을에 대한 안내의 성격이 강한 것으로 심화된 기록화 전략이나 방법론이 반영된 것은 아니다. 물론 민속학자들이 집필하는 민속지나 지자체에서 발간하는 향토지가 기록적이지 않은 것은 아니다. 그 나름대로 멸실되어가는 민속이나 현재 주민의 삶에 대한 기록화를 하고 있다. 특히 필자와 같은 연구자는 민속학 연구에서 기록성을 중요시 여긴다. 안동대 민속학연구소에서 마을과 관련하여 시리즈로 발간한 책자에서는 마을만들기, 마을의 민속자원화, 마을 민속 아카이브에 대한 서술이 보인다. 다만 이러한 연구가 구체적인 전략을 마련하지 못하고 운동성으로 이어지지 못

법은 융합을 통해 마을기록관 및 마을아카이빙을 위한 한층 진전된 전략과 방법으로 전환되어야 한다. 기록관리학계에서 제시되는 방향은 지자체와 지역주민의 협치協治, 아카이빙과 아카이브를 통한 공유와 소통에 의한 민주주의의 실현, 주민복지와 같은 거시적 전략으로 장점을 가진다. 반면 기록관리학계는 현장에서의 기록화 경험이 부족하여 현장파악 능력이 부족하다. 민속학계의 경우에는 풍부한 현장조사 경험을 가지고 있어 실제 아카이빙에 있어서 장점을 가지고 있으나 전자와 같은 거시적인 전략이 부족하다. 따라서 기록관리학계와 민속학계의 지혜를 합칠 때 마을기록화와 마을기록관 설립 운동은 승승장구할 수 있다.

이러한 양자의 지혜를 효율적으로 결집하고 나아갈 수 있는 전략은 무엇인가. 학제 간의 결합이다. 이를 통해 마을기록화와 마을기록관 추진의 이론적 배경으로 삼아야 한다. 마을기록관은 커뮤니티 아카이브즈의 일종으로서 본 연구는 커뮤니티 아카이브즈 운동을 어떻게 할 것인가에 대한 하나의 사례연구이기도 하다. 이러한 취지에서 이 글에서는 마을기록관의 설립방안을 검토한다. 왜 마을기록관이 필요한지, 그것을 어떻게 활용하고 관리하며 활성화할 것인가에 대해 살펴본다.

2. 왜 마을기록관인가

1) 왜 마을기록관인가

마을기록관, 마을기록화, 지역의 역사문화찾기와 같은 논의는 21세기에 들어오면서 우리 사회가 풀어야 할 과제로 대두되었다. 이전에도 이런 문제가 없었던 것은 아니지만 한국사회가 지나친 개발과 전통의 상실, 경제력에 비해 문화적 후진성에 처한

• • •

한 것은 한계로 보인다. 따라서 민속학과 기록관리학의 만남을 통해 한층 진화된 이론이 도출되어야 한다.

현실은 주민의 삶의 질을 향상시키고 문화시민을 양성해야 한다는 시대적 과제를 낳게 한다. 그렇다면 마을을 어떻게 가꿀 것인가. 일방적인 진화론의 입장에서 개발 중심으로 계속해서 갈 것인가. 아니면 환경친화적이며 전통과 역사를 공존시키는 문화적 연속성의 토대 위에서 다채로운 마을을 가꿀 것인가. 그동안 전자는 건설 만능주의로 치달았고 현대 한국사회의 주축으로 되어왔다. 아파트는 모든 것 위에 군림했고 무소불위의 영향력을 가졌다. 아파트 건설을 위해서는 수백 년 간 내려온 주민 공동체의 삶이나 그 자취들은 낙엽처럼 치워졌다. 서울시의 사례만 보더라도 역대 시장들은 그랬다.

박원순 서울시장은 이러한 기존의 개발논리를 반성하고 마을공동체의 유지와 전통과 역사를 공존시키는 방향으로 정책을 취하였다.[11] 뉴타운, 재개발 이런 것은 겉으로는 합리적인 것 같지만 서울의 토박이들을 흩어지게 하고 조선시대부터 내려오는 지역공동체 문화(동제 등)나 한옥 등의 근거기반을 소멸시킨다. 뉴타운으로 인해 동제를 꾸려가던 주민들이 흩어짐으로 해서 자연히 토착적인 문화는 소실되고 그 지역의 역사나 문화의 매장터 위에 이방인들의 신주거지가 들어선다. 가는 곳마다 문화와 역사가 넘쳐나던 고도古都 서울은 이렇게 콘크리트 건물만이 즐비한 신도시화 되고 왕궁이나 지배층의 유적 외에는 문화적 가치를 인정받지 못하고 토박이 주민들의 향토문화는 상실된다. White 교수의 지적처럼 특정한 지배층의 기억만이 보존되며 민중의 문화는 가치를 인정받지 못한다. 지배층의 문화뿐만 아니라 그 주변부에 있는 민중의 문화가 동등하게 기억 속에 남겨져야 한다. 그것이 진정한 고도 서울을 만드는 길이기도 하다.

오늘날 오죽하면 외국인이 한옥을 보존하자고 법원에 소송을 내겠는가. 건설업체에서는 서민들의 보금자리에 찾아와서 재개발을 시켜준다며 토지소유자들에게 향응을

...

11 박원순은 환경을 파괴하지 않는 마을공동체에 관심을 가지고 있어 이러한 자신의 생각을 저서로 출간한 바 있다. 박원순, 『마을, 생태가 답이다』, 검둥소, 2011; 『마을이 학교다』, 검둥소, 2010; 『마을에서 희망을 만나다』, 검둥소, 2009.

제공하고 감언이설로 동의서를 얻어 낸다. 여기에 편승하는 일부 토지보유자들은 땅 값 상승이나 투기에 골몰한다. 이렇게 서민의 주거지를 가지고 장사치들이 건설과 개발의 논리로 농단할 때 가난한 세입자들은 더 싼 외지로 쫓겨난다. 이러한 제반적인 모순을 극복하고 지속적인 지역문화의 기반을 구축하기 위해 우리는 마을기록관에 주목해야 한다.

물론 우리의 역량은 아직 지방기록물관리기관을 설립하는 것에도 미치지 못하고 있다. 그동안 학자들에 의해 지방기록관의 필요성이 제기되기는 하였지만 이렇다 할 진전을 보이고 있지는 않다.[12] 진전이 있었다면 이제 지자체마다 기록물을 전담하는 기록관리학 출신인력들이 배치되고 있다는 점이다. 그러나 대개 이런 경우 시청이나 구청에 문서고를 마련하고 전담인력을 1명 배치하는 것이 전부라고 볼 수 있다.[13] "1999년 공공기관의 기록물관리에 관한 법률에서 지방기록물관리기관이나 자료관을 설립하도록 권장하였으나 실현되지 못하였고, 2006년에 공공기관의 기록물관리에 관한 법률에서는 16개 광역시도에서 국가기록원과 16개 자치단체장이 협의하여 지방기록물관리기관을 설립하도록 의무화하였지만 현재까지 진행된 지역은 없다."[14] 이영학의 지적처럼 지역주민이 참여하고 행정의 투명성을 성취하고 지역문화의 특성을 살리며 역사문화센터로서 지방기록관이 위상을 가지거나[15] 지역 행정의 효율성, 역사 및 문화의 효율적 기록과 관리, 지역문화의 증거물, 시민교육기관, 현대 도시사회가 안고 있는 정서적 불안정의 극복, 시민의 휴식 및 문화공간 등으로 지방기록관의 설립은 중요하다. 그럼에도 불구하고 독립된 공간으로서 지방기록관의 설립은 아직까지 지자체의 인식이 부족하고 정부의 적극적인 시책도 없는 상황이다.

· · ·

12　지방기록관과 관련된 논의로는 안병우, 「지방기록관 설립과 경기기록문화포럼의 활동」, 『영남학』 6호, 영남문화원, 2004 등 다수의 글이 있다.

13　이와 관련된 현황은 위의 글, 178~182쪽을 참조할 수 있다.

14　이영학, 「기록문화와 지방자치」, 『지방의 기록관리와 기록문화운동』, 제10회 한국기록학회 심포지엄, 2010.6.11, 1~2쪽.

15　위의 글, 3~4쪽.

시군단위의 지방기록관조차도 없는 상황에서 마을기록관이라니, 독자들은 의아해할 수도 있다. 그러나 전자가 후자보다 나중에 있어야 한다는 원칙은 없다. 어쩌면 마을 단위의 기록관을 통해 지역주민의 적극적인 참여가 이루어질 때 그보다 큰 공간적 범주에 속하는 지방기록관도 깊이 뿌리를 내릴 수 있을지도 모른다. 어디가 선후라기보다 연대하여 지역에 기록문화를 뿌리 깊게 내리는 것이 중요하다.

왜 마을기록관이 중요한가. 오늘날 도시와 농촌은 인구, 문화, 연령 등 여러 측면에서 큰 차이를 보이고 있다. 경북 내륙의 어느 군郡의 예를 들면 한때 8만에 이르던 군민은 2011년에 2만 4천여 명으로 축소되었다. 주민의 3분의 2이상이 도시로 나갔다는 것이다. 농촌은 노인들만 남아서 활력을 잃고 문화적으로도 상실감에 놓여있다.[16] 반면 도시의 경우를 보면 국민의 3분의 2가 수도권에 밀집되어 있다. 수도권은 집값의 상승, 도로정체, 자연친화적인 일반주택의 급감과 고층아파트로 도시의 경관은 마비되고 있다.[17] 문화적인 배려 없이 어느 장소를 불문하고 경제논리만이 강조되며 마구잡이로 아파트가 들어선다. 자연과 조화를 추구하던 동아시아의 전통은 찾아볼 수 없고 환경파괴와 건설, 투기조장으로 수도권의 촌락을 멸실시키고 대도시에서도 토박이 주민들이 본고장을 떠나면서 지연을 중심으로 한 지역문화는 상실된다. 농촌에서건 도시에서건 지역문화와 주민공동체의 기본단위인 전통적 촌락은 멸실되고 있다.

이렇게 사라져 가는 마을을 우리는 바라보고만 있어야 하는가. 공동체가 해체되고 거주지의 풍수가 사나우니 그 속에 처한 인간의 정서나 인심도 각박해진다. 마을의 상실은 문화의 상실, 집단의 정체성 상실, 개인의 자아상실로 이어지고 심한 후유증을 앓아야 하며 결국 우리가 원치 않는 문화에 우리를 맡기게 된다. 프랑스의 예를 보면 주민이 주체가 되어 지역 전체를 문화재로 보고 지역의 환경과 문화유산을 보존하고

* * *

16 농어촌 인구는 2010년 875만8천명으로 2005년 876만 4천 명보다 다소 줄었지만 감소세는 과거보다 약해졌다. 귀농·귀촌인구 증가로 향촌형 인구이동이 향도형 인구이동보다 우세해진 결과다. 인구 감소세 약화에도 오지마을을 중심으로 과소·공동화 현상은 급격히 악화됐다. 2010년 기준으로 과소화마을(20가구 이하)은 3천91개로 전체 농어촌 마을 3만 6천496개의 8.5%다. 〈연합뉴스〉 1012년 6월 10일.

17 김덕묵, 『민속종교 연구방법론』, 한국민속기록보존소, 2011, 385쪽.

주민참가형의 지역 박물관 활동(수집보존, 조사연구, 전시교육 보급)을 통해 지역의 정체성을 담보하고자 하는 에코뮤지엄이 탄생한 배경에는 1960년대 후반 도시의 인구집중, 정신적 황폐, 아이덴티티 상실 등에 따른 부정적 상황 속에서 사람들은 사회변혁을 요구하는 사상적 운동에 사로잡혔다. 그 큰 하나의 흐름은 무엇보다도 각각의 지역환경에 밀착하여 살고, 그것을 이해하는 것을 지향하게 되었다.[18] 우리도 이러한 대책이 요구된다. 농촌에 다시 사람을 모으고 도시의 과밀화를 해소하고 지역 간의 균형과 조화, 문화적인 충족감을 온 국민이 느낄 수 있는 대책은 무엇일까. 필자는 그것을 마을기록관에서 찾고자 한다.

마을기록관은 도시는 물론 농촌에 새로운 분위기를 진작시키며 문화변방으로서의 농촌이 아니라 그곳을 문화중심지로서 새롭게 인식하게 한다. 마을기록관은 새로운 도시와 농촌문화의 대안으로 국가적 차원에서 정책과 지원이 이루어져야 한다.

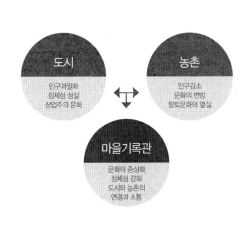

〈그림 1〉 도시와 농촌의 문화적인 삶을 선도하는 마을기록관

2) 어떤 마을에 기록관을 세울 것인가

우리는 앞에서 마을기록관의 중요성에 대해서 살펴보았다. 그런데 제기되는 문제는 그것이 실현가능한가 하는 문제이다. 물론 어떤 일도 쉽게 되는 것은 없다. 연구하고 홍보하고 설득하고, 때로는 시행착오를 겪으면서 그렇게 진전되어 나가는 것이다. 초

18 오하라 가즈오키, 『마을은 보물로 가득 차 있다』, 김현정 역, 아르케, 2008, 31~56쪽.

기에는 좌절을 겪을 수도 있으나 점차 일반화되고 나면 뿌리를 내리게 된다.

어떤 마을에 기록관을 세워야 하는가 하는 문제도 고민된다. 이것은 마을의 '규모' 나 마을의 '특성' 속에서 고려해야 한다. 도시의 경우에는 형편이 다르지만 오늘날 농촌에는 인구가 상당히 줄었다. 필자의 고향마을을 보더라도 1980년대에는 100여 호에 육박했으나 오늘날 40여 호가 남아있다. 가구 수가 적은 마을에서는 사실상 마을기록관이 설립되기 힘들다. 최소 30~40여 호 이상은 되어야 활성화 되지 않을까 생각된다. 그러나 주민들의 의지에 따라 가구 수에 관계없이 가능할 수도 있다. 개인이 자신의 집에 개인기록관을 세울 수도 있기 때문에 작은 마을에서도 규모가 작을 뿐 기록관은 얼마든지 세울 수 있다.

마을의 특성도 따져보아야 한다. 역사나 유래가 깊은 마을, 보존할 문화유적이나 문화유산이 있는 마을, 특별한 테마가 있는 마을(화전촌, 탄광촌, 장터, 무당촌, 옹기를 굽던 마을, 염전이 있는 마을, 생태환경이나 경관이 뛰어난 마을) 등을 선별할 수도 있다. 그러나 마을의 인구나 마을의 특성만을 고려하여 마을기록관을 건립하고자 한다면 애초 마을기록관의 설립취지가 희석된다. 보다 많은 주민들이 문화적 삶을 유지하고 주민 공동체의 말단에까지 복지혜택을 준다는 취지에서 마을기록관이 주창 되는데 주민이 많거나 특정한 테마나 주제거리가 있는 곳에만 한정된다면 그것은 전시행정이 되거나 기존의 향토자료관이나 전시관의 범주를 넘어서지 못할 수 있다.

마을기록관은 기본적으로 모든 마을을 염두에 두어야 한다. 물론 현실적으로 모든 마을에서 실시될 수는 없지만 기본적인 인식은 이러한 층위를 생각해야 한다. 오늘날 마을에 가면 마을회관과 노인정이 있다. 이와 비례해서 마을기록관도 고려되어야 한다. 마을기록관을 개성화 하려면 천편일률적인 것보다는 각 마을의 특성에 따른 테마를 개발하는 것도 중요하다. 그러나 이러한 테마에만 치우쳐서 마을에 대한 기본적인 아카이빙이나 자료수집, 그리고 그것을 활용한 기록관의 양식을 소홀히 해서는 안 된다. 마을 주민의 기본적인 생활문화나 삶의 방식을 보여주는 틀(이러한 양식은 모든 마을 기록관에서 나타나야 할 기본적인 요소)과 함께 마을의 특성을 살린 테마가 추가되어야 한다. 만약 마을의 볼거리, 흥밋거리 위주로만 마을기록관이 추구된다면 그것은 마을기록관의 본질이 아니다. 물론 그런 것도 포함되겠지만 기본적으로는 마을주민의 삶을 토대로 해야 한다.

마을기록관을 만들 때는 외부인의 시선에서 추구되어서는 안 된다. 외부인의 시선에서 보면 A라는 마을에 있는 지게와 B라는 마을에 있는 지게가 동일하게 보이고 천편일률千篇一律적인 것으로 보일 수도 있다. 그러나 그것은 외부자의 시선이기 때문이다. 같은 종류의 민구라도 그것을 사용한 사람이 다르다. 그것은 같은 종류의 민구라도 내재적으로 다른 의미를 가지게 한다. 가령, 옛날 안중근 의사가 지고 다닌 지게라고 할 때 다른 지게와 동일한 의미를 가질 수 있을까. A마을의 지게는 그 마을사람의 스토리텔링이 담겨 있으며 그들의 역사 속에 있고 B마을의 지게는 그 사람들의 삶 속에 담겨 있다. 같은 종류의 전시물이라고 하여 같은 것이 아니다. 마을주민의 눈에서 보면 저것은 우리 조상님들이 사용하던 것, 저것은 우리 증조할아버지가 구입하여 사용해 온 것, 우리 마을 공터에서 공동으로 사용하던 연자방아, 우리 어머니가 시집올 때 가지고 온 것, 내가 어렸을 때 사용하던 물건, 300년 동안 마을에서 사용하던 상여 등 그들만의 의미가 있다. 따라서 마을기록관에서 전시하는 민구는 출처를 알 수 없는 골동품 상회에서 구입하면 안 된다. 그것은 그들의 삶 속에서 건져져야 한다.

외부인의 시선으로 보면 차별화되지 않지만 주민의 눈으로 보면 그것은 그들의 삶이 묻어있는 그 무엇과도 바꿀 수 없는 것이 된다.[19] 즉, 다른 마을의 것과 결코 같은 것이 아니며 천편일률적인 것이 아닌 것이다. 교복을 입고 운동장에 서있는 학생들을 외지인이 보면 다 같은 학생이지만 주민이 보면 내 아들이냐 이웃집 아이냐 구분이 가며 그것은 그들에게 중요한 의미가 된다.

만약 마을기록관이 외부인의 시선(혹은 관_官중심의 시선)에 의해서 재단되고 판단된다

∙ ∙ ∙

19 물론 이러한 특징을 살리려면 전시된 물건에 출처를 밝히고 그것과 관련된 스토리를 넣어야 한다. 따라서 수집단계에서부터 이러한 내용을 충분히 조사하여 자료와 연결을 지어야 한다. 만약 그냥 마구잡이로 골동품 수집하듯이 모아서 전시한다면 그 묘미를 제대로 살릴 수 없다. 주민들이 사용하는 민구에는 그들의 삶과 정신이 담겨 있다. 그것은 곧 조상의 얼로서 마을에 남겨져야 하고 문화재로서 설명서(사용처, 사용자, 관련된 이야기)와 함께 기록보존 되어야 한다.

면 그것은 또 하나의 박제화 된 향토전시관을 만들거나 전시행정으로 전락될 가능성이 크다. 또한 볼거리만을 추구한다면 주민 스스로의 문화주권을 포기하고 마을기록관을 그들과 상관없는 것으로 방치하게 할 수 있다.[20] 마을기록관은 근본적으로 외부인에게 보여주기 위한 것이 아니다. 물론 외부인이 방문하여 볼 수는 있지만 그러한 기능은 부차적인 것이며 가장 중요한 점은 주민 자신들의 역사를 기록하고 남기는 것이다. 마을회관이나 노인정이 그들의 편의나 실용성에 의해서 건립되듯이 마을기록관 역시 "그들을 위해서", "그들에 의해서" 될 수 있도록 해야 하며 국가는 그것이 순조롭게 될 수 있도록 보조를 하면 된다.

마을기록관을 중앙정부나 지자체, 외부인의 시각에서 규정하고 설립하려 한다면 그것은 관광지에 있는 전시관과 다를 것이 없다. 이것은 보여주기 위한 것 이전에 주민의 삶을 수렴하는 것이며 재구성하는 것이기에 무엇보다 주민의 입장에서 즉, 내재자의 관점에서 추구되어야 한다. 마을기록관은 단순한 전시관이나 박물관이 아니라는 점을 상기해야 한다. 누구에게 보여주기 위한 것이 아니라 그들의 삶을 담고 삶의 일부로서 전승되고 채워지는 역동적인 그들의 자화상임을 명심해야 한다.

따라서 특정한 테마가 있는 마을을 위주로 건립해야 한다는 등의 생각이나 혹은 그렇지 않으면 실현성이 부족하다는 생각은 편견일 수 있다. 마을기록관은 이러한 기존의 발상과는 다르다. 이것은 외부인의 시선에는 볼거리가 없고 테마가 없다고 해도 그곳에 주민이 있고 그들의 삶이 있는 이상, 마을기록관은 그들과 함께 하는 것이다. 또한 이 점을 처음에는 외부인들이 알지 못하겠지만 점차 그들도 보다 심층적으로 이러한 속살을 이해하게 되면 그들에게도 한층 깊은 의미로 다가올 것이다. 테마가 있고 역사가 있는 마을, 만약 이런 것을 중점으로 한다면 과거 지배층 중심의 기록과 다를 것이 없다. 잘난 마을, 못난 마을이 없다. 모든 마을이 주인이고 주민 누구나가 주

* * *

20 실제로 마을기록관 설립에 있어 이렇게 될 함정이 있기 때문에 늘 경계해야 한다. 따라서 이것을 기획하고 추진하는 주민들이나 아키비스트가 장기적인 안목과 충분한 인식을 가져야 하며 눈앞의 성과나 보여주기에 급급해서는 안 된다. 마을기록관이 스타일리스트와 같은 외양에 치중하는 사람에 의해서 이루어진다면 그것은 실패를 의미한다.

체가 될 수 있다. 이것이 진정한 기록의 민주화요. 마을기록관의 정신이다.

여기에서 우리는 다른 문화기관이나 형태 즉, 향토전시관이나 박물관 등이 아닌 왜 마을기록관이어야 하는지 알 수 있다. 마을기록관은 박제화된 유물을 전시하는 곳이 아니라 주민들의 과거뿐만 아니라 현재의 삶을 끊임없이 담아내는 곳이다. 즉, 마을기록관에서 전시는 '기록'을 압도하지 않으며 전시란 쉼 없는 기록 속에서 얻어지는 부산물이어야 한다. 또한 정부나 지자체에 의해 볼거리만을 추구하는 관람용 전시관이 아니며 외부인의 시선만을 의식하는 곳이 아니다. 물론 지자체와 협력관계를 취하겠지만 무엇보다 주민의 문화주권과 자치를 존중해야 하며 그들 스스로의 삶을 담고 채워가는 그들의 자화상이어야 한다는 점에서 마을'기록관'으로서의 형태가 요구된다.

3. 마을기록관을 어떻게 만들 것인가

1) 마을기록관의 설립방법

(1) 참여자들의 인식과 지원

마을기록관이 설립되기 위해서는 무엇보다 주민들의 협조가 있어야 한다. 가령 외부에서 지원을 하겠다고 해도 주민들이 필요성을 인식하지 못하면 기록관이 설립될 수 없다. 향토문화는 결국 주민들이 스스로 지켜나가고 가치를 인식해야 한다는 점에서 주민들의 자각이 절실하다. 이러한 주민들의 인식에 열기를 불어넣어줄 성공사례 소개나 동기부여를 위한 교육이 요청된다. 둘째는 정부나 지자체의 지원이 필요하다. 마을을 위하여 국가가 정책적으로 운동을 펼쳐야 한다. '역사문화찾기운동'[21]이라는

---

21 1970년대에 활발하게 전개되었던 재래의 새마을운동이 전통적인 생활양식을 탈피하고 근대적인 개발논리에 입각한 운동이었다면 이제는 이렇게 파괴되고 잊혀져가는 유무형의 민속과 역사, 문화자원을 새로운 가치에서 해석하고 기록·보존·활용을 목표로 하는 마을의 '역사문화찾기운동'이 요구된다. 김덕묵, 「문화콘텐츠 시대의 민속기록과 활용」, 『비교민속학』 제43집, 비교민속학회, 2010, 279쪽.

취지에서 적극적인 마을기록관 설립을 추진한다면 주민들의 의식도 전환될 것이고 사업도 효율적으로 진척될 수 있다. 그동안 정부와 지자체에서는 마을회관이나 노인정 설립 등에 지원을 하였는데 마을기록관 설립에도 예산지원이 필요하다.[22] 셋째는 학자들의 지원이 필요하다. 학자들의 선견지명先見之明과 방향제시는 현장에서 행해질 구체적인 매뉴얼과 실천논리로 이어지고 마을기록관 설립 운동은 활성화될 수 있다.

일본에서 '마을만들기街づくり'로 유명한 세타가야구世田谷區는 구청 내에 '마을만들기과'를 설립하여 행정적인 지원을 하고 별도로 '재단법인 세타가야구 도시정비공사'에 따로 '마을만들기센터'가 설치되어 있으며, 마을만들기에 필요한 자금은 '마을만들기 공익신탁' 제도를 통하여 지원하고 있다. 세타가야구와 마을만들기 지원센터, 주민협의회가 주체가 되어 협력적인 관계를 가지고 있다.[23]

2) 마을기록관의 설립과정

(1) 마을기록관 설립을 위한 위원회 구성

전술한 바와 같이 마을기록관은 주민과 지자체, 정부, 학계의 공조와 지원이 필요하다. 지자체와 정부에서는 주민교육이나 홍보를 통해 마을기록관의 설립을 정책으로 권장하고 주민들은 자신의 마을에 마을기록관을 설립하기 위한 적극적인 참여와 의지가 있어야 한다. 학계에서는 이론과 방법을 창출하여 마을기록관의 설립방법에서부터 운영 및 비전을 제시해야 한다. 일단 마을기록관 설립에 대한 의지가 표명되면 주민대

〈그림 2〉 마을기록관의 설립과정

• • •

22 의성의 '사촌마을자료전시관'처럼 많은 예산을 들여서 하는 경우도 생기겠지만 마을회관이나 노인정의 공간 한 칸을 활용하든지 아니면 마을의 고택을 활용할 수도 있다. 관리도 마을 이장의 책임하에 노인정에서 관리를 하게 하거나 마을의 노년층을 이용한다면 적은 예산으로도 얼마든지 가능하다.

23 이명규, 「일본에서의 마을만들기 운동과 대표사례」, 『한국사회와 공동체』, 다산출판사, 2008, 278~279쪽.

표, 지자체 관계자, 학계의 전문가가 참여하여 설립위원회를 결성하고 구체적인 절차를 수립해서 추진해야 한다.

(2) 선행사례에 대한 벤치마킹

설립위원회가 구성되면 선행사례에 대한 벤치마킹을 해야 한다. 마을기록관은 종합적인 문화요소가 수반되는 일이다. 여기에는 단순한 전시관이나 기록관의 기능을 넘어 마을의 복합적 문화공간으로서의 속성, 마을의 자원화 등을 고려해야 하는 이른바 '마을학'이라고 할 만한 종합적인 지식이 요구된다. 따라서 기록관뿐만 아니라 아카이빙, 마을의 활용 등의 다양한 사례를 검토하고 마을의 특성에 맞는 기록관을 설립해야 한다. 마을기록관의 설계단계에서부터 이러한 고려가 없다면 마을에서 마을기록관의 기능이 제대로 수행되지 못할 수도 있다. 현재까지 마을기록관이 설립된 적이 없기 때문에 구체적으로 선행사례를 제시할 만한 곳은 없다. 다만 현재 마을기록관은 아니지만 마을전시관 등의 사례를 검토할 수 있으며 외국의 사례도 참고할 수 있다. 특히 주민들이 주체가 되어 지역의 환경과 생태, 문화유산, 생활문화 등을 박물관과 연계하여 지역의 정체성을 구축하고자 하는 에코뮤지엄Ecomuseum이나 지역 아카이빙과 관련해서는 풀무관 설립 프로젝트(면 단위의 아카아브즈 구축), 성미산 마을 디지털 아카이브 구축 사업(통합문화공간으로서 마을 기록물 보관소 설립), 백두대간 마을 기록화(산간마을에 대한 영상기록)[24] 등 국내외의 사례를 참조할 수 있고 마을단위의 전시관도 참고가 된다. 허물어진 정미소 건물을 수리하여 마을의 문화공간으로 활용한 진안군 마령면 계서리 '계남정미소'는 용도가 끝난 마을의 정미소 건물을 문화공간으로 활용한 좋은 사례가 된다.[25] 계남마을의 정미소는 사진작가인 김지연 씨가 정미소의 시설과 농촌 주민의 삶과 관련된 사진을 전시하는 공간이다. 특히 주민들이 지니고 있는 옛 사진이나 과거 머슴살이 때부터 당시 구매한 물품과 관련된 기록들까지 전시하고 있어 생

• • •

24 권순명, 「지역 아카이빙을 위한 기록화방안 연구」, 『기록학연구』 제21호, 한국기록학회, 2009, 56~57쪽.
25 계남정미소와 관련된 내용과 사진은 네이버 블로그(http://jb.go.kr)에서 참고한 것임을 밝혀둔다.

활사 자료관으로도 가치가 있다. 이곳은 문화체험과 전시를 통해 소외 된 지역 주민을 위한 생활문화 공간으로 거듭난 곳으로 농촌을 살리고 싶어 하는 분들이나 인근 주민들, 미술이나 건축에 관심을 가진 사람, 일반 여행객 등도 많이 방문한다고 한다. 우리의 주변에도 이렇게 고택, 민가, 시장, 골목, 폐교, 창고, 공장 등의 낡은 공간들이 적지 않게 있다. 문화공간으로 얼마든지 활용이 가능하다.

〈그림 3〉 낡은 정미소를 공동체의 문화공간으로 활용한 계남정미소

배영동이 소개한 의성의 '사촌마을자료전시관'이나[26] 이영재가 소개한 '영양산촌생활박물관'이나[27] 필자가 보았던 보령시 노천리 '가리티마을'의 자료관도 참조가 된다.[28] 또한 마을에 대한 종합적 이해를 위해서 기록관 자체뿐만 아니라 그밖에 민속마을, 테마파크, 생태마을, 농촌체험마을, 마을축제, 마을여행, 특산품 판매 등 마을을 둘러싼 다양한 문화요소의 활용에 대한 사례 수집이나 현장답사를 통해 폭넓은 지식을 가져

• • •

26 배영동, 「마을문화전시관으로 본 마을문화의 자원화 과정 － 의성 '사촌마을자료전시관'의 사례 － 」, 『마을 민속자원화 어떻게 할 것인가』, 민속원, 2007.
27 이영재, 「지방박물관에서 마을민속의 자원화 과정과 방법」, 『마을 민속자원화 어떻게 할 것인가』, 민속원, 2007.
28 이곳에는 1998년에 향토유물관이 세워졌다. 규모는 작지만 주민들이 과거에 사용하던 생활도구나 농기구, 활동사진 등을 전시해 놓았다. 마을단위에서 이러한 자료관을 설립한 것은 당시로 볼 때 고무적이며 혁신적인 것이었다.

〈그림 4〉 호박등불마을 체험학습 프로그램

야 한다.[29] 이러한 총체적 이해와 유기적인 관계 속에서 마을의 특성을 고려한 마을기록관이 설립되어야 한다.

참고적으로 마을자원의 활용 사례를 몇 가지 살펴본다. 경기도 용인시의 사례를 보면, 모현면 능원리 '호박등불마을'은 정몽주의 묘소와 등잔박물관이 있는 곳이다. 근래에 용인시 농촌전통 테마마을로 지정되어 화전 만들기, 떡케익 만들기, 고추장 만들기, 된장 만들기, 다도, 한지공예, 대보름맞이 축제 등의 체험프로그램을 활용하여 용인, 분당 등 인근 도시민을 맞이하고 있다. 마을에서는 호박을 활용하여 단호박떡케익이나 호박즙을 판매하고 있다.[30]

모현면 갈담리 갈월마을에서는 용인 평생학습센터의 후원을 받아 용인시에 거주하는 가족을 대상으로 매년 4월~11월(시간 10:00~14:30, 참가비 1인: 1만 2천원) 총 7회에 걸쳐 체험프로그램을 진행하고 있다.[31]

〈표 1〉 갈월마을 체험프로그램

주제(일시)	내용
전통마을의 모습 (4/17)	마을 돌아보기-전통 마을의 모습과 구조 농사일 살피기-감자 싹보기, 옥수수 씨심기, 못자리체험 전통 삶의 방식-봄나물 알아보기
전통가옥의 모습 (5/22)	마을 돌아보기-전통 가옥의 모습과 구조 농사일 살피기-모내기 전통 삶의 방식-화전 만들기

• • •

29 김덕묵, 「문화콘텐츠 시대의 민속기록과 활용」, 『비교민속학』 제43집, 비교민속학회, 2010, 282쪽.
30 마을 홈페이지(hobak, go2vil.org)를 통해 주문할 수 있다.
31 관련내용은 들뫼자연학교 카페(cafe.daum.net)에서 참고하였다.

마을과 숲 (6/22)	마을 돌아보기-마을 숲 돌아보기 농사일 살피기-감자캐기, 전통 삶의 방식-단오의 의미와 체험
논습지의 중요성 (8/21)	마을 돌아보기-마을 물 살펴보기 농사일 살피기-고추따기 전통 삶의 방식-여름나기
지속가능한 아름다움 (9/25)	마을 돌아보기-전통마을의 예술성 농사일 살피기-밤줍기 전통 삶의 방식
쌀이 되기까지 (10/23)	마을 돌아보기 농사일 살피기-벼베기, 고구마캐기 전통 삶의 방식-한식, 쌀의 미학
녹색에너지마을 (11/13)	마을 돌아보기-녹색에너지마을 농사일 살피기-콩타작, 마늘심기 전통 삶의 방식-슬로우푸드 메주만들기

마을의 구전자원을 활용하는 사례도 있다. 최근 농촌진흥청에서는 마을의 구전자원을 활용하는 사업을 시작했다. 강원도 태백시 구문소동 구문소 마을의 경우에는 다음과 같은 전설이 전해진다. "구멍이 있는 연못이라는 뜻의 구문소求門沼에서 낚시를 하던 이가 물에 빠져 용궁으로 잡혀가 용왕에게 "왜 물고기를 잡느냐"고 문초를 당한다. 입에 풀칠할 것이 없어 물고기를 잡았다는 하소연에 용왕은 낚시꾼에게 떡을 주고 다시 세상으로 내보낸다. 용궁의 떡을 자식을 위해 주머니에 넣어 나왔지만 딱딱해져 먹을 수 없었기에 쌀독에 넣어뒀는데 이 쌀독에서 끊임없이 쌀이 쏟아져 나와 부자가 됐다." 농촌진흥청은 마을주민들과 이 용궁전설을 활용한 관광 체험사업을 준비하고 있다. 용궁을 활용한 마을 디자인과 캐릭터를 만들었으며 용궁전설을 역할극으로 재현, 마을을 찾는 어린이가 직접 배우가 되는 기회도 제공한다. 또 구슬에 소원을 적어 복주머니에 넣는 체험 프로그램도 마련했다. 농촌진흥청에서는 그밖에 전국 10여 개 마을의 구전자원을 활용하여 콘텐츠 개발을 완료하고 이 콘텐츠를 활용하여 농가의 소득을 증대할 수 있는 컨설팅을 준비할 계획이라고 한다.[32] 마을의 구전지식이나 전설, 설화 등을 아카이빙하고 마을기록관에서는 그것을 전시 및 체험 프로그램 등으로 활용할 수도 있다. 어느 지역, 어느 마을을 가더라도 그곳에는 무궁한 자원이 남겨져

있다. 마을기록관을 채울 수 있는 소재들은 넘쳐난다. 단지 우리가 인식하지 못했을 뿐이다.

(3) 마을기록관에 남길 자료

① 마을기록관에 무엇을 남길 것인가

마을기록관은 주민의 입장에서 내용이 구성되어야 한다. 외부인만을 의식한 단순한 보여주기 식이나 가벼운 눈요깃거리는 식상해질 수 있다. 또한 그런 것이라면 주민들에게 큰 의미로 다가가지 못한다. 커뮤니티는 혈연, 지연, 종교, 특정한 목적 등에 의한 다양한 유형이 존재하는데 그것은 각 특성에 맞는 커뮤니티 아카이브즈community archives에 의해 재구성될 수 있다. 이곳에 무엇을 남길 것인가에 있어서 가장 중요한 근거는 정체성identity에 있다. 그들의 삶의 내력과 흔적, 기억, 그들의 실제 생활과 생활문화를 마을기록관에 남겨야 한다. 마을기록관은 1차적으로 마을이라는 공간에서 주민들이 어떻게 살아왔고 살아가는가에 대한 것을 재구성하는 것으로 채워진다. 따라서 마을 주민들의 삶을 증거하고 전체상을 보여줄 수 있는 것으로 구성되어야 한다. 여기에 2차적으로 타지와 비교해 그 마을의 특성으로 강조하고자 하는 것을 첨부해야 한다. 그것은 마을테마로 특성화하여 주제에 맞추어 자료를 수집한 후 전시, 홍보, 교육 등의 소재로 삼을 수 있다.

마을기록관은 그 특징으로 볼 때 민속 아카이브folklife archive의 측면도 강하다. 민속 아카이브는 다큐멘터리 아카이브documentary archive와 많은 면에서 차이가 있다.[33] 다큐멘터리 아카이브에서는 필사본이나 활자화 된 제 형태의 자료들이 주종을 이룬다면 민속 아카이브는 기억 속에 남겨진 전통이나 기술 혹은 전승되는 다양한 측면들이 비

• • •

32 〈연합뉴스〉 2012년 1월 15일 기사 참조.
33 George List, "ARCHIVING", *FOLKLORE and FOLKLIFE*, The University of Chicago press: Chicago and London, 1972, p.455.

중을 차지한다. 스웨덴 웁살라의 민속연구소the Institute for Dialect and Folklore Research에서 이용하는 분류체계를 보면 민속아카이브에서 사용하는 자료들의 범위를 참고할 수 있다. 즉, 마을과 주거, 생업, 교통과 교역, 지역사회, 일생의례, 자연, 민간의료, 연중행사, 민간신앙과 관행, 신화, 역사, 종교, 운동과 오락, 음악, 경기, 연희, 춤, 게임, 건축 등 다양하다.[34] 마을기록관은 마을주민의 생활문화와 밀접한 관련을 가진 커뮤니티 아카이브로서 민속 아카이브의 측면도 고려되어야 한다.

물론 이러한 제 측면을 마을기록관에 남기기 위해서는 앞에서 살핀 바와 같이 먼저 기록화와 자료 수집이 있어야 한다. 이러한 과정을 통해서 기록관이 구성된 후에도 주민의 삶의 변화에 따라 주기적으로 아카이빙과 자료 수집이 이루어져야 한다. 마을 기록관은 매년 수집과 기록이 있어야 하며 주민 중에는 마을 일기를 쓰듯이 마을에서 일어나는 일을 주기적으로 기록하고 관련자료를 모아야 한다. 특정한 행사나 마을에 주택을 신축하거나 마을길을 넓히는 일 등 마을 변화가 생길 때는 사진이나 동영상으로 기록을 남기는 일도 필요하다. 매년 마을공간을 촬영하여 시차에 따라 분류하면 훗날 마을의 변화상을 알 수 있는 좋은 자료가 된다. 이렇게 모아지는 자료들은 주기적으로 마을기록관에 전시되고 보존관리 되어야 한다. 마을기록관을 관리하는 주민이 이러한 일을 하면 적합할 것 같다. 근래에는 멀티미디어가 발달하여 누구나 영상자료를 쉽게 이용할 수 있고 쉽게 자료를 수집하여 DB화 할 수 있다. 마을기록관에서 하는 기록과 수집은 공공기록물의 기록보존과 차이가 있다. 공공기록물의 경우에는 현용 단계에서 비현용 단계로 넘어갈 때 선별과 평가가 있지만 마을기록관에서는 수집과 기록 단계에서 무엇을 기록하고 남기며 무엇을 기록관에 채울 것인가에 대한 선별과 평가 작업이 이루어져야 한다.

이러한 토대를 만들기 위해서는 '마을학'이 자리를 잡아 마을 간의 정보교환이나 견학이 활발해지고 마을에 대한 연구와 조사활동이 꾸준히 이루어져야 한다. 이렇게

---

34 Ibid, p.456.

연구하고 조사된 자료를 통해 청소년이나 다른 주민을 대상으로 한 교육도 마을기록관에서 이루어져야 한다. 마을기록관은 박제화 된 전시관이 아니라 그것을 통해 주민들이 끊임없이 숨을 쉬고 자신들을 표현하는 산물이어야 한다.

② 마을에 대한 종합적인 기록화와 자료수집[35]

마을기록관이 설립되기 위해서는 그것에 내용이 될 수 있는 자료가 있어야 한다. 즉, 마을기록관의 준비단계에서 원천소스를 필요로 한다. 옛사진, 주민들의 활동사진, 각종 문서, 기록물, 민구, 음향, 동영상자료 등의 수집은 물론 마을에 대한 아카이빙이 지속되어야 한다. 한편 마을기록관이 설립되었다고 하여 마을아카이빙이 끝나는 것은 아니다. 기록화 작업은 끊임없이 계속되어야 하고 그것을 통해 전시물과 디지털콘텐츠도 새로운 내용들이 계속해서 채워져야 한다.

마을아카이빙에 있어서는 마을의 특성과 구조를 잘 파악하여 적절하게 대처해야 한다. 마을에 대한 총체적, 구조적, 기능적인 접근을 통해 마을의 현황을 파악하고 그것에 맞게 효율적으로 기록화를 하고 그것을 적절히 활용하여 기록관을 만들어야 한다.

마을기록화를 위한 항목은 마을공간(자연, 인문), 의생활, 식생활, 주생활, 민구, 기록물, 마을신앙, 세시풍속, 자치조직(노인회, 청년회 등)과 마을사람(세거성씨, 생애사, 문중조직), 마을의 역사, 일생의례, 축제, 놀이, 생업, 시장, 문화유적, 전설, 설화 등 모든 것이 망라된다. 이들 대상은 생활문화를 연구하는 민속학의 연구대상과 상당부분 중첩된다. 따라서 조사방법에서부터 민속학적 노하우와 지식이 요구된다. 기록물의 관리를 중심으로 하는 기존의 기록관리학적 교육방법만으로는 한계가 있다. 이러한 접근을 위해서는 '민속기록학'이 요구되며 이것을 통해 전문성이 담보되어야 한다.[36]

마을아카이빙에서는 '마을'이라는 공간에서 행해지는 모든 일과 그 안에 존재하는

• • •

35 마을아카이빙에 대해서는 지면의 한계로 간략히 살펴본다.
36 필자가 마을아카이빙에 대한 강의에서 세시풍속이나 마을신앙 등의 기록화 방법에 대해 언급하면 기록관리학을 전공하는 학생들은 "내가 지금 민속학 공부를 하고 있는 것 같다"고 말하는 사람도 있는데 기존의 '기록물관리학'만으로는 아카이빙이 보장될 수 없다.

모든 것이 대상화 된다. 물론 여러 가지 제약으로 선별과정이 필요하겠지만 우선은 마을의 모든 것이 포함된다. 즉, 마을아카이빙에 있어 '기록대상'은 주민들의 삶의 전체상과 그 세부적인 것들의 유기적인 관계망 속에서 조망되고 포착 되어야 한다. 멀티미디어를 통해서 다양한 대상이 기록화되어야 하며 무엇보다 주민의 삶의 모습과 내력이 투명하게 드러나야 한다. 이렇게 축적되는 자료는 역사의 한 구성물이 되고 마을사는 물론 '생활문화사'의 사료가 된다.

한편, 마을에서 수집된 자료는 출처가 분명히 제시되어야 하며 주민의 삶을 스토리텔링으로 옮길 수 있는 증거가 되어야 한다. 수집되고 기록된 자료는 전시할 것, 디지털콘텐츠 등 사용할 용도에 따라 분류되어 충분히 활용될 수 있도록 조치되어야 한다. 또한 마을아카이빙을 통해 책자(마을지)를 발간할 수도 있으며 이러한 책자도 마을기록관의 일부로서 활용될 수 있다.

마을아카이빙을 위해서 처음에는 민속아키비스트의 역할이 중요하겠으나 일단 기본적인 기록화가 이루어진 후에는 주민 스스로 그들의 삶의 이야기나 마을의 다양한 정보들을 기록하고 업데이트해야 한다. 마을기록화는 주민 누구에게나 열려 있고 누구나 기록할 수 있는 개방적이고 역동적인 것이어야 한다.

(4) 마을기록관의 설립

① 마을기록관의 공간과 위치

마을기록관은 전시공간과 자료의 보존공간, 관리공간, 교육공간, 휴식공간 등으로 구성될 수 있다. 전시공간은 마을의 사정에 따라 다르겠지만 일반 마을의 경우 마을회관이나 노인정의 한 칸을 이용해도 되고 마을의 빈집을 활용해도 된다. 사정이 여의치 않다면 신축하는 것도 방법이겠으나 가급적이면 오래된 민가를 활용하는 것이 좋다. 민가 건축물 자체가 마을의 역사와 문화를 말해주는 향토자원이기 때문에 마을기록관의 취지나 민가의 보존 및 활용을 위해서도 바람직하다. 마을에서 오래된 민가를 그대로 활용하여 여러 개의 방을 주제에 맞게 분류하여 전시공간, 교육공간, 휴식공간 등으로 활용해도 된다. 즉, 안방은 여성생활사와 관련된 자료 전시, 사랑채는 족보, 동제문서, 주민들의 기록물 등을 전시하는 공간, 건넌방은 아이들과 관련된 전시물을 배치, 광에는 농기구와 관련된 것, 마루는 관리 및 휴식공간, 창고를 개조하여 교육공간으로 활용할 수도 있다. 규모가 작은 곳은 아래채의 내부를 조금 개조하여 전시공간으로 활용하고 안채는 주민들의 휴식공간, 교육공간 등으로 활용해도 좋다. 규모가 큰 곳은 이웃하는 몇 채의 민가를 활용할 수도 있다. 마을에서 사용하지 않는 빈집, 방앗간, 상여집, 창고 등을 활용하여 각 주제에 맞는 테마파크 형태의 마을기록관을 설립할 수도 있다. 현재 일상적인 주거가 없는 이들 공간과 동제당, 문화유적, 선산 등과 연계하여 콘텐츠를 구축하고 스토리텔링을 엮어가며 마을 관람의 코스로 활용할 수도 있다.

최근 지자체에서는 마을의 빈집을 범죄인들이 이용할 수 있다는 이유로 역사성이나 문화적 가치 등을 고려하지 않은 채 헐어버리는 경우가 많다. 조선후기 혹은 일제시기, 해방 직후 등 길게는 100년 이상 된 주택들이 대책도 없이 사라져 가는 것은 안타까운 일이 아닐 수 없다. 오늘날 사람이 거주하는 집은 개량하거나 신축하여 옛 모습을 유지하기 힘들다. 옛 모습이 유지된 빈집이야말로 주민들의 과거 주생활을 보여주는 중요한 문화유산으로 활용될 수 있는 적격의 자원이다. 빈집을 향토자원으로 바라보는 시각이 필요하며 그것을 적절히 활용할 수 있어야 한다.

전시공간은 가능하면 마을의 중앙이나 주택가에 위치하여 주민들의 접근성이 용이한 곳이 좋다. 외진 곳은 기록물의 도난 우려도 있고 이용자들의 접근성이 좋지 못하기 때문이다. 주민들이 쉽게 드나들고 휴식공간으로 활용할 수 있어야 한다. 전시관 앞에 넓은 공터나 마당이 있어 주민들의 행사나 마을축제, 윷놀이대회, 노래자랑과 같은 것이 벌어지거나 한쪽에 운동시설이나 벤치 등이 있어 휴식이나 놀이공간으로 활용될 수 있으면 더욱 좋다.

② 마을기록관을 위한 건물의 리모델링이나 신축

마을기록관의 건물은 그 자체만으로도 주민들의 역사를 말해줄 수 있는 것일 때 의미가 크다.[37] 경우에 따라 신축할 수도 있겠으나 가능하면 신축보다는 마을에 남아있는 전통적인 민가나 고택을 이용하는 것이 바람직하다. 민가를 활용할 때는 안과 밖을 리모델링해야 한다. 전시공간, 연구공간, 휴식공간 등을 마련하고 각각의 기능에 맞게 집안의 안팎을 꾸며야 한다.

③ 기록물의 전시[38]

특별한 경우가 아니라면 대다수의 마을에서는 몇 칸 규모의 작은 공간에 전시물을 전시하게 된다. 전시방법은 사진과 설명서를 결합시킨 패널전시를 하거나 진열장을 만들어 실물을 전시하고 영상물을 상연하는 등 다양한 방법으로 할 수 있다. 일반마을의 경우 마을의 역사와 문화, 주민들의 자취와 활동을 보여주는 사진과 설명문을 부착한 패널전시와 큰 민구는 그대로, 작은 민구, 문서류, 기록물 등은 진열장에 전시하여 설명문을 만들어놓으면 될 것 같다. 꼭 전문박물관처럼 해놓아야 된다고 생각한다면 거액의 예산지원이 있지 않는 이상 불가능하다. 소박하지만 주민들 스스로 그들의 자취와 삶의 흔적을 전시한다는 점에 의미를 두자. 그것만으로도 외부인들에게는 흥미진진한 마을의 볼거리가 되며 자라나는 아이들에게는 교육의 장이 된다. 물론 배영동이 소개한 의성 '사촌마을자료전시관'처럼 전문적인 전시관을 목표로 건립할 수도 있고[39] 마을의 특성이나 환경에 따라 그 모습은 다양한 양상을 띨 수 있다.

④ 전시물의 보존대책

전시물의 보존을 위해서는 기본적으로 온도와 습도를 조절하여 전시물에 손상이 가지 않게 하는 등의 과학적 보존방법이 전제된다. 분실우려도 있는데 마을의 민구나 골동품을 훔치기 위해 고물상이나 골동품업자들이 절도행위를 하는 것은 이미 오래전부

...

37 마을기록관의 건물자체도 마을의 역사와 문화를 말해주는 것일 때 마을기록관 설립 운동의 취지와 맞다.
38 여기서 말하는 기록물이란 공공기록물관리학에서 말하는 기록물에 국한하지 않으며 마을을 증거할 수 있는 다양한 자료들을 총칭하는 넓은 의미로 사용하도록 한다.
39 배영동, 앞의 글.

터 일상화되어 왔다. 농촌의 민가에 사람이 없는 때를 틈타서 오래된 민구를 훔쳐서 경매를 하거나 골동품 상회에 넘기는 사람들이 기승을 부리기 때문에 마을전시관에서도 주변에 CCTV를 설치하고 관리를 잘 해야 한다. 마을기록관의 소유물뿐만 아니라 마을주민들이 사용하던 민구는 그 마을의 자원이다. 골동품상이나 고물장사들이 마을에서 함부로 훔쳐가지 못하도록 철저한 감시가 있어야 한다. 만약 빈집이 생긴다면 그 집의 민구들을 마을에서 보관하거나 관리하는 방식을 취하여 외부로 유출되는 것을 막아야 한다. 현재 도시에 유출되고 있는 대부분의 민구들이 절도에 의해서 이루어진 것임을 감안할 때 주민 스스로 이들의 가치를 마을 문화유산으로 인식해야 한다.

⑤ 마을기록관 설립에 있어 중추적 역할을 할 전문가 양성

마을기록관을 설립하고 운영하기 위해서는 '민속아키비스트'가 육성되어야 한다. 기존의 공공기록물 관리에만 치중된 인력은 지방기록관이나 마을기록관에서 전문성이 부족하여 역할을 제대로 수행할 수 없다. 마을아카이빙과 마을기록관을 지도하기 위한 실무능력을 갖춘 민속아키비스트가 전제될 때 마을기록관은 순조롭게 운영될 수 있다. 다시 말하면 민속의 기록, 보존, 활용에 대한 전문지식을 갖추고 민속학과 기록관리학, 문화콘텐츠에 대한 소양을 지닌 전문적인 민속아키비스트들이 지자체와 마을을 연계하며 바쁘게 움직일 때 마을기록관도 꽃을 피울 수 있다.

현재 대학의 기록관리학에서 행해지는 공공기록물 관리에 관한 교육만으로는 민간영역이나 민속의 기록과 관리를 위한 전문인력을 배출하기 힘들다. 기록관리학과에서 공공기록물관리학뿐만 아니라 '민속기록학'도 충분히 교육되어야 한다. 한편 기존의 민속학과에서도 '민속기록학'[40]이라는 전문분야가 개설되어야 한다. 물론 이렇게 민속기록학을 교육받은 민속아키비스트가 지자체나 커뮤니티 아카이브즈에서 근무할 수 있는 산학협력체제가 이루어질 때 인적자원도 늘어날 수 있다.

• • •

40 기록관리학과 민속학을 결합하여 새로운 학문영역으로 구축하려는 것이 필자가 의도하는 '민속기록학'이다.

(5) 디지털 아카이브 구축

마을기록관은 디지털콘텐츠를 겸비해야 한다. 디지털 시대에 살고 있는 오늘날 온라인을 통해서 우리의 삶의 상당부분이 소통되고 있어 이것은 필수조건이 되었다. 그런데 기술적인 문제가 따르기 때문에 지자체에서 통합적으로 운영하는 방안도 검토될 수 있다. 시군단위에서 각 마을의 홈페이지에 디지털 아카이브를 만들어 마을주민들이 활용하고 누구나 접속할 수 있도록 하면 된다. 이것을 통해서 주민과 외부인들이 소통하고 마을이야기나 마을의 특산품도 외부에 홍보하는 등 다각적으로 활용할 수 있다. 마을행사나 축제도 마을 홈페이지를 통해서 외부에 알리고 방문객들은 그것을 통해 마을에서 느낀 소감을 피력하기도 하고 마을 상품을 주문할 수도 있다. 또한 마을을 떠나 외지에 사는 주민들도 디지털콘텐츠를 통해서 정보를 공유하고 서로 소식을 주고받으며 사이버 상에서 공동체 의식을 이어갈 수 있다.

4. 마을기록관을 어떻게 활용하고 관리할 것인가

1) 마을기록관의 활용방향

마을기록관을 통해 마을은 이전과 다른 차원의 공간으로 전환된다. 그것은 마을의 의미, 주민의 삶의 질, 문화와 역사가 있는 마을, 외부세계와 마을을 이어주는 통로이자 새로운 공동체 공간을 만드는 기제가 된다. 마을기록관은 이러한 역할이 극대화될 수 있도록 활용되어야 한다. 마을기록관이 지향해야 할 활용방향은 다음과 같다.

<그림 5> 마을기록관의 활용방향

(1) 새롭게 의미화 되는 마을

첫째, 문화가 드러나지 않았던 마을, 무엇이 문화이며 무엇이 소중한지를 몰랐던 마을에서 마을기록관의 존재는 마을을 문화의 중심지로 재탄생시킨다. 마을기록관을 통해 주민들은 문화공간을 확보하게 된다. 그동안 마을이 단순한 삶의 공간이나 주거공간으로만 인식되고 문화적으로 소외된 공간이라는 인식이 있었다. 그러나 마을기록관을 통해 문화공간으로 탈바꿈 되며 마을의 역사와 문화가 보다 가시적인 영역에서 부각된다. 또한 주민들은 마을의 '역사성'과 '정체성'을 확보할 수 있다. 과거와 현재, 그리고 미래를 이어주는 징검다리로서 마을기록관은 기능하며 세대 간의 갈등을 완화하고 미풍양속과 문화적인 연속성이 있는 마을로 거듭나게 한다. 마을기록관은 이러한 것이 충족되는 방향으로 진행되어야 한다.

둘째, 이를 통해 마을은 새로운 가치로 다가온다. 마을기록관은 마을을 살아있는 박물관처럼 인식하게 하여 모든 것을 새롭게 볼 수 있도록 해야 한다.

(2) 주민을 문화국민으로 향상시켜 삶의 질을 나아지게 하는 마을

첫째, 마을기록관은 주민의 휴식공간으로 활용되어야 한다. 오늘날 마을에 가면 대개 노인정은 마을회관을 겸하고 있는 경우가 많고 70대 이상 노인들이 이용하고 있다. 마을기록관에 마을문고, 컴퓨터실, 운동시설, 휴식공간 등을 겸비하면 주민들이 언제든지 다양한 용도로 활용하고 휴식처로 이용할 수 있다.

둘째, 마을기록관은 주민의 삶의 질을 향상시키고 문화국민으로 탈바꿈하는 방향으로 활용되어야 한다. 1980년대만 하더라도 농촌에는 젊은이들이 많았으며 공동체문화가 제법 남아있었다. 그러나 오늘날 노년층만 남아있는 농촌에는 주민들의 자생적인 놀이문화가 거의 사라진 실정이다. 지신밟기, 윷놀이, 줄다리기, 농요, 달집태우기 등 집단적인 농경의 놀이문화는 점차 마을에서 사라져가고 있다. 문화적으로 활기가 없는 마을에 마을기록관은 새로운 활력을 주는 공간으로 활용되어야 한다. 주민들은 함께 마을기록관을 살찌워가며 그들의 삶에 대해서 의미를 가지고 기록해야 한다. 마을기록관을 가꾸고 영위하며 그들은 노동밖에 모르던 이전의 삶과는 달리 이제 문화국민으로서 스스로 자신들의 문화를 생산하고 향유해야 한다. 이렇게 되면 주민들은 교양화 되며 문화적 인간으로서 그들의 삶의 질도 한층 높아지게 된다.

셋째, 마을기록관 설립을 계기로 마을에 대한 주민들의 자긍심은 한층 증대되어야 한다. 낙후된 마을이 아니라 문화와 역사의 공간으로서 마을은 신성시되며 소속감도 높아져야 한다. 마을기록관은 새로운 공동체문화로서 주민들의 단결에도 기여할 수 있도록 활용되어야 한다.

넷째, 마을기록관은 거버넌스Governance가 실현되는 공간이어야 한다. 주민의 의지와 지자체 및 정부의 지원을 통해 설립되는 마을기록관은 지속적인 민·관의 협력 속에서 운영되어야 한다. 주민들은 단순한 문화의 소비자가 아니라 스스로 자신들의 문화를 만들어나가는 문화창조자이자 생산자로서 참여해야 한다. 지자체에서는 단순한 전시행정이 아니라 주민에게 필요한 마을기록관을 설립해줌으로서 시군단위의 지방박물관이나 향토기록관과는 달리 주민생활의 가장 기본적인 단위인 마을에서 주민들에게 직접적인 문화의 혜택을 주게 된다. 교통수단을 이용하지 않고 근접성이 뛰어난

주민들의 생활주변에서 생산되는 마을기록관은 가장 기층에서 주민들과 상대하는 문화시설이다. 정보화시대, 디지털시대, 문화콘텐츠시대, 기록화시대에 이제 문화는 밀도 높게 더욱 촘촘하게 주민들의 삶과 연관되어야 한다. 이러한 시대에 마을기록관이야말로 새로운 장을 여는 주민복지의 터전이자 민주주의가 실현되는 공간으로 활용되어야 한다.

(3) 마을과 외부세계를 소통하는 관문

첫째, 마을기록관은 마을을 외부에 알리며 그 마을을 알고자 하는 사람들이 먼저 찾아가야 할 곳이라는 점에서 마을과 외부를 연결해 주는 관문이 되어야 한다. 마을기록관을 통해 문화화를 이룬 마을은 외부인을 끌어들이는 흡인력을 가진다.

둘째, 마을기록관은 마을을 자원화 해야 한다. 마을의 민속자원, 생태자원, 특산물 등은 관광자원이자 생산품으로서 마을경제에도 도움을 준다.

(4) 균형 있는 지역발전

첫째, 마을기록관은 도농都農의 격차를 해소하는 방향으로 활용되어야 한다. 문화적으로 소외된 농촌, 문화변방으로서 농촌은 마을기록관을 통해 더 이상 소외된 농촌이 아니라 문화가 윤택한 곳으로 자리매김해야 한다. 이를 통해 농촌도 살기 좋은 마을, 문화가 있는 곳으로서 도회지와 문화적 격차를 완화시켜야 한다.

둘째, 마을기록관은 귀농강화를 통한 농촌인구의 증대를 가져올 수 있는 파급효과를 낳도록 해야 한다. 살기 좋은 농촌, 문화가 있는 농촌은 인구 과밀화, 혼잡한 교통, 주택난, 이웃 간의 소통단절, 지나친 경쟁, 인간소외 등 도시사회에서 찌든 현대인에게 대안의 장소가 될 수 있다. 과거에는 보다 나은 삶을 찾아 이촌향도를 했지만 앞으로 농촌은 도시생활에서 벗어나고자 하는 사람들에게 보다 나은 삶을 주는 곳으로 매력을 가질 수 있다. 정부의 지방화 정책과 병행하여 마을기록관과 같은 농촌 복지 정책은 농촌의 인구증대에 기여할 수 있다.

2) 마을기록관의 운영

(1) 마을기록관의 활동

마을기록관에서는 전거한 활용방향을 목표로 삼고 마을에 대한 연구와 기록, 자료수집과 정리, 보존관리, 전시와 교육 등 제반 활동을 하게 된다. 마을기록관에서 노년층은 청소년이나 젊은이들에게 전통문화, 예절, 마을사 등을 교육할 수 있고 방문객들에게 마을을 소개하고 설명하는 안내인이 될 수 있다. 한편, 주민 중 뜻있는 사람들이 모여 마을기록관과 연계하여 마을

〈그림 6〉 마을기록관의 활동

문화의 활성화를 고민하고 문화콘텐츠의 개발이나 마을의 발전을 위한 다각적인 연구를 시도할 수 있다.

마을기록관이 설립된 후에도 자료수집이나 기록화는 계속되어야 한다. 과거와 관련된 것뿐만 아니라 현재를 꾸준히 기록해야 한다. 현재의 기록들이 모여 마을사를 엮는 자료가 되기 때문에 마을기록관에서는 일정한 시기마다 기록하고 자료를 수집해야 한다. 기록하고 수집된 자료를 정리하고 보존 및 관리하는 일도 중요하다. 확보된 자료를 어떻게 가공하고 효과적으로 관리하며 적절히 활용할 것인가에 대한 문제는 자료의 가치를 극대화시킬 수 있는 방향으로 고민되어야 한다. 또한 마을기록관에서는 온라인을 통한 이용자들과의 소통도 필요하고 수집하고 관리하는 마을의 문화자원을 DB화하여 서비스해야 한다.

(2) 주민과 지자체의 협력에 의한 운영 및 관리

마을기록관은 민民·관官·학學의 협력적인 네트워크를 토대로 설립되고 운영되어

야 한다. 마을기록관이 설립된 후에도 삼자의 결속이 유지되어야 하며 관리나 운영에
있어서는 주민과 지자체가 공조체제를 가져야 한다. 마을기록관의 관리인원은 주민들
중에서 배출되어야 한다. 마을의 원로인 노인층에서 마을기록관의 실질적인 관리를
하는 것이 바람직하다. 노인들은 여가시간이 많고 마을에 대한 지식이 풍부하여 방문
객들에게도 안내자로서 적합하다. 필자는 민속조사를 하기 위해 마을에 가면 노년층
을 만나서 대담을 하고 그들의 안내로 마을을 돌아보는 경우가 많다. 젊은이들은 노
인만큼 마을사를 이해하지 못하며 바쁜 일상 때문에 마을기록관을 돌보기가 사실상
힘들다. 젊은이들이 열심히 생계와 관련된 일을 할 때 노인들은 원로로서 마을의 문
화를 전승시키고 교육하고 관리하는 사람이 되어야 한다. 노년은 인생의 황혼기에 접
어든 꺼져가는 불씨가 아니라 마을문화에 열정을 쏟고 새로운 인생을 살아가는 소중
한 시간이다.

그러나 주민들만으로는 마을기록관이 유지되기 힘들다. 지자체에서는 마을기록관
의 유지비용을 일정부분 지원해 주고 전시나 마을아카이빙, 디지털콘텐츠의 관리 등
마을기록관을 둘러싼 기술적인 측면이나 기타 실질적인 후원을 해주어야 한다. 이런
일을 위해서는 지자체 내에 마을기록관을 담당하는 민속아키비스트가 있어야 한다.
공무원 신분을 가진 민속기록전문가가 지자체에 근무하며 산하 마을의 기록관을 주기
적으로 다니면서 지도하고 관리해야 한다. 학계에서는 지속적으로 마을기록관을 위한
이론을 생산하고 변화하는 환경에 맞게 방향제시를 해야 한다. 주민과 지자체, 학자
들이 지역문화의 근간인 마을을 유지하고 지역의 발전, 문화적 삶을 높이기 위한 노
력을 할 때 마을기록관의 미래도 밝을 수 있다.

(3) 지방기록관과 마을기록관의 연계

지난 수년간 기록관리학계에서는 지방기록관의 필요성에 대해서 제기해왔다. 안병
우는 "지방기록관은 공공기록을 관리하는 행정기관일 뿐 아니라 주민의 문화 요구를
수용하는 문화공간이어야 한다"고 전제하고 "그러한 기록관은 주민이 높은 문화의식
을 바탕으로 합리적이고 정확한 의견을 내는 운동을 통해 설립될 수 있다"고 보았

다.[41] 또한 이를 위해 경기도에서는 기록문화운동단체로 경기기록문화포럼이 결성되어 활동하고 있다고 한다. 아직 제안하는 단계에 있지만 앞으로 지방기록관도 설립될 것이다. 그렇다면 지방기록관과 마을기록관은 어떠한 관계망 속에 놓여야 하며 양자는 어떤 차이가 있는지에 대해 살펴보자.

우리가 일반적으로 '지방기록관Regional Archives'이라고 하면 공간적으로 시군을 단위로 생각한다. 반면, '마을기록관Maul Archives'은 마을을 토대로 한다. 지방기록관은 안병우가 말한 바와 같이 공공기록물을 관리하는 행정기관이자 문화공간인 반면, 마을기록관은 행정기관이 아니라 주민자치에 의해서 운영되는 공간으로 일정부분 지자체로부터 지원을 받을 수 있다. 지방기록관에는 아키비스트가 상주하지만 마을기록관은 마을주민들에 의해서 관리된다.

이러한 차이점에도 불구하고 양자는 연계되어야 한다. 지방기록관에 소속된 아키비스트는 주기적으로 관할지역에 있는 마을기록관을 다니면서 지원해야 한다. 마을기록관을 관리하는 주민들은 마을의 역사와 문화에 대해서는 외지인에게 설명을 할 수 있지만 기록관의 설립과 운영에 대한 기술적인 측면이나 학술적 측면에서 전문성이 부족하다. 따라서 독자적으로 마을기록관을 관리하기에는 역량이 부족하다. 아키비스트는 기록물의 전시, 수집, 관리, 디지털콘텐츠의 운영, 기록관에 대한 주민교육 등에 있어 마을에 실질적인 도움을 주어야 한다. 지자체의 차원에서 본다면 지방기록관을 정점에 두고 산하에 마을기록관을 연계하여 통합적으로 관리해야 한다.

5. 맺음말

마을기록관이란 일반적인 향토자료관이나 전시관이 아니다. 마을기록관은 마을의 역사와 문화, 주민들의 생활을 기록하는 공간이자 민주주

• • •

41 안병우, 앞의 글, 160쪽.

의가 실현되는 참여의 공간이며 주민의 문화적 삶의 질이 충족되는 문화공간이다. 오늘날 도시에는 인구가 밀집되고 자본주의 상업문화 속에서 배금주의, 인간성 상실, 정체성 상실 등으로 이어지고 있으며 농촌은 인구감소, 문화적 소외, 노령화, 마을문화의 멸실 등으로 심각한 사회문제가 대두되고 있다. 이러한 시점에서 문화적으로 소외된 마을을 되살리고, 정체성을 강화하고 마을과 외부세계를 연결하고 소통시키는 기제로서 마을기록관의 중요성이 부각된다.

마을기록관에 대해서는 기록관리학이나 민속학에서 중요하게 고민해야 할 분야이다. 민속학에서는 마을아카이빙, 현장조사, 자료수집, 자료분석 등에 상당한 노하우를 갖추고 있다. 기록관리학에서는 민주주의 체제 내에서 마을기록관이 나아가야 할 거시적인 전략이나 지자체와 협력방안을 마련하는 측면에서 장점을 가지고 있다. 또한 기록물의 관리에 대한 지식을 가지고 있다. 이러한 양자의 장점을 수렴하여 마을기록관 설립을 위한 전문적인 지식과 이론을 창출하고 대학에서는 충분한 교육을 통해 관련 전문가들을 배출해야 한다.

마을기록관이 설립되기 위해서는 주민들의 인식과 정부와 지자체의 지원, 학자들의 지속적인 관심과 이론적인 선도가 있어야 한다. 마을기록관의 설립과정은 위원회를 구성하고 선행사례에 대한 벤치마킹, 마을에 대한 기록화와 자료수집, 마을기록관의 설립, 마을기록관의 관리와 운영 순으로 고려되어야 한다. 마을기록관은 마을을 새롭게 의미화 시키고, 주민을 문화국민으로 향상시켜 삶의 질을 나아지게 하고, 마을과 외부세계를 소통하는 관문, 균형 있는 지역발전을 위한 방향으로 활용되어야 한다. 마을기록관은 전시, 교육, 연구 및 자료수집 활동을 하게 되는데 운영과 관리에 있어서는 민·관·학이 협력해야 한다.

이상에서 마을기록관의 설립과 운영을 둘러싼 제반문제들을 논의했다. 다만 여태까지 이것이 설립된 적이 없기 때문에 실제 사례를 통한 경험적인 관찰을 토대로 논의를 전개하지 못한 점은 아쉬운 부분이다. 앞으로 마을기록관이 꽃을 피우고 그것을 둘러싼 한층 진화된 논의들이 활성화되었으면 한다.

마지막으로 한국사회에서 마을기록관을 어떻게 확산시킬 것인가에 대해 언급하면서 글을 맺도록 한다. 새마을운동 초기에 시범마을이 운영되었듯이 초창기에는 몇 개의 마을을 중심으로 마을기록관을 운영할 필요가 있다. 그것이 성공적으로 이루어지게 되면 전국적으로 확산될 수 있다. 이 운동이 성공하기 위해서는 지자체나 정부의 지원이 있어야 한다. 농림부에서 지정한 '녹색농촌체험마을'이나 환경부가 지정한 '생태우수마을' 등과 같은 정책과 보조하여 국가적으로 마을기록관 설립운동을 실시해야 한다. 국가기록원이나 문화관광부 등에서도 관심을 가져야 한다. 또한 지자체에서도 의욕적으로 추진해야 한다. 물론 이러한 움직임을 위한 이론은 학계에서 생산해야 한다. 지방의 단체장 선거나 대통령 선거에서도 후보자들이 공약으로 이러한 것을 수용하고 이후 정책을 시행할 수 있도록 학계에서 권유하는 방법도 있다. 마을기록물 수집과 구술생활사 채록에 대한 프로젝트의 활성화나 마을기록관을 위한 기타 토대연구를 통해 측면에서 지원하는 방법도 있다. 마을기록관에 대한 공개적인 학술대회를 개최하고 각종 홍보활동이나 강연도 요청된다. 다각적인 노력과 협력으로 마을기록관 설립 운동을 실시해야 한다.

도시에서 마을공동체 사업의 활성화를 위한
마을기록관의 설립과 운영*

- ·
- ·
- ·

1. 서울시 마을공동체 사업의
활성화를 위한
마을기록관의 필요성

서울시 마을공동체 사업은 도시재생과 밀접한 관련을 가지고 있다. 역사와 지역경제를 융합한 도시재생은 박원순 시장의 시정방침이다. 서울시는 2013년 7월 도시재생 지원센터를 설립하여 일자리창출과 주거환경 개선, 마을공동체 회복이라는 세 가지 과제를 수행하고 있다. 협동조합형 지역재생기업CRC 설립도 지원한다. 주민들이 스스로 마을만들기 사업을 계획하고 실행할 수 있도록 자생력을 키우기 위해서이다. 또한 역사적 장소와 기존 주거지를 보존하면서 주거여건을 개선하는 '박원순 표 도시재생'을 확대해 나간다. 성곽마을 9개권역 22개마을을 대상으로 3단계 권역을 나눠 재생사업을 추진하며 공평구역과 관수동 일대, 충무로 일대는 소단위 맞춤형 정비사업을, 익선 도시환경정비구역은 전통 한옥마을을 만들기로 했

· · ·

* 도시에서 마을공동체 사업이 안착되고 지역문화가 살아나며 주민들의 소속감과 정체성이 강화되어 살기 좋은 마을을 만들기 위한 기제는 무엇인가. 이 글에서는 서울시를 사례로 하여 대안으로 마을기록관을 제안하고 방법을 찾아보았다. 2014년 11월 서울민속학회에서 발표한 글을 이 책에 수록하였다.

다. 뉴타운 해제구역에는 맞춤형 재생을 추진한다. 해제구역에 사용비용을 보조하고 손비처리, 주민공동체 중심의 재생사업으로 전환해나갈 계획이다. 이러한 사업은 낙후지역 정비(기반시설, 문화시설 확충), 역사적 장소 가치제고(지역자원의 보존과 관리, 전통성 및 정체성 유지), 공동체·일자리 창출(사회적 약자의 배려, 사회적 기업 육성)로 요약된다.[1]

이러한 '박원순 표 도시재생'은 이명박과 오세훈 전 시장의 뉴타운 개발사업과 분명한 대조를 이룬다. 박정희 정권 때부터 지속된 서울시의 건설사업은 서울의 역사성과 전통문화를 고려하지 않은 개발독재였다. 건설만능주의는 서울의 지역문화와 주민 공동체가 설 자리를 좁혔다. 이러한 개발독재에 제동을 걸고 도시를 재생하고 마을공동체를 육성하겠다는 서울시의 정책은 이제라도 거시적인 안목에서 주도면밀하게 추진되어야 한다.

현재 서울시의 마을공동체 사업은 시정방침에 따라 서울시 마을공동체 종합지원센터와 각 부처에서 운영하고 있다. 서울시 마을공동체 사업은 주민이 스스로 계획을 수립, 제안, 직접 실행하는 주민 주도 사업이다. 마을공동체 사업은 씨앗기(모임형성지원)-새싹기(실행지원)-성장기(마을계획 수립지원)로 구분된다. 이 사업은 주민 3인 이상이면 누구나 신청이 가능하며 주민의 준비정도에 맞추어 주민모임 형성, 실행, 마을계획 수립 지원 등의 단계를 통해 맞춤형 지원을 실행한다. 사업은 크게 '경제 공동체(마을기업 육성사업)', '문화 공동체(예술 창작소, 북 카페, 한옥마을 공동체)', '주거 공동체(안전마을, 에너지 자립마을)', '돌봄 공동체(공동육아, 청소년 휴 카페)'로 나누어 진행된다.[2] 현재 진행되고 있는 대표적인 마을공동체 사업의 사례는 가회동 한옥마을이다. 가회동은 2013년 6월 서울시 '한옥마을 공동체 만들기' 사업에 선정되었다. 이후 사업의 일환으로 '가회동 한옥 오픈하우스'를 운영해 주민이 직접 들려주는 우리 동네 이야기, 우리 한옥 이야기는 한옥의 의미와 변화되는 북촌의 모습을 함께 생각해 볼 수 있는 시간

---

1 〈아시아경제(www. asiae.co.kr)〉, 2014.9.4 참조.
2 서울시 마을공동체 종합지원센터 홈페이지 참조(우리 마을이 달라졌어요, '서울시 마을공동체 사업', 주선민 블로그 기자. 2013.11.20).

을 제공한다.[3]

서울의 각 구청에서도 마을공동체 사업이 시행되고 있다. 성북구 마을만들기 지원센터에서는 마을만들기 공모사업을 실시하고 있다. 공모분야는 뿌리분야와 줄기분야가 있다. 뿌리분야는 주민들의 삶 속에서 실천할 수 있는 마을공동체 형성 사업으로 기초단계 프로그램 지원이며 줄기분야는 지역자원을 활용한 지역사회 과제해결을 주제로 마을만들기 기 수행단체 및 주민조직의 발전적 심화프로그램 지원이다. 심사기준은 주민참여도(주민욕구에 의한 사업선정 여부, 주민참여 정도), 사업의 실현가능성(주민 자부담 및 사업추진 의지, 구체적 역할 분담), 사업의 효과성(사업의 파급효과, 주민의 정체성 및 유대감 강화)에 있다. 2014년 성북구 마을만들기 공모사업의 선정사업을 보면 다음과 같다.[4]

〈표 1〉 2014년 성북구 마을만들기 공모사업의 선정

신청단체	사업명	사업내용
문밖세상	마을로 찾아가는 '글씨유랑단'	서예 및 캘리그라피 관련 동아리 활동 및 재능기부
발걸음	우동백리프로젝트	엄마들 관내 유적지 탐방, 열린 강의, 이웃과 함께하는 여행, 아이들과 함께 하는 역사탐방
석관황금시장 상인회	황금시장과 함께하는 따.신. '항금마을만들기 프로젝트'	황금시장 알림판 제작, 상인커뮤니케이션 활동, 주민행사
성북손말눈말 오케스트라	성북손말눈말오케스트라 – 패밀리가 떴다 – 우리들의 이야기	청각장애 모임 패밀리봉사활동, 수어문화제개최
월사모	월사모와 함께하는 효와 나눔의 문화거리 만들기	지역상인회와 함께하는 나눔의 문화거리 축제, 효나눔식탁
장위아띠봉사단	어르신들의 좋은 친구, 장위아띠마을만들기	어르신과 지역 주민들이 1:2결연을 통한 방문안부확인, 자원봉사자 동행여행
정릉3동 주민자치위원회	정릉3동 담장벽화사업	담장벽화 사업을 통한 마을 환경 개선

• • •

3 서울시 마을공동체 종합지원센터 홈페이지 참조(우리 마을이 달라졌어요, '서울시 마을공동체 사업'. 주선민 블로그 기자. 2013.11.20).
4 2014년 성북구 마을만들기 공모사업은 1차와 2차가 있는데 여기에서는 1차 신청단체만 소개하였음을 밝혀둔다. 이 글에서 소개하는 성북구 마을만들기 사업과 관련된 내용은 성북구 기관지 〈구정소식〉 2014.8.25.를 참조하였다.

정릉마을기록사업단	정릉의 기억과 기록	마을기록워크숍, 공간기록전
정릉종합사회복지관	주민이 주민의 에너지 안녕을 돌보는 '정릉골 에너지지원봉사단'	에너지봉사단활동, 마을바자회
KULAP	성북구 '우리동네 흥신소'	대학생과 지역주민이 함께 할 수 있는 축제기획
곰세마리 어린이 도서관	우리함께	폐관된 푸르지오 도서관 재개관, 책놀이, 소품만들기 등
길음뉴타운3단지 임대아파트주민자치회	임대아파트 입주민의 의식변화와 공동체 의식형성	독서모임, 커뮤니티마을학교, 학습멘토링
꿈의 숲 푸르지오 커뮤니티	엄마, 책에 빠지다. 부모와 자녀와 이웃의 공감적 독서	부모독서교육강좌, 자녀독서지도, 문고집 발간
서울북부두레생협	골목장터	단오장터(전래놀이체험), 벼룩장터, 되살림장터
성북동천	성북동 좋아서 사는 마을만들기 시즌2	성북동 마을학교, 성북동 마을탐방(동네여행프로젝트)
세계문화유산 정릉포럼	정릉마을알리기	정릉마을해설과정, 정릉마을 홍보행사, 정릉경시대회
시민모임 즐거운 교육상상	성북 아동청소년 인권교육 '성북兒 인권날자'	찾아가는 인권교육, 아동청소년 인권교육콘텐츠 개발
아름다운 북정	북정마을, 도심속에서 고향을 맛보다	메주만들기, 월월축제
장수마을 주민협의회	정든 이웃과 함께 먹고 보고 배우면서 내일을 준비하는 장수마을	마을식당운영, 마을영화관, 마을학교 운영
장애인 배움터 너른마당	마을아 함께 놀자	장애청소년체험마당, 장애청소년 또래문화, 어울림마당
정릉마실	교수단지 힐링빌리지 조성	역사힐링투어, 공간공유 '정릉 속 예술마을'
책동무	책동무행복학교	책동무행복학교, 생각나무심기 도서관 1박2일
성북지킴이	성북지킴이와 함께 짓는 월곡동 환경이야기	친환경교육, 환경인식개선 캠페인
성북구아파트입주자 대표연합회	살기 좋은 공동체 마을만들기	살기 좋은 아파트 만들기, 도농 간 교류사업

 이상에서 서울시 마을공동체 사업과 그 일환인 마을만들기 사업을 개략적으로 살펴보았다. 성북구의 사례를 통해서 볼 때 마을만들기 사업은 봉사활동, 마을의 환경 개선, 마을기록, 문화공동체와 관련된 각종 활동 등을 내용으로 한다. 서울시 마을공동체 사업이 가지는 의의는 마을을 재생하고 공동체 의식을 강화하고 마을공동체를 중심으로 살기 좋은 마을을 만들겠다는 시도는 물론, 민·관 협력을 통해 주민들의 참여를 견인해 내는 점에서 찾을 수 있다. 하지만 마을공동체 사업이 뿌리를 내릴 수

있는가 하는 점은 풀어야 할 숙제이다. 마을만들기 사업이 일회성이나 단기간의 이벤트로 끝나지 않을 수 있을까. 이런 사업이 지속성을 가지기 위해서는 장기적인 전략과 이론적인 기반, 구심점 등이 갖추어져야 한다. 이러한 고민에서 필자는 마을기록관을 대안으로 제시한다.

전거한 성북구의 마을만들기 공모사업만 보더라도 문화와 관련된 사업이 많다. 마을공동체 사업 중 특히, 관내유적지 탐방, 지역사 탐방, 마을탐방, 마을알리기(마을홍보), 마을의 기억과 기록, 마을공간 기록전, 독서모임, 마을학교, 마을축제, 마을의 상품홍보, 도·농 간의 교류사업(농촌마을과 자매결연), 마을영화관, 마을사랑방 운영 등과 같은 사업은 개별적 혹은 분산적으로 추진된다면 지속성을 담보하기 힘들다. 이러한 일들은 마을기록관이라는 틀 속에서 조직화 되고 연계될 때 충분한 뿌리를 내릴 수 있다. 마을기록관은 이러한 사업을 지원하고 활력을 불어넣어주는 전초기지이자 토대로서 기능할 수 있다. 마을문화센터로서 마을기록관은 마을의 현재와 과거를 기록하는 역사관 기능을 하며 마을영화관, 마을학교, 마을도서관, 마을치유센타, 마을창업센터 등5을 수렴하거나 연계하며 마을공동체 사업의 활성화와 토착화에 크게 기여할 수 있다. 마을기록관과 같은 토대를 조성하지 않은 채 실시하는 마을공동체 사업은 파편화 되어 응집력이 약할 수 있으며 사상누각沙上樓閣이 될 소지를 안고 있다. 하지만 마을기록관을 중심으로 서울시와 주민협의회의 협력이 지속되는 이상 마을공동체 사업이 그와 연동될 수 있는 구조 속에 놓여있기 때문에 마을공동체 사업 전반이 탄력을 받을 수 있다.

건설이 다른 것보다 우선되던 개발독재의 시대가 계속되는 한국의 도시에서 공간의 역사는 단절의 역사였다. 서울시는 그동안 고도古都로서의 모습을 간직하기 보다는 신도시나 뉴타운이라는 지우개를 통해 과거를 지워가는 일에 매진하였다. 개발보다는 재생에 역점을 둔 마을공동체 사업은 그래서 시의성이 크다. 박원순 시장이 취임한

• • •

5   이영남, 「'마을아르페'(Community Archpe) 시론 - 마을 차원의 "책, 기록, 역사 그리고 치유와 창업의 커뮤니티"를 위한 제안 - 」, 『기록학연구』 제18호, 한국기록학회, 2008.

이후로 마을공동체 사업이 실시되었다. 현 단계에서 과제는 이 사업이 마을단위에서 뿌리를 내리고 토착화 될 수 있을까 하는 점이다. 마을공동체 사업이 안착하고 서울의 지역문화가 살아나고 주민들의 소속감과 정체성이 강화되어 살기 좋은 마을을 만들기 위한 대안으로 마을기록관이 요구된다. 아래에서는 근래에 건립된 장수마을 박물관의 실태와 한계를 살펴보고 서울시 마을기록관의 설립과 운영 방안에 대해 검토한다.

2. 서울시에서 마을기록관의 설립과 운영 방안

1) 장수마을의 현황

서울시에서는 마을공동체 사업의 일환으로 성북구 삼선동 장수마을에 마을박물관을 설립하였으나 아직 초기단계로서 많은 시행착오가 보인다. 장수마을은 한양도성을 병풍처럼 두른 경사진 비탈에 자리 잡고 있다. 이 마을은 6.25전쟁 후에 움막과 판자촌으로 시작하여 1960~1970년대를 거치면서 양성화되어 현재에 이르고 있다. 이곳은 2004년에 재개발예정구역으로 지정된 바 있으나 사업이 지지부진하다가 해제되었다. 인근에 사적 10호 한양도성과 서울시 유형문화재 37호 삼군부 총무당總武堂(조선 말 군사기관)이 있으며 무허가 주택이 많으며 빈집도 있다. 이 마을은 박원순 시장이 마을공동체 만들기에서 모범사례로 꼽은 곳으로 2008년부터 활동한 시민운동가들이 만든 '동네목수'라는 마을기업이 있다. 주민들은 뉴타운식의 개발 대신 집을 고치고 단장하며 그 과정에서 마을공동체 의식도 회복하는 효과를 얻고 있다. 특히 이 마을에는 공동체라는 울타리 안에서 주민들이 만족하는 주거환경을 만들기 위해 벼룩시장, 골목 디자인(벽화), 텃밭 분양, 목공 교실 등 다양한 사업을 전개했다.[6]

장수마을에는 2013년 12월에 마을박물관이 설립되었다. 마을박물관은 서울시 예산으로 지었으며 건물과 토지는 서울시 소유이다. 운영은 마을운영위원회에서 담당하고 있으며 마을기금으로 운영한다. 주택가 안쪽에 위치한 이곳은 2층으로 되어 있다. 1층은 상설전시를 하고 있으며 2층은 매월 전시물을 교체한다. 사진, 그림, 건축 등 주제를 달리하여 매달 전시회를 한다. 전시는 주민협의회에서 기획한다. 필자가 이곳에 방문한 2014년 9월에는 전시물도 제대로 갖추고 있지 않은 상황이었다. 또한 평소에는 문이 잠겨있다가 방문객이 와서 관리자에게 전화를 해야 내부를 볼 수 있어 마을 주민이 상시적인 애용공간으로 활용하기에는 한계가 있다.

장수마을에서 도성의 성벽을 지나 반대편으로 넘어가면 이화마을이다. 이화장 뒤편에 있는 이화마을은 2007년 경에 공공미술추진위원회에서 70여 명의 작가가 벽화를 그리면서 알려지기 시작했다. 2010년 TV 예능프로그램인 '1박2일'에 나온 후로는 방문자들이 많아졌다. 요즘은 외국인관광객들도 찾아온다. 주거환경은 장수마을과 비슷하다. 장수마을과 같은 시기에 만들어진 이화마을 박물관은 쇳대박물관(대학로에 위치)에서 운영하고 있다. 산비탈의 폐가를 수리하여 박물관으로 사용하고 있으나 평소에는 문을 닫아놓고 예약을 해야 관람할 수 있도록 하고 있다. 전시를 위해 서울시로부터 보조금을 받았으나 개인소유이기 때문에 관람료를 받고 있다. 이곳은 이화마을 주민들로부터 전시물을 기증받았지만 쇳대박물관이 운영하는 곳이기 때문에 주민자치에 의한 마을박물관은 아니라는 점에서 장수마을과는 차이가 있다.

2) 서울시 마을기록관의 설립과 운영을 위한 방안

여기에서는 장수마을 박물관에서 보여지는 한계를 되짚어보며 아울러 서울시 마을기록관의 설립과 운영 방안에 대해 방향을 모색해 본다. 장수마을의 사례를 통해서 볼 때 제기되는 과제는 다음과 같다. 첫째, 마을박물관이 아니라 마을기록관으로 가야한다. 현재 장수마을은 '마을박물관'이라는 간판을 내걸고 있다. 필자는 선행연구[7]

•••

6   시사주간지 〈시사 IN〉 제258호, 2012.8.25 참조.

7   김덕묵, 「마을문화 활성화를 위한 방안, '마을기록관'을 제안한다」, 『한국기록학회』 제33호, 한국기록학회, 2012,

에서 박물관이 아닌 기록관으로 가야한다고 주장한 바 있다.

　　여기에서 우리는 다른 문화기관이나 형태 즉, 향토전시관이나 박물관 등이 아닌 왜 마을기록관이어야 하는지 알 수 있다. 마을기록관은 박제화된 유물을 전시하는 곳이 아니라 주민들의 과거뿐만 아니라 현재의 삶을 끊임없이 담아내는 곳이다. 즉, 마을기록관에서 전시는 '기록'을 압도하지 않으며 전시란 쉼 없는 기록 속에서 얻어지는 부산물이어야 한다. 또한 정부나 지자체에 의해 볼거리만을 추구하는 관람용 전시관이 아니며 외부인의 시선만을 의식하는 곳이 아니다. 물론 지자체와 협력관계를 취하겠지만 무엇보다 주민의 문화주권과 자치를 존중해야 하며 그들 스스로의 삶을 담고 채워가는 그들의 자화상이어야 한다는 점에서 마을'기록관'으로서의 형태가 요구된다.

　　장수마을은 한국전쟁 이후에 생성되었다. 박물관이라고 할 만큼의 유물도 없으며 전시물이라고 하면 민간기록물, 생활재, 주민들의 기억에 의존하거나 현재의 삶을 기록한 생활문화 자료 등이 대부분이다. 또한 박물관이라고 하면 박제화 된 유물전시관으로 주민들의 현재의 삶을 쉼 없이 기록하는 능동적인 기록관으로서의 기능을 상실한다. 또한 박물관은 벌써부터 장수마을에서 조짐이 보이는 바와 같이 평소에 자물쇠로 잠겨 있다가 어쩌다가 외지인이 올 때마다 한 번씩 열어주는 곰팡내 나는 창고로 전락될 가능성이 크다. 따라서 마을박물관이 아니라 '마을기록관'으로 현판을 바꾸고 설립 및 운영의 방향성도 새롭게 해야 한다. 필자는 전거한 연구에서 "왜 마을기록관이어야 하는지," 즉, 박물관이 아닌 기록관으로 가야함을 주장한 바 있다. 그럼에도 서울시 마을공동체 사업에서 추진된 형태는 박물관이었다. 벌써부터 문제가 보이는 이런 근시안적인 결과물이 어떻게 실천된 것일까. 어쩌면 처음부터 문제를 알면서도 편의주의적 발상에 의해 안일하게 대처한 것이 아닌가 하는 의구심이 든다. 이점은 마을공동체 사업 전반의 구조적인 문제와 함께 성찰할 필요가 있다. 마을공동체 사업

• • •

55쪽.

의 이론적 기반, 방법과 대안, 내실성, 추진주체들의 자질과 능력 등을 문제 삼을 수도 있다. 마을공동체 사업에서 마을박물관은 일시적인 전시행정의 결과물로 전락될 가능성이 크다. 잠시 반짝거리다가 뿌리가 약한 초목처럼 고사될 수 있으며 마을공동체 사업 전반이 이런 식의 일시적 현상으로 끝난다면 사업은 실패를 의미한다. 따라서 마을기록관으로 가야한다. 마을기록관은 공동체 아카이브즈community archives[8]로서 추진주체들이 여기에 대한 이론적 기반과 방법 및 대안을 가지고 미래지향적인 거시적 안목에서 추진해야 한다. 근시안적 태도에서는 사업을 성공시킬 수 없다. 마을공동체 사업을 하는 추진주체와 관련분야에 전문성을 가진 학자들이 충분한 대화와 소통을 하여 사업을 추진해야 한다. 또한 관련분야에 대한 기존 연구성과를 수렴하고 제기되는 문제와 가능성을 충분히 숙고해서 실효성 있는 사업을 추진해야 하는데 장수마을의 사례를 보면 이러한 노력이 보이지 않는다.

둘째, 공간문제이다. 마을기록관은 충분한 공간이 있어야 한다. 장수마을의 경우를 보면 1층에 상설전시공간, 2층에 특별전시공간과 영화관, 식당을 겸해놓았다. 2층의 경우 다목적으로 사용할 수 있도록 기획되었다는 점에서 나쁘지 않다. 그런데 문제는 건물이 협소하다. 건평이 15평 정도로 추정되며 활용할 수 있는 마당도 없다. 마을기록관은 전시공간, 자료의 보존공간, 관리공간, 교육공간, 휴식공간 등이 있어야 한다. 장수마을의 경우 민가를 리모델링하여 사용했다는 점에서 의미가 있으나 주변에 넓은 공터나 마당이 없어 각종 행사를 위한 야외공간이나 그것을 활용한 전시나 놀이공간이 보장될 수 없다는 점에서 기능성이 제한된다. 성곽길을 끼고 있고 넓은 공간을 활용할 수 있는 '정자'가 있는 주변에 마을기록관을 만들었다면 공간 활용성이 더 좋았을 것으로 생각된다. 장수마을에서는 같은 시기에 마을사랑방과 그 뒤에 있는 건물에 마을박물관을 만들어놓았는데 마을사랑방과 마을박물관을 연결하여 마을기록관으로

• • •

8 궁극적으로 마을단위의 기록관은 도서관과 기록관, 박물관의 기능을 통합한 라키비움의 형태를 지향해야 하며 학문 간의 소통과 융·복합에 의한 협업이 요구된다. 그럼에도 불구하고 기록관의 용어에 주목하는 것은 이러한 활동들이 활성화 되고 지속성이 담보되기 위해서는 기본적으로 기록에 대한 인식이 토대가 되어야 하며 기록인프라를 선결조건으로 하기 때문이다.

확장하는 것이 좋을 듯하다. 이렇게 한 후 마을기록관 내에 한 공간을 마을사랑방으로 사용해도 될 것 같다. 이렇게 하면 평소 잠겨있는 공간이 아니라 개방된 공간으로 주민들의 접근성을 높일 수 있다. 마을기록관은 주민들이 내집처럼 자유롭게 왕래할 수 있는 공간이 되어야 한다. 늘 사랑방을 왕래하는 노인들에게 열쇠를 맡기고 그들 중 지식이 있는 사람에게 마을기록관의 안내와 관리를 맡겨도 된다.

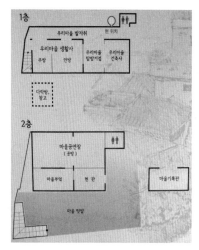

〈그림 1〉 장수마을 기록관 조감도[9]

〈그림 2〉 2층 다목적 공간

셋째, 전시물의 문제이다. 현재 장수마을에 있는 전시물은 사진류와 생활물품을 위주로 하고 있다. 사진류는 근래에 촬영한 것이 주종을 이루며 생활물품은 전기난로, 다기茶器, 재봉틀 등 주민들이 일상생활에서 사용했던 물품이다. 현재는 제대로 된 기록화와 수집과정을 거치지 않은 상황이므로 전시물이 변변치 못하다. 주민들의 생활사나 마을공간의 역사 등 주민의 삶의 내력이 담긴 옛사진이나 주민의 삶 속에서 스토리를 가지고 있는 항아리나 옷, 특별한 음식과 같은 물건이야기를 테마로 하는 전

. . .

9 이 조감도는 장수마을 박물관에서 촬영한 것임.

시, 한국전쟁 직후 처음 이주했을 때의 주택구조(판자집, 움막)나 난방시설 등(야외공간이 넓다면 이런 것을 야외에 조성할 수도 있으나 만약 야외공간이 부족하다면 축소된 모형을 만들어서 실내에 전시할 수도 있음) 주민들의 과거의 생활문화를 보여주는 전시, 관련된 스토리텔링을 담은 책자 전시, 주민들의 삶에서 수집된 민간기록물, 주민들의 구술을 촬영한 것이나 마을의 역사와 주민들의 생활문화를 담은 영상물 방영 등 마을의 특성과 정체성을 보여주는 전시물들이 체계적으로 갖추어져야 한다. 이러한 것이 확보되기 위해서는 마을에 대한 기록화와 물질 및 기록물 수집이 전제되어야 한다.

넷째, 마을아카이빙의 문제이다. 마을기록화와 기록물이나 물질자료 수집을 통해 마을기록관의 각종 콘텐츠와 전시물이 확보되어야 한다. "마을기록관은 매년 수집과 기록이 있어야 하며 주민 중에는 마을 일기를 쓰듯이 마을에서 일어나는 일을 주기적으로 기록하고 관련자료를 모아야 한다. 특정한 행사나 마을에 주택을 신축하거나 마을길을 넓히는 일 등 마을 변화가 생길 때는 사진이나 동영상으로 기록을 남기는 일도 필요하다. 매년 마을공간을 촬영하여 시차에 따라 분류하면 훗날 마을의 변화상을 알 수 있는 좋은 자료가 된다. 이렇게 모아지는 자료들은 주기적으로 마을기록관에 전시되고 보존관리 되어야 한다."[10] 마을아카이빙은 주민 스스로의 힘만으로 되는 것은 아니다. 특히 처음 개관할 때는 민속기록학적 훈련을 받은 기록전문가가 서울시의 지원을 받아 주민협의체와 상의를 하여 마을기록화 및 기록물과 물질자료 수집을 하여 그것을 마을기록관의 전시물과 기타 활용자료로 사용하도록 해야 한다. 공동체 아카이브에 대해 전문지식을 가진 민속기록전문가가 주민들과 협의하여 전시에도 참여하여 보다 내실 있게 마을기록관이 채워질 수 있도록 도움을 주어야 한다. 장수마을의 경우에는 이런 과정이 없이 주민협의체의 힘만으로 마을기록관의 전시를 기획하고 준비하려고 하니 방향성이나 내용물을 찾는 데 한계가 있다. 따라서 서울시-민속기록전문가-주민협의체가 협력하는 민·관·학 협조체제 속에서 마을기록관이 설립

• • •

10 김덕묵, 앞의 글, 64쪽.

및 운영되어야 한다. 만약 주민들에게만 마을기록관을 맡겨놓으면 관심이 시들해질 무렵에는 방치될 수 있다.

다섯째, 마을공동체 사업의 구심점 역할과 타 사업과의 연계문제이다. 전거한 바와 같이 성북구의 마을만들기 공모사업에서만 보더라도 문화와 관련된 사업이 많다. 마을공동체 사업 중 특히, 관내유적지 탐방, 지역사 탐방, 마을탐방, 마을알리기(마을홍보), 마을의 기억과 기록, 마을공간 기록전, 독서모임, 마을학교, 마을축제, 마을의 상품홍보, 도·농 간의 교류사업(농촌마을과 자매결연), 마을영화관, 마을사랑방 운영 등과 같은 사업은 마을기록관과 연계를 가지고 추진되어야 한다. 마을기록관은 이들 사업의 전초기지 역할을 겸하며 이들 사업이 뿌리내릴 수 있도록 토대가 되어야 한다. 즉, 마을기록관을 구심점으로 하여 이들 행사나 사업들이 거미망처럼 연계되어 있어야 한다.

예를 들면 마을축제가 행해질 때는 그것에 호응하여 마을기록관에 특별전시를 하고 마을기록관을 마을축제의 중요한 거점으로 활용하여 행사준비, 손님맞이 등 각종 이벤트가 벌어지는 공간으로써 마을기록관을 충분히 활용할 필요가 있다. 또한 마을기업에 대한 홍보나 전시회를 마을기록관에서 담보하여 측면지원을 하고 마을투어에 있어서도 마을기록관이 중심지가 되며 마을알리기, 마을 명소 소개, 마을소식, 마을교육 등에 있어서도 마을기록관의 공간과 디지털콘텐츠를 활용한다. 독서모임이나 마을풍물패, 마을친목회 등 마을의 동아리 활동도 마을기록관과 연계될 수 있도록 기획해야 한다. 마을주민들을 대상으로 하는 예절교육, 관혼상제 교육,[11] 지역사 교육 등과 같은 교육적인 활동에서도 마을기록관의 공간이 활용되어야 한다. 또한 마을기록관은 주변의 어린이집, 초등학교 등의 학생들이 방문하여 체험학습을 할 수 있는 공간으로 활용되어야 한다. 이러한 역할을 보았을 때 마을기록관은 단순히 전시물을 보관하는 장소가 아니라 마을문화센터로서 기능한다. 마을기록관은 주민들의 거주공간 속에 있으

• • •

11 과거 마을에 혼례나 상례가 있으면 마을공동체가 함께 참여했다. 특히 상례에는 친족이나 마을공동체가 조직화되어 의례를 치루었다. 오늘날 이것을 대신하여 상조회사가 영업을 하고 있다. 마을공동체에서 전통혼례, 상례 등을 지원하고 주민들의 화합과 친목을 다지는 측면이 고려되어야 한다. 마을공동체 의례인 동제에 대한 교육과 홍보도 필요하다.

〈그림 3〉 마을공동체 사업의 구심점으로 기능하는 마을기록관

며 주민이 주체가 되어 참여하고 향유할 수 있는 가장 기층의 문화센터이다. 따라서 마을기록관은 마을공동체 사업의 꽃이며 다른 사업을 측면에서 지원하는 매개체이다. 마을공동체 사업은 마을기록관을 통해서 완성된다.

여섯째, 마을기록관의 이론적 배경 및 설립과 운영의 주체 문제이다. 마을기록관은 공동체 아카이브[12]의 일종으로 공동체 아카이브(공동체 기록관) 운동의 이론적 지향점과 연계되어 있다.[13] 공동체 아카이브 운동은 공동체의 정체성identity, 기록의 민주주의, 거버넌스governance, 민·관의 협력적인 문화정책과 참여민주주의를 지향한다. 마을기록관의 설립과 운영은 이러한 이론과 지향점 속에서 체계적인 실천이 요구된다. 따라서 마을기록관의 설립과 운영의 주체는 민·관의 협력이 효율성 있게 조직화 될 수 있는 틀을 가져야 한다. 주민협의회, 학계,[14] 서울시 마을기록관 전담팀(서울시 마을공동체 종합지원센터 산하에 마을기록관 전담부서가 구성될 필요가 있음) 등이 협조체제를 가지고 마을기록관의 설립과 운영에 참여할 수 있다. 지자체에 민간영역과 공공영역을 통합할 수 있는 기록관을 설립하고 그 산하에 마을기록관을 연계하여 협력적인 체계 속에 둘 수도 있다.

지방기록관에 소속된 아키비스트는 주기적으로 관할지역에 있는 마을기록관을 다니면서 지원해야 한다. 마을기록관을 관리하는 주민들은 마을의 역사와 문화에 대해서는 외지인에게 설명을

• • •
12 김덕묵, 「향토문화전자대전 디지털마을지의 새로운 방향모색」, 『한국민속학』 제58집, 한국민속학회, 2013, 123쪽.
13 공동체 아카이브(community archives) 운동은 민속기록학의 사회적 실천의 중요한 방향이다. 김덕묵, 「민속과 기록의 만남, '민속기록학'을 제창한다」, 『기록학연구』 제34호, 한국기록학회, 2012, 206쪽.
14 지역공동체와 마을공동체의 아카이브와 기록화를 전문으로 연구하는 전문가 집단의 도움이 필요하다.

할 수 있지만 기록관의 설립과 운영에 대한 기술적인 측면이나 학술적 측면에서 전문성이 부족하다. 따라서 독자적으로 마을기록관을 관리하기에는 역량이 부족하다. 아키비스트는 기록물들의 전시, 수집, 관리, 디지털콘텐츠의 운영, 기록관에 대한 주민교육 등에 있어 마을에 실질적인 도움을 주어야 한다. 지자체의 차원에서 본다면 지방기록관을 정점에 두고 산하에 마을기록관을 연계하여 통합적으로 관리해야 한다.[15]

3. 마을기록관의
특성화 방안

마을공동체 사업의 저변화를 위해서 서울 전역에 마을기록관이 설립되어야 한다. 서울은 구역마다 그 나름의 역사적, 사회적 특성을 가지고 있기 때문에 마을기록관을 설립할 때는 이러한 특성을 고려하여 다채로운 마을기록관이 곳곳에 꽃필 수 있도록 해야 한다.

장수마을은 한양도성의 성벽 인근에 위치하는 성곽마을로 조선시대부터 내려오는 삼군부 총무당이 있는 역사성, 한국전쟁 이후 움막과 판자촌으로 시작하여 오늘에 이르고 있는 역사성, 마을목수를 중심으로 하는 재생사업 등을 전시콘텐츠의 주요 테마로 특성화할 수 있다. 지리적으로 한양도성 둘레길을 끼고 있기 때문에 마을기록관은 빈집이나 민가 등을 리모델링하여 활용하도록 하며 도성의 둘레길을 걷는 사람들이 쉽게 알고 접근할 수 있도록 고려해야 한다. 마을의 역사문화찾기, 지역문화 활성화, 주민 공동체와 그 문화의 복원과 같은 기반을 확보하고 마을방문객들에게는 마을 자체가 문화적으로 접근될 수 있도록 고려해야 한다. 장수마을에서는 특히 한양도성 친화형 마을을 추구하며 둘레길을 걷는 관광객들의 발길을 당기며 한양도성과 지역문화가 연계되어 역사문화적으로 시너지 효과를 극대화 하도록 설계할 필요가 있다.

• • •

15 김덕묵, 「마을문화 활성화를 위한 방안, '마을기록관'을 제안한다」, 『한국기록학회』 제33호, 한국기록학회, 2012, 78쪽.

창신동과 같은 경우에는 봉제공장이 밀집되어 있다. 2013년 서울역사박물관에서 'MADE IN 창신동'이라는 특별전시회에서 다루어진 바와 같이 봉제공장은 창신동의 주요한 지역특색이다. 마을기록관에서는 봉제공장을 중요한 전시테마로 할 수 있다. 낙산, 돌산채석장, 안양암安養庵[16]과 같은 전통사찰, 자지당紫芝堂이나 일월당과 같은 신당이야기,[17] 골목길, 시장, 노동자들이 거주했던 쪽방촌과 같은 주생활 등과 같은 현재와 과거 주민들의 삶과 역사를 발굴하고 기록하여 기록관의 콘텐츠로 활용할 수 있다. 창신동의 경우에는 동대문을 찾는 관광객들이 찾아오는 명소로 기획될 필요가 있다. 도심 주변에 있는 주민들의 삶의 모습까지 볼 수 있도록 설립된다면 관광자원으로도 가치를 발휘할 수 있다.

구로구 가리봉 1동 지역의 경우에는 과거 대촌마을이 있었다. 1971년에 구로수출공업단지가 인근에 들어서면서 이곳은 노동자들의 주거지가 되었다. 당시 공영주택, 간이주택, 공익주택이 건립되고 '쪽방'이라고 불리는 사글세방도 생겼다. 한중수교 이후에는 중국인들이 몰려와서 가리봉시장에는 중국풍의 먹자골목이 형성되었다. 이런 곳은 과거 대촌마을의 역사와 문화, 구로공단 주변의 노동자의 삶과 문화, 현재의 풍경 등을 중심으로 하여 마을기록관을 구성할 수 있다.[18]

그 외에도 서울의 각 지역은 나름대로의 특징을 살려서 마을기록관을 꽃피울 수 있다. 잠실은 뽕밭, 동잠실, 친잠례, 한강 나루터 등 다양한 지역자원을 활용할 수 있다.[19] 인사동의 경우에는 비록 주택가는 아니지만 인사동 상인연합회와 같은 단체에서 인사동 기록관을 만들어 인사동의 역사와 문화, 거리의 변화상, 상인이나 인사동을 찾는 사람들의 이야기 등을 담을 수 있다. 인사동을 찾는 관광객들에게는 마을투어의

* * *

16 1889년에 창건되었으며 서울시 지정문화재로 불화 12점, 불상 6점이 있다. 이곳은 구한말 황실기도처로서 은퇴한 궁중 나인들이 인근에 거주하며 안양암을 기도처로 삼았다.
17 자지당은 창신초교 위 낙산 허리에 있었으나 1968년에 헐리었다. 일월당은 낙산 이화정 뒤에 있었으며 혼인을 하는 사람들이 이곳에서 굿을 자주 했으며 수명(壽命)을 많이 빌었다. 김덕묵, 『전국의 기도터와 굿당』(서울·경기·강원지역 편), 한국민속기록보존소, 2002, 101쪽.
18 한국학중앙연구원, 『디지털구로문화대전』(의생활, 식생활, 주생활, 절기 편), 2009.
19 송파구청, 『송파구 역사찾기』(학술연구 용역 사업 최종보고서), 2010.

핵심적인 장소가 될 수 있으며 인사동을 더욱 가치 있게 할 수 있다. 서울역사박물관에서 2010년 생활문화자료조사 사업을 실시했던 세운상가는 도심 속의 상공인 마을로 특성화 하여 상인연합회를 중심으로 한 마을기록관을 만들 수 있다. 이런 곳은 이미 한 차례 기록화가 된 기존자료[20]를 충분히 활용할 수 있다. 전거한 바와 같이 거주지역이나 상공업 지역 등 모든 공간은 그 나름의 형태, 구성적 특징, 변화상과 역사, 삶의 주체인 주민들의 이야기, 생활문화 등을 가지고 있다. 관청 중심이 아닌 지역주민을 주인공으로 하여 그들의 공간과 삶을 담아내는 마을기록관은 도시재생은 물론 마을공동체를 살리는 데 크게 기여할 수 있다.

4. 맺음말

이 글에서는 서울시 마을공동체 사업과 연계하여 마을기록관의 필요성과 방향에 대해서 살펴보았다. 앞장의 글이 농촌의 자연마을을 중심으로 한 '농촌형' 마을기록관에 대한 연구였다면 이 글에서 제시한 마을기록관은 '도시형'이다. 그동안 서울시는 개발을 중시했으며 서울의 역사와 문화를 파괴하는 아파트형 주거문화를 추구해왔다. 서울의 마을공동체, 유·무형의 지역문화는 아파트에 의해 파괴되었고 그 아파트는 대부분 외지인의 차지가 됨으로써 토박이 주민들은 타지로 떠나게 되었다. 이렇게 서울의 마을공동체와 문화는 멸실되어왔다. 도시재생과 마을공동체 사업은 그래서 중요한 의미를 가진다.

한편, 이 사업에 대한 이론과 방법에 있어서는 새로운 고민과 방향 모색이 요구된다. 현재의 방법만 가지고는 사업의 저변을 확대하고 뿌리를 내림에 있어서 한계를 보이기 때문이다. 따라서 마을공동체 사업을 활성화 하고 토착화하기 위한 방안으로 필자는 마을기록관 설립을 제안하였다. 2013년 12월에 장수마을에 마을박물관이 설

---

20 서울역사박물관,『세운상가와 그 이웃들』, 2010; 서울역사박물관,『도심 속 상공인 마을』, 2010.

립되었으나 적지 않은 시행착오가 보인다. 박물관이 아닌 '기록관'으로써 체계적인 활동을 하여야 전반적으로 마을공동체 사업을 지원하고 견인해 낼 수 있다. 현재 상태에서는 이러한 철학과 방법이 보이지 않는다. 주민협의회뿐만 아니라 마을공동체 사업을 추진하는 서울시 마을공동체 종합지원센터 등 관련 부서나 담당자들도 마을기록관의 중요성에 대해 인식할 필요가 있다. 마을기록관은 마을 및 문화자원의 기록－보존－활용, 마을투어, 마을축제, 마을홍보, 마을교육, 사랑방 운영, 마을 소모임, 마을기업, 마을의 디지털콘텐츠 등 마을과 관련된 각종 공동체 사업의 중심에 있으며 이들 사업들을 체계적으로 엮어내고 뿌리내릴 수 있도록 할 수 있는 구심점이다. 서울 각지에 다채로운 마을기록관이 만개한다면 서울시는 한층 살기 좋은 도시, 경쟁력 있는 도시, 이웃과 함께 하는 도시가 될 것이다.

03 .

마을기록물의 수집과 활용*

- •
- •
- •

1. 마을기록물의 중요성

마을은 왜 중요한가? 수십 개의 마을이 모여 지자체를 이루며 지자체가 수백 개 모여 국가가 된다. 마을문화는 지역문화의 근간이 되며 마을이 사라지면 지역문화도 증발된다. 마을의 역사와 문화를 찾고 보존하는 일은 지역문화의 정체성을 확립하는 데 근본이 된다. 주민의 삶의 지척에 있는 마을이 안정되고 문화적 환경이 풍부해질 때 주민의 행복도와 삶의 질도 나아지며 지역의 경쟁력도 향상된다. 마을기록물은 어떤 중요성을 가지고 있는가? 마을을 기록하는 일은 주민을 역사의 주체로 만드는 민주주의적 실천이며 동시에 주민 스스로를 가치 있게 만든다. 마을기록물은 주민의 일상 활동을 보여주며 마을사를 규명하는 데 있어 중요한 사료가 된다. 또한 주민과의 인터뷰에서 오는 기억의 불완전성을 보완해줄 수 있는 객관적 자료로서 제시될 수 있다. 마을기록물은 그 자체로도 문화적 가치를 가지고 있으며 지역문화 연구의 토대가 된다.

• • •

* 마을기록물은 주민의 일상 활동을 실증하고 마을의 역사와 문화를 규명하는 데 기여하며 구술의 불완전성을 보완하는 마을문화의 자원이다. 이 글에서는 마을기록물의 중요성과 유형 및 소장처, 수집과 보존, 활용 방안에 대해 살펴보았다. 본래 2016년 『기록학 연구』에 실린 글을 이 책에 수록하였다.

그동안 기록물 수집은 조선시대에는 사족 중심, 오늘날에 와서는 대통령, 지방자치단체 등 주로 공공영역이나 지배층의 자료를 다루어왔다. 마을에 대한 기록물 수집은 거의 이루어지지 못했다. 마을기록물 수집에 대한 경험도 없었고 방법론도 부재하여 사업이 시행되지 못하였다. 따라서 마을기록물은 제대로 가치를 인정받지 못하였으며 관리가 되지 못하고 멸실되는 경우가 많았다. 지자체에서도 마을기록물을 수집하겠다는 고려는 없었으며 마을자치조직의 기록물은 거의 예외 없이 사장되는 것이 일반적이다. 마을기록물이 시군지나 마을지에 소개되는 경우에도 마을자치조직에서 생산된 것이 아니라 개인기록물에 해당되는 문서나 일생의례 사진 등이었다. 이들 자료도 원본은 원고가 집필된 후 보관처가 없어 흩어지는 사례가 많았다. 마을기록물은 시대상과 주민의 역동적인 삶의 모습을 보여주며 자칫 공백화 될 수 있는 현대사를 위한 실증적인 자료가 된다. 현대 한국사회는 팽창된 도시와는 반대로 농촌은 공동화 현상이 심각해지고 있다. 이촌향도에 더하여 인구의 고령화는 농촌사회의 증발이라는 위기의식까지 낳고 있다. 현대 한국사회의 발전은 공업화나 도시화에 의한 것뿐만 아니라 농민의 근면성과 희생 등 농촌의 기여가 뒷받침되었다. 이러한 농촌이 한국사회의 발전에 어떤 기여를 하였으며 어떻게 역동적인 변화를 겪어오면서 현대사의 한축을 담당해 왔는가에 대한 마을을 중심으로 한 자료 수집은 제대로 이루어지지 못했다. 점점 심해지는 농촌 공동화 현상은 물론, 노년층의 작고와 함께 앞으로 상당부분의 마을기록물들은 소실될 것으로 보인다. 현 시점에서 농촌은 물론 도시의 마을에서도 기록물이 수집되어야 한다. 한국학중앙연구원 장서각에서는 전국에 산재한 고문서와 고서를 수집하여 연구하고 있다. 종가, 서원, 향교를 방문하여 자료를 수집하고 그것에 대한 체계적인 연구와 과학적인 관리, 보존방안을 고민한다. 근현대의 마을기록물도 세월이 지나면 고문서와 같은 가치가 부여될 수 있고 중요한 생활사의 지표가 될 수 있다. 장기적인 안목을 가지고 주민들의 삶의 내력을 말해주는 이들 자료를 수집하고 보존해야 한다.

　마을기록물은 소실성이 강한 반면 보존성이 희박하다. 특별히 기록에 대해 애착이 있지 않는 사람이라면 폐기처분한다. 마을기록물은 공공기록물이 아니기 때문에 보존해야 한다는 의식도 거의 없으며 또한 보존을 위한 주체도 없다. 마을기록물은 그것이 발생될 당시의 주민이나 생산자의 증언이 있어야 기록물을 둘러싼 정확한 정보를 얻을 수 있다. 따라서 마을의 고령자들이 작고하기 전에 서둘러서 자료를 수집할 때 수십 년이 지난 오래된 자료를 확보하고 그것에 대한 생존자의 증언을 듣는 것이 용이하다. 특히 마을기록물은 용도가 끝난 직후 혹은 몇 년이 지나면 폐기되는 경우가 허다하다. 공공기록물은 '공공기록물관리법'에 의해 현용단계가 끝난 후에도 보존될 수 있지만 마을기록물은 현용적 가치가 끝나면 대부분 소실된다. 따라서 현재 쉽게 접할 수 있는 기록물은 최근 수년 이내의 것이 대부분이다. 최근의 자료라고 하여 가치가 없는 것은 아니다. 최근 자료도 현재 상태라면 보존을 장담할 수 없다. 미래적 가치를 생각하여 수집 및 보존해야 한다. 최근의 자료는 주로 자치조직이나 이장 등이 보관하고 있다. 오래된 자료는 과거 이장을 했던 사람이나 자치조직에서 일을 했던 사람들이 개인적으로 보관할 수도 있다. 수소문을 하여 기록물을 가지고 있는 사람을 찾아야 한다.

마을기록물을 논할 때 국가기록원의 '기록사랑마을' 사업을 생각할 수 있다. 기록문화에 대한 민간의 관심을 증대시키기 위해 지정하는 기록사랑마을은 정선군 함백역마을(1호, 2008) 이래 파주시 파주마을(2호, 2009), 서귀포 대정읍 안성마을(3호, 2010), 포항시 덕동마을(4호, 2011), 보성군 득량면 강골마을(5호, 2012), 임실군 원천마을(6호, 2013), 신안군 수림마을(7호, 2013), 진해시 군항마을(8호, 2014)로 그 수가 늘어나고 있다. 국가기록원에서는 신청하는 마을에 대해 서류심사, 현장실사, 심의평가를 하며 기록사랑마을로 지정되면 국비 지원에 의한 보존시설 건립, 복제, 관련 컨설팅 등을 위한 양해각서MOU를 체결하는 등 기록정보자원 공동 활용을 위해 노력한다.[1] 이 사업에서는 문서, 도서, 지도, 사진, 생활용구, 기념품, 건물, 시설물 등을 기록물의 범주에 포용하여 기록자원으로 활용하고자 한다. 한편 이 사업은 지자체에 있는 기존 향토역사관과 유사

. . .

1 "창원시 진해 군항마을, 기록사랑마을로 재탄생"(http://blog.naver.com/PostView.nhn?blogId=hankng).

한 결과를 낳을 수 있다는 염려도 제기된다. 물론 기록사랑마을이 마을 전체를 염두에 둔 에코 뮤지엄 형태까지 고려하고 있다는 점에서 향토역사관과 차이가 있다고 볼 수 있다. 하지만 향토역사관이 수집품을 보관하고 전시하는 박제화 된 창고 기능에서 벗어나지 못하는 전철을 기록사랑마을에서도 밟을 가능성을 배제할 수 없다. 기록사랑마을을 선정해주고 예산지원과 컨설팅을 해주는 일도 의미가 있겠으나 그곳에 기록인프라가 충분히 뿌리 내릴 수 있도록 해야 한다. 또한 소수 마을에 대한 이벤트가 아니라 궁극적으로는 모든 마을의 기록인프라 조성을 추동하겠다는 지향점을 가져야 한다. 다음으로는 오래된 자료나 근대 유물을 몇 차례 수집하는 차원에서 고려해서는 안 된다. 오래된 것을 수집하는 것도 중요하지만 현재 마을에서 생산되는 기록물을 지속적으로 수집·이관 받고 활용할 수 있는 체계를 갖추도록 해야 한다. 이렇게 하기 위해서는 마을에 마을기록관이 생기고 그곳을 중심으로 마을기록물이 수집, 보존, 활용될 수 있는 국가적 차원의 제도적, 교육적, 예산적 지원 방안을 마련하고 추동할 수 있는 시스템을 구축하는 것이 필요하다. 이런 측면에서 보았을 때 '기록사랑마을' 선정도 마을에 역사기록물이나 오래된 자료가 많다는 것에 의미를 두기 보다는 현재 생산되는 기록물의 수집 및 마을문화에 대한 기록, 보존, 활용을 위한 토대와 주민의 의지 등을 살펴보고 노력하는 마을에 대해 지원하는 방향이 검토되어야 한다.

마을기록물의 수집 필요성에 대한 논의는 함한희(2008)나 필자(2012) 등 많은 학자들이 언급하여 왔다. 이것을 단일주제로 하여 본격적인 논의를 시도한 것은 「성미산 마을 아카이빙 체계 방안 연구」(최윤진, 2012)와 『마을공동체 기록관리 매뉴얼』(서울시 마을공동체 종합지원센터, 2013)이다. 최윤진의 연구는 촌락을 중심으로 한 지연공동체로서의 마을과 달리 도시적 생활 스타일에 맞는 커뮤니티 활동을 중심으로 발전해 온 것을 특징으로 하는 서울시 마포구의 성미산 마을을 중심으로 하였다. 이 마을은 1990년대 초 공동육아조합인 '우리 어린이집'을 개원하면서부터 협동조합 등 다양한 커뮤니티가 만들어지면서 마을조직으로 발전하였다. 성미산 마을의 조직과 단체로는 마포두레 생활협동조합, 동네부엌, 작은나무, 성미산대동계, 한땀두레, 성미산밥상, 마포희망나눔, 돌봄두레, 공동육아 어린이집, 공동육아 방과후, 대안학교, 마을배움터, 마을학원,

성미산대책위원회, 자동차두레, 되살림두레(가게), 녹색가정(저탄소마을만들기), 지역 문화교육 공간, 마을극장, 공동체라디오 마포FM, 마을축제위원회, 문화예술동아리, 아카이브, 마을신문, 민중의 집, 마포보건의료인연대, 마포장애인자립자활연대, 문턱없는 밥집, (사)사람과 마을, 마포 풀뿌리좋은정치 네트워크(마포풀넷), 마을단체대표자회의 등이 있다. 이들 조직은 교육, 경제, 자치, 협력단체, 문화, 환경, 복지와 관련되어 있으며[2] 그 설립은 대부분 같은 뜻을 가진 사람들의 출자금에 의해서 운영되는 협동조합이다. 최윤진은 이들 조직의 기능과 업무의 특징과 여기에서 생산되는 기록물을 살펴보았다. 이어서 기록물의 종류와 기록관리 현황을 분석한 후 체계적인 아카이빙 방안과 라키비움Larchiveum(Library, Archives, Museum)식 모델을 지향하는 마을기록관의 미래상을 구상해 보았다. 최윤진의 연구는 보통의 마을 환경에서 비롯된 마을기록물 수집 방안이라기보다는 마을을 표방한 특수한 도시환경 즉, 현대 도시에서 뜻을 같이 하는 사람들이 참여한 단체들(성미산 마을)의 기록물 수집 방안이라고 볼 수 있다. 최윤진의 연구는 한국의 일반 마을에서의 기록물 수집을 고민함에 있어서나 여타 공동체를 위한 수집 전략을 추동하는 데 있어 가교 역할을 해줄 수 있다는 점에서 연구사적 의미를 부여할 수 있다.

『마을공동체 기록관리 매뉴얼』은 기록학에서 행해지는 민간기록물 수집 매뉴얼을 마을에 적용한 것이다. 사례로는 서울시를 중심으로 이야기 기록(도봉, 정릉), 학교 기록(성미산), 사진 기록(노원), 축제 기록(은평), 구술 기록(양천 목3동)의 수집 및 관리 절차를 살펴보았다. 이 책은 선도적인 의미가 있으나 마을의 특수성을 바탕에 두고 현장성을 살렸어야 하나 일반적인 수집과 관리의 매뉴얼을 마을이라는 주제에 덮어씌운 듯한 느낌을 받게 한다. 아직 마을기록물 수집에 대한 경험과 심화된 인식이 부재한 기록학계의 현실을 단적으로 보여준다. 그러다보니 마을기록물의 궁극적 가치와 고유의 존재방식에 따른 본질적인 논의를 살리지 못하고 일반적인 기록물 수집 매뉴얼을 기계적으로

· · ·

2   최윤진, 「성미산 마을 아카이빙 체계 방안 연구」, 『일상 아카이브의 발견』, 선인, 2012.

투영한 것에 그쳤다. 사례로 든 "이야기, 학교, 사진, 축제, 구술"도 마을기록물의 본질적 맥락(마을에서 무엇이 일어나고 주민들은 어떻게 살아가고 있는가)과 연계되어 다루어지지 못하다 보니 마을의 현실과 동떨어져 보인다. 마을기록물의 핵심은 마을자치조직을 중심으로 한 공동체성에 있다. 따라서 마을기록물의 수집은 마을자치조직을 본질에 두고 공동체의 역동적인 모습을 드러내는 것에서 출발하여 주변부로 파생되어야 한다. 서울의 마을기록물 수집과 활용을 위한 매뉴얼이라면 서울의 마을환경에 대한 전제가 있은 후 마을에서 기록물이 존재하는 방식을 설명하고 그것에 맞추어 기록물 수집 방법을 제시했어야 했다. 또한 일방적인 매뉴얼이 되지 않기 위해서는 수집자의 입장과 조건 등 미묘한 변수까지 염두에 두어야 했다. 이렇게 하려면 실제로 마을에 들어가서 기록물을 수집해 본 후 그것에 기초하여 수집 매뉴얼을 제안해야 한다. 마을에서 기록물을 수집한 질적인 경험이나 구체적인 마을공동체의 상황에 대한 이해가 수반되지 않으면 매뉴얼로서의 기능은 제한될 수밖에 없다. 이 글에서는 민속기록학의 특징인 현장(마을)조사와 경험에 기초하여 마을기록물의 수집과 활용 방안을 검토하고자 한다.

2. 마을기록물의 존재방식

1) 마을자치조직의 구성

마을기록물을 수집하기 위해서는 그것을 생산하는 마을공동체의 자치조직과 단체에 대한 이해가 있어야 한다. 마을자치조직은 자치규약을 가지고 있으며 마을사업 추진, 마을환경 관리, 재해관리, 공동시설 및 재산관리 등을 하며 마을 최고 의결기구인 총회를 통해 운영되며 임원으로는 이장과 총무, 감사 등과 하부조직의 회장들이 참여한다. 마을총회에는 주민이면 누구나 참여할 수 있다. 하부조직으로 부녀회, 청년회, 노인회 등이 있다. 그밖에도 마을에는 생업에 따른 협동을 위한 조직, 친목회 등이 있다. 마을의 생태환경에 따라 마을조직은 차이가 있다. 어촌에는 어촌계의 활동이 두

드러지며 반면 아방리와 같이 도시근교농업을 하는 곳에서는 잡목반이 주목된다. 도시에서는 성미산 마을에서 보여지는 바와 같이 협동조합 형태가 나타나기도 한다. 여기에서는 도시근교마을인 광명시 아방리 마을조직의 사례를 살펴보도록 한다.[3]

오늘날 아방리에는 주민 전체의 대표로서 통장이 있으며 새마을지도자도 선출한다. 부녀회, 청년회, 노인회도 조직을 구성하고 있다. 통장은 주민이 선출하지만 요즘은 동사무소에서 월급을 주는데 동에서 월급을 주지 않았을 때는 각 가정에서 봄에는 보리 한 말, 가을에는 벼 한 말을 갹출하였다. 근래에는 통장이라고 부르지만 1980년대에는 '구장'이라고 불렀다. 통장의 임기는 시대에 따라 변화가 있었다. 한 때는 1년에 한 번씩 선출하기도 하였고 3년에 한 번씩 하기도 하였다가 근래에는 4년 임기로 한다. 한동안은 통장 밑에 반장도 있었으나 근래에는 없어졌다.

부녀회와 청년회도 있어 회장과 총무를 두고 있다. 주민 양○옥에 의하면 노인회는 1990년 경 처음으로 농협 창고 건물에 노인정이 생기고부터 결성되었다고 하나 노인회의 회계장부를 보면 1987년도부터 작성된 것으로 보아 1987년부터 시초가 되었을 것으로 추정된다. 이 회계장부에 보면 1987년 평화의 댐 건설을 위한 성금에 동참한 내역이나 경조사비 등 노인회의 대소사와 관련된 내용이 자세히 나와 있다. 노인회 초대회장은 양○완이며 그 후 김○현, 노○례, 강○근, 양○만, 강○근을 거쳐 양○옥으로 이어져 왔다. 양○옥은 2008년 3월 14일에 회장으로 선정되었다. 임기는 4년이다. 할아버지(20여 명)와는 달리 할머니들(40여 명)은 별도의 노인회를 조직하고 있으며 독자적인 회장과 총무를 두고 있다. 아방리의 자치조직은 정기총회를 매년 1월 1일에 마을회관(노인정 겸용)에서 한다. 그 외 안건이 있으면 수시로 하게 된다. 매년 1월 1일이 되면 오전에 할아버지와 할머니 노인회가 별도로 결산보고 및 기타 안건을 가지고 정기총회를 한다. 낮에는 마을총회를 열어 결산보고를 하고 마을의 중요사안을 의논하며 만약 통장의 임기가 끝날 때면 이때 선출한다. 저녁에는 마을 부녀회의

• • •

3 아방리의 사례는 디지털광명문화대전(http://gwangmyeong.grandculture.net)에 필자가 수록한 내용임을 밝혀둔다.

총회가 있다. 이렇게 마을 조직들이 같은 날 마을회관에서 회의를 하는 것은 주민들의 참여가 용이하기 때문이다. 자치조직은 마을공동체의 공적인 일의 수행과 친목 성격도 겸하며 이들이 모여 주민들의 자치가 이루어진다. 마을 원로로서 노인들은 친목적인 성격뿐만 아니라 동제와 같은 마을의 공식적인 행사에서는 주관자로서 참여한다. 마을의 공적인 행사가 있을 때 각 조직은 서로 협조한다. 마을에서는 경노사상을 중시하여 노인회의 활동에 일부 예산을 지원한다. 이렇듯 마을 조직에는 주민들의 협동심, 경노사상, 애향심 등이 내포되어 있다.

한편 같은 일을 하는 사람들의 협동심이 잘 드러나는 '잡목반'이라는 것이 주목을 끈다. 1970년대만 하더라도 주민들은 농사를 지을 때 상부상조하여 '품앗이'라는 것이 있었고 한국전쟁 전후만 하더라도 '두레'가 활발하였다. 농사일을 할 때는 두레기를 앞세우고 함께 모내기, 김매기를 하고 추수를 도왔다. 풍물을 치고 농요를 부르며 고단한 농사일을 놀이로 승화시키는 농군의 지혜를 가지고 있었다. 세월이 흘러 마을주변의 환경도 변했다. 마을 앞 넓은 농토에는 화훼단지나 기타 용도의 건물이 자리를 점유하고 농토의 많은 부분도 외지인의 소유가 되었다. 외지에서 근교농업을 하는 사람들은 밭가에 움막이나 원두막을 지어 일하다가 쉬거나 농기구를 보관하는 창고로 사용한다. 과거 벼농사를 중시했던 것과 달리 오늘날에는 밭이 중시되며 고추, 깻잎 등과 같이 시장에 나가 팔 수 있는 채소의 비중이 높다.

과거와 현재는 이렇게 변했다. 그러나 변화 속에도 유지되는 것이 있다. 두레의 전통은 환경이 바뀌었지만 오늘을 사는 아방리의 민초들에게 유전인자로 남아있다. 바로 잡목반의 협동이다. 아방리는 도시근교에 위치하기 때문에 정원수로 팔리는 나무, 화훼, 채소 등의 재배가 두드러진다. 흔히 같은 업종을 하는 사람은 경쟁관계로 교류가 적다고 생각할 수 있으나 농사의 경우에는 협력한다. 정보를 교환하고 농협에서 함께 교육을 받고 저리로 융자를 받기도 한다. 그래서 아방리에는 '잡목반'이라는 모임이 있다. 화훼작목반은 꽃을 기르는 사람들이 정보를 교환하고 교육을 교류하는 친목모임이다. 하우스에서 농사를 짓는 사람들은 하우스 작목반을 만들었으며 축산잡목반, 채소잡목반, 수도작잡목반도 있다. 토착주민과는 달리 이방인으로 구성된 능촌사거리 건너편에 있는 화훼단지의 사람들 중에도 일부 원예농업을 하는 사람은 작목반을 구성하고 있으나 토착주민과는 별도의 조직을 가지고 있다.

마을자치조직과 달리 아방리에는 문중조직도 있다. 금천 강씨 종친회와 같은 문중조직의 기록물도 허락된다면 마을기록관에서 수집 및 관리할 수 있다. 대개 자기 집안의 문서는 쉽게 공개를 하지 않지만 오래되고 분실 우려가 있는 경우 마을기록관에서 위탁 관리할 수 있다. 위에서 보는 바와 같이 마을에는 자치조직, 생업을 위한 협동조직, 친목조직, 문중조직 등이 있다. 마을조직의 모든 기록물을 수집할 수 있으나 우선적으로 다루어야 하는 것은 마을총회와 이장의 직무 수행에서 발생되는 기록물이다. 여기에는 마을 전체의 공적인 대소사가 담겨있다.

2) 마을기록물의 유형과 존재방식

마을기록물을 수집하기 위해서는 그것의 유형과 소장처, 존재방식에 대한 이해가 있어야 한다. 마을기록물은 자치조직의 활동에서 생산된 기록물, 주민의 개인기록물, 마을 안팎에 존재하며 마을사를 증거해 줄 수 있는 기록물 등을 총괄적으로 염두에 두어야 한다. 생산주체로 보면 단체와 개인으로 구분할 수 있고 소장처로 보면 마을 안과 밖으로 나누어 볼 수 있다. 기록물의 유형으로 보면 문서류, 장부, 유인물, 영수증, 증서, 현수막, 그림, 녹취물錄取物,[4] 사진, 동영상 등 다양하다. 그동안 수집된 마을기록물은 전자기록물 형태를 띠는 경우가 드물지만 점차 컴퓨터로 문서가 작성되고 소통되는 전자문서의 생산도 늘어날 것이며 웹상에서도 마을과 관련된 기록물(마을활동 소개나 홍보를 위한 블로그 혹은 홈페이지 등)이 생산될 것이다. 이것도 수집 대상이 될 수 있다. 마을기록물 중 어떤 것을 수집해야 하며 전제조건은 무엇인가? 마을기록물은 자치조직에서 생산하고 보유한 것을 1차적으로 고려할 수 있으며 마을사와 주민생활

· · ·

4 주민과의 인터뷰나 상여소리 등 마을에서는 다양한 음성을 녹취할 수 있고 생산된 자료를 수집할 수 있다.

상을 증거 해줄 수 있는 정도에 따라 가치가 평가될 수 있다. 선별과정에 있어서도 이점을 전제조건으로 해야 한다. 마을기록물을 협의적으로 보면 마을의 자치조직으로 국한해 볼 수 있고 광의적으로 보면 비록 외부의 관공서나 외부인에 의해서 생산되었다고 해도 마을과 관련된 모든 기록물을 포함시킬 수 있다. 마을사를 복원하고 마을에 대한 정보를 모으기 위해서는 광의적인 측면까지 고려해야 한다. 그러나 수집의 1차적 대상은 자치조직의 기록이며 그 다음으로는 마을 내의 개인이나 단체의 기록이다. 마을이 처한 특수한 성격에 따라 기록물의 소장처나 소장자의 중요도는 다소 차이가 있을 수 있으나 대개는 자치조직을 기점으로 생각해야 한다.

마을기록물을 생산주체별로 보면 첫째, 총회 및 이장의 직무수행과정에서 발생하는 자료, 부녀회, 노인회, 청년회 등 마을자치조직의 자료들이 있다. 여기에는 회의록, 예산결산서, 영수증, 계약서, 마을소유의 재산문서, 의례 및 행사자료 등 종류가 다양하다. 마을 이장이 가지고 있는 자료는 주민들의 생활과 관련된다. 추곡수매, 영농자금, 마을부역, 시설 건립 등 마을사적 위치에서도 비중이 높다. 이장은 현재와 과거의 이장들을 통해 자료를 충분히 수집해야 한다. 둘째는 동사무소에서 이장에게 하달된 자료이다. 이런 경우 그것에 호응하여 이장이나 주민이 작성한 자료와 세트set로 수집하여 기록물 간의 내적 유대관계가 가급적 유지될 수 있도록 할 수 있다. 셋째는 마을 밖의 관공서나 외부기관에서 생산하고 그곳에 존재하는 자료도 있다. 비록 외부에서 발생된 자료지만 이들 자료를 통해 마을과 관련된 실증적인 정보를 얻을 수 있다. 시청이나 동사무소, 관련 도서관, 국가기록원 등에 마을이 위치한 지역의 근현대사를 알 수 있는 자료들이 있을 수 있다. 특히 개발과정에서 생산된 기록물은 오늘날의 마을을 이해하는 데 중요한 사료적 가치를 가질 수 있다. 넷째는 주민들의 개인기록물인데 이것은 단순한 개인의 의미를 넘어 마을구성원의 일부로 존재하는 개인에게 투영된 마을의 단면이다. 이것을 통해 마을사와 주민생활상을 보충할 수 있는 가치가 중요한 선별기준이 될 수 있다. 다섯째는 마을에 종중宗中이나 친목회 등 기타 단체들이 있을 수 있는데 여기에서 생산되는 기록물도 수집대상으로 고려할 수 있다. 마을기록물의 생산주체, 소장처, 종류를 중심으로 분류하여 보면 다음과 같다.

〈표 1〉 마을기록물의 유형

	유형
생산주체	시군, 읍면, 마을자치조직, 이장, 주민, 친목회, 종중 등
소장처	시군, 읍면, 마을자치조직, 이장, 주민, 국가기록원, 도서관 등
종류	회의록, 예산결산서, 영수증, 계약서, 마을단위의 사업서류, 마을소유의 재산문서, 계조직의 자료, 의례 및 행사자료, 공문, 물품구입서, 매상장부, 세금청구서, 매매문서, 방문록, 사진류, 현수막, 유인물, 안내문, 주민의 일기, 가정의 가계부
시간	현용(현재 사용되는 자료), 준현용(수년 이내에 작성된 것으로 가끔 참고하기 위해 보관 중인 것), 비현용(용도가 끝난 후 오래 되었지만 보관 중인 자료)

마을기록물은 시간적으로 현용자료와 준현용자료, 비현용자료로 구분할 수 있다. 현용자료는 현재 사용하는 자료로서 이장이나 자치조직 등에서 보관하고 있다. 준현용자료는 용도가 거의 끝났으나 근래의 것으로써 부득이 참조가 필요할 때를 대비하여 보관 중인 자료로 주로 작성된 지 수년 이내의 것이 대부분이다. 비현용자료는 대체로 몇 년이 지나면 폐기되는 경우가 많으나 간혹 기록물에 애착을 가진 사람에 의해 남겨졌다. 현용자료는 자치조직을 찾아가면 볼 수 있으나 비현용자료는 보유자를 애써 찾아야 한다.

주민들 중에는 기록물의 미래적 가치를 고려하여 꼼꼼히 기록하는 사람이 있다. 필자가 1998년 성남시 판교에서 만난 이의동씨는 다년간 노인회 회장을 하면서 노인회에서 일어나는 매일의 일상을 꼼꼼히 기록하였다. 그는 오래된 사진을 보관하고 수시로 판교에 변화가 있을 때마다 현장에 가서 사진을 촬영하였다. 이런 분의 경우 수십 년이 지난 기록물을 많이 가지고 있다. 따라서 비현용자료는 이런 사람을 찾아내는 것이 중요하다. 현용과 준현용자료는 현재 모든 마을에 있으며 주민의 협조를 얻으면 접근할 수 있다. 문제는 비현용자료인데 기록물 보유자를 수소문하여 찾아내야 한다. 외부자의 경우에는 마을에 대한 현지조사, 설문조사, 협조공문 등을 통해 기록물의 보유자를 찾아가서 수집해야 한다. 마을에서 생산되는 기록물의 유형은 부록에서 참조할 수 있다.

3. 마을기록물의 수집과 관리

1) 마을기록물의 수집

마을기록물의 특수한 존재방식은 수집에 있어서도 주체(외부인에 의한 수집, 주민에 의한 수집), 시기(정기적 수집, 비정기적 수집, 일회적 수집), 정도(일반적 수집, 적극적 수집 – 기록의 생산), 범위(협의적, 광의적)에 따라 다양한 방법이 취해질 수 있다. 아래에서는 수집 주체를 중심축으로 하여 논의를 해보도록 한다.

(1) 외부인에 의한 수집

외부에서 마을기록물을 수집하는 경우는 지자체에서 지역문화 수집의 목적이거나 연구소나 기관에서 연구 혹은 소장, 전시 목적으로 수집하는 것이 일반적이다. 이런 경우 일회적 수집이거나 특정 주제에 대한 수집으로 마을 내의 기록인프라를 조성하는 데는 큰 영향을 주지 못한다. 외부기관에서 마을기록물을 수집하여 관리하고자 할 때는 다음과 같은 절차를 고려할 수 있다. 먼저 자료의 소재를 파악하고 수집한 후 데이터베이스 구축, 수장, 열람하는 것으로 기본방향을 설정해야 한다. 외부인에 의한 마을기록물 수집에 있어서는 주민이 수집할 때와 달리 소재파악에서부터 어려움이 있으므로 기계적인 매뉴얼에만 의존해서는 안 된다. 마을의 환경과 기록물의 존재방식에 대한 이해를 바탕으로 체계적인 접근이 요구된다.

① 소재파악과 협조요청

자료의 소재파악을 위해서는 면과 마을 단위에 공문을 보내어 사업취지를 설명하고 협조를 요청할 필요가 있다. 외부인이 찾아와서 기록물을 보여 달라고 할 때 쉽게 보여줄 사람은 없다. 주민들의 경우 신원이 분명하고 관공서로부터 발급된 공문을 보아야 안심하고 협조를 해주는 경향이 있다. 면에서 행해지는 이장들의 회의(매주 이루어짐)에 참석하여 사업취지를 설명하고 협조를 요청하며 마을자료에 대한 소재를 파악하는 방법도 하나의 지혜이다. 소재파악을 위해서 설문지를 작성하여 배포해도 된다. 이장을 통해서 기본적인 마을기록물의 소재를 파악한 후 마을자치조직을 방문하여 재차의 소재를 확인하여 수집단계에 들어갈 수 있다.

② 대상선별 및 수집

기록물을 수집하기 위해서는 정확히 주민들에게 사업취지를 설명하고 협조를 구해야 한다. 현실적으로 모든 가정을 방문하여 기록물을 수집할 수는 없다. 주민들 중에 꼼꼼하게 기록물을 챙겨놓은 분이 있는 반면 그렇지 않은 분도 있다. 따라서 설문조사를 하고 수소문을 하여 기록물을 잘 보존하고 있는 사람을 중심으로 수집해야 한다. 경로당이나 기타 단체에도 회계장부, 회원록, 일지, 각종 행사자료가 있는데 협조를 구하여

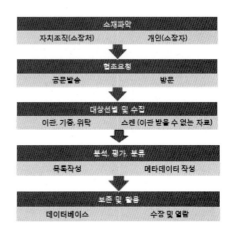

〈그림 1〉 외부기관에서의 수집

자료를 수집해야 한다. 물론 자료 수집에는 적절한 가치판단이 요구된다. 무엇을 수집할 지 대상을 선별해야 한다. 자료 수집은 기증, 복제, 구입, 위탁 등의 방식[5]이 있는데 이 문제는 기록물 소유자와 협의하여 합리적인 방법을 찾아야 한다. 자료가 수집되면 기록물 보유자나 생산자를 찾아가서 자료에 대한 설명을 듣고 기록해야 한다. 만약 자료의 가치가 높고 특별히 인터뷰가 필요한 경우에는 녹취를 해야 한다.[6] 자료를 대출하기 힘든 경우에는 스캐너를 가지고 가서 현장에서 원본이 손상되지 않게 유의하면서 스캔을 해야 한다. 외부기관에서 기록물을 수집할 때 이관 받는 경우가 아니면 원

• • •

5 이 경우 기증이나 이용, 위탁 등에 관한 동의서가 필요하다.
6 마을에 대한 조사와 이장을 대상으로 한 설문조사 등을 통해 기록물의 소재를 파악한 후 복제 작업과 인터뷰를 하는 것은 실제 일에서 중요하고 어려운 부분이다. 따라서 기록물의 소재파악을 위한 현장조사 방법과 기록물 보유자나 관련자들에 대한 인터뷰 방법을 익혀야 한다.

본을 옮겨갈 수 없다. 이때는 동의를 얻어 스캔이나 복제를 해야 한다.

③ 분석, 평가, 분류

수집된 자료를 분석하고 평가, 분류하여 메타데이터를 작성해야 한다. 기록물에 대한 분석은 평소에도 훈련이 있어야 한다. 마을기록물의 경우 수집된 기존의 문서류나 사진류 등에 대한 분석을 통해서 그것에 함축된 의미나 문화적 가치를 판단할 수 있는 능력이 요구된다. 이런 것이 없고 현장경험이 풍부하지 못한 기록인은 정해진 매뉴얼에서 벗어나면 스스로 판단할 수 있는 능력이 부족하고 무엇을 어떻게 해야 할지 모르는 경우가 많다. 민간기록물의 경우에는 자력으로 판단하고 수집할 수 있는 문화적 시야를 가지고 있어야 한다.

④ 보존 및 활용

자료의 분류와 정리가 끝나고 공개가 가능한 것은 가급적 데이터베이스하여 웹상에서 누구나 이용할 수 있도록 서비스하는 것이 좋다. 자료는 널리 공유되고 이용자가 손쉽게 접근할 수 있도록 고려되어야 한다. 수집된 원본 자료는 보존시설이 갖추어진 곳에 보관해야 하며 열람하여 이용할 수 있도록 조치해야 한다.

(2) 주민에 의한 수집

외부인이 마을기록물을 수집할 때와 달리 내부자(마을활동가)에 의한 수집의 경우에는 입장이나 방법에서 차이가 있다. 마을활동가들은 마을 내의 소장처를 알고 있으며 주민과의 친밀감이 있어 외부인에 비하면 수집하는 데 어려움이 적다. 다만 기록물에 대한 주민들의 이해를 구해야 하며 이들의 지속적인 관심이 관건이다. 외부인에 의한 민간기록물 수집은 공공기록물과 달리 대개 비정기적인 일회적 수집에 그치는 경우가 많다. 새마을중앙연수원에서 새마을기록물을 소장한 마을에 가서 한 차례 수집하여 위탁받아 오는 사례와 같이 중요하다고 판단되는 기록물을 특정 사업을 통해 거두어 오는 경향이다. 이와 달리 마을활동가에 의한 수집은 정기적 수집과 적극적 수집, 광의적 수집을 모두 고려해야 한다.

정기적 수집을 위해서는 소장처와 협의하여 기록물이 비현용 단계에 들어가면 이관 받도록 해야 한다. 대개 마을 노인회에서는 장부나 회의록을 사용기간이 지나면 폐기 처분하고 있는데 마을활동가들은 평소 이런 단체와 연계를 가지고 지속적으로 수집할 수 있는 체계를 갖추어야 한다. 마을자치조직으로부터 년 1~2회 정도 자료를 이관 받을 수 있는 협력체제가 구축되어야 한다. 비정기적 수집은 마을건물의 도면, 주택분양 광고, 현수막, 유인물 등 필요한 기록물이 발생되고 시기를 놓치면 수집이 어려울 때 그 시점에서 바로 수집하는 경우이다. 마을기록물은 생산된 것을 수집하는 일도 필요하지만 의도적으로 기록을 남기는 일도 해야 한다. 발생된 기록물을 수집하는 차원을 넘어 기존 기록물이 미처 감당하지 못했거나 결락된 부분을 기록인이 직접 생산해야 할 때도 있다. 마을에서 지속적으로 거주하는 주민활동가의 경우에는 이것이 가능하다. 기록 생산은 수시로 공간의 변화상을 영상으로 남길 수도 있고 축제나 행사 등이 있을 때 발생된 자료를 수집하고 현장을 촬영하여 기록을 남길 수 있다. 노인잔치, 체육대회, 화전놀이, 상례, 종중의 시제 등도 기록화의 대상이 될 수 있다. 주택 개보수, 마을길 변경, 화천복개 등 마을 공간의 변화요인이 될 수 있는 건설이 있을 때도 시간을 맞추어 그 이전과 건설현장의 모습을 남길 수 있다.

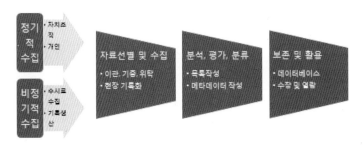

〈그림 2〉 주민에 의한 수집

마을에서 일어나는 주요한 일을 기록하여 마을사 편찬의 참고자료로 사용할 수 있는 마을일지日誌를 작성하는 일도 고려할 수 있다. 시군의 '통계연보'처럼 매년 마을 통계연보를 마을소식지 형식으로 만들어볼 수도 있다. 마을의 문화나 환경은 지속적으로 조금씩 변해나간다기 보다 변화요인이 발생함에 따라 이전과 다른 단층이 생긴다. 따라서 마을사는 이러한 단층을 중심으로 시대구분이 가능하다. 예를 들면 과거 초가집은 '새마을운동'이라는 변화요인에 의해 지붕개량이 이루어지고 도시근교 마을의 경우 '도시의 팽창'이라는 변화요인으로 인해 자연마을이 해체된다. 이렇게 도시에 편입된 마을은 1970년대에 연립주택과 단독주택, 다세대주택으로 채워지더니 2000년대 이후에는 자동차 소유자의 급증으로 1층을 주차장으로 하는 도시형 빌라가 새로운 주거형태로 등장하고 있다. 한편 자동차 소유자의 급증은 넓은 주차시설을 완비한 대형마트의 등장으로 이어지며 재래시장이나 골목상권의 침체를 가져오게 하였다. 과거와 현재, 변화상, 변화요인 등 다양한 측면에서 마을을 기록하고 미시사적 고찰을 통해 마을기록관의 콘텐츠로 이용할 수 있다.

2) 마을기록물의 관리

마을기록물은 마을기록관에서 관리하는 것을 원칙으로 해야 한다. 하지만 현실적으로 마을기록관 설립이라는 조건이 해결되어야 한다. 임시공간에 보관하더라도 궁극적으로는 마을기록관[7]을 지향해야 한다. 마을기록물이 상당수 소실될 수밖에 없었던 것은 기록물의 가치를 알지 못한 측면도 있으나 애써 보존하고자 해도 마땅히 보관할 곳이 없었던 것도 원인이다. 주민들과 지자체의 관심이 요구된다. 마을기록관이 없는 곳에서는 임시방편이긴 하지만 마을회관에 기록물을 모아둘 수 있는 케비넷을 준비해 두거나 귀중한 자료의 경우 민간기록물[8]을 보존할 수 있는 적절한 기관에 위탁할 필

---

7 마을기록관의 설립과 운영에 대한 논의는 앞에서 다루었기 때문에 여기에서는 약술한다.
8 민간기록물은 일반인이나 민간단체가 생산 취득 보유한 기록물로 고문서, 사문서, 편지, 일기, 메모, 가계부, 사진, 파일, 테이프 등 그 형식이나 내용, 물리적인 형태에 관계없이 민간에서 생산되거나 보유 중인 모든 유형의 기록물을 가리킨다. 김상호, 「민간기록물의 수탁 보존기구에 관한 연구」, 『書誌學硏究』 제36집, 한국서지학회, 2007, 199~200쪽.

요가 있다. 기록물이 마을기록관으로 모여지면 마을활동가와 시군 단위의 기록관이 연계하여 지속적인 관리와 운영이 이루어져야 한다. 마을기록관에는 기록물 보관 및 전시공간이 확보되어야 하며 마을활동가들이 일할 수 있는 사무실도 있어야 한다. 마을활동가들은 마을기록물에 대한 정기적인 수집과 비정기적인 수집에 능동적으로 참여해야 한다. 정기적인 수집이 단체나 개인과 사전에 약속이 되어 주기적으로 수집하는 것이라면 비정기적인 수집은 마을에서 기록물이 발생될 때 수시로 현장을 방문하여 수집하는 방법이다. 마을활동가들이 마을기록물 수집 및 마을기록화, 마을기록관 운영 등을 원활히 수행하기 위해서는 기록물 관리 및 민속기록학 교육이 필요하다. 마을활동가를 위한 년 1~2회 정도의 교양교육 프로그램이 신설될 필요가 있다. 이러한 교양교육은 마을기록관 건립 이전에도 얼마든지 가능하다. 이 교육을 통해서 마을활동가들이 양성되고 그들이 마을기록관 설립의 주체가 될 수 있다면 기록인프라 조성은 한층 빨라질 수 있다. 전자기록물의 경우에는 『마을공동체 기록관리 매뉴얼』(서울시 마을공동체 종합지원센터, 2013, 38쪽)에서 제시한 바와 같이 PC에 기록관리 대상 데이터를 다운로드 하여 통합 관리하거나 외장형 하드디스크를 이용할 수 있다.

4. 마을기록물의 활용

마을기록물은 마을을 자원화 하고 마을의 품격을 높일 수 있다. 마을기록관과 함께 제대로 활용하면 주민의 삶의 질을 높이는 데 기여할 수 있다. 마을기록물은 학술적, 문화적, 사회적으로 다양한 가치를 가지고 있다. 마을의 역사와 문화를 재구성할 수 있으며 마을사를 객관적으로 증거할 수 있는 사료로서 기능하며 학술적인 용도나 전시 및 디지털 콘텐츠로 활용할 수 있다. 마을기록물을 활용하여 주민들에게는 애향심과 자긍심을 심어주고 외지인에게는 마을에 대한 이미지를 제고시켜 히스토리마케팅[9]을 가능하게 할 수 있다. 마을기록물을 활용하여 포스터poster, 달력, 상징물, 홍보물 등을 만들 수 있고 교육프로그램이나 각종 문화콘텐츠도 계발할 수 있다. 마을기록물 중에는 문화유산으로서 중요한 가치를 지니고 있는 것도 있다. 새마을운동 기록물이 세계기록문화유산으로 지정되어 있으며 조선시대에 생산된 기록물은 희소성과 역사성으로 인하여 가치가 높다. 조선시대의 기록물로는 동계洞契(상호부조를 위한 자치조직)나 상두계喪頭契, 친목계親睦契의 문서, 양안量案(토지대장), 분재기分財記(재산상속 및 분재에 관한 문서), 홀기笏記, 노동조직인 두레의 문서, 동제洞祭 문서, 개인생활사와 관련된 일기류 등이 있다. 경북 예천군 용문면 대저리 함양 박씨가의 일기는 1869~1876, 1901~1904, 1909~1933, 1897~1946년까지 방대한 양이 있다. 일기에는 매일의 날씨, 일상적 생활, 행차行次, 손님접대, 촌락 안팎에서 일어나는 크고 작은 사건 및 떠도는 소문, 장시의 물가, 전염병, 사망소식 등 세세한 일과 함께 농사일의 내용, 작업방식, 작업인원, 농황農況과 수확량 등의 영농과 관련된 일이 세심하게 기록되어 있다.[10]

경기도 평택 대곡일기는 신권식씨가 30세 되던 해인 1959년부터 50여 년의 세월 동안 하루도 빠짐없이 기록한 것이다. 50년의 농촌 생활상인 1년 농사력과 농한기 부업, 여성 노동, 금융거래, 물가 변동, 장시 등의 경제생활 및 의식주 생활, 가족·친족·마을생활, 당시의 정치 활동 및 인식, 평생의례, 세시, 민간의료 등 민속 전반에 걸친 자료와 농업사, 경제사, 지역사, 생활사, 생애사에 관련된 자료들이 구체적으로 기록되어 있다. 일기를 집필한 신권식씨 자신도 일기에 기록된 중요한 정보나 상황을 다 기억하지 못한다. 구술의 불완전성을 일기의 기록이 보완해 주며 일기는 당시의 시대상을 읽어낼 수 있는 자료이다.[11] 이러한 자료들은 학술적 가치가 높다. 구리시 갈매동 도당굿 제의 관련 문서는 현재 1928년도와 1960년도의 자료가 남아있다. 물론 1980년대 이후의 자료들은 다량으로 남아 있다. 이 마을에서는 도당굿과 관련된 자료를 꼼꼼히 기록하는 것이 오래된 관행이다. 갈매동에서는 도당굿과 관련된 오래된 문서는 물론 모든 제기와 악기 등을 당집에 보관하여 왔다. 그러다가 분실을 우려하여 1980년대 중반에 당주집에 보관하기로 하였다. 당주를 맡았던 한 사람이 불필요한 것

···

9 마을의 역사를 홍보물로 제작하여 마을에서 생산되는 상품이나 자원 등의 신뢰성을 높일 수 있다.
10 한국학중앙연구원, 『예천 맛질 朴氏家 日記 3 - 日記篇 -』, 2005, 해제 1~2쪽.
11 경기문화재단, 『평택 일기로 본 농촌생활사 Ⅰ』, 2007, 20~22쪽.

이라고 자의로 판단하여 문헌을 불살랐다. 이렇게 하여 오래된 문서가 인멸되었다. 다행히 1928년도와 1960년도의 자료가 남아 있어 도당굿 연구의 중요한 자료로서 이용되고 있다.[12] 수년전 이균옥과 김신효는 포항시 남구 장기면 계원마을에서 1952년부터 현재까지 기록한 도신禱神 문서를 발견하였다. 이 마을에서는 짝수 해마다 별신굿을, 홀수 해에는 동제洞祭를 행하였는데 문서에는 이러한 사실과 함께 제일, 제주의 성명, 굿거리에 대한 명칭, 굿거리별 소요비용, 제수祭需의 종류, 찬조인명贊助人名과 찬조금, 제반 소요 비용 등이 기록[13]되어 있어 학술적 가치가 있다.

마을기록물을 전시콘텐츠로 활용한 사례는 새마을중앙연수원이나 향토자료관 등에서 볼 수 있다. 2011년 12월 27일 공공기록물관리에 관한 법률 제43조에 따라 국가지정기록물로 지정된 새마을중앙연수원 자료관의 마을기록물은 11개 마을 즉, 경기도 이천군 대월면 송사리, 경기도 용인군 남사면 통삼1리 동막마을, 경기도 안성군 공도읍 용두리 하용두마을, 강원도 횡성군 공근면 공근리, 강원도 횡성군 공근면 수백리, 충청북도 음성군 신천2리, 충청북도 음성군 음성읍 평곡2리 토계마을, 충청남도 당진군 석문면 삼화2리, 전라북도 정읍군 정주읍 진산리 삼군마을, 경상북도 구미시 도개면 월곡마을, 서울시 영동AID아파트에서 수집한 것이다. 새마을중앙연수원에서는 하마터면 소실될 수 있는 새마을운동 당시의 마을기록물을 수집하여 전시콘텐츠로 활용하고 있다. 새마을중앙연수원을 찾는 많은 방문객들이 이곳 자료관을 둘러보고 있다. 새마을중앙연수원의 마을기록물은 전시콘텐츠뿐만 아니라 마을단위에서의 새마을운동 실태를 보여주는 자료로서 현재 DB화되어 연구자들에게 이용되고 있다. 마을기록물은 광명시 향토행정사료관 등 많은 지자체 전시관에서도 활용되고 있다. 마을기록관에서는 마을기록물을 활용한 다양한 전시회를 기획할 수 있다.

주민들의 기억은 한계가 있다. 마을 앞 도로가 언제 놓였는지, 마을회관이 언제 지

* * *

12 갈매동 도당굿 학술종합조사단·구리시, 『갈매동 도당굿』, 1996, 55~59쪽.
13 윤동환, 「별신굿의 경제적 토대와 제비용-계원마을 동문서를 중심으로-」, 『한국민속학』 60, 한국민속학회, 2014.

어졌는지. 마을 주민들이 언제부터 장례를 집에서 지내지 않고 읍내에 있는 장례식장을 이용했는지, 주민들이 언제부터 양잠을 그만두었으며 보리농사는 언제부터 중단되었는지 등 이런 것을 정확히 연도까지 기억하는 사람은 드물다. 특정한 사건이나 변화시점에 대해 특별한 기억의 실마리가 있지 않는 이상 구술에 의한 기억수집은 한계가 있다. 이런 것을 보완해 줄 수 있는 것이 기록물이다. 주민들이 가지고 있는 부의록, 이장들에 의해서 전해지고 있는 기록물, 매상전표, 마을 앞에 도로가 놓일 때 들어간 토지보상과 관련된 영수증 등 이런 기록물은 당시의 생활상이나 정확한 연대를 실증적으로 보여줄 수 있는 자료로서 마을사 복원을 위한 사료적 가치를 가지고 있다. 이들 사료를 DB화하여 누구나 쉽게 이용할 수 있는 디지털콘텐츠로 활용할 수 있다. 인간의 수명은 한정되어 있으나 기록물의 유구한 생명력은 앞선 세대의 삶을 대신 말해 줄 수 있다. 마을사의 징검다리로서 마을기록물의 미래적 가치는 지금 우리가 상상하는 것 이상으로 후세들에게 파급될 수 있다.

5. 맺음말

이상以上에서 살펴본 마을기록물의 의미와 유형, 소장처, 수집과 보존 및 활용 방안에 대한 내용을 요약하면 다음과 같다.

〈표 2〉 마을기록물의 수집과 활용

마을기록물의 중요성	유형과 소장처	수집과 보존	활용
- 주민의 일상활동을 실증 - 마을의 역사와 문화를 규명하는 데 기여 - 구술의 불완전성을 보완 - 마을문화의 지원	- 회의록, 예산결산서, 영수증, 계약서 사업 서류, 마을 소유의 재산문서, 의례 및 행사자료 등 - 마을자치조직, 친목회, 종중, 이장이나 주민의 자택 등	- 수집방법은 정기적 혹은 비정기적, 일반적 수집과 적극적 수집(기록의 생산) - 마을기록관에 보존하는 것을 지향	- 주민의 삶의 질과 정서함양을 위한 기제로 활용 - 책자, 포스터, 달력, 홍보물, 상징물 제작 - 학술 및 교육, 전시, 디지털콘텐츠 - 마을사의 사료 및 히스토리마케팅

마을기록물은 민간기록물로서 마을의 역사와 문화를 증거해주는 실증적인 자료이다. 농촌의 자연마을은 물론 도시의 마을공동체에 이르기까지 처한 환경에 따라 다양한 기록물이 생산되고 있다. 이러한 기록물은 한국의 근현대사를 구성하는 한축이자 밑으로부터의 기록 자료로서 역사연구에서 일익을 담당할 수 있다. 가정이나 단체, 이장의 직무수행과정에서 발생하는 자료 등 마을에는 많은 기록물이 있다. 이들 자료는 최근은 물론 과거 어떤 행사나 일에 대한 구체적인 연표나 내용을 알려주기도 하며 근현대 생활사를 말해주는 증거가 되기도 한다. 따라서 마을기록물을 수집하고 분석하는 일은 마을 생활사를 연구하는 데 중요한 의의를 가진다. 마을에 대한 기록물 수집이 활성화되면 지배층이나 공공기록물에 치중되었던 경향에서 벗어나 기록문화의 확산에 크게 기여할 수 있다.

마을기록물의 수집과 활용을 통해 다음과 같은 효과를 기대할 수 있다. 무엇보다 주민의 삶의 질을 높이고 마을의 경쟁력을 강화시킨다. 둘째는 기록물의 생산주체를 마을로 확대하여 마을기록물을 한국 현대사 연구에 활용할 수 있게 한다. 수집된 기록물은 한국 현대사회의 한 축을 담당하는 촌락의 실체를 보여주는 실증적인 자료로서 기능한다. 셋째는 데이터베이스가 구축되면 누구나 쉽게 마을기록물을 활용하여 자신의 연구에 이용할 수 있다. 넷째는 수집된 기록물은 마을기록관을 위한 자료로 이용될 수 있으며 마을기록관이 없는 마을에서는 기록관 설립을 촉진할 수 있다. 또한 지역사 연구는 물론 지역기록관 설립을 위한 자료로도 활용될 수 있다. 다섯째는 마을기록물 수집 사업이 활성화 되면 마을기록물에 대한 인식이 강화되고 또한 이러한 경험은 연구방법론을 발전시키고 학문적 토대를 구축하는 데 상당한 영향을 미칠 것이다. 그동안 마을기록물은 용도가 끝나면 곧 바로 혹은 몇 년간 보관되었다가 파기되는 것이 일반적인 현상이었으나 이제 이것의 가치가 인식되고 수집, 보존, 활용이 원활하게 이루어졌으면 한다.

04.
향토문화전자대전 디지털마을지의 새로운 방향*

- •
- •
- •

1. 머리말

           향토문화전자대전은 향토문화백과, 특별한 이야기, 마을이야기로 구성되어 있다. 마을이야기는 디지털마을지를 말하며 이제까지는 주로 마을의 특성을 중심으로 하여 이야기를 구성하였다. 마을은 향토문화가 전승되는 현장이며 지역공동체의 기본단위이다. 따라서 민속학자들은 민속조사를 대부분 마을단위에서 시작한다. 최근에는 기록학계에서도 주민의 자치가 시행되는 공동체 공간으로서 마을에 주목하고 있다.[1] 앞으로 마을아카이빙에 대한 관심은 더욱 증대될 것이다. 향토문화전자대전을 만들 때 마을지를 디지털콘텐츠로 가지고 온 것은 잘한 일이다. 그런데 디지털마을지가 일회적인 집필에 의한 완결적이고 폐쇄적 구조 속에서 온라인으로만 서비스 되거나 그 정도에서 인식이 머물러서는 안 된다. 오프라인상의 마을기록

* * *

*   향토문화전자대전 디지털마을지는 2005년 성남시를 시작으로 전국 27개 시군에서 실시되었다. 이 글에서는 디지털마을지의 기본방향으로 민속기록학적 시각에 입각하여 '공동체 아카이브(community archives)' 운동을 지향하고 '民·官 융합적인 모델', '전문성 있는 인력자원의 확충', '유형의 다양화'를 제안하였다. 본래 2013년 11월 『한국민속학』에 실린 글인데 이 책에 다시 수록하였다.

1   이영남, 「'마을아르페'(Community Archpe) 시론-마을 차원의 "책, 기록, 역사 그리고 치유와 창업의 커뮤니티"를 위한 제안-」, 『기록학연구』 제18호, 한국기록학회, 2008; 김익한, 「마을 아카이빙 시론」, 『일상 아카이브의 발견』, 선인, 2012.

관과 연계하며 마을문화 활성화와 정체성 확보, 복지와 문화가 있는 마을을 만들기 위한 한 축으로 기능할 수 있어야 한다.

단순한 읽을거리는 저널리즘이지 아카이빙이 아니다. 우리는 잡지책에 기사를 올려야 하는 것이 아니라 마을에 대한 총체적인 기록을 목표로 해야 하며 독자 중심이 아니라 주민 중심에서 기록화를 해야 한다. 물론 독자, 학자, 주민 모두를 고려해야 한다. 그러나 1차적으로는 주민의 삶에 대한 기록을 통한 주민사의 복원이며, 2차적으로 학술적 가치, 정보적 가치, 문화적 가치 실현, 3차적으로 독자의 홍밋거리 유발과 같은 미세한 부분까지도 할애하며 외연을 확대해 나가야 한다. 현재까지의 디지털마을지 제작은 3차적인 것에 비중을 두었고 그 이상의 목표점이 보이지 않는다. 그동안 민속학자들이 마을에서 주목한 것은 전승되는 문화lore였다. 디지털마을지 제작을 담당한 사람들은 마을의 특징적인 요소를 테마로 하는 독자를 위한 홍밋거리 글쓰기와 주민folk을 상대로 한 구술사에 초점을 맞추었다. 이제 전자나 후자는 보다 미래지향적인 입장에서 마을과 마을지를 바라볼 필요가 있다.

이러한 입장에서 필자는 민속기록학적 시각을 제시한다. '민속기록학folklife archival science'이란 민속학적 연구방법에 기록학적 마인드를 결합시킨 분야이다.[2] 여기에서 지향하는 이상은 지배문화뿐만 아니라 민중의 문화에도 동등한 가치를 부여하며 민·관의 협력적인 거버넌스governance의 실현을 통해 참여민주주의의 실천에 있다. 여기에서 민중은 물론 그들의 문화와 기억도 소중한 요소로 인식된다. 따라서 민중의 삶의 말단인 마을을 아카이빙하고 마을기록관을 추진하며 마을의 정체성과 역사와 문화찾기 운동을 하는 것은 민속기록학의 지향점 중 하나이다.[3] 이러한 민속기록학의 방향은 지역에 대한 총체적인 디지털콘텐츠를 구축하거나 지역문화를 기록·보존·활용하고자 하는 사업에 적절한 이론과 방법을 제공할 수 있다. 따라서 이 글에서는 민속기록학적 입장에서 디지털마을지의 새로운 방향을 제안한다.

. . .

2 김덕묵, 「민속과 기록의 만남, '민속기록학'을 제창한다」, 『기록학연구』 34집, 한국기록학회, 2012.
3 물론 민속기록학의 관심이 마을에만 국한된 것은 아니다. 공동체 아카이브를 위한 다양한 문화에 관심을 둔다.

2. 향토문화전자대전 디지털마을지의 현황과 과제

1) 마을지의 현황

현재 향토문화전자대전 마을지는 전국 27개 시군에서 133곳을 다루었다.

〈표 1〉 향토문화전자대전 디지털마을지 현황

도	시군	마을
경기도	성남시	수내동, 운중동, 판교동, 고등동, 금광동, 은행동, 상대원동
	용인시	학일마을, 기왓집마을, 백암마을, 능원마을
	부천시	심곡동, 작동, 춘의동, 송내동
	안산시	화정동, 삼천리, 원곡동, 풍도동, 대부북동, 종현마을
	광명시	설월리, 아방리, 철산동
강원도	강릉시	소돌마을, 하평마을, 초당마을, 안인진리, 위촌리, 시가지, 학마을, 고단리
충청도	공주시	동원리, 내산리, 중장리, 공암리
	논산시	주곡리, 연산리, 육곡리, 시묘리, 염천리
	음성군	갑산리, 문촌리, 병암리, 비산리, 사정리
	진천군	삼덕리, 용몽리, 구곡리
	충주시	목계리, 제내리, 마수리, 미륵리
전라도	진도군	덕병마을, 용장마을, 성내리마을, 사상마을, 회동마을, 십일시마을, 독치마을
	고창군	선운리, 가평리, 구암리
	김제군	화양마을, 동곡마을, 내촌마을
	남원시	노봉마을, 향교동, 비전마을, 백사골마을, 백일마을
	여수시	안도마을, 서도마을, 군내마을, 도성마을, 덕양마을
경상도	진주시	단목마을, 관방마을, 중앙시장, 북마성마을, 소촌마을, 운문마을, 삼베체험마을, 딸기마을, 성지동
	구미시	해평리, 원호리, 신평동, 신동
	김천시	동부리, 상원리, 해인리
	안동시	오미리, 옹천리, 가송리, 금소리, 하회리
	울릉군	도동마을, 저동마을, 천부마을, 태하마을
	칠곡군	다부리, 남원리, 매원리, 신리, 각산리

	울진군	거일리, 매화리, 소광리, 죽변리, 두천리
	양산시	지산마을, 용당마을, 소토마을, 명동마을, 읍성마을
	창원시	모산마을, 석산마을, 외감마을, 봉산마을, 석교마을
	고령군	연조리, 도진리, 합가리
제주도	제주시	납읍리, 노형동, 용담1동, 삼도2동, 건입동, 김녕리
서울시	구로구	가리봉동, 구로동, 수궁동

이 중에서 경기도를 살펴보면 다음과 같다.

〈표 2〉 경기도 지역 분석

시군	마을	내용	특징
성남시(2005)	수내동, 운중동, 판교동, 고등동, 금광동, 은행동, 상대원동	운중동을 보면, 지역상세정보, 지역 개관, 개인사, 가족사, 마을사, 의생활, 식생활, 주생활, 이야기, 언어, 평생의례, 마을신앙, 세시풍속으로 됨. 다른 마을도 대동소이	마을에 대한 종합적인 고찰을 시도하고 있으며 특히 생활문화를 비중있게 다루고 있음
용인시(2008)	학일마을, 기왓집마을, 백암마을, 능원마을	능원리를 보면, 마을 이야기, 마을 사람들의 뿌리, 마을의 문화유적지, 마을 옛날이야기, 마을축제 포은문화제로 됨. 다른 마을도 대동소이	마을에 대한 종합적인 고찰을 하고 있으나 성남에 비해 생활문화 부분이 비중 있게 다루어지지 않으며 오히려 마을의 특징적인 요소를 다룸
부천시(2009)	심곡동, 작동, 춘의동, 송내동	심곡동을 보면, 깊은구지 서민들의 애환, 부천 실크로드의 주역-자유시장 상인들과 같은 유형으로 됨. 다른 마을도 이와 같은 유형	마을에 대한 종합적인 고찰보다는 집필자가 마을의 특징적인 요소를 도출하여 그것을 테마로 하여 서술
안산시(2010)	화정동, 삼천리, 원곡동, 풍도동, 대부북동, 종현마을	화정동을 보면, 마을 앞에 배가 들어오던 곳, 전통과 새로움, 마을을 지켜온 사람들로 됨	마을의 특징적인 요소를 테마로 하여 기술
광명시(2010)	설월리, 아방리, 철산동	마을소개, 마을테마, 마을사람으로 구분	여기서 중점을 둔 것은 마을의 특징적인 요소를 도출하여 집필하는 마을테마 부분

현재 경기도 지역의 디지털마을지는 성남시 7개, 안산시 5개, 용인시와 부천시 4개, 광명시 3개 마을이 있다. 집필방향은 처음 제작되었던 성남시에서는 생활문화에 비중을 두고 종합적인 고찰을 하였으나 용인시부터는 마을의 특징적인 요소를 테마로 하여 집필하는 경향이 보인다. 마을아카이빙 보다는 마을에 대한 홍밋거리를 소개하는 방향을 지향했다. 사업방식은 공개입찰을 통해 사업팀을 선정하였으며 그 속에는 다

양한 분야의 집필자가 참석하였다. 사업의 실제 진행방법은 방향성에서부터 매달 구체적인 진행과정에 이르기까지 일일이 한중연에서 담당직원이 점검을 하고 지도하는 방식으로 이루어졌다. 따라서 전체 체제에서 집필팀의 독자적인 자율성은 보장되지 않았다. 이러한 경향은 전체적으로 일관성을 보일 수 있으나 집필자들의 다양한 능력과 개성이 발휘되지 못하고 시군에 따라 다양한 유형이 창출되지 못하게 됨으로 '표준화'라는 문제가 야기될 수밖에 없었다.

2) 성과와 과제

이 사업의 성과라면 무엇보다 향토문화 사업에서 디지털마을지를 처음으로 구현해보았다는 점이다. 특히 기존의 시군문화원에서 제작된 마을지와 달리 다양한 흥밋거리를 찾아내어 독자들에게 읽을거리를 제공하겠다는 시도는 비록 다른 과제를 남겼지만 나름대로 참신한 것이었다. 이 사업에서 문장의 표현방식을 기존 향토지들과 같은 설명문식이 아닌 친숙한 이야기체로 시도한 점도 독자의 읽기를 고려한 긍정적인 측면이 있다.[4] 또한 다양한 멀티미디어를 동원할 수 있었던 점도 새로운 전기를 마련할 수 있었다. 아울러 투어를 위한 '마을탐방길' 같은 항목을 첨가한 점은 결국 온라인상의 독자를 마을공간으로 이끌고자 하였다는 점에서 새로운 가능성을 열어놓았다. 그것은 온라인상의 디지털마을지를 오프라인상의 마을공간에 한층 밀착시키는 것이기 때문이다. 이러한 방식은 외지의 탐방객을 위한 마을의 자원화 방안을 구체화하는 것이며 결국 마을의 역사와 문화를 보여줄 수 있는 마을기록관의 설립운동에도 긍정적인 영향을 미칠 수 있다. 반면, 해결해야 할 과제도 적지 않다. 그동안의 디지털마을지는 대중들의 읽을거리에 치중한 저널리즘journalism에 비견할 수 있으며 그 이상의

• • •

4   이러한 서술방식을 통해 멀티미디어까지 활용하여 교육과 재미를 함께 할 수 있는 에듀테인먼트를 지향했는지는 분명하지 않으나 독자들이 편하게 읽을 수 있게 한다는 점에서 장점이 있다. 다만 대중서를 지향한다고 해도 충분한 정보와 알찬 내용이 잘 조직되어야 독자들의 호응을 얻듯이 꼼꼼한 기록화를 기반으로 한 알찬 내용의 담보 없이 추진되는 에듀테인먼트(edutainment)는 허상일 수 있다.

목표나 전략이 보이지 않는다.[5] 이제는 새로운 방향을 모색해야 한다.[6]

첫째는 디지털마을지에 대한 거시적인 목표가 요구된다. 디지털마을지의 역할과 기능에 대한 기본방향은 '마을아카이빙', '마을기록관', '민民·관官의 협력governance', '마을의 역사와 문화찾기', '마을문화의 활성화'와 같은 키워드 속에서 고민되어야 한다. 물론 이것은 공동체 아카이브community archives 운동과 닿아있다. 이러한 방향에서 체계적인 기록화가 이루어져야 한다.

둘째는 향토문화전자대전에서 디지털마을지의 비중과 중요성이 강화되어야 한다. 마을은 지역문화의 토대이기 때문에 특정한 마을을 선택하여 집중적으로 다루는 부분과 그것에서 소외된 각 마을을 다루는 부분이 필요하다. 디지털마을지가 마을기록관과 연계되고 공동체 아카이브의 중요한 부분을 차지한다고 할 때 기획단계에서부터 향토문화전자대전의 다른 부분과 대등한 위치에서 다루어져야 한다. 즉, 디지털마을지는 지역의 기초단위인 마을을 테마로 하여 독자적인 형식과 콘텐츠를 형성해야 한다.

셋째는 이러한 설정 위에서 구체적인 실천전략이 필요하다. 담당업무자와 집필자들의 전문성을 어떻게 확보할 것인가, 거버넌스의 실현을 위해 주민, 집필자, 한중연 및 지자체가 어떻게 협력할 것인가, 마을아카이빙, 마을기록관, 마을의 역사와 문화찾기, 마을문화의 활성화를 위해 디지털마을지가 어떤 역할을 할 것인가, 사업진행의 효율성을 높이기 위해 어떻게 해야 하는가 등이 구체화 되어야 한다. 이제 방안을 검토해 보자.

• • •

5 내용은 마을테마를 중심으로 흥밋거리를 도출하는 것에 초점이 맞추어졌을 뿐 다른 지향점이 없었다.
6 초기의 착오와 한계, 경험은 새로운 도전을 위한 발판이 될 수 있다. 물론 이전을 성찰하고 새로운 도전으로 나갈 수 있을 때 말이다.

3. 향토문화전자대전 디지털마을지의 새로운 방향

1) 공동체 아카이브community archives의 구현

(1) 사전체제에서 마을기록관을 염두에 둔 마을아카이빙으로 가자

향토문화 디지털콘텐츠를 민족문화대백과사전과 같이 사전체제로 만들었을 때는 여러 가지의 문제가 발생될 수밖에 없다. 우선 사전형식에 맞추어야 하고 원고량이 빈약하게 된다. 특히 폐쇄적인 형식 때문에 아카이빙을 통해 도출된 다양한 자료를 담보할 수 없다. 마을지는 마을아카이빙에 입각해야 하는데 기존에는 목표가 모호했다. 흥미위주에 치우친 감도 있다. 초기에는 경험이 없는 상황이었기 때문에 어떤 형태로든 결과물을 내놓아야 할 형편이었다. 경험적인 축적 속에서 장기적인 전략과 방향성을 구축하고 철학을 가지고 사업을 추진할 수 있는 상황도 아니었다. 첫 숟가락에 배부를 수 없듯이 초기에는 나름대로 시행착오도 있다. 또한 그런 것도 발전을 위한 과정이라고 볼 수 있다. 문제는 그것이 수년이 지난 지금까지도 유지되어서는 안 된다는 것이다. 사실 그동안 몇 년을 주기로 새로운 형식을 위한 도전들이 있어야 했다. 지금쯤이면 몇 가지의 모델이 제시되고 관련된 경험이 축적되어 있어야 했다. 그만큼 이 사업이 큰 틀에서 보면 변화 없이 유지되어 왔다. 디지털 마을지 제작은 디지털 마을기록지의 제작이며 마을이라는 커뮤니티를 아카이빙하는 작업을 기초로 해야 한다. 또한 궁극적으로 오프라인상의 마을기록관을 염두에 두고 연계를 목표로 해야 한다. 따라서 이 사업은 마을아카이빙에 대한 이론과 훈련이 겸비된 '민속기록전문가(민속아키비스트)'에 의해서 이루어져야 한다.[7]

---

7   현재의 인력상태를 볼 때 다양한 전문가를 확보하는 것은 쉽지 않다. 따라서 우선 지도적 위치에 있는 사람부터 이 분야에 능력을 가지고 있어야 하고 그의 주도하에 교육을 통해 새로운 인원들을 갖추어가야 한다. 그동안 마을지 작성은 공개입찰을 통해 팀이 선정되었다. 간혹 그들 중에는 민속학자도 있었으나 대부분 처음 마을지 작성에 참여하였고, 글쓰기에 익숙하지 않은 사람도 있었다. 아마추어리즘에 의해서 이루어지는 경우가 많았으며 따라서 한중연 정보센터에서 마을지를 담당한 업무자가 일일이 지시를 하고 매달 점검을 하는 방식으로 이루어졌다. 그러나 정보센터의 담당직원도 민속기록전문가가 아니었기 때문에 그 역시 위에서 내려오는 지침에 입각해서 집

(2) 독자에게 보이기 위한 것에서 정보·기록화에 충실하자

그동안 마을지는 흥밋거리를 위주로 한 독자들의 읽을거리에 치중하였다. 구체적인 기록보존이나 정보화를 위한 것이 아니다. 과연 향토문화전자대전을 찾는 사람들이 여가시간이나 보내려고 사이트를 방문할까. 어떤 사람이 향토문화전자대전은 고등학생 정도면 볼 수 있도록 그것에 맞추었다고 한 적이 있다. 고등학생도 읽을 수 있을 정도로 쉽게 서술하는 것은 중요하다. 그렇다고 정보의 내용을 얕게 하라는 것이 아니다. 고등학생도 자신이 필요한 정보를 충분히 가져올 수 있을 정도로 충실한 내용을 원하지 그저 간단한 개요나 흥밋거리나 있는 것을 원하지는 않는다. 이제 지난 몇 년 동안 흥밋거리에 치중한 마을지는 충분히 보았다. 이제는 보다 진화된 방향이 요구된다.

(3) 형식화 보다는 내용성에 치중하자

기존의 향토문화전자대전 마을지는 기록보존이나 정보화의 측면보다는 흥밋거리, 마을의 특징적인 요소를 테마로 한 스토리 구성이었다. 그리고 웹상에서 독자들의 읽기를 고려하여 각 항목의 원고분량도 한정하였다. 물론 그 안에서 내용성을 담아내고자 하는 측면이 없었다고 볼 수는 없으나 애초의 기본틀은 기록보존과 정보화를 추구한 것이 아니었기 때문에 재미있는 읽을거리를 지향했다고 볼 수 있다. 이러한 내용성 임에도 불구하고 그것을 형식화 하는 데는 지나칠 정도로 노력이 투입되었다. 많은 태깅은 내용에 노력을 기울어야 할 집필자들에게 그런 형식을 만드는데 에너지를 소비하게 함으로 양질의 정보를 생산하는 데 오히려 방해가 되고 있다. 꼭 태깅이 필요한 내용도 있으나 별반 중요하지도 않는 것에 태깅을 성가실 정도로 많이 붙이는 것은 형식주의가 앞서는 불필요한 것이다.

원고교정에 있어서도 가능한 집필자의 논조를 살려주면서 최소한의 가위질을 해야

• • •

필자들에게 요구하는 방식이었다.

한다. 띄어쓰기, 어법상 틀린 문장, 자연스럽지 못한 문장 등을 위주로 최소한의 교정을 원칙으로 해야 하는데 현장의 맥락을 모르는 교정자가 지나치게 문장을 고치다보니 맥락이 다른 내용으로 고쳐지는 경우도 있다. 물론 교정한 후에 다시 집필자들에게 원고를 보내어 의견을 물어보지만 많은 분량을 언제 집필자가 다시 줄을 쳐가며 확인하겠는가. 오히려 원고집필 후 수 차례 반복되는 수정요구, 형식요구 그리고 교정 후 현장의 맥락이나 집필자의 의도를 읽지 못한 채 이상하게 고쳐진 표현이나 내용을 보면 원고를 더 이상 보고 싶지 않을 것이다.

물론 너무 주관적이거나 적절하지 않다면 완화시키거나 축소시킬 수 있으나 현장상황을 모르는 교정자가 함부로 단어를 바꾸는 것은 오류가 생길 수 있다. 특히 몇 번의 조절을 통해 최종적으로 제시된 단락 위에 있는 소제목들을 함부로 교정자가 바꾸는 것은 피해야 한다. 글을 쓸 때 집필자가 고려하여 만들어놓은 것을 현장의 맥락과 문맥을 이해하지 못한 교정자가 제목을 이상하게 바꾸어놓게 되면 전체 글이 흐트러진다. 교정을 보는 것도 기교가 있다. 집필자의 논지를 살려주면서 문장에 리듬을 주고 집필자의 의도를 최대한 손상시키지 않는 범위에서 문장을 부드럽게 다듬어야 한다. 때때로 집필자의 주관성이나 격한 표현이 있다고 해도 적절히 살려주면서 글이 가지는 개성이나 생명력을 유지시킬 필요가 있다. 교정도 이러한 감각이 있는 사람이 해야 한다.

한편 아이러니 한 것은 그렇게 내용이 중요하고 태깅을 할 정도라면 애초부터 기록보존과 정보화의 맥락에서 원고의 방향을 잡았어야 할 것이 아닌가. 그런 내용을 가지고 태깅이나 형식을 고려한다면 납득이 간다. 기록보존과 정보화의 방향으로 집필하려는 것을 제지하고 흥밋거리를 요구하면서 형식에 와서는 매우 중요한, 마치 기록보존할 가치가 큰 정보인 것처럼 번거로울 정도로 많은 양의 태깅을 달고 형식에 지나치게 신경을 쓰는 것은 모순일 수 있다. 즉, 고급포장지와 케이스 속에 담긴 빈약한 내용물처럼.

차라리 마을아카이빙을 추구하고 그런 방향에서 원고를 작성하여 필요한 태깅과 형식을 부여한다면 더 생산적일 것이다. 흥밋거리의 글은 인터넷 포털사이트에 올라오는 글처럼 태깅 없이 하는 것이 좋을 듯하다. 무엇보다 사전체제에서는 내용성 보다는 형식주의에 치우칠 수밖에 없다. 향토문화 디지털콘텐츠가 제대로 내용성을 담보하기 위해서는 조속히 사전체제에서 벗어나야 한다.

(4) 이용자의 입장과 미래적 가치를 고려하자

향토문화전자대전은 정보전달을 위한 디지털콘텐츠이다. 따라서 무엇보다 많은 양질의 정보를 담보해야 한다. 이곳을 찾아오는 사람은 재미을 위한 구경꾼이 아니라 대부분은 학술적 목적[8] 등 정보를 찾기 위해 오는 사람들이다. 필자가 '고전번역원' 사이트에 가끔 들어가는 것은 손쉽게 원문을 찾아볼 수 있기 때문이듯이 향토문화 디지털콘텐츠를 방문하는 사람도 그런 정보를 위한 이용자들이다. 따라서 고전번역원의 원문DB에 버금가는 충실한 1차자료가 구축되어 있을 때 향토문화 디지털콘텐츠도 가치를 인정받을 수 있으며 이용자의 발길도 이어질 수 있다.

막상 사이트에 들어가면 찾고자 하는 양질의 정보는 없고 사전형태로 표준화된 소량의 내용이 있다. 마을아카이빙도 아니고 충분히 활용할 만한 마을의 역사와 문화에 대한 상세한 정보도 아니다. 그렇다고 주민들의 진솔한 삶의 이야기가 수필처럼 소개되는 주민 중심의 사이트도 아닌 어정쩡한 형태의 마을지가 있다. 이용자는 그들이 필요로 하는 정보를 손쉽게 찾고자 한다. 학생들이 리포트를 쓸 때, 연구자가 필요한 논문을 쓸 때, 지역주민이 자기고장의 이야기를 알고자 할 때, 외부인이 특정 지역에 관한 정보를 얻고자 할 때 웹상에서 손쉽게 얻을 수 있는 정보가 담긴 콘텐츠를 원한다. 그들에게는 흥밋거리가 아니라 DB화된 자료가 더 직접적으로 다가올 수 있다. 따라서 현재와 같은 사전형식에서는 이것을 충족시킬 수 없다. 아카이빙을 통한 디지털 아카이브체제로 구성되어야 한다. 우리는 과거의 사업을 타산지석으로 삼아 미래를 내다볼 수 있는 혜안을 가져야 한다. 〈신증동국여지승람〉, 〈한국민속종합조사사업〉

...

8   향토문화 디지털콘텐츠는 학문적인 안목과 그러한 방향에서의 미래적 가치를 고려해야 한다. 그렇게 되지 못한다면 애물단지로 전락할 수 있다.

등과 같은 지난날의 국책사업의 결과물을 오늘의 필요에서 이용해 보자. 오늘날 우리는 그 자료에서 무엇을 더 필요로 하고 요구하는지. 그리고 향토문화전자대전을 어떻게 만들 것인지를 생각해보자. 그러면 정답은 쉽게 나온다.

2) 민民·관官의 융합적인 모델을 지향

(1) 독자를 의식한 흥밋거리 위주에서 주민을 위한 콘텐츠를 만들자

향토문화전자대전의 마을지는 마을소개, 마을테마, 마을사람과 같은 대분류에 소제목을 넣어 관련내용을 구성한다. '마을소개'에서는 마을의 역사나 현황 등에 대한 내용이 구성되고 '마을테마'에서는 마을의 특징적인 요소를 도출하여 흥미위주로 이야기를 구성한다. '마을사람들'에서는 생애사나 생활사를 다룬다. "현지조사 작업에서부터 초고와 시각자료 제작 그리고 완성에 이르기까지 독자들에게 무엇으로 호기심을 불러일으킬 것인지를 계속 고민해야 한다."[9] 물론 이러한 흥미를 독자들에게 줄 수 있는 부분이 일부 있을 필요가 있다. 문제는 흥밋거리 위주로 목표가 정해져서는 안 된다는 것이다. 향토문화 디지털콘텐츠는 지역에 대한 정보를 모으는 저장고이자 지역주민의 삶과 기억을 담는 곳이다. 즉, 아카이브의 기능이 목표이지 독자를 위한 흥밋거리를 위한 것이 주된 목적은 아니라는 것이다.

마을지는 마치 아마존 원주민의 기괴한 풍속이나 특징적인 모습을 추출하여 서구의 독자를 위해 구성해놓은 오락물과 같아서는 안 된다. 마을이 이방인들에게 흥미를 줄수는 있으나 주민의 세금에 의해 만들어지는 디지털마을지가 추구해야 할 방향은 주민의 정체성과 자치적인 문화기반 조성에 비중을 두어야 한다. 주민은 보여지는 피동체가 아니라 보는 주체이다. 주민의 기억을 담아내고 그들의 현재를 담아내고 그들의 미래를 밝게 하는 것에 역점을 두어야 한다. 따라서 총체적, 구조적, 기능적 측면에서

•••

9   김현 외, 『지역문화와 디지털 콘텐츠』, 북코리아, 2008, 193쪽.

마을의 역사와 문화, 그들의 현재 삶을 기록화 하는 아카이빙의 일환으로 이루어져야 한다. 디지털마을지가 독자에게 마을의 역사와 문화, 주민의 삶에 대한 정보를 줄 수는 있지만 단순한 이야깃거리를 제공하는 차원이 되어서는 안 된다.

(2) 주민과 함께 하는 마을지를 만들자

기존 향토문화 전자대전의 마을지는 사업에 참여하는 외부 조사자에 의해 집필된다. 따라서 주민들은 그것을 수용하는 독자에 불과하다. 마을지의 항목들이 폐쇄적인 사전식으로 되어 있기 때문이다. 디지털마을지는 마을기록관의 일환인 디지털아카이브 개념으로 바뀌어야 한다. 이렇게 하여 마을홈페이지와 같이 주민 및 이용자들이 소통하는 부분, 외부 조사자에 의해 집필된 부분, 마을주민들이 업데이트하는 부분[10]으로 전환되어야 한다. 궁극적으로는 이러한 온라인상의 마을지가 오프라인상의 마을기록관을 견인하고 보조할 수 있는 방향으로 진화되어야 한다. 내용도 마을에 대한 조사에 국한될 것이 아니라, 주민들의 이야기와 함께 집필자가 마을에서 느낀 이야기, 마을의 역사와 문화를 보존하기 위한 자신의 견해 등도 넣을 수 있고 집필자는 집필 이후에도 지역주민과 유대를 가지고 마을에 지속적인 관심을 가질 수 있는 방안이 고민되어야 한다. 즉 '명예주민'과 같은 자격을 받고 그도 주민의 일원으로서 마을지를 가꾸어나갈 수 있도록 해야 한다.[11] 외부 조사자에 의해 한 번 집필되고 마는 그리고 사전처럼 묶여져 폐쇄적인 구조를 가진 현재의 마을지는 지역주민이 배제된 일방적 구조이다. 향토문화 디지털콘텐츠가 지역주민과 협력 속에서 이루어진 열려있는 구조가 되어야 하듯 디지털마을지 역시 지역주민, 외부의 집필자, 지자체, 한중연 간의 협력과 소통 속에서 이루어지는 '참여민주주의'가 되어야 한다.

• • •

10 이 부분에서는 마을에서 기록자를 선정하여 마을의 행사, 중요한 일 등을 기록하는 가칭 '마을일기(혹은 마을실록)' 같은 것을 작성하여 업데이트하는 부분, 주기적으로 마을의 변화상을 사진으로 촬영하여 올리는 부분 등 다양한 내용을 생각할 수 있다.

11 이렇게 학자들이 한 개 마을 이상과 명예주민으로서 관계를 가지고 마을지 작성과 마을기록관에 자문역할을 수행하는 '관계맺기'를 범사회적으로 활성화하는 것도 좋을 듯하다. 침체된 농촌문화를 위해서 농림수산부나 문화관광부, 지자체 등에서도 이러한 일을 위해 지원하는 방안을 검토할 수 있다.

3) 전문성 있는 인력자원의 확충

(1) 업무담당자나 집필자의 전문성 확보

인사에서 가장 중요한 것은 리더이다. 아무리 우수한 인력을 보유하고 있다 해도 리더의 잘못된 판단은 사업을 곤두박질치게 하거나 엉뚱한 결과를 초래한다. 전국적인 기록화 사업에 대한 식견이나 경험이 있고 통시적인 성찰과 미래에 대한 장기적인 혜안을 가진 사람들이 사업을 이끌어가야 한다. 또한 민속학, 기록학, 지역문화에 대한 식견과 비전, 철학을 가지고 있어야 한다. 이러한 소양 없이 사업을 추진한다면 그 것은 얕은 내용에 형식만 있는 결과물로 이어질 수 있다. 내용을 가늠하고 조직화 할 수 있는 혜안이 없기 때문이다. 이러한 우려 때문에 필자는 향토문화 디지털콘텐츠 사업이 한국학중앙연구원 정보센터에서 벗어나 독자적인 연구소에서 추진할 필요가 있다고 본다. 현재와 같이 정보센터 체제에서는 지역문화에 대한 충분한 양질의 내용성이 담보되기 힘들고 그것은 형식에 늘 위축될 가능성이 크다. 핵심은 내용이며 그 내용을 실제적으로 창출하고 가꿀 수 있는 사람들이 머리 역할을 하여 사업을 이끌어가야 한다.

현재 직면한 문제 중 하나는 향토문화전자대전을 책임지고 있는 팀에 그러한 사람이 없다는 것이다. 인문지리, 정보학 이런 것도 요구되지만 이것은 보조적이며 형식을 만드는 것이지 내용을 만들 수 있는 본질은 아니다. 내용에 대한 전문가는 없고 형식에 대한 전문가만으로 구성된 구조가 현재 향토문화전자대전의 인력구조가 가지는 모순이다.[12] 리더뿐만 아니라 그 아래의 직원도 위와 같은 지역문화, 민속학, 기록학에 대한 소양과 비전이 요구된다. 이러한 것이 결여될 때 근시안적이며 창의성이 부족한 기계적 대처로 이어질 가능성이 크다. 또한 그것은 사업내용에서 극명하게 드러날 수밖에 없다.

• • •

12 현재 인력의 구성을 보면 형식을 만드는 인력에게 모든 것을 맡기니 민속 및 기록학적 전문성이 부족할 수밖에 없고 그것은 곧 그들 스스로도 감당하지 못하는 한계로 드러난다.

향토문화 디지털콘텐츠 사업은 인문학과 사회과학 그리고 공학적 지식이 종합되는 일이며 인력구조도 그에 맞게 효율적으로 이루어져야 한다. 또한 이 사업에는 민속기록학적 마인드를 보편적으로 깔고 있어야 한다. 민속기록학적인 전문지식을 가진 사람들이 지역문화에 대한 기록화를 추진해야 하며, 그들이 공동체 아카이빙의 관점에서 지역사회의 다양한 모습을 증거성과 맥락성에 비추어 간추릴 수 있어야 한다. 이렇게 생산된 내용에 IT 전문가가 콘텐츠의 형식에 대한 기술적 보조를 하면 된다.

(2) 민속아카이빙과 아카이브에 대한 전문교육 실시

마을지는 텍스트뿐만 아니라 멀티미디어가 동원된다. 텍스트든, 영상자료든 향토문화 기록화 사업에 참여하는 사람은 반드시 민속기록지적 이론과 방법에 익숙해야 한다. 텍스트 집필자도 가능한 스스로 멀티미디어를 담보할 수 있도록 조련되어야 한다. 이런 교육과정을 마친 후 민속아키비스트로서 향토문화 기록화 사업에 참여해야 한다. 그동안 이러한 훈련 없이 향토문화에 대한 교육이라면 향토사를 하는 역사학자를 불러서 강연을 듣는 정도로 끝냈다. 아직도 향토문화 기록화에서 전문화된 인적자원 확보를 위한 인프라는 전무한 상황이다. 따라서 그동안의 사업에서 드러나는 아마추어리즘은 당연한 것인지도 모른다. 현재 이러한 향토문화의 기록보존과 관련된 공동체 아카이빙과 아카이브에 대한 전문교육이 부족하고 인력이 담보되지 않은 상황에서는 민속기록전문가의 교육과 양성이 시급하다.

(3) 마을지 사업을 위한 인력구성을 입찰 방식에서 한중연의 전문연구소[13]에서 담당하자[14]

문화재와 관련된 공사나 수리를 그 분야에서 전문적인 교육을 받고 자격증을 취득한 전문업체와 자격자에게 맡기듯이, 마을지 제작 역시 그러한 전문성이 담보된 인력

· · ·

13 이러한 연구소로 '민속기록연구소', 혹은 '지역문화 아카이빙연구소'와 같은 것을 만들어 산학 협력체제를 구축하는 것이 바람직할 것으로 보인다.
14 마을지뿐만 아니라 향토문화백과 등 다른 사업도 한중연의 전문연구소에서 담당하는 것이 생산적이다.

이나 단체에 맡겨져야 한다. 그동안 한중연 정보센터에서는 기본적인 관리는 하면서 구체적인 사업의 실행은 입찰을 통해 집필팀을 구성했다. 이것은 편의주의적 발상이며 스스로 한중연의 위상을 저해하는 것이다. 왜냐하면 연구소와 대학원을 통해 자체적으로 이러한 일을 수행함에 따라 이 분야에서 내성과 자력, 기초토대를 튼튼히 할 수 있다. 이것은 이 분야에서 한중연이 명실상부한 '중앙'이자 기초가 튼튼한 곳임을 분명히 하는 일이기도 하다. 한중연이 향토문화의 중심적인 연구기관을 표방하면서도 실제로는 그동안 대처가 안일하지 않았는가 자성해 볼 필요가 있다.

한중연은 무한한 가능성과 장점을 가지고 있는 기관이다. '대학원'이라는 교육기관을 통해 향토문화에 필요한 인력을 자체적으로 조달할 수 있으며 '연구소'를 통해 그 인력을 전문적으로 조직하고 숙성시킬 수 있다. 이러한 자체 발전적 가능성을 봉쇄하고 우선의 편의주의적 발상에서 외주를 주는 것은 바람직하지 못하다. 현재의 여건이 입찰을 받았다 해도 제대로 일을 수행할 전문적인 인력기반과 단체가 갖추어지지 않은 상황에서 그러한 방식은 당연히 아마추어리즘으로 귀결될 수밖에 없었다. 아직 우리 학계에는 향토문화를 전문적으로 아카이빙하고 아카이브를 운영할 만한 교육과 지식이 갖추어져 있지 않다. 따라서 우선 한중연에 있는 민속학과, 정보학과 등을 중심으로 향토문화 아카이빙과 아카이브에 대한 전문교육을 시키고 아울러 그와 연계된 '향토문화기록연구소'를 만들어서 그 속에서 대학원 출신자들을 숙성시켜야 한다. 또한 향토문화기록연구소에서 전문적으로 향토문화전자대전의 집필사업을 담당해야 한다. 이렇게 전문교육-전문연구소-사업이 유기적으로 연계될 때 아마추어리즘이 극복될 수 있으며, 한중연 자체의 산학협력체제가 활성화될 수 있다.

지역의 민속과 구술자원orality에 대해서는 민속학, 향토사에 대해서는 역사학이 중심이 되어야 한다. 대학원에서 이들을 육성하면 곧바로 최정예 전문가로 전환될 수 있다. 한국학대학원의 역사학과와 고문헌관리학과 학생들이 교육을 받고 장서각에서 관련사업을 하면서 그 분야의 전문가로서 성장하는 것은 한국학대학원과 장서각의 연구소 및 사업이 연계 속에 있기 때문이다. 이것은 해당사업의 전문성과 질적 향상을 가져다주는 데도 긍정적인 영향을 줄 수 있으며 결국 연구원에서는 한국학에 대한 생산구조를 한층 완결적이며 효율적으로 갖추게 된다. 한중연의 향토문화사업도 이러한 형태로 이루어져야 한다. 향토문화 사업은 일시적인 프로젝트가 아니다. 그것은 '향토'라는 커뮤니티가 존재하는 한 계속적으로 유지되는 일이며 무엇보다 전문인력이 받쳐줄 때 가능한 일이다.

자체에 대학원이 없는 기관이라면 어쩔 수 없다고 하지만 버젓이 대학원을 가지고 있고 그 속에서 배출된 전문인력을 얼마든지 활용할 수 있음에도 불구하고 외부에서 비전문적인 단체에 외주를 맡긴다는 것은 아이러니가 아닐 수 없다. 현재 한국학대학원이나 연구소, 향토문화전자대전은 서로 관계가 없는 동떨어진 것으로 되어 있다. 단지 정보센터 소장을 대학원 교수가 맡고 있을 뿐 인력이나 사업진행의 구조는 별개의 것이 되어 있다. 전술한 바와 같이 '향토문화기록연구소' 같은 것을 만들어 그 속에서 향토문화 디지털콘텐츠의 내용을 담보하고 기술적인 측면은 정보센터에서 지원을 한다면 향토문화사업을 위한 내용성은 한층 심화될 수 있다. 이 사업이 정보센터에서 하게 되니 기술적인 부분만 강조되고 콘텐츠의 내용이 위축되는 경향이 보인다. 한중연 내에 향토문화를 위한 전문적인 연구소가 있어야 콘텐츠 중심의 사고에서 사업이 추진될 수 있다.[15]

4) 유형의 다양화

(1) 획일화된 표준형에서 벗어나 여러 가지의 유형으로 만들자

오늘날 우리는 신증동국여지승람을 보면서 몇 가지 안타까움을 느낀다. 기본적인 개요에 있어서는 표준적인 형식을 유지한다고 해도 지역에 따라 특화된 것을 섞어서 만들었다면 미래적 가치가 컸을 것이다. 가령 반촌마을에 대한 소개, 주민의 주생활, 일상생활, 백정들의 이야기, 무당촌의 소개 등 다양한 형태로 이루어졌으면 오늘날 많

• • •

15 정보기술은 보조하는 도구로서 지원되어야지 그것이 '머리' 역할을 해서는 안 된다.

은 연구자들에게 소중한 정보를 제공할 수 있었을 것이다. 물론 당시에 한 지역에서 모든 것을 망라한다는 것은 지면의 한계상 무리가 따를 수 있다. 따라서 A유형, B유형, C유형을 나누어 A유형은 지역주민의 생활에 중점을 두고, B유형은 반촌마을에 대한 소개, C유형은 주민들의 주생활 이야기 등 여러 종류를 나누어 했으면 오늘날 한 가지의 통일된 형태로만 이루어진 신증동국여지승람의 자료적 한계를 극복할 수 있었을 것이다. 이것은 마치 한 가지의 메뉴만을 만들지 않고 다양한 선택의 폭을 열어 놓는 것과 같다. 같은 경기도라도 하나의 지역만 생각할 것이 아니라 A유형, B유형, C유형이 지역에 따라 다양하게 분포하게 하여 그것을 통해 경기도 전체의 문화가 다양한 측면에서 포착될 수 있게 하는 방법이다. 우리는 향토문화 디지털콘텐츠 사업을 현재의 입장에서만 고려해서는 안 되며 미래적 가치를 염두에 두어야 한다. 그 시대의 기록은 그 시대의 관심사를 반영한다. 조선시대에는 사대부 중심에서 사고하였고 그것은 그들의 기록에 반영되어 있다. 그러나 진정한 기록인은 그 시대의 관심사에서만 머물러 있어서는 안 된다. 미래적 가치와 이용자를 고려하고 더 넓게, 더 길게 보고 아카이빙archiving해야 한다. 마을지는 A유형, B유형, C유형 등 여러 형태가 필요하다. 현재와 같은 하나의 표준형으로 통일한다면 그것은 신증동국여지승람에서 나타나는 한계를 그대로 가질 수밖에 없다.

마을지 제작은 1990년대 이후부터 활성화되었다. 마을은 민속이 행해지는 기본적인 단위이다. 따라서 민속학계에는 일찍부터 마을에서 민속을 조사해 왔으며 마을 민속에 대한 총체적인 연구에도 관심을 가졌다. 그것은 곧 마을지 작성으로 이어졌다. 경기도의 경우, 1990년 대 이후 민속학자가 지역문화원의 하청을 받아서 마을지를 제작하는 사례가 많았다. 필자도 성남문화원의 부탁을 받고 수차례 성남 지역의 마을지를 제작한 바 있다. 이런 유형의 마을지 형태는 연구책임자가 기획을 한 후 몇 명의 조사자를 연구원으로 하여 마을에 대한 소개와 마을의 문화와 민속을 서술하는 것으로 이루어진다.

	내용	비고
지역문화원에서 제작된 마을지[16]	마을의 자연·인문환경, 마을의 역사-내력, 세거성씨, 지명 마을의 문화유적-선산, 느티나무, 전통사찰, 유물 마을의 정치·경제·사회-자치조직, 단체, 기관과 시설, 생업과 경제 마을의 생활과 문화-의식주, 세시풍속, 일생의례, 민간신앙, 놀이와 여가생활	문체는 설명문 방식, 마을에 대한 종합적인 소개와 생활문화에 비중을 두고 기록화를 위해 노력
향토문화전자대전 마을지[17]	-마을소개 / 마을로 들어서기(대분류) / 마을의 환경, 마을의 역사와 자치회(중분류) / 구름산 자락에 금촌 강씨가 터를 잡고 외 5항목(소분류) -마을테마 / 전통이 살아숨쉬는 도시근교 농촌(대분류) / 전통의 무형문화 견학해보기, 전통의 유형문화 견학해보기 / 구름산 산신님 굽어살펴주소서 외 18항목(소분류) -마을사람 / 마을사람과 생활(대분류) / 이재숙할머니 이야기, 부채박물관장 이야기, 강진근할아버지 이야기(중분류) / 할머니의 어린시절 외 5항목(소분류)	이야기체의 서술방식, 마을 테마에 초점이 맞추어져 있으며 흥밋거리를 찾음

2005년부터 실시된 향토문화전자대전의 마을지는 시군문화원에서 제작되는 마을지와 차이가 있다. 『지역문화와 디지털 콘텐츠』에는 향토문화전자대전 디지털마을지가 지향하는 바를 서술해 놓았다. 기존의 마을지가 일반적인 텍스트의 서술방식이라면 여기에서는 이야기체의 서술방식이 동원되며, 기존의 마을지가 마을의 역사와 문화, 환경을 중심으로 한다면, 여기에서는 주민의 구술사와 마을의 특징적인 요소가 중심이 된다. 또한 기존의 마을지는 마을에 대한 전체적인 현황과 주민의 생활문화를 서술하고 비록 제대로 실천되지는 못했지만 지향점은 마을의 역사와 문화찾기에 있었다. 후자는 마을의 특징적인 요소를 흥미롭게 서술하여 독자의 관심을 유발하는 것에 중점을 두었다. 즉, 전자가 마을의 역사와 문화에 대한 아카이빙(기록과 보존)에 관심을 가졌다면 후자는 독자들이 관심을 가질 수 있는 흥밋거리를 찾는 데 주안점을 두었다. 이것은 향토문화전자대전의 마을지 담당 직원들에 의해 집필원칙으로 규정되었고 입찰을 통해 사업을 시행하는 집필자도 그 틀에서 벗어날 수 없었다. 그러나 해를 거듭하면서 새로운 문제가 야기되었다. 형식에서 표준화, 일반화의 문제이다. 마을지를

• • •

16 필자가 연구책임자로 참여했던 『복정·태평마을지』, 성남문화원, 2005.
17 필자가 집필했던 향토문화전자대전 광명마을지 아방리, 2010.

담당하는 직원이 전문적으로 문화를 연구하는 사람도 아니고 문화기술이나 기록에 대해 지식이 있는 것도 아닌 상황에서 주어진 집필원칙을 위에서 시키는 대로 전달할 수밖에 없고, 그것은 결국 결과물의 표준화로 이어질 수밖에 없었다.

마을의 역사와 문화찾기와 같은 기록보존의 방향이 아닌 독자의 흥밋거리 위주로 갈 때 과연 마을지는 누구를 위한 것인가 하는 문제가 대두된다. 마을에 흥미를 가지고 독자들이 찾아오게 만든다는 의도가 있다고 할 때 그것이 지역주민의 관광소득으로 이어질 수 있을까. 또한 과연 얼마나 많은 사람이 향토문화전자대전의 마을지를 읽을까 하는 문제도 생각해 볼 수 있다. 아마 그 마을지에 관심을 가지고 읽어볼 사람은 마을과 관련된 사람일 것이다. 그 마을 출신으로 타지에 사는 사람에게 고향의 향수를 느낄 수 있는 것으로 관심을 모을 수 있다. 물론 타지에 사는 독자들이 사이트에서 그것을 읽고 관심을 가질 수도 있을 것이다. 그러나 그것이 흡입력을 가지려면 외지의 조사자에 의해 집필된 몇 편의 원고에서 얻어지는 것이 아니다. 그것에 지역주민 자신들의 이야기가 추가되고 그들의 소식이 사이트를 통해 소통되고 또한 마을에 기록관이 구축되어 온라인과 오프라인상에서 연계될 때 마을이 외부인에게 관심을 받는 폭이 넓어질 수 있다.

따라서 향토문화전자대전의 마을지 집필의 경향도 기존의 형태(A형이라고 하자), 마을의 역사·문화찾기와 같은 기록보존의 방향에서 이루어지는 형태(B형이라고 하자).[18] C형은 마을기록관의 설립과 연계하여 고려해 보자. 이렇게 되면 우리는 세 가지의 유형을 가질 수 있다. 이제 A형은 기존에 제작된 마을지로서 어느 정도 축적되었다. 앞으로 우리는 B형, C형에 비중을 두어야 한다. 물론 마을지의 형태는 A형도 A-1형, A-2형, A-3형, B형이나 C형 역시 이와 같이 다양한 유형으로 시도되어야 한다. 한가지의 유형은 작업이 용이할 수 있으나 하나의 도면만 가지고 천편일률적인 건물을 짓겠다는 것과 같다. 기존의 형태에 안주하는 매너리즘에 빠져서는 안 된다. 그것은 다

• • •

18 역사문화찾기는 지역문화의 정체성 확보와 주민들의 생활사를 구축, 마을기록관을 설립하는 데 있어서 중요한 방향이다.

양한 측면의 정보가 들어갈 수 있는 공간을 차단하는 反정보화의 길이다. 즉, 표준화
가 가지는 위험이기도 하다.

(2) 마을의 선택과 집중 및 배제된 마을에 대한 정보화

그동안 디지털마을지 제작을 위해 시군에 따라 3~9곳의 마을을 선정했다. 시군에
따라 숫자는 차이가 있다 해도 서술방식은 비슷하다. 기존과 같이 '마을테마' 위주로
한다면 시에서 몇 곳을 선정해도 되나 마을아카이빙을 목표로 한다면 1~2곳을 선정
하는 것이 바람직하다. 궁극적으로 오프라인상에서 마을기록관을 도출하거나 그와 연
계하려고 한다면 하나의 마을을 집중적으로 하는 것이 좋다. 여기에 아카이빙, 독자
들의 읽을거리 등 다양한 측면을 복합적으로 넣으면 된다. 또한 마을의 기록물과 민
구 등을 조사하여 멀티미디어콘텐츠를 구성하고 또한 수집이 가능한 자료는 모아서
마을기록관의 전시자료로 사용하면 된다.

1개 마을을 할 경우 조사자들이 모두 투입되어 집중적으로 아카이빙을 깊이 있게
할 수 있다. 다만 이렇게 하는 경우 지역공동체를 위한 아카이빙과 DB화 전략이 특
정 마을만을 하게 되며 해당 지자체의 나머지 마을은 소외된다. 따라서 나머지 마을
에 대한 정보화도 배려해야 한다. 이들 마을에 대해서는 유래와 역사, 그리고 마을의
기본적인 현황과 전경 사진 정도는 취합하여 해당 시군의 마을에 대한 종합적인 정보
창고 역할이 되게 해야 한다. 사업초기에는 1차적으로 예산문제 등이 있기 때문에 우
선 선택된 마을과 나머지 마을을 이렇게 기록화 하고 추후 2차적으로 나머지 마을에
대한 아카이빙도 심화시켜나가야 한다. 그것은 해당 지자체에서 연차적인 사업으로
진행할 필요가 있다. 따라서 이 사업의 궁극적 목표는 해당 지자체의 모든 마을이 포
함된 디지털아카이브의 구축을 염두에 두어야 한다. 보통 한 개의 면에 10여 개의 마
을이 있다고 할 때 지자체에 따라 차이가 있으나 대개 100여 개의 마을이 있을 것으
로 추정된다. 향토문화전자대전이 지역사회로부터 광범위한 지지와 인지도를 얻기 위
해서는 모든 마을에 대한 전반적인 배려와 정보화를 고려해야 한다. 예산이 부족하다
고 하여 소수의 마을을 선택하는 것으로 마무리 되어서는 안 된다. 비록 적은 정보가

담겨있을 지라도 나머지 마을에 대한 소개부분이 담보되어야 한다. 그렇게 해야 만이 해당 지자체의 주민들과 향토문화디지털콘텐츠가 만날 수 있는 부분이 강화되며 관련 마을에 대한 정보를 얻고자 하는 이용자들의 발길을 당길 수 있다. 디지털마을지는 소수의 마을을 대상으로 홍밋거리 만들기가 아니라 해당 지자체의 모든 마을에 대한 정보콘텐츠의 구축을 궁극적 목표로 하는 사업이어야 한다. 따라서 향토문화전자대전에서 디지털마을지는 독립적인 체계와 위상을 가져야 한다.

아카이빙 과정에서 조사자들은 많은 자료를 만나게 된다. 마을기록물,[19] 민구, 보존하고 싶은 유·무형의 마을문화, 고택, 추억의 공간, 유적 등 이런 것은 기록화를 통해 디지털콘텐츠로 활용되어야겠으나 이들 중 이동이 용이한 물질자료는 수집 및 보존되어 마을기록관의 자원으로 활용되어야 한다. 즉 마을아카이빙에서 도출된 자료들이 일회적 사업으로 끝나며 묻히거나 폐기되기 보다는 마을기록관이라는 그릇에 담겨져서 또 다른 기능을 수행할 수 있도록 해야 한다. 마을의 역량이 기록관을 운영할 여건이 되지 못한다면 자료를 지역기록관에 이관하는 방법도 있겠으나 가능한 그 마을의 자료는 그 마을에 남아있도록 해야 한다. 마을아카이빙이나 디지털마을지를 만든다고 해도 조사과정에서 발굴되고 수집된 자료들은 마을기록관에 담길 수 있도록 큰 틀에서 설계되어야 한다. 마을기록관을 목표로 한다면 마을아카이빙을 토대로 지역주민과 협력하여 마을기록관을 설립해도 된다.[20] 물론 이런 경우에는 주민의 의지와 협조가 있는 마을을 선택해야 한다. 농림수산부에서 지원하는 생태마을과 같이 이런 마을도 국가에서 정책적으로 육성할 필요가 있다. 향토문화전자대전이 주목받지 못하는 이유 중 하나는 온라인상에서만 고립되어 있기 때문이다. 디지털콘텐츠는 오프라인상의 기록관과 연계되어야 한다. 향토문화전자대전의 성공을 위해서도 지자체의 지역기록관, 마을기록관의 설립을 촉진시켜야 하며 그것과 보완관계에 있어야 한다. 궁극적으로 향토문화 디지털콘텐츠 제작은 기록문화운동과 연계되어야 한다. 이상에서

• • •

19 마을기록물은 보존기간이 짧고 소실되는 경우가 많아 적극적인 관심을 가지고 수집해야 한다.
20 마을기록관 설립에 대해서는 앞에서 살펴보았다.

제시한 방향을 요약하면 〈그림 1〉과 같다.

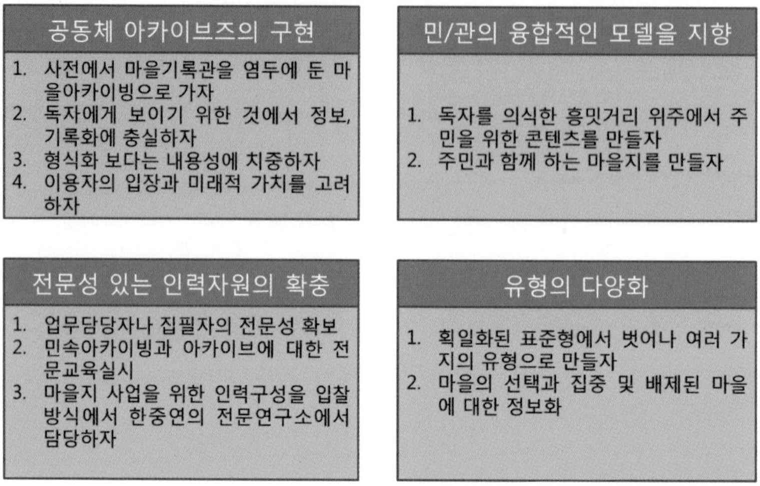

공동체 아카이브즈의 구현	민/관의 융합적인 모델을 지향
1. 사전에서 마을기록관을 염두에 둔 마을아카이빙으로 가자 2. 독자에게 보이기 위한 것에서 정보, 기록화에 충실하자 3. 형식화 보다는 내용성에 치중하자 4. 이용자의 입장과 미래적 가치를 고려하자	1. 독자를 의식한 흥밋거리 위주에서 주민을 위한 콘텐츠를 만들자 2. 주민과 함께 하는 마을지를 만들자
전문성 있는 인력자원의 확충	유형의 다양화
1. 업무담당자나 집필자의 전문성 확보 2. 민속아카이빙과 아카이브에 대한 전문교육실시 3. 마을지 사업을 위한 인력구성을 입찰방식에서 한중연의 전문연구소에서 담당하자	1. 획일화된 표준형에서 벗어나 여러 가지의 유형으로 만들자 2. 마을의 선택과 집중 및 배제된 마을에 대한 정보화

그림 1〉 디지털 마을지의 새로운 방향

4. 맺음말

기존의 향토문화전자대전 디지털마을지는 대중의 읽을거리에 치중한 저널리즘적 경향이었으며 그 이상의 지향점은 찾지 못했다. 이 글에서는 민속기록학적 시각을 제시하고 디지털마을지의 기본방향을 '공동체 아카이브 community archives' 운동에 연계하여 '민民・관官의 융합적인 모델', '전문성 있는 인력자원의 확충', '유형의 다양화'를 제안하였다. 이러한 전반적인 논의를 하는 동안 우리는 적지 않은 쟁점을 만날 수 있었다.

〈표 4〉 디지털마을지 제작에 있어서 당면한 쟁점

쟁점		비고
흥밋거리	아카이빙	현재의 재미에 비중을 둘 것인가 / 자료의 미래적 가치에 비중을 둘 것인가
마을의 특성을 중심으로 하는 테마	역사문화찾기	특징적인 마을의 이야깃거리를 찾을 것인가 / 마을의 역사문화찾기를 추구할 것인가
사람(folk) 중심	전승문화(lore) 중심	마을사람들의 살아가는 이야기에 중점을 둘 것인가 / 마을의 전승문화에 중점을 둘 것인가
독자 위주	주민 위주	독자들의 읽을거리에 맞출 것인가 / 주민들의 정체성과 자치적인 문화활성화에 기여할 것인가
온라인상에 고립된 닫힌 구조	오프라인상의 마을기록관과 연계	일회적인 디지털마을지로 그칠 것인가 / 마을기록관과의 지속적인 연계를 모색할 것인가
표준화	다양화	획일화를 추구할 것인가 / 다양성을 추구할 것인가
저널리즘적 성향 추구	학술적 가치 추구	가벼운 읽을거리에 치중할 것인가 / 자료의 학술적 가치를 추구할 것인가
사전	아카이브	사전형식을 유지할 것인가 / DB화를 통한 아카이브의 형식을 유지할 것인가
형식 중시	내용 중시	형식주의로 갈 것인가 / 콘텐츠 중심으로 갈 것인가
외부의 집필자 중심	민·관·학의 참여	외부집필자에 의한 일방적인 구조를 택할 것인가 / 거버넌스를 추구할 것인가
외부단체에 외주를 주어 사업추진	한중연의 연구소에서 사업추진	외주를 줄 것인가 / 한중연에 전문연구소를 두어 담당할 것인가
정보기술과 형식을 만드는 인력	기록화를 위한 내용을 만드는 인력	정보기술과 형식을 만드는 사람이 주도할 것인가 / 내용을 만드는 사람이 주도할 것인가

이 글에서 제안한 것은 지자체에서 실시하는 각종 마을지 사업에도 적용된다. 마을지는 일회적인 보고서 발간을 위한 방향에서 벗어나 공동체 아카이브즈를 위한 일관된 목표 아래에서 이루어져야 한다. 또한 민속기록학적 시각과 방법을 가진 전문적인 인력에 의해 진행 되어야 한다.

부록

01 .
용어 설명

- ·
- ·
- ·

1. 민속기록지folklife records와 민족지ethnography의 차이

　　　　　　민속기록지는 생활문화를 체계적으로 기록한 보고서나 논문으로써 인류학에서 사용하는 에쓰노그라피와 차이가 있다. 에쓰노그라피는 다양한 환경 속에서 각각의 민족집단이 어떻게 살아가는가에 대한 비교분석을 목표로 한 것이며 연구대상도 그러한 환경에 인간이 어떻게 적응하며 살아가는가에 대한, 즉 인간을 중심 테마로 놓는다. 이러한 이유에서 인류학자 강신표는 인류학을 '인학人學'이라고 하였다. "문화인류학자가 현지조사를 할 때에는 자기가 연구하려는 인간집단의 사회에 들어가서 보통 1년가량 그 사람들과 함께 살면서 그들의 행동과 사고방식 및 생활양식을 관찰·질문·기록함으로써 자료를 수집한다. 이와 같이 현존하는 어떤 인간집단의 기본자료를 수집하여 그 사람들의 생활양식, 즉 문화의 여러 측면을 상세하고 정확하게 기술한 보고서를 민족지라고 한다"(한상복 외, 『문화인류학개론』, 1985). 민족지를 이렇게 정의하고 있으나 실제로 인류학자들은 현장에 가서 꼼꼼한 기술記述을 통해 보고서나 기록지를 만들기 위해 힘쓰지는 않는다. 인류학자들은 기록에 대해서 그다지 애착이 없다. 오히려 기록보존에 대해서 비판적인 입장을 취하는 경향이 있다. 그들은 상세한 기록 대신, 문화비평에 관심을 가지고 있기 때문에 만약 민족지 서술에 있어 기록보존적 입장에서 문화를 기술한다면 '조사보고서 같다'는 비판을 할 것이다.

민족지 기술에 있어 인류학자들이 원하는 것은 경험적인 관찰에 이론을 접목하여 비평한 결과물을 도출해 내는 것이지, 상세한 기술과 6하원칙을 토대로 메타데이터를 첨부한 기록지를 원하는 것은 아니다. 민족지에서는 장소나 행위자 등을 공개하지 않고 익명으로 처리한다. 기록을 통해 정확한 1차자료(실물 혹은 있는 그대로의 모습을 담은 기초자료)를 도출하고 그것의 맥락을 잘 설명해 이용자들에게 정보를 제공하기보다는 가급적 기초자료의 공개를 피하고 익명성을 보장하며 연구자의 설명에 의존하게 한다. 이렇게 될 경우 연구자가 설명하는 것의 밖에 있는 다른 것을 독자가 살필 수는 없다. 민족지는 연구자의 일방적인 설명문이 되며 독자는 그가 제시하는 길만을 따라 가도록 설계된다. 반면 민속기록지는 1차자료적 성격을 담보하면서 연구자에 의존하지 않더라도 독자들이 충분히 1차자료를 접하고 자신의 시각에서 볼 수 있도록 개방한다. 따라서 민속기록지는 가급적 모든 정보를 솔직하게 제시하며 연구자의 일방적 설명 대신에 독자들이 가감없이 1차자료를 접할 수 있도록 설계한다.

민속기록지도 민족지처럼 인간을 도외시 할 수 없으나 인간 못지않게 공동체에서 전승되는 지식과 문화를 중시한다. 물론 양자 간에는 주로 현장조사fieldwork를 통해 정보를 취득한다는 점에서 공유점이 있으나 근본적인 지향점은 전거한 바와 같이 차이가 있다. 아카이빙을 위한 기록방법은 '민속기록지적 연구방법'이다. 현대 기록관리학이 지향하는 공동체의 '정체성'이나 역사와 문화찾기를 위한 아카이빙, 아카이브는 민속기록지와 통한다. 따라서 민간기록이나 공동체 기록화에서 생산된 보고서는 에쓰노그라피와는 차원을 달리하며 '민속기록지'라고 하는 것이 바람직하다.

2. 민속기록물

공공기록물 관리에 관한 법률에 보면 "기록물이라 함은 공공기관이 업무와 관련하여 생산 또는 접수한 문서·도서·대장·카드·도면·시청각물·전자문서 등 모든 형태의 기록정보 자료와 행정박물을 말한다"(국가기록원, 『공공기록물 관리에 관한 법령집』, 2010)고 규정한다. 기록물관리학 개론에는 기록물이란 현용-준현용단계를 거친 이후에도 행정적이고 학문적인 목적들에 따른 지속적인 가치, 즉 선별작업에서 기록물관리의 가치 또는 기록물관리의 권위를 인정받아 기록물로 분류되기에 충분해야 하며 역사기록물로서 전문기록물 관리기관에 의한 관리대상으로 평가되어야 하며, 더 이상 업무의 추진이나 진행에 필요하지 않으며 기록물로 불릴 수 있을 만큼 충분히 성숙된 상태에 도달해야 한다고 한다(김정하, 『기록물관리학 개론』, 2007). 전통적인 '기록물관리학'의 입장에서 보면 이러한 정의가 합당하다. 민속기록학에서는 '기록물'이란 공공기관의 업무에서 파생되는 문서에 국한하지 않고 공동체의 기억과 흔적을 증거해 줄 수 있는 모든 유형의 자료를 포괄한다. 즉, 용어를 넓은 범위에 적용한다.

3. 민속과 민속학의 개념

근대민속학   민속이란 무엇인가에 대해 오늘날 새로운 정립이 요구된다. 서양에서 'folklore'에 대한 관심은 근대국가 성립기에 이른다. 즉, folklore는 근대의 필요성에 의해 만들어진 신조어라고 볼 수 있다. 근대 국민국가의 성립, 내셔널리즘nationalism, 근대 이전의 것에 대한 애호와 같은 낭만주의 경향 등 다양한 요소가 folklore의 성립에 내포되어 있다.

민속에 대한 한국에서의 관심은 실학자들에까지 거슬러 올라갈 수도 있고 근대학문의 입장에서 볼 때는 최남선, 이능화, 송석하 등이 민속과 관련된 글을 쓰기 시작하던 20세기 초반을 생각할 수 있다. 그러나 이 시기의 관심은 민간에서 전승되는 문화, 즉 영국의 톰스William J. Thoms가 처음 사용하기 시작(1846년)한 folklore에 가깝다. folklore를 일본인 야나기다 구니오柳田國男는 '민간전승'으로 번역하여 사용하였다. 이것은 민간에서 전승되는 잔존문화, 혹은 구습에 가까운 개념이며 민속을 이렇게만 보면 그것은 오랜 세월 동안 유지되어 온 정태적인 현상의 잔존물로 볼 우려가 있다.

　　오늘날의 민속학　　오늘날에 와서는 인간 사회에서 실천되고 있는 일상의 '생활문화'를 민속으로 정의해야 한다는 시각이 제기되었으며 최근 다수의 학자들은 이러한 견해를 부정하지 않는다. 필자가 이 책에서 사용하는 생활문화는 'folklife'에 가까운 개념이다. 물론 생활문화라고 하여 전승성을 부정하는 것은 아니다. 다만 folklore이 전승성을 주축으로 한다면 folklife에 대한 접근은 총체적인 입장을 토대로 민속의 생성과 변화, 전승의 측면을 고루 검토하며 전승지식lore이나 문화 못지않게 행위자인 민民(folk)에 대해서도 주목한다. 민속(생활문화)은 복합적인 문화결정체이므로 새로운 민속학은 이러한 문화의 다양한 변수를 포괄하며 도시·농촌·과거·현대를 총괄할 수 있는 보편적인 생활문화학을 지향한다. 계급성이나 민족성, 전승론 등에 한정되지 않으며 '민속' 공유학문들의 소재주의식 연구가 아닌 생활문화과학으로서의 전문성을 중시한다. 민속은 생활문화이며 민속학은 생활문화에 대한 '해석', '기록', '역사적 고찰'을 주축으로 하는 생활문화과학이다.
　　필자가 민속으로 정의하는 생활문화는 단편적으로 관찰되는 민의 생활이 아니다. 그것은 일정한 공동체에서 양식화된 생활문화(의식주생활, 신앙 및 의례생활, 놀이 및 여가생활, 생업 및 사회생활 등)를 중요하게 다루게 된다. 이렇게 양식화된 생활문화란 곧 '생활양식'이다. 이것은 공동체에서 일반성과 전형성, 맥락성을 띠는 생활문화로서 포착된다. 일시적, 혹은 한 개인에 의해 실천되는 생활문화를 공동체의 일반적인(일반화된) 생활문화라고 할 수 없다. 즉, 개인적인 혹은 지엽적인 folklife가 아니라 공동체의 일반성에서 보여지는 folk의 lifestyle(way of life)이다. 따라서 민속학에서 주로 대상화 되는 민속은 공동체, 일반성, 전형성, 맥락성이라는 키워드 속에서 고려되는 양식화된 민의 생활문화이다. 이러한 민속은 민간영역을 포괄하며 공동체 아카이브community archives의 자원이라고 볼 수 있다.

02.

동제를 지역사회 아이들의 교육프로그램으로 활용한 예

-
-
-

마을 동제에 참여하는 인덕원 어린이집

1) 참여목적

우리의 전통 문화를 알고 배워나가는 것이야 말로 우리 주변을 돌아보고 살기 좋은 마을을 만들어가며 살기 좋은 나라를 만드는 데 의미가 크다. 또한 "가장 한국적인 것이 가장 세계적이다"라는 말이 있듯이 전통문화를 계승하고 세계적인 인재를 양성하는 교육을 위해 동제는 우리 아이들에게 유용한 마을행사라 생각된다. 따라서 인덕원 어린이집은 2009년부터 동제에 참여하게 되었다.

2) 참여방법

동제 제일이 다가오면 어린이집으로 초대장이 발송된다. 동제 1주일 전 아이들과 학부모가 소원지에 좋은 마을을 위해 바라는 소원과 의견을 적어 어린이집으로 보내준다. 보내준 소원지는 동제 전날 비석 주변에 전시하며, 동제 당일 아이들과 학부모가 참여하여 마을 어르신들과 함께 동제를 지낸다. 동제를 지내고 나서는 어르신들과

음식을 나눠 먹으며 어르신들로부터 동제에 관한 이야기를 듣는다.

3) 기대효과

도시화 되면서 공동체 의식의 약화로 주민들이 해오던 협동, 나눔, 전통문화의 전승 등 마을문화가 가지는 교육적 기능이 상실되고 있는 오늘날, 동제는 아이들의 전통문화 교육에 많은 도움을 준다. 또한 아이들뿐 아니라 가족 모두가 더 살기 좋은 마을을 위한 다양한 의견도 적어 게시하고 있기 때문에 아이와 가족, 주민 모두가 동제에 참여하여 마을 발전과 마을 문화에 관심을 가지고 배워나가는 효과를 가진다. 따라서 앞으로 마을의 소수가 참여하는 작은 동제에서 일본의 마쯔리와 같은 큰 축제로 발전되길 기대해본다.

〈그림 1〉 인덕원 대로가에서 동제를 지내기에 앞서 풍물패들이 풍물을 치고 있음(2011년)

〈그림 2〉 동제에 참석한 어린이집 아이가
자신이 쓴 소원지를 가리키고 있음

〈그림 3〉 "모든 사람이 행복하고 잘 살았으면 좋겠어요"라고
아이의 소박한 소원이 적혀 있음

　여기에서 소개한 글과 사진은 '인덕원어린이집'에서 제공한 것이다. 인덕원에서는
향토문화를 아끼는 어린이집 신경희 원장과 동제를 지내는 지역주민이 협력하여 매년
10월 동제를 지낼 때마다 어린이집 아이들이 참석하도록 한다. 이렇게 하여 인덕원의
동제는 남녀노소가 함께 즐기는 축제의 장이 된다. 요즘 상당수의 어린이집에서 서양
식 교육을 받고 우리의 전통문화와는 동떨어진 분위기에서 자라나는 아이들이 많다.
인덕원어린이집과 지역주민들의 선진적인 의식과 문화시민으로서의 교양이 돋보인다.
동제를 통한 교육프로그램의 사례로서 참조할 수 있다.

03.

마을기록물의 실제

-
-
-

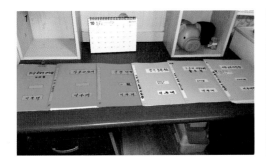

1. 광명 너부대경로당 기록물(운영비영수철, 가입신청서, 운영대장, 총회자료, 도우미 신청 및 업무, 시청공문수집장 등, 2015)
2. 너부대노인회 회장님과 기록물 관련 인터뷰를 하고 있는 대학원생(2015)
3. 1970~1990년대의 영수증철(어느 농가)
4. 서울 성북구 장수마을 알림판(2014)

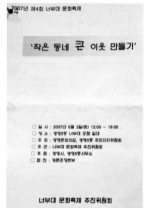

1. 광명 노리실노인회 2012년 결산내역
2. 1970~2008년 사이의 문중 시제 사진을 모아놓은 광명 분성 김씨 종택에서 사진첩을 보고 있는 필자와 종손(2016)
3. 광명 너부대문화축제 기록물(2003~2013)
4. 광명 너부대문화축제 기록물(2007)

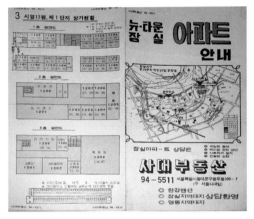

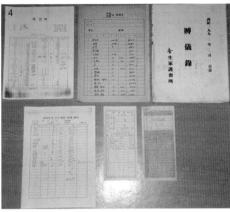

1. 새마을중앙연수원의 새마을 기록물
3. 잠실아파트 분양 안내(1975)
5. 재개발을 앞둔 성남 고등동에 걸린 현수막(2015)

2. 이천 송라리 새마을 기록물(새마을중앙연수원 소장)
4. 어느 농가의 장례 때 기록물(2000)
6. 의정부 장수원 동제 결산서(2009)

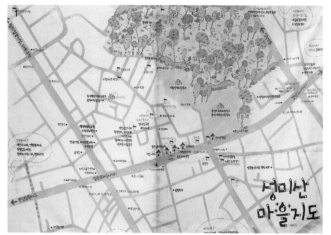

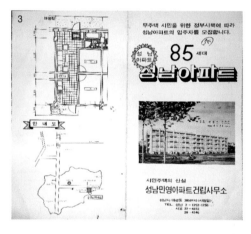

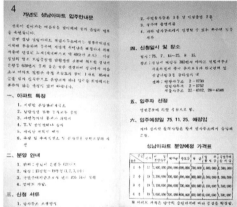

1. 마포 성미산 마을지도(2015)
3. 성남아파트 분양 안내(1975)

2. 당진군 예산읍 동호리 새마을운동 당시 회의록(1975)
4. 성남아파트 분양 안내(1975)

갈매동 도당굿 학술종합조사사단·구리시, 『갈매동 도당굿』, 1996.

강정원, 「한국민속종합조사의 민속학사적 의미」, 『한국민속종합조사의 성과와 민속학사적 의미』, 한국민속학회, 2011.

경기문화재단, 『평택 일기로 본 농촌생활사 Ⅰ』, 2007.

고기정, 「해외 선진교육기관의 문화콘텐츠 인력 양성 교육과정 분석」, 『인문콘텐츠』 제2호, 인문콘텐츠학회, 2003.

광명시, 『광명의 문화유산 살아숨쉬다』, 2013.

광명시지편찬위원회, 『광명시지』, 1993.

국가기록원, 『공공기록물 관리에 관한 법령집』, 2010.

권상희, 『디지털 문화론』, 성균관대학교 출판부, 2008.

권순명, 「지역 아카이빙을 위한 기록화방안 연구」, 『기록학연구』 제21호, 한국기록학회, 2009.

기다온·김덕묵, 「현대 아동놀이에 대한 민속기록: 서울시 송파구 올림픽아파트 일대의 놀이터를 중심으로」, 『민속기록학』 1집, 민속기록학회, 2016.

길리랜드 앤·윤은하, 「문화 간 차이 속에서 아키비스트의 역할과 임무: 균형된 관계를 모색하며」, 『역사문화연구』 제43집, 한국외국어대학교 역사문화연구소, 2012.

김교빈, 「문화원형의 개념과 활용」, 『한국문화와 콘텐츠』, 채륜, 2009.

_____, 「콘텐츠관련 고급인력 양성을 위한 대학원교육의 현황과 문제점」, 『인문콘텐츠』 제2호, 인문콘텐츠학회, 2003.

김기덕, 「전통적 인문학 관련학과에 있어서 '콘텐츠 교과목'의 보완 - '역사학' 관련학과의 사례를 중심으로 - 」, 『인문콘텐츠』 제2호, 인문콘텐츠학회, 2003.

_____, 「문화콘텐츠의 개념과 인문콘텐츠」, 『한국문화와 콘텐츠』, 채륜, 2009.

김기찬, 『골목안 풍경 전집』, 눈빛, 2011.

김덕묵, 「민속연구에서 영상자료의 가치와 활용 방안」, 『우리 인문학과 영상』, 푸른역사, 2002.

_____, 『전국의 기도터와 굿당』(서울·경기·강원지역 편), 한국민속기록보존소, 2002.

_____, 「문화콘텐츠 시대의 민속기록과 활용」, 『비교민속학』 제43집, 비교민속학회, 2010.

_____, 「한국민속학의 위상과 전문성 강화를 위한 개론서 집필 방향」, 『비교민속학』 제59집, 비교민속학회, 2016.

_____, 「향토문화의 기록보존에 대한 방법론적 모색 - 용인시를 중심으로 - 」, 『기록관리를 통한 기업경영과 지방행정의 발전: 기업 및 지역공동체와 문화유산간 상생과 발전을 위한 아카이브즈의 활용』, 한국외국어대학교 정보·기록관리학과 창립 10주년 기념 국제컨퍼런스, 2010.10.15.

_____, 「현대도시사회에서 무속용품의 유통에 대한 현지연구 - 성남지역의 만물상을 중심으로」, 『비교민속학』 제41

집, 비교민속학회, 2010.

김덕묵, 『민속종교 연구방법론』, 한국민속기록보존소, 2011.

_____, 「마을문화 활성화를 위한 방안, 마을기록관을 제안한다」, 『기록학연구』 제33집, 한국기록학회, 2012.

_____, 「민속과 기록의 만남, 민속기록학을 제창한다」, 『기록학연구』 제34호, 한국기록학회, 2012.

_____, 「문화지방화시대를 위한 지자체의 역할과 지역문화의 기록·보존·활용 방안－광명시의 동제를 중심으로－」, 『남북문화예술연구』 제13호, 남북문화예술학회, 2013.

_____, 「향토문화전자대전 디지털마을지의 새로운 방향모색」, 『한국민속학』 제58집, 한국민속학회, 2013.

김덕묵 외, 『복정·태평마을지』, 성남문화원, 2005.

김미경, 「고군산군도의 전통문화콘텐츠 개발을 위한 스토리텔링－선유도·무녀도·장자도·대장도의 섬무속 축제콘텐츠 개발을 중심으로－」, 『한국도서연구』 제21권 제1호, 2009.

김상호, 「민간기록물의 수탁 보존기구에 관한 연구」, 『書誌學硏究』 제36집, 한국서지학회, 2007.

김양주, 『축제의 역동성과 현대일본사회』, 서울대학교출판부, 2004.

김영순, 「지역문화콘텐츠의 교육적 활용 방안에 관한 연구」, 『인문콘텐츠』 제8호, 인문콘텐츠학회, 2006.

김영애, 「독일의 아키비스트 양성제도-마르부르크 기록학교(Marburg Archivschule)를 중심으로-」, 『기록학연구』 2집, 한국기록학회, 2003.

김익두, 「무형문화유산으로서 마을공동체신앙의 보존과 전승을 위한 지원 정책: 마을공동체신앙 보존·전승의 '시학'과 '정치학'」, 『무형문화유산의 보존과 전승』, 민속원, 2009.

김익한, 「마을 아카이빙 시론」, 『일상 아카이브의 발견』, 선인, 2012.

김정하, 『기록물관리학 개론』, 아카넷, 2007.

김주관, 「생활사 아카이브 구축의 의미와 방법－20세기 민중생활사 아카이브의 사례를 중심으로－」, 지방사와 지방문화 8권 1호, 2005.

김창민, 「전통문화의 디지털 콘텐츠화 방안: 한계와 가능성」, 마을 민속자원화 어떻게 할 것인가, 민속원, 2007.

김현 외, 『지역문화와 디지털 콘텐츠』, 북코리아, 2008.

김희태 외 2인, 『문화재학 이론과 실제』, 향지사, 1998.

나진희, 「지역공동체 발전을 위한 로컬리티 기록화 전략의 적용-중국 상하이(上海)시의 사례를 중심으로-」, 한국외국어대학교 석사학위논문, 2013.

노명환, 「용인기록보존소의 설립 필요하다」, 『용인문화』 제14호, 2010.

민성혜, 「광명시의 민간기록물 관리를 위한 지방기록물관리협의회 설립 방안 연구－푸른광명21실천협의회의 사례를 중심으로－」, 한국외국어대학교 석사학위논문, 2012.

박원순, 『마을에서 희망을 만나다』, 검둥소, 2009.

_____, 『마을이 학교다』, 검둥소, 2010.

_____, 『마을, 생태가 답이다』, 검둥소, 2011.

박장순, 『문화콘텐츠학개론』, 커뮤니케이션북스, 2006.

박찬승, 「외국의 지방기록관과 한국의 지방기록관 설립 방향」, 『기록학연구』 제1호, 한국기록학회, 2000.

배영동, 「마을문화전시관으로 본 마을문화의 자원화 과정－의성 '사촌마을자료전시관'의 사례－」, 『마을 민속자원화 어떻게 할 것인가』, 민속원, 2007.

백승국, 『문화기호학과 문화콘텐츠』, 다할미디어, 2006.

서울시, 『서울 한양도성』, 유네스코 세계유산 잠정목록 등재를 위한 학술연구, 2012.

서울시 마을공동체 종합지원센터, 『마을공동체 기록관리 매뉴얼』, 2013.

서울역사박물관, 『도심 속 상공인 마을』, 2010.

_____, 『세운상가와 그 이웃들』, 2010.

서해숙, 「전북 해안지역 동제의 활용방안－고창·부안지역을 중심으로－」, 『한국민속학』 34집, 한국민속학회, 2001.

설문원, 「디지털 환경에서의 로컬리티 기록화 방법론 연구」, 『한국기록관리학회지』 제11권 제1호, 한국기록관리학회, 2011.

설문원, 「지역 기록화를 위한 도큐멘테이션 전략의 적용」, 『기록학연구』 제26집, 한국기록학회, 2010.

성북구, 〈구정소식〉, 2014.8.25.

송기호・소매실, 「유럽의 기록관리 제도 및 체계에 대한 연구 - 영국・프랑스・독일을 중심으로 - 」, 『한국기록관리학회지』 제4권 1호, 한국기록관리학회, 2004.

송성욱, 「문화콘텐츠 창작소재와 문화원형」, 『한국문화와 콘텐츠』, 채륜, 2009.

송파구청, 『송파구 역사찾기』, 학술연구 용역 사업 최종보고서, 2010.

시사주간지 〈시사 IN〉 제258호, 2012.8.25.

신광철, 「학부 수준에서의 문화콘텐츠학과 교과과정의 분석과 전망」, 『인문콘텐츠』 제2호, 인문콘텐츠학회, 2003.

신동흔, 「민속의 문화원형과 그리고 콘텐츠」, 『한국문화와 콘텐츠』, 채륜, 2009.

심승구, 「한국 민속의 활용론과 문화콘텐츠 전략」, 『한국학중앙연구원 민속학 30년: 민속학의 전통문화 연구』, 한국학중앙연구원 학술발표 자료집, 2010.6.4.

아시아경제신문, 〈아시아경제〉, 2014.9.4.

안동대학교 민속학연구소, 『마을 민속보고 어떻게 할 것인가』, 민속원, 2003.

_____, 『마을 민속연구 어떻게 할 것인가』, 민속원, 2005.

_____, 『마을 민속비교 어떻게 할 것인가』, 민속원, 2006.

_____, 『마을민속자원화 어떻게 할 것인가』, 민속원, 2007.

_____, 『마을민속 아카이브 어떻게 할 것인가』, 민속원, 2008.

_____, 『마을만들기 어떻게 할 것인가』, 민속원, 2009.

안병우, 「지방기록관 설립과 경기기록문화포럼의 활동」, 『영남학』 제6호, 영남문화연구원, 2004.

오하라 가즈오키, 『마을은 보물로 가득 차 있다』, 김현정 역, 아르케, 2008.

월터 J. 옹, 『구술문화와 문자문화』, 이기우・임명진 역, 문예출판사, 2003.

윤동환, 「별신굿의 경제적 토대와 재비용 - 계원마을 동문서를 중심으로 - 」, 『한국민속학』 제60집, 한국민속학회, 2014.

윤은하, 「공동체와 공동체 아카이브에 대한 고찰」, 『기록학연구』 제33호, 한국기록학회, 2012.

이명규, 「일본에서의 마을만들기 운동과 대표사례」, 『한국사회와 공동체』, 다산출판사, 2008.

이상일, 『놀이문화와 축제』, 성균관대출판부, 1996.

이영남, 「'마을아르페'(Community Archpe) 시론 - 마을 차원의 "책, 기록, 역사 그리고 치유와 창업의 커뮤니티"를 위한 제안 - 」, 『기록학연구』 제18호, 한국기록학회, 2008.

이영재, 「지방박물관에서 마을민속의 자원화 과정과 방법」, 『마을 민속자원화 어떻게 할 것인가』, 민속원, 2007.

이영학, 「기록문화와 지방자치」, 『지방의 기록관리와 기록문화운동』, 제10회 한국기록학회 심포지엄, 2010.6.11.

이윤선, 『민속문화 기반의 문화콘텐츠 기획론』, 민속원, 2006.

이창식, 「줄다리기의 원형복원과 문화콘텐츠 활용방안」, 『비교민속학』 제38집, 비교민속학회, 2009.

장철수, 『한국 민속학의 체계적 접근』, 민속원, 2000.

정일섭, 『한국지방자치론』, 대영문화사, 2004.

정창권, 『문화콘텐츠 직업세계』, 북코리아, 2008.

_____, 『문화콘텐츠 교육학』, 북코리아, 2009.

조성호・조임곤, 『우리나라 지방자치 발전을 위한 자치단체장의 역할』, 집문당, 2003.

주영하, 「향토문화의 개념」, 『향토문화란 무엇인가』, 한국정신문화연구원 한국향토문화전자대전추진위원회, 2002.

주화현, 「히스토리마케팅 전략과 지역공동체의 발전 - 독일 하이델베르크시 아카이브를 중심으로 - 」, 한국외국어대학교 석사학위논문, 2013.

지수걸, 「지방기록물관리기관의 기능과 역할」, 『기록학연구』 제3집, 한국기록학회, 2001.

_____, 「지방자치와 지방기록관리」, 『기록학연구』 제6호, 한국기록학회, 2002.

_____, 「지방기록물관리기관 설립의 방향과 방법」, 『기록학연구』 제21집, 한국기록학회, 2009.

최윤진, 「성미산 마을 아카이빙 체계 방안 연구」, 『일상 아카이브의 발견』, 선인, 2012.

충북개발연구원, 『충북지역 마을신앙의 전승 현황과 문화콘텐츠 활용방안 연구』, 2007.

표인주, 「마을신앙 연구의 검토와 지평 확대」, 『마을민속연구 어떻게 할 것인가』, 민속원, 2005.

한국구술사연구회, 『구술사 방법과 사례』, 선인, 2005.

한국문화콘텐츠진흥원, 『문화원형 창작소재 개발 중·장기 로드맵 수립』, 2006.

한국정신문화연구원, 『한국의 향촌민속지 I 』, 1992.

한국학중앙연구원 한국학정보센타 디지털 광명문화대전 집필사업팀, 『2009 향토문화전자대전 편찬을 위한 원고집필 지침서』, 2009.

한국학중앙연구원, 〈디지털광명문화대전(http://gwangmyeong.grandculture.net)〉

_____, 『디지털구로문화대전』 의생활, 식생활, 주생활, 절기 편, 2009.

_____, 『예천 맛질 朴氏家 日記 3 - 日記篇 -』, 2005.

한미경·노영희, 『기록관리학의 이해』, 진리탐구, 2007.

한상복 외, 『문화인류학개론』, 서울대학교출판부, 1985.

한해정, 「19세기 후반 독일의 시기록보존소(Stadtarchiv)와 그 역할 - 지방자치와의 관계를 중심으로 -」, 『서양사론』 제115호, 한국서양사학회, 2012.

함한희, 「민속지식의 생산과 공공성의 문제 - 마을 민속아카이브 구축과 관련해서 -」, 『마을민속 아카이브 어떻게 할 것인가』, 민속원, 2008.

홍성흡, 「지역정체성과 지역정치 - 전라남도 영암군 구림마을의 사례 -」, 『전통의 활성화와 지역문화의 발전』, 제32차 한국문화인류학회 국제학술대회 자료집, 2000.

서울시 마을공동체 종합지원센터 홈페이지(www.seoulmaeul.org).

"창원시 진해 군항마을, 기록사랑마을로 재탄생"(http://blog.naver.com/PostView.nhn?blogId=hankng).

岩竹 美加子, 『民俗學の政治性-アメリカ民俗學100年目の省察から』, 東京: 未來社, 1996.

Bastian, Jeannette A, *Community archives-the shaping of memory*, Facet Publishing: London, 2009.

Dundes, Alan, *INTERPRETI*, Bloomington: INDIANA UNIVERSITY PRESS, 1980.

Gilliland, Anne J, "Community-centric Appraisal in Support of Community Governance, History and Voice", 「사회 거버넌스와 역사연구를 위한 기록관리의 역할과 기록학의 패러다임 변화 - 기록의 평가 문제를 중심으로 -」, 한국외국어대학교 기록학연구센터 국제학술회의 자료집, 2012.

List, George, "ARCHIVING", *FOLKLORE and FOLKLIFE*, The University of Chicago press: Chicago and London, 1972.

White, Kelvin L, "The Role of Knowledge Infrastructures in Promoting Inclusive Archives and Participatory Democracies", 「사회 거버넌스와 역사연구를 위한 기록관리의 역할과 기록학의 페러다임 변화 - 기록의 평가 문제를 중심으로 -」, 한국외국어대학교 기록학연구센터 대학원 정보기록관리학과 국제학술회의, 2012.

_____, "Meztizaje and remembering in Afro-Mexican communities of the Costa Chica; implications for archival education in Mexico", *Archival science* vol.9, 2009.

_____, "The Role of Culture in Recordkeeping Infrastructures: Developing Culturally Relevant Archives in a Pluralist Society", 『기록관리를 통한 기업경영과 지방행정의 발전: 기업 및 지역공동체와 문화유산간 상생과 발전을 위한 아카이브즈의 활용』, 한국외국어대학교 정보·기록관리학과 창립 10주년 기념 국제컨퍼런스, 2010.10.15.

민속기록학과 지역공동체 아카이브

초판1쇄 발행 2016년 8월 17일

지은이 김덕묵
펴낸이 홍기원

총괄 홍종화
편집주간 박호원
편집·디자인 오경희 · 조정화 · 오성현 · 신나래
　　　　　　 남도영 · 이상재 · 남지원 · 이서유
관리 박정대 · 최기엽

펴낸곳 민속원
출판등록 제18-1호
주소 서울 마포구 토정로 25길 41(대흥동 337-25)
전화 02) 804-3320, 805-3320, 806-3320(代)
팩스 02) 802-3346
이메일 minsok1@chollian.net, minsokwon@naver.com
홈페이지 www.minsokwon.com

ISBN 978-89-285-0930-0
S E T 978-89-285-0359-9　 94380